성경적 종교 신학, 선교 변증론
세계관을 분별하라

(주)죠이북스는 그리스도를 대신한 사신으로
문서를 통한 지상명령 성취와 하나님 나라 확장을 위해 노력합니다.

세계관을 분별하라
ⓒ 2015 안점식

이 책의 저작권은 저자와 (주)죠이북스에 있습니다.
신 저작권법에 의하여 한국 내에서 보호받는 저작물이므로 무단 전재와 무단 복제를 금합니다.

성경적 종교 신학, 선교 변증론
세계관을 분별하라

안점식 지음

죠이북스

차례

서문 _009 / 수정판 서문 _011
머리말 _013

1부 여호와냐 바알이냐

1장 세계관의 대결 _025
세계관의 의미 / 세계관과 문화 / 세계관의 속성 / 세계관의 변화와 선교 / 세계관과 혼합주의 / 세계관과 제자 훈련 / 세계관과 내적 치유 / 세계관과 영적 성숙 / 세계관과 영적 전쟁

2장 영적 전쟁의 본질 _055
영적 싸움의 대상 / 영적 싸움의 본질 / 상급과 영광 / 일상생활에서의 영적 싸움 / 전도와 영적 싸움 / 세계관의 대결

3장 오늘날 세계의 영적 동향 _073
동양 사상과 이슬람교의 발흥 / 동양 사상 발흥의 역사적 배경 / 포스트모더니즘과 종교다원주의 / 동양학의 발달 / 종교학의 전개 과정

4장 타세계관에 대한 성경적 관점 _091
타종교와 타세계관에 대한 세 가지 관점 / 인간의 타락이 가져온 세 가지 결과 / 총체적 회복자 그리스도 / 타세계관과 복음과의 관계 / 복음의 특성 : 미련, 비밀 / 타종교와 세계관을 배우고 연구하는 이유

5장 최초의 네 가지 거짓말 _121

최초의 거짓말 / 불사영생술 / 이성주의, 합리주의, 과학주의 / 도덕주의, 율법주의 / 범신론적 신비주의

6장 고통이냐, 죄냐? 사망이냐, 생명이냐? _163

고통이 문제냐, 죄가 문제냐? / 사망에 이르는가, 생명에 이르는가?

7장 바알 신앙의 특징과 전형 _189

현세주의적 물질주의 / 기계적 관계, 기계적 신앙 / 바알 신앙의 전형들

8장 사탄의 비인격화 전략과 종교사 _223

사탄의 전략 / 정령 숭배 신앙 / 태양신 숭배 신앙 / 태양 숭배와 순환론 / 궁극자의 비인격화 / 인격적 하나님과 자연법칙 / 불교의 인과업보 / 행위 구원론 / 꾸란과 성경

9장 바알 신비주의의 본질 _245

정체성을 상실하는 합일주의 / 무의식과 영적 전쟁 / 오늘날의 바알 신비주의 / 성령의 인격성

2부 세계관 전쟁의 쟁점들

1장 기(氣) 사상과 한의학 _277

2장 단전 호흡과 기공 _283

3장 요가 _289

4장 초능력 현상 _295

5장 동양적 명상법과 성경적 묵상법 _303

6장 공(空) _315

7장 윤회와 환생설 _321

8장 유교 _329

9장 제사 _337

10장 노자, 장자 _345

11장 애니미즘, 샤머니즘, 무속신앙 _355

12장 증산교, 대순진리회 _361

13장 점성술 _367

14장 역술 : 사주, 관상, 궁합 _373

15장 풍수지리설 _381

16장 수맥(水脈) _387

17장 UFO 신드롬 _395

18장 이슬람교 _405

맺음말 _417

참고 문헌 _436

서문

　《세계관과 영적전쟁》이 출판된 후에 독자들의 호응이 있어서 큰 격려가 되었다. 그러나 그 책에서는 타종교와 타세계관에 대해 성경적 관점에서 종교 신학적 견해를 밝히지 못한 점이 아쉬웠다. 예수 그리스도의 유일성에 대한 변증론의 부분에서도 《세계관과 영적전쟁》 이후 계속된 연구가 있었고 약간의 성과가 있었다. 이러한 성과들을 강의하면서 《세계관과 영적전쟁》에서 다루지 못한 내용을 보충해야 할 필요를 느끼게 되었다. 또 《세계관과 영적전쟁》에서는 세계관들을 구체적으로 다루었기 때문에 어떤 독자에게는 생소한 전문 용어로 다소 어렵게 느껴졌던 것이 사실이다. 그래서 좀 더 쉽게 쓰인 책이 나와야 비전문가들에게도 도움을 줄 수 있을 것이라는 생각이 들었다.
　《세계관을 분별하라》에서는 《세계관과 영적전쟁》에서 다루었던 내용이 다소 들어 있지만 훨씬 쉽고 자세하게 풀어서 썼기 때문에 도움이 되리라 생각한다. 《세계관을 분별하라》는 한국선교훈련원(GMTC)과 합동신학대학원대학교 부설 평신도신학원에서 강의한 것을 토대로 정리하고 다듬은 것이다. 책의 후반부에 나오는 세계관에 대한 주제별 접근은 1996년 6월 17일부터 1997년 6월 16일까지 1년간 대한예수교장로회 합신 교단의 기관지 〈기독교개혁신보〉에 연재한 것을 모아서 실었다. 또 이번 책에서는 개인적으로, 혹은 교회나 선교 단체에서 그룹으로 공부할 수 있도록 토의 및 정리 질문을 각 장마다 달아 놓았다.

《세계관과 영적전쟁》에 이어서 두 번째 책도 낼 수 있도록 허락해 준 죠이선교회출판부에 깊은 감사를 드리고 책을 만들기 위해서 수고한 출판부 간사들에게도 깊은 감사를 드린다. 그리고 책을 쓸 수 있도록 시간적으로 정신적으로 배려해 준 한국선교훈련원 식구들에게도 감사드리며 늘 기도로 지원해 주시는 부모님과 묵묵히 뒷바라지해 준 아내에게도 깊은 감사를 드린다.

수정판 서문

《세계관을 분별하라》의 초판이 1998년 1월 30일에 발행되었으니 거의 만 17년이라는 시간이 지난 셈이다. 무엇보다도, 그동안 독자들의 꾸준한 호응으로 절판되지 않고 여기까지 온 것에 대해서 깊은 감사를 드린다. 출판사로부터 재판을 내기 전에 수정할 것을 요청받았을 때 진작 했어야 할 일을 미루어 온 것 같아서 송구한 마음을 금할 수 없었다. 그러나 이 책에서 못다 한 이야기는 2008년에 나온 《세계관 종교 문화》에서 했고, 이 책은 나름대로의 특성과 골격을 유지하는 것이 옳다고 생각해서 기본적인 틀과 내용은 바꾸지 않는 범위 내에서 수정하기로 했다.

수정판을 내면서 수정과 보완을 다소간 했으나 그 폭이 그다지 크지 않아서 "개정판"이라고 부를 수는 없을 것 같고 "수정 재판" 정도가 적절하지 않을까 싶다. 수정판에서는 우선 몇몇 오류를 바로잡아서 정확성과 엄밀성을 기하려고 했다. 그리고 강의한 내용을 바탕으로 책을 썼기 때문에 다소 매끄럽지 못한 것들이 있는데, 이를 다듬고 부연 설명을 함으로써 적절한 표현이 되도록 노력했다. 그리고 이 책의 2부 "세계관의 쟁점들"은 본래 〈기독교개혁신보〉에 연재된 것으로서 신문의 특성상 참고주(參考註)를 일일이 표기하지 못한 것을 그대로 초판에 실었었다. "세계관의 쟁점들"은 대부분 《세계관과 영적전쟁》에 있는 내용을 신문지면에 맞추어 요약한 것이고, 이슬람에 관한 것은 저자의 합동신학교 졸업 논문인 "이슬람교 이해와 선교 전략"에 있는 내용을 요약한 것이다. 이번에 재판을 내면서 원래의 책과 논문에서 참고한 문헌들을 다시 찾아내어 본문에서 내주(內註)의 형식으로 표기했다.

이 책은 여전히 부족한 면이 적지 않지만, 종교 다원 사회에서 영적 혼란을 극복하고 기독교 신앙을 올바로 정립하고자 하는 독자들에게 조금이라도 도움이 된다면 이 또한 너무나도 감사할 일이다. 수정판의 발행을 위해서 수고한 죠이선교회출판부 간사님들께도 진심으로 감사드린다.

머리말

오늘날 기독교에 대한 가장 큰 영적인 도전은 종교 다원주의라고 할 수 있다. 이 독버섯은 이제 소위 포스트모더니즘이라는 분위기를 타고 퍼져 나가고 있다. 19세기와 20세기 초 자유주의 신학에 의해서 야기되었던 예수 그리스도의 유일성에 대한 도전은 이제 종교 다원주의로 바통이 넘겨진 것 같다. 자유주의 신학이 뿌리내리고 싹을 낼 때 복음주의 진영에서는 이를 방관하면서 적절한 신학적 대응을 하지 못했다. 이제 자유주의 신학은 거목이 되었고 유럽과 북미 교회의 복음주의적 토양을 변질시켜서 교회가 침체의 길을 가도록 재촉했다. 이제 동일한 싸움이 종교 다원주의 신학과의 사이에서 시작되었다. 종교 다원주의 신학은 기독교 안에서 싹을 내고 뿌리내리려고 한다. 복음주의는 이 독버섯이 거목이 되기 전에 올바른 신학의 검을 뽑아서 싹을 잘라 버려야 할 때를 맞이했다.

종교 다원주의를 논하면서 종교라는 개념 대신 세계관이란 개념을 사용하는 까닭은 세계관을 보다 포괄적인 개념으로 간주하기 때문이다. 세계관은 종교뿐 아니라 이데올로기와 같은 것도 포함할 수 있다. 그리고 이러한 이데올로기들도 하나의 세계관으로서 성경적 세계관과 충돌하는 것을 피할 수 없다.

세계관 싸움은 영적 전쟁에 있어서 가장 본질적이고 가장 치열한 영역이라고 할 수 있다. 티머시 워너(Timothy Warner)는 영적 대결을 '세계관 대결'이라고 말하고, 닐 앤더슨(Neil Anderson)은 영적 대결을 곧 '진리 대결'이라고 말한다. 영적 전쟁에서 승리할 수 있는 요체는 무엇인가? 손자병법에서는 "적을 알고 나를 알면 백 번 싸워도 위태롭지 않다"(知彼知己 百戰不殆)라고 말한다. 이러한 원리는 영적 전쟁에서도 여전히 적용된다. 우리가 영적 전쟁에 이기기 위해서는 우리 자신에 대해서, 즉 우리가 믿는 도리가 무엇인지에 대해서 잘 알아야 한다. 그 다음으로 우리는 우리가 싸워야 할 대상에 대해서 잘 알아야 한다. 우리는 성경적 세계관에 대해서 잘 알아야 하며 이 성경적 세계관과 충돌하는 비성경적 세계관에 대해서도 잘 알아야 한다.

필자는 예수를 믿고 신앙생활을 하면서도 한동안 세계관의 혼란을 겪었고 그 때문에 적지 않은 내적 갈등을 경험한 적이 있다. 그러나 점점 성경을 읽고 신학 서적들을 읽으면서 내가 믿는 바 성경적 세계관에 대해서 더 잘 알게 되었고 분명히 이해하게 되었다. 내가 성경에 대해서 더 잘 알게 될수록 혼란과 갈등은 적어졌다. 내가 나 자신을 더 잘 알수록 상대방이 나와 어떻게 다른가가 분명히 보이기 시작했다. 필자는 은혜를 받는 두 가지 방법을 가지고 있다. 첫째는 성경을 깊게 읽고 묵상하는 것이다. 성경을 깊게 묵상할 때 내 마음속에서는 '역시 복음이야!'라는 감탄을 금할 수 없다. 한편 필자는 타종교에 대해서 연구할 때에도 은혜를 받는다. 타종교를 연구하면 할수록 그것의 부족함과 한계가 분명하게 보인다. 그래서 내 마음속에서 '역시 복음뿐이야!'라는 깊은 깨달음이 솟아오른다.

사실 타종교나 세계관을 접하고 연구하는 것은 가장 치열한 영적 전쟁의 장에 서는 것을 의미한다. 정신을 똑바로 차리지 않으면 어떻게 될지 아무도 장담하지 못한다. 하나님의 동행하심과 그리스도인 공동체의 기도 없이 이 일에 뛰어드는 것은 무모한 자살 특공대와 거의 다를 바가 없다. 그렇기 때문에 필자는 아무나 호기심으로 타종교나 세계관을 연구하라고 격려하고 싶은 마음이 전혀 없다. 종교 다원주의 시대에 성경적 진리를 변증하고자 하는 소명을 받았거나, 타종교나 타세계관에 빠진 사람들에게 복음을 전하고자 하는 전도의 동기를 가진 사람들이 겸손하게 이런 연구를 해 나가야 할 것이다.

그럼에도 불구하고 우리는 원하든 원하지 않든 타종교나 세계관의 도전에 노출되어 있다. 더군다나 종교 다원주의 시대에는 세계관의 도전을 피할 수 없다. 많은 그리스도인이 세계관의 도전에 직면하여 갈등을 겪고 있을 뿐 아니라 '골방의 불가지론자'가 되거나 '무엇인가 석연치 않은 의구심'을 떨쳐 버리지 못하고 '의심의 짐'을 지고 있다. 그리스도인 공동체의 사람들 앞에서는 조금도 의심이 없는 명쾌한 신앙을 드러내고 있지만 골방에 혼자 있을 때에는 분명한 것이 아무것도 없어 보인다. 많은 그리스도인이 이런 의심의 짐을 지게 될까봐 두려워서 세계관의 도전을 정면으로 맞서서 돌파하지 못하고 도전을 회피하거나 움츠리게 된다. 또 어떤 그리스도인들은 이런 도전에 대해서 아무런 조심성 없이 자기를 열어 버림으로써 신앙을 잃어버린다. 오늘날 교회 학교에서 교육을 잘 받은 학생들이 대학에 들어가서 갈등하고 신앙을 잃어버리는 것은 세계관의 도전에 직면하는 훈련을 받지 못했기 때문이다.

어떤 사람들은 '불신앙적 의심'과 '진지한 의문'을 구분하지 못한다. 그러나 진지한 의문은 결코 불신앙이 아니며 오히려 올바른 신앙적 태도다. 진지한 의문은 이렇게 기도하는 것이다. "하나님 제가 요즈음에 이러한 세계관의 도전에 부딪혔습니다. 저는 이것이 성경적으로 어떻게 설명될 수 있는지 매우 혼란스럽습니다. 그러나 하나님은 이 문제에 대해서 설명해 주실 수 있고, 하나님 말씀은 온전하기 때문에 성경 안에 분명히 이 문제에 대한 해답이 있을 것이라고 믿습니다. 진리의 성령께서 저에게 가르쳐 주시고 깨달음을 주옵소서." 실제로 필자는 많은 의문이 떠오르고 의심이 생길 때 이렇게 무릎을 꿇음으로써 세계관들의 도전을 우회하지 않고 정면으로 돌파했다. 요즈음 떠들썩한 UFO나 환생설에 대해서도 이렇게 돌파했다. 하나님은 정말 놀랍게 말씀으로 가르쳐 주시고 놀라운 통찰력과 깨달음을 주신다! 진지한 의문을 할 수 있으려면 하나님의 지혜와 하나님 말씀의 완전하심에 대한 믿음이 있어야 한다.

우리는 진지한 의문의 모범을 보인 한 사람을 알고 있다. 그는 바로 예수의 어머니 마리아다. 가브리엘 천사가 와서 예수의 수태를 알렸을 때 마리아는 진지한 질문을 했다. "나는 남자를 알지 못하니 어찌 이 일이 있으리이까"(눅 1:34)? 이 질문은 불신앙의 표현이 아니다. 마리아는 자기 생각으로 동정녀의 수태를 이해할 수 없었다. 그래서 진지하게 질문을 한 것이다. 가브리엘은 이 질문에 대해서 '성령의 능력'과 '하나님 말씀의 전능함'이라는 말로 대답해 주었다. 마리아가 불신앙적 의심을 가졌더라면 가브리엘의 대답은 그녀에게 그렇게 만족스러운 대답은 아니었을 수도 있다. 그러나 마리아는 아름다운 믿음의 고백을 할 수 있었다. "주의 여종이오니 말씀대로 내게 이루어지이다"(눅 1:38).

한편 이 사건 바로 앞에는 불신앙적 의심이 무엇인가를 보여 주는 사례가 있다. 세례 요한의 아버지 사가랴와 어머니 엘리사벳은 나이가 많았고 자식이 없었다. 가브리엘 천사가 세례 요한의 수태를 알렸을 때 사가랴는 불가지론적인 의심을 드러내었다. "내가 이것을 어떻게 알리요 내가 늙고 아내도 나이가 많으니이다"(눅 1:18). 사가랴는 제사장의 직무를 행하던 사람이었고, 따라서 아브라함과 사라가 이삭을 낳았을 때에도 사가랴 자신과 비슷한 상황이라는 정도는 알았을 것이다. 그의 말은 진지한 질문이 아니라 의심이었다. 그 불신앙의 결과 사가랴는 신앙을 회복할 때까지 잠시 동안 벙어리가 되는 징계를 받아야 했다(눅 1:20, 64).

오늘날은 보다 많은 세계관이 난무하고 있다. 세계는 여러 가지 이동 수단과 멀티미디어에 의해서 급속히 통합되었고 그 결과 세계관들의 접촉도 보다 활발하게 되었다. 아마 백 년 전만 해도 서구인들은 중국 사람이나 인도 사람들이 어떤 생각을 가지고 있는지 잘 알지 못했을 것이다. 그러나 이제 사정은 달라졌다. 세계관의 접촉과 침투가 더욱 활발해질수록 더욱 변증이 필요한 시대가 되었다. 그런 측면에서 서구적 상황(context)에서 발달한 변증학은 종교 다원주의의 도전을 극복하는 데 있어서 어느 정도 한계를 가진다고 할 수 있다. 이런 차원에서 타종교와 타세계관들에 대한 심도 깊은 연구가 요청된다. 방법론에 있어서도 신학적 영역 외에 비교 종교학적, 인류학적, 심리학적, 자연 과학적 방법 등 일반 은총의 영역을 사용한 총체적인 접근이 필요하다고 생각된다. 이 책은 비교종교학적 접근 방법을 통해서 성경적 세계관을 변증하는 것이 목적이다.

우리는 타종교나 타세계관을 연구함에 있어서 두 가지 방법을 사용할 수 있다. 하나는 숲보다 나무 하나하나에 중점을 두면서 살펴보는 것이고, 다른 하나는 개개의 나무보다는 전체 숲을 살펴보는 것이다. 전자는 종교나 세계관들을 개별적이고 통시적으로 다루는 것으로, 한 종교씩 다루면서 성경적 세계관과의 차이점과 공유점을 살펴보는 것이다. 이 방법은 한 종교를 깊이 파고들면서 다룰 수 있는 장점이 있다. 후자는 전체적이고 공시적인 방법으로서 여러 가지 종교나 세계관들을 함께 벌려 놓고 그 양상을 살펴보는 것이다.

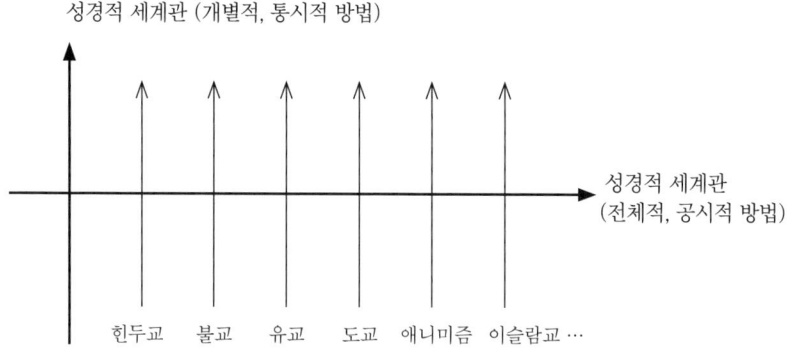

〈표1〉 세계관 연구의 방법

이 책에서는 후자의 방법을 사용해서 종교들과 세계관들에 접근하려고 한다. 이 방법을 통해서 우리는 각 문화와 세계관 속에 하나님께서 베풀어 놓으신 일반 은총의 보편적 모습을 관찰할 수 있다. 또 사탄이 문화와 세계관과 종교들을 통해서 역사해 온 전략들의 보편적인 양상을 볼 수 있다. 그뿐 아니라 타락한 인간이 가지고 있는 종교성이 무엇을 추구하는지,

인간의 갈망과 반역성에 대한 보편적인 통찰을 해낼 수 있다. 그러므로 후자의 방법은 성경적 세계관과 비성경적 세계관이 어떤 양상으로 대치하고 있는지 전선(戰線)의 전체적인 그림을 그릴 수 있게 한다. 우리는 이러한 방법을 통해서 예수 그리스도가 유일한 길이라는 것과, 성경적 세계관을 제외한 다른 모든 세계관들은 연합 전선을 펴면서 성경적 세계관을 무너뜨리려고 한다는 것을 보게 된다.

필자는 성경적 세계관과 비성경적 세계관을 '여호와 신앙'과 '바알 신앙'이라는 개념으로 대칭시키려고 한다. 필자는 모든 비성경적 세계관이 왜 '바알적'인지 짚어 나가고자 한다. 그래서 여호와 신앙과 바알 신앙의 대결이 고대 중근동 지방에 국한된 것이 아니고 오늘날에도 여전히 계속되고 있다는 것을 보여 주고자 한다. 우리는 성경의 역사서를 통해서 이스라엘 백성들이 바알을 섬기다가 징계를 받고 하나님께 돌아오고, 얼마 지나지 않아서 다시 바알을 섬기는 모습을 본다. 이런 어리석은 반복에 대해서 우리는 의아해한다. 그러나 이런 어리석은 모습이 오늘날에도 여전히 재현되고 있음을 본다. 이제 독자들은 갈멜산에서 엘리야가 백성에게 했던 말을 듣게 될 것이다. "너희가 어느 때까지 둘 사이에서 머뭇머뭇하려느냐 여호와가 만일 하나님이면 그를 따르고 바알이 만일 하나님이면 그를 따를지니라"(왕상 18:21). 영적 대결은 곧 세계관 대결(world view encounter)이다.

토의 및 정리 문제

1. 세계관들의 도전과 혼란을 이기기 위해서 어떤 노력이 필요한가?

2. '불신앙적 의심'과 '진지한 의문'은 어떻게 다른가? 진지한 의문을 통해 얻은 유익한 경험이 있으면 나누어 보라(누가복음 1장을 잘 살펴보라).

3. 타종교나 세계관을 연구할 때 주의해야 할 점은 무엇인가?

세계관을 분별하라

1부
/
여호와냐
바알이냐

1장 | 세계관의 대결

세계관의 의미

세계관이라는 용어는 시대와 학자에 따라서 다양한 의도로 사용되어 왔기 때문에 이에 대한 여러 가지 학문적인 논의가 있을 수 있다. 그러나 여기서는 세계관의 특징을 살펴보는 것 외에 굳이 이 용어의 학문적 전개에 대한 역사적 개관을 해야 할 필요를 느끼지 않는다.

세계관(世界觀)이란 문자 그대로 '세계를 보는 관점'이며, 단순하게 말해서 '세상을 보는 안경'이라고 할 수 있다. 세계관은 마치 안경처럼 우리의 몸에 밀착되어 있어서, 안경을 끼는 사람이 렌즈에 색깔을 넣으면 온통 그 색깔대로 보이는 것처럼, 그 사람의 세계관이 무엇이냐에 따라 세상이 다르게 보일 수 있다. 우리는 마치 동일한 세상을 살아가는 것처럼 보여도 실상은 전혀 다른 세상을 살아간다. 예컨대, 정령 숭배(animism) 세계관을 가진 사람들에게는 이 세상은 잡다한 영들로 가득 차 있다. 산에는 산신령이, 강에는 강의 정령이, 숲에는 숲의 정령이, 그리고 나무의 정령, 바위의 정령 등이 있다. 이런 영들은 인간사의 길흉화복에 개입하기 때문에 영들을 조종하고 통제하려고 한다. 반면에 세속주의(secularism) 세계관을 가진 사람들에게는 이 세상은 기본적으로 물질로 되어 있으며, 정신이니 영혼이니 하는 현상도 결국에는 화학 분자식으로 환원시킬 수 있다고 생각한다. 정령 숭배자들과 세속주의자들은 얼마나 다른 세계에서 살고 있는가! 그들은 각각 자신들이 이해하고 해석하고 있는 세계야말로 이 세계가 실제로 존재하고 있는 바, 실재(實在, reality)다. 그러므로 세계관이란 동일한 실재에 대한 다른 관점으로서 세계에 대한 큰 그림이고, 큰 지도이며, 세계를 이해하고 해석하는 큰 틀이라고 할 수 있다.

세계관은 공부를 통해서 이론적으로 학습되기보다는, 어릴 때부터 사회와 문화 속에서 경험한 것을 통해서 자연스럽게 형성되는 것이라고 할 수 있다. 인간은 경험들을 낱개의 파편들로 남겨 두지 않고 그 경험들을 서로 연관시켜서 하나의 폐쇄적 구조물로 만들려는 경향이 있다. 예를 들어서 벽돌로 건물을 짓는다고 가정할 때 벽돌은 경험을 의미하고 벽돌과 벽돌을 연결시키는 것은 이성의 합리화 작용이라고 할 수 있다.

세계관은 경험들이 이성의 합리화 작용에 의해서 무의식적, 비의도적으로 구조화된 것으로서, 모든 사람은 이런 세계관을 가지고 살고 있다. 즉 많이 배운 사람이나 적게 배운 사람이나 모두 세계관을 가지고 있으며 자신의 세계관대로 살아간다. "자기 철학대로는 못살아도 자기 세계관대로는 산다"는 말이 있다. 철학은 의도적이고 의지적으로 고수하려고 하는 그 무엇으로서 이론적인 반면에, 세계관은 비의도적이고 비의지적으로 자연스럽게 사회와 문화 안에서 형성된 것이며 전이론(前理論)적이다. 이론적으로 학습된 철학이나 교리를 세계관이라고 부를 때가 있으나 이런 경우에는 내면화, 혹은 체득화를 통해서 무의식적인 체질이 되도록 촉구한다. 반면에 무의식적으로 체득되어 있는 세계관은 외현화를 통해서 보다 정교하고 조직적인 철학이나 교리로 체계화되기도 한다.

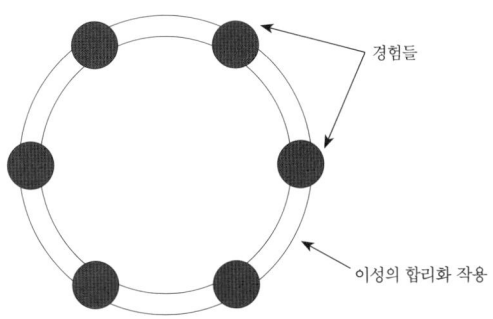

〈표2〉 폐쇄적 구조물로서의 세계관

세계관은 이처럼 무의식적으로 우리에게 깊이 배어 있기 때문에 사람들은 자기가 가지고 있는 세계관을 상대화하지 못하고 절대적인 진리라고 확신하게 된다. 그러나 예를 들어, 선교사가 완전히 다른 문화권에 간 경우에 자신으로서는 도저히 이해할 수 없는 사고방식을 가진 다른 부류의 사람들을 만나게 된다. 그러면 선교사는 자신의 세계관이 절대적인 것이 아니라 상대적인 것임을 깨닫게 되고, 어떤 경우에는 매우 충격적으로 받아들이게 된다. 그것이 곧 '문화 충격'이라고 할 수 있다.

세계관과 문화

문화 인류학자들은 대개 문화를 설명할 때 크게 세계관(world view), 가치 체계(value system), 행동 양식(behavior pattern) 등 세 가지 영역으로 나눈다. 이 중에서 가장 심층부에 있는 것이 '세계관'이다. 세계관으로부터 '가치 체계'들이 나오고 이 가치 체계들에 따라서 '행동 양식'들이 나타난다. 우리는 타문화권에서 나타나는 행동 양식이나 가치 체계들이 세계관과 어떤 관계를 가지고 있는지 예를 들어서 살펴볼 수 있다.

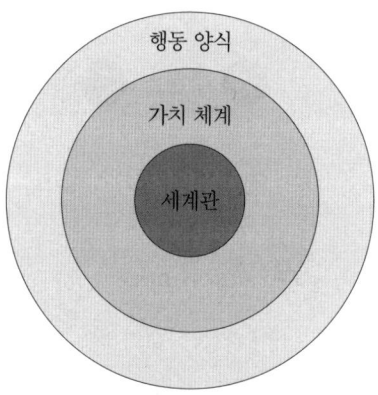

〈표3〉 문화의 세 가지 영역

태국이나 혹은 다른 불교권 나라에 선교사들이 가서 때때로 물질적으로 도와줄 때가 있다. 그때 현지인들은 감사하다는 표현을 그다지 하지 않는 경우가 종종 있다. 어떻게 보면 그들은 이런 도움을 당연하게 받아들이는 것처럼 보인다. 그러면 선교사들은 충격을 받는다. 처음에는 '감사하다는 말을 잊어버렸나 보다'라고 생각하다가 나중에는 적개심으로까지 발전할 수 있게 된다. '이 사람들은 자기들을 도와줘도 감사할 줄 모르는 아주 예의도 없는 그런 민족이구나'라고 오해하고, 나아가서는 멸시감을 가질 수도 있다. 여기서 우리는 어떤 세계관이 이 사람들로 하여금 감사를 잘 표현하지 못하게 하는지 살펴보아야 한다.

불교나 힌두교권에 가면 '업보'(業報)라는 개념이 있다. 이것을 산스크리트어로는 '카르마'(karma)라고 부른다. 업보의 세계관에 의하면 좋은 업을 쌓으면 내세에 좋은 곳에 태어나고 나쁜 업을 쌓으면 나쁜 곳에 태어난다. 이런 관점에서 '가'라는 사람이 '나'라는 사람을 도와주는 경우를 생각해 보자. 일반적으로 생각해 보면 '가'가 '나'를 도와준 것이며 '나'는 '가'를 위해서 해 준 것이 없다고 할 수 있다. 그러나 업보의 관점에서 생각해 보면 '가'가 좋은 업을 쌓을 수 있도록 기회를 제공해 준 것은 '나'다. 만일 '나'가 도움받는 것을 거절했다면 '가'는 좋은 업을 쌓는 기회를 갖지 못했을 것이다.

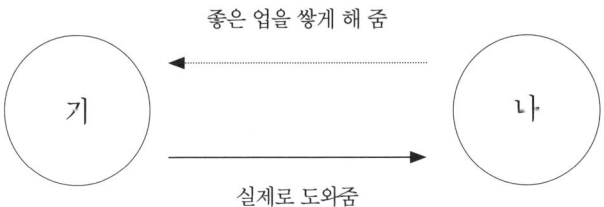

〈표4〉 업(業) 세계관의 사고방식

그렇기 때문에 '나'가 '가'에게 크게 감사할 것은 없다는 생각을 할 수 있다. 우리나라 문화 가운데도 불교적 세계관에서 나온 것들이 많이 있다. 우리말에도 '적선(積善)한다'라는 말이 있는데 이 말을 문자 그대로 풀어 보면 '선을 쌓는다'라는 의미다. 여기에는 '당신이 나를 도와주는 것은 곧 당신 자신을 위해서 선을 쌓는 것입니다'라는 불교적인 업보 세계관이 반영되어 있다.

인도의 갠지스 강에 가면 수도자들이 있는데, 이들을 힌두교에서는 '산냐신'(samnyasin)이라고 부른다. 그 의미는 '모든 것을 포기한 자'라는 뜻이다. 그들은 자신의 경제적 사회적 기반, 가족과 집까지도 다 포기하고 구도(求道)하는 자들이다. 그래서 이들은 구걸을 해서 먹고 산다. 그러나 인도 사람들은 아무도 이들이 구걸하는 것을 경멸하거나 비난하지 않고 오히려 존경한다. '아! 저 사람은 구도자구나!'라고 생각한다. 우리나라에서도 불교의 영향 때문에 승려들이 탁발하는 것에 대해서는 매우 관용적이다. 그러나 승려도 아닌 사람이 구걸하고 다니면 멸시를 받게 된다. 우리나라 욕설 중에서 가장 심한 욕 중의 하나가 바로 '빌어먹을 자식'이라는 말이다. 우리나라 문화에서는 '빌어먹는 것', 즉 구걸하는 것은 욕을 듣는 이유가 된다. 우리나라 문화에는 유교적이고 무속적인 세계관이 깊이 깔려 있는데, 두 세계관의 공통적인 특징은 현세적 복을 추구하는 것이다. 현세 기복적 세계관에서는 복의 개념이 전통적인 중국의 복 관념처럼 복(福), 녹(祿), 수(壽)라는 현세적 가치를 추구한다. 복(福)이란 재물이 많은 것을 의미하고, 녹(祿)은 높은 관직에 나아가는 것을 의미하며, 수(壽)는 오랫동안 무병장수(無病長壽)하는 것이다. 이런 세계관이 전제되어 있는 문화에서는 '빌어먹을 자식'은 복이 없는 것이고 아주 경멸적인 나쁜 욕이 된다.

또 한 가지 예를 들어 보자. 단기 선교팀들이 인도에 가서 노방 전도를 할 때 무언극(mime)으로 메시지를 전하는 경우가 종종 있다. 찬양을 한 뒤에 '십자가'(Cross)라는 무언극을 보여 준다. 예수를 십자가에 못 박고 예수가 목을 떨구는 몸짓을 보여 주었을 때 인도 사람은 예수가 죽은 것으로 생각하지 않는다. 왜냐하면 인도는 요가(Yoga) 등의 신비주의적 고행 문화가 아주 만연해 있는 곳이다. 이런 문화적 환경 속에서는 그 정도 고행을 하는 사람은 많기 때문에 십자가에 못 박히는 정도는 고행도 아니라고 생각하며 더군다나 죽은 것으로도 간주하지 않는다. 심지어 땅에다 묻는 시늉을 해도 죽은 것으로 생각하지 않는다. 인도에서 요가 수행을 하는 사람을 요기(Yogi)라고 하는데, 이 요기들을 물탱크 속에 집어넣고 며칠 만에 꺼내거나, 혹은 땅속에 파묻어 놓고 며칠 만에 꺼내도 죽지 않고 살아난다는 것이다. 그것이 사실이냐 아니냐는 그렇게 중요한 것이 아닐 수 있다. 중요한 것은 그런 사고방식이나 말들이 통용될 수 있는 문화에 인도 사람들이 살고 있다는 것이다. 그렇기 때문에 인도에서는 땅에 파묻는 것만으로는 죽었다고 간주하지 않고, 땅에 파묻고 난 후 그 위를 지근지근 밟은 다음 손바닥을 세 번 털어야 죽은 것으로 생각한다. 그러면 이런 행동 양식들은 어디서 나오는 것인가? 바로 '세계관'에서 나온다. 요가라고 하는 신비주의적인 세계관에서 비롯된 것이다. 이처럼 세계관은 사람들의 가치 체계나 행동 양식의 기초가 되는 것으로서 우리에게 매우 밀착되어 있다.

세계관의 속성

　인간의 경험들은 낱개의 파편들로 남겨지지 않고 서로 연관되어서 하나의 구조물로 형성된다는 것을 앞에서 지적했다. 이런 구조화의 작업들은 오랜 시간에 걸쳐서 거의 무의식적이고 직관적으로 이루어지는 것처럼 보인다. 그러나 사실 이 작업의 주체는 '이성'이다. 인간의 이성은 경험을 합리적으로 체계화해서 폐쇄적인 구조로 만들려는 경향을 가지고 있다. 세계관은 인간의 이성이 경험을 합리화하면서 형성한 하나의 폐쇄적인 사고의 틀이라고 할 수 있다. 이런 사고의 틀이 정교하게 조직적으로 서술될 때 '철학'이라고 말할 수 있다. 어떤 사람이 자기의 세계관을 별로 체계적이지도 않고 허술하게 피력할 때 우리는 우스갯소리로 '개똥 철학'이라고 한다. 이처럼 세계관은 철학의 원초적 재료가 된다.

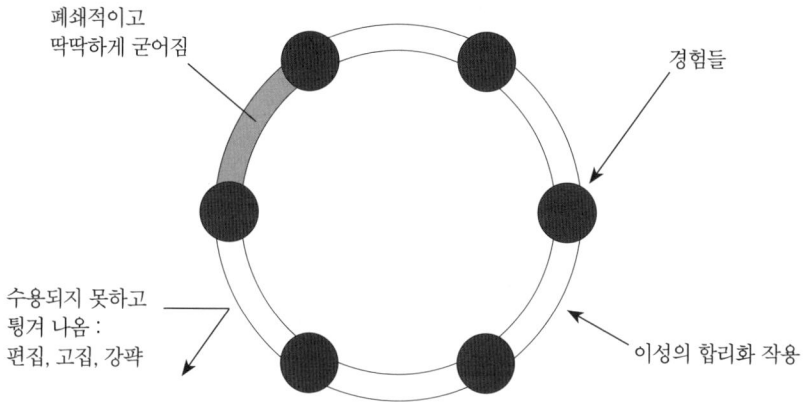

〈표5〉 세계관의 경직성

타락한 인간은 이성을 진리 판단의 기준으로 삼는 경향이 있다. 이성은 경험한 것을 합리화해서 하나의 틀(frame)을 만들고, 이 틀 안에 들어오지 않는 것은 받아들이지 않는 속성을 가지고 있는데 그것을 다른 말로 하면 '편견'이고 '고집'이다. 쉽게 말해서 자기 사고의 틀 안에 들어오지 않는 것은 도무지 받아들이지 못하는 것이 바로 '고집'인 것이다. 아마 과학 철학자들은 이것을 '패러다임'이라고 고상하게 부를 수도 있다.

이런 속성이 하나님 말씀에 적용될 때에도 동일한 현상이 일어난다. 하나님 말씀은 인간의 문화와 사회에서 경험되는 것을 넘어서기 때문에 초경험적이고, 또한 인간의 문화와 사회에서 형성된 이성의 합리화 작용을 넘어서기 때문에 초이성적인 사실들을 포함하고 있다. 초경험적인 것은 홍해가 갈라진 기적(출 14:21)이나 오병이어의 기적(마 14:19-21)처럼 종종 초자연적인 것으로 나타난다. 비이성적인 것은 인과 관계가 잘못된 것이라면 초이성적인 것은 놋뱀 사건(민 21:9)처럼 인과 관계가 설명되지 않는 것이다. 그런데 하나님 말씀이 임했을 때 인간들은 자신의 경험에 고착된 이성의 역할로 이런 초경험적이고 초이성적인 내용들이 자기의 기존 틀에 합리화되지 않기 때문에 그것을 받아들이지 못하게 된다. 즉 자신의 세계관이 가지고 있는 폐쇄성 때문에 하나님 말씀을 완강하게 거부하게 된다. 그것이 바로 '강퍅'이다.

사람들이 하나님 말씀에 불순종하는 이유는 인간의 문화와 사회에서 형성된 이성의 견지에서는 불합리해 보이고, 또 경험의 견지에서는 불리해 보이기 때문이다. 성경의 불순종 사건들은 모두 하나님 말씀이 불리하거나 불합리하게 보여서였고, 반대로 위대한 순종 사건들은 불합리하고 불리해 보이는 것을 믿음으로 뛰어넘은 사건들이다. 사울 왕이 아말렉 족속을 진멸하면서 양들과 소들을 남겨 놓은(삼상 15:15) 불순종 사건은 불리했기 때문이다. 아브라함이 이삭을 바친(창 22:2) 사건이나 성모 마리아가 동정녀 수태를 받아들인(눅 1:38) 사건 등은 불합리함과 불리함을 뛰어넘은 믿음을 보여 주는 순종의 사건들이다. 이런 불리함과 불합리함을 뛰어넘을 때 나타나는 표현이 "죽으면 죽으리이다"(에 4:16), "잃게 되면 잃으리로다"(창 43:14), "그렇게 하지 아니하실지라도"(단 3:18), "말씀에 의지하여"(눅 5:5) 등이다. 타락한 인간의 사회와 문화 속에서 사회화(socialization)되고 문화화(enculturation)되면서 세상 풍속을 좇아 불순종의 체질(엡 2:2)로 형성되어진다. 그러나 순종을 통해서 성경적인 경험과 이성의 합리화가 형성되면 이 세상의 문화와 사회에서 형성된 경험과 이성의 합리화를 넘어서는 영적 차원이 있다는 것을 체험하게 된다. 이렇게 작은 순종이 쌓이면 세상적 경험과 이성의 합리화라는 차원을 넘어서 점차로 더욱 큰 순종을 할 수 있게 되는 것이다. 아브라함이 믿음의 거목이 된 것은 하루아침에 된 것은 아니다.

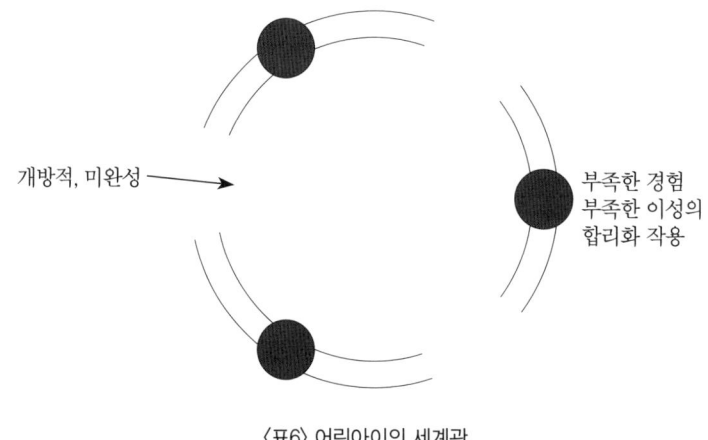

〈표6〉 어린아이의 세계관

이런 관점에서 모든 타락한 인간은 성경이 증언하는 대로 원래 고집스럽고 강퍅하다(롬 3:11-18). 그럼에도 불구하고 어린이들은 어른들보다 훨씬 더 복음을 잘 받아들인다. 반대로 나이를 먹을수록 사람들은 복음을 받아들이기 어려워한다. 왜냐하면 어린이들은 경험이 많지 않고 이성의 합리화 작용도 어른들만큼 충분하지 않기 때문이다. 어린이들은 이미 세계관이 완성되어서 폐쇄적인 틀을 형성하고 있는 것이 아니기 때문에 수용성이 강하다. 교회 학교 출신들이 방황하다 결국 하나님께 돌아오는 비율이 월등히 높은 이유도 여기에 있다. 교회 학교 때 보고 듣고 경험한 성경적 세계관이 경험의 단편으로 그들의 세계관 속에 자리잡고 있기 때문에 어떤 계기가 주어지면 그러한 경험의 단편들이 결정적인 영향력을 발휘하면서 하나님께 나아가게 하는 요인이 되는 것이다.

이렇게 강퍅하고 고집스러운 인간들도 살아가다 보면 자기 세계관의 틀로는 도저히 설명할 수 없는 어떤 충격적인 사건이나 경험을 할 때가 있다. 사업이 망한다든지 건강을 잃게 되었다든지 하는 경우가 이런 예가 될 것이다. 예를 들어, 지금까지는 '돈이면 다 된다'는 물질주의적 세계관을 가지고 있었는데 그것만으로는 해결될 수 없는 어떤 충격적인 일에 부딪히게 된다. 이때 그 사람의 세계관, 즉 경험과 이성을 재료로 한 구조물에 균열이 간다. 동시에 이때야말로 하나님이 역사하실 수 있는 좋은 기회가 된다. 이때 전도자에 의해서 복음이 전해질 때 하나님 말씀은 그 균열의 틈바구니를 뚫고 그의 마음속에 들어가서 역사하게 되고, 그가 가지고 있는 기존의 물질주의적 세계관이 붕괴되면서 회심하여 예수 그리스도를 영접하게 된다. 여기서 기존의 세계관이라는 구조물에 균열을 일으키시는 분도 물론 하나님이시고 그 균열의 틈을 뚫고 말씀이 들어가서 역사하게 하시는 분도 하나님이시다. 하나님은 환경을 통해서 세계관에 균열을 일으키시고 전도자를 통해서 말씀이 역사하게 하신다. 이처럼 균열을 일으키고 회심하게 하는 모든 과정에 하나님의 섭리와 역사하심이 있다. 그러므로 한 사람을 회심하게 하는 데 있어서 주체는 언제나 하나님이시다.

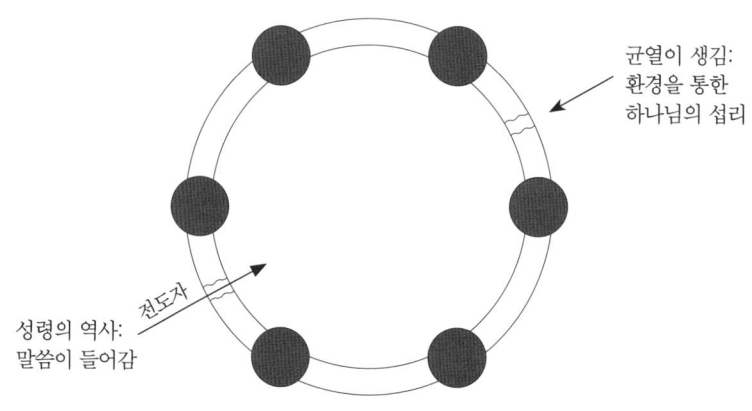

〈표7〉 세계관의 변화

세계관의 변화와 선교

세계관을 변화시키는 주체가 하나님이시라는 사실은 세계관의 변화가 인간적인 지혜에서 나온 설득으로는 가능하지 않다는 것을 의미한다. 그렇기 때문에 어떤 한 사람이 다른 사람의 세계관을 바꾼다는 것은 보통 어려운 일이 아니다. 그런데 우리가 '전도한다' 혹은 '선교한다'고 하는 것은 바로 이 세계관을 바꾸는 데까지 나아가는 것을 의미한다.

사람들은 자기 세계관대로 살기 위해서 아무런 노력을 할 필요가 없다. 세계관은 경험적으로 몸에 배어 체질화된 것이기 때문이다. 인간적인 설득을 해서 경험적으로 몸에 배어 있는 것을 변화시킨다는 것은 결코 가능한 일이 아니다. 우리가 전도할 때 어떤 사람을 인간적인 지혜로 설득해서 그 사람이 예수 믿겠다고 하는 경우는 별로 없다. 왜냐하면 아무리 배우지 못하고 무식한 사람이라 할지라도 자기 나름대로의 세계관을 가지고 있기 때문이다.

우리는 전도자의 지식이나 혹은 말솜씨에 설득당해서 예수 그리스도를 영접하겠다는 사람을 만나보기가 쉽지 않다. 아마도 전도자가 지식적으로 전하면 전할수록 전도는 더욱 어려워질 수 있다. 때때로 우리는 우리가 가지고 있는 지식이나 말솜씨를 가지고 상대방의 말문을 막히게 하거나 논리적으로 굴복시킬 수 있다. 그러나 논리적으로 굴복시켰다고 해서 그 영혼을 얻은 것은 아니다. 사람들은 논리적으로 졌다고 해서 자기의 몸에 배어 있는 세계관을 바꾸지 않는다. 우리는 논리적으로는 이겼지만 영혼은 잃어버리는 어리석음을 범해서는 안 된다. 세계관이 바뀌기 위해서는 다른 차원의 경험이 필요하다.

사실 바울은 공부를 많이 한 똑똑한 사람이었고 누구보다도 인간적인 설득력을 갖춘 사람이었다. 그는 당시의 헬라 철학에 능통한 사람이고 유대 신학에도 정통한 사람이었다. 바울은 당시에 유행한 에피쿠로스 학파나 스토아 학파 등 헬라 철학자들과 논쟁할 수 있는 실력을 가지고 있었다(행 17:18). 그가 당시에 그 이름 높은 대 랍비 가말리엘의 문하생이었다는(행 22:3) 사실은 그가 유대 신학에 얼마나 정통했는가를 말해 준다. 그럼에도 불구하고 바울은 오직 십자가 외에는 아무것도 알지 않기로 작정했다고(고전 2:2) 말한다. 왜냐하면 바울은 전도의 핵심은 곧 세계관의 변화를 가져오는 것이며, 이것은 "설득력 있는 지혜의 말"로 되는 것이 아니라 "다만 성령의 나타나심과 능력"(고전 2:4-5)으로만 가능하다는 것을 깨달았기 때문이다.

그러나 전도의 결과로 회심하는 것은 세계관 변화의 출발이지 완성은 아니다. 회심한 그리스도인들은 성경적 세계관을 배우고 체질화하면서 영적 성숙과 성화의 길을 가야 한다. 성화는 지속적인 세계관 변화의 과정이라고 할 수 있다. 성화는 이 세상의 문화와 사회가 요구하는 방식을 무작정 따르지 않고, 삶의 모든 영역에서 "하나님의 선하시고 기뻐하시고 온전하신 뜻이 무엇인지 분별하고"(롬 12:2) 더욱더 성경적 세계관대로 살아내는 과정이다.

세계관과 혼합주의

많은 경우 선교사들이 선교지에서 열심히 사역을 한다고 하지만 현지인들이 가지고 있는 기존의 세계관을 변화시키지 못하고 가치 체계나 행동 양식만 변화시키는 일이 종종 있다. 핵심은 변화되지 않고 겉모습만 기독교식으로 변화되는데 이것이 바로 혼합주의(syncretism)이며 명목주의(nominalism)다. 혼합주의는 알맹이는 안 바뀌고 겉껍데기만 바뀌는 것이다. 그러나 사람의 본질은 다급할 때 나타난다. 어떤 사람이 선한 사람인지 아닌지는 따뜻하고 배부를 때는 알 수 없고 한계 상황에 가야 그 본질이 드러난다. 그 사람이 충성스럽고 믿음 좋고 잘 섬기는 사람인지는 고난이 닥치고 문제가 생겼을 때에야 분명히 드러난다.

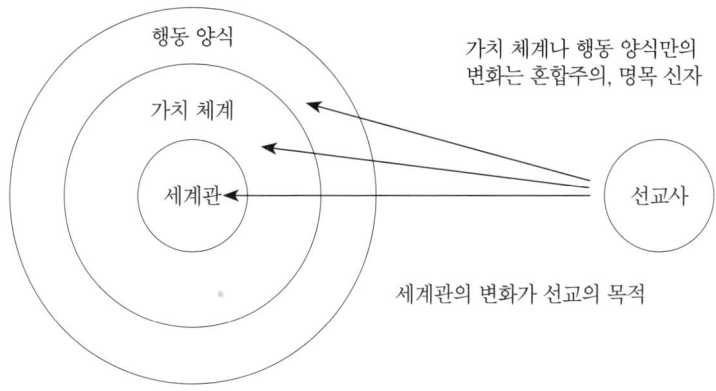

〈표8〉 세계관과 선교의 관계

성경은 예수께서 어떤 부자 청년이 가지고 있는 세계관의 본질이 드러나도록 인도하시는 장면을 보여 준다. 청년은 어떻게 해야 영생을 얻을 수 있는지 질문했다(막 10:17). 그는 이와 같은 영적인 질문을 할 수 있을 정도로 믿음이 좋아 보였다. 예수께서는 행동 양식 차원에서 여러 가지 계명들을 말씀해 주셨다(막 10:19). 부자 청년은 "이것은 내가 어려서부터 다 지켰나이다"라고 응답했다(막 10:20). 그의 행동 양식은 흠잡을 수 없는 신실한 신자의 모습으로 보인다. 요즘식으로 말하면 모태 신앙 출신에 자타가 공인하는 믿음 좋은 청년이었다. 그때 예수께서 그 청년을 "사랑하사"(막 10:21) 무의식적으로 감추어져 있던 본질이 드러나도록 다소 밀어 부치셨다. "네게 아직도 한 가지 부족한 것이 있으니 가서 네게 있는 것을 다 팔아 가난한 자들에게 주라 …… 그리고 와서 나를 따르라"(막 10:21). 부자 청년의 깊숙한 곳에 숨겨져 있던 물질주의적 세계관이 한계 상황에 몰렸을 때 드러났다. 성경은 이렇게 청년의 모습을 기록하고 있다. "그 사람은 재물이 많은 고로 이 말씀으로 인하여 슬픈 기색을 띠고 근심하며 가니라"(막 10:22). 신실하게 보이는 이 부자 청년의 깊은 곳에는 물질주의 세계관이 혼합되어 있었던 것이다.

우리는 아프리카나 라틴 아메리카에서 기독교가 그곳의 정령 숭배 신앙(animism)과 혼합되어 있는 것을 종종 발견하게 된다. 겉으로만 보면 그들은 분명히 그리스도인으로서의 가치 체계와 행동 양식을 따르고 있다. 주일 예배에 참석해서 예배도 드리고, 헌금도 하고, 마을에 있는 다른 사람들과는 달리 일부일처제를 고수하기도 한다. 그러나 한계 상황이 오면 본질이 드러난다. 주일 오전에 교회에 가서 예배를 잘 드리고 오지만, 오후에 자녀가 너무 아프면 마을 주술사(witch doctor)에게 찾아가서 주술로 병을 고치려고 한다.

우리는 이런 혼합주의가 단지 선교지에서만 일어난다고 말할 수는 없다. 우리는 굉장히 심한 '혼합주의' 시대에 살고 있다. "우리가 가지고 있는 세계관이 과연 순전한 성경적 세계관인가?"라고 반문했을 때 우리는 명백하게 "예"라고 대답할 수 없다. 오늘날 거의 모든 세계관은 물질주의라고 하는 거대한 형태의 바알 신앙과 혼합되어 있다. 조지 오티스(George Otis Jr.)는 지상 명령을 완수하기 위해서 극복해야 할 세 가지 거대한 세계관으로 힌두교와 이슬람교, 그리고 물질주의를 들고 있다(Otis, 54-61). 오늘날 청소년, 청년, 장년 할 것 없이 모든 연령층의 그리스도인이 물질주의 세계관과 혼합된 세계관을 가지고 있다는 것은 심각한 사실이다. 겉으로는 교회도 잘 나오고 기독교인으로서의 행동 양식을 다 가지고 있는 것처럼 보인다. 그러나 그들의 깊숙한 곳에 뿌리박혀 있는 세계관은 '대중가요' '스포츠' '전자 제품' '자동차' '아파트 평수'와 같은 용어로 대변되는 물질주의며, 이런 것들이 그들의 사고방식과 삶의 양식을 주도하고 있다.

우리는 한 문화의 토양 속에서 태어나서 성장하며, 문화의 핵심인 전통 종교들의 세계관과 세속주의 세계관의 영향을 받으면서 세계관이 형성된다. 그러므로 평소에 우리는 우리 안에 어떤 비성경적 세계관이 혼합되어 있는지 스스로 잘 알지 못한다. 하나님 말씀의 다림줄이 내리고(암 7:7) 성령의 조명(고전 2:12)이 있을 때 비로소 우리가 얼마나 빗나가고 벗어났는지를 깨닫게 된다.

세계관과 제자 훈련

세계관의 문제는 개개인의 신앙의 성숙과 밀접한 연관을 가지고 있다. 우리가 그리스도의 분량까지 자랐느냐, 참 그리스도인이냐 하는 것도 우리가 얼마나 성경적 세계관에 입각해서 사는가 하는 문제라고 할 수 있다. 즉 성경적 세계관이 우리 삶에 많이 녹아서 행동과 판단의 원리로 더 많이 작용할 때 우리는 그 사람을 성숙한 사람이라고 말할 수 있다. 교회라는 공동체도 마찬가지다. 모든 교회가 성숙한 것은 아니다. 성경의 예를 보아도 에베소 교회나 빌립보 교회 등은 성숙한 공동체였지만 고린도 교회는 어리고 미숙한 공동체였다. 교회를 움직이고 교회에서 결정하는 판단들이 보다 성경적 원리에 근거하고 있을 때 그 교회는 성숙한 공동체라고 할 수 있다. 어리고 미숙한 교회 공동체의 특징은 비성경적, 세속적 원리에 의해서 움직인다는 것이다. 마찬가지로 성경적 세계관이 어떤 사회의 문화적 토양에 많이 녹아서 사회 구성원들의 행동과 판단의 원리로 더 많이 작용할 때 우리는 이 사회를 성숙한 사회라고 말할 수 있다.

우리 안에는 성경적 세계관과 비성경적 세계관이 혼합해 있다. 우리 안에 있는 비성경적 세계관이 점점 제거되고 성경적 세계관이 삶의 원리로 자리 잡아 갈 때 성숙해 간다고 말할 수 있다. 이렇게 성경적 세계관이 우리의 삶에 나타나도록 신앙 성숙을 가져오는 것이 제자 훈련이라고 할 수 있다.

오늘날 많은 선교 단체와 교회에서 제자 훈련 프로그램을 실시하지만 성과를 얻지 못하는 경우가 많다. 그 이유는 제자 훈련을 성경 공부와 동일시하기 때문이다. 물론 성경 공부는 필요하고 중요하다. 그러나 성경 공부만 시키면 이론과 지식은 많아지지만 성경적 세계관이 형성되지는 않는다. 세계관이 변한다는 것은 지식의 변화가 아니라 체질의 변화를 의미한다. 그러므로 세계관이 형성되기 위해서는 이성의 합리화 작용, 즉 축적된 이론이나 지식 외에 반드시 축적된 경험이 있어야 한다. '**경험 + 이성 = 세계관**'이라는 단순한 공식은 제자 훈련의 원리를 말해 준다. 많은 사람이 성경에 대해서 아는 것은 많은데 가슴에 와 닿지 않아서 답답해한다. 지식적으로는 알겠고 머리로는 동의하겠는데 무엇인가 모르게 만족함이 없다. 이런 사람들은 성경적 세계관이 그들 자신의 세계관이 되지 못했기 때문에 그들의 삶에 성경적 세계관이 나타나지 못한다. 왜냐하면 모든 사람들은 자기의 세계관대로 살기 때문이다.

경험	+	이성의 합리화	→	세계관
현장 체험	+	성경 공부	→	체질 변화
지키게 함	+	가르쳐	→	제자 훈련(마 28장)
행함(순종)	+	듣고(말씀)	→	견고한 신앙(눅 6장)

〈표9〉 세계관과 제자 훈련

그리스도인들이 복음을 전해서 비성경적 세계관을 파하는 것은 선교의 출발일 뿐이다. 우리는 잘못된 것을 파함과 동시에 반드시 올바른 성경적 세계관을 세워야 한다. "모든 이론을 무너뜨리며 하나님 아는 것을 대적하여 높아진 것을 다 무너뜨리고 모든 생각을 사로잡아 그리스도에게 복종하게"(고후 10:4-5) 하는 것이 곧 '성경적 세계관 세우기'라고 말할 수 있다. 따라서 제자 훈련은 다른 말로 하자면 '성경적 세계관 세우기'라고도 말할 수 있을 것이다.

선교와 제자 훈련과 세계관의 관계를 가장 잘 나타내 주는 것이 마태복음 28장 19-20절의 지상 명령이다. "너희는 가서 모든 민족을 제자로 삼아 아버지와 아들과 성령의 이름으로 세례를 베풀고 내가 너희에게 분부한 모든 것을 가르쳐 지키게 하라." 여기에서 "내가 너희에게 분부한 모든 것"은 하나님 말씀, 즉 성경적 세계관을 나타낸다. 제자를 삼는 것은 성경적 세계관이 삶 속에 나타나게 하는 것이다. 그렇게 하기 위해서는 "가르쳐"야 할 뿐 아니라 "지키게" 해야 한다. 단지 가르치는 것으로 끝나서는 제자 훈련이 아니다. 반드시 그 말씀을 순종하여 지키게 해서 말씀이 살아서 역사하고 말씀에 능력이 있다는 것을 체험하게 해야 한다.

가슴에 와 닿지 않는 사람들은 말씀에 순종해서 행하지 않았기 때문에 체험이 없어서 답답한 것이다. 그러므로 제자 훈련을 하는 사람들에게는 반드시 순종의 기회를 주어야 한다. 성경 공부를 한 뒤에 "각자 일주일 동안 적용해 봅시다"라고 말하는 것으로 끝내서는 안 된다. 리더가 함께 현장으로 나가서 배운 말씀을 순종해서 행해야 한다. 성경적 세계관은 성경 공부의 강의실에서 형성되는 것이 아니라 순종의 현장에서 이루어진다. 예수 그리스도의 제자 훈련 방식은 결코 강의실 안에서만 이루어지지 않왔다. 예수께서는 제자들에게 하나님 말씀을 가르치셨지만 동시에 제자들을 데리고 다니면서 그 말씀대로 실천할 수 있는 기회를 주셨다. "각자 알아서 적용해 보고 다음 주까지 보고서를 내시오"라고 하지 않으셨다. 제자들은 순종하고 체험할 수 있는 기회를 많이 가졌다.

누가복음 6장에서도 세계관이 순종을 통해서 형성되는 것임을 보여 주고 있다. "너희는 나를 불러 주여 주여 하면서도 어찌하여 내가 말하는 것을 행하지 아니하느냐 내게 나아와 내 말을 듣고 행하는 자마다 누구와 같은 것을 너희에게 보이리라 집을 짓되 깊이 파고 주추를 반석 위에 놓은 사람과 같으니 큰 물이 나서 탁류가 그 집에 부딪치되 잘 지었기 때문에 능히 요동하지 못하게 하였거니와 듣고 행하지 아니하는 자는 주추 없이 흙 위에 집 지은 사람과 같으니 탁류가 부딪치매 집이 곧 무너져 파괴됨이 심하니라"(눅 6:46-49).

하나님의 말씀을 듣고 행하는 자는 견고한 기초 위에 성경적 세계관이 형성된 사람이다. 그는 탁류와 같은 인생의 시련과 어려움이 와도 요동치 않는다. 견고한 신앙, 흔들리지 않는 신앙, 성숙한 신앙의 원리는 '듣고 행함' 즉 순종에 있다. 그러나 듣기만 하는 사람은 지식은 형성되지만 세계관이 형성되지 않았기 때문에 시련과 어려움이 닥치면 신앙의 껍데기조차 무너지고 파괴된다. 사도 야고보는 행함이 없는 자는 자기를 속이는 자(약 1:22)이고 행함이 없는 믿음은 죽은 믿음(약 2:17)이라고 말한다. 행함이 없는 믿음은 세계관화되지 않은 지적 동의에 불과하기 때문이다. 사람들은 많이 들어서 많이 알면 자신이 꽤나 괜찮은 사람인 것으로 착각한다. 그러나 행함이 없다는 것은 체질화되지 않은 것이고 성숙하지 못한 것이다.

세계관과 내적 치유

보다 성경적인 세계관, 보다 견고한 신앙을 가진 사람을 우리는 성숙한 신앙인이라고 말한다. 그러나 우리 안에는 신앙의 성숙을 방해하는 고질적인 요인들이 있다. 우리는 이런 고질적인 요인을 '쓴 뿌리', 혹은 '상처'라는 말로 표현할 수 있다. 이런 상처들은 자신의 성숙만 가로막는 것이 아니라 사람들과의 관계에서 많은 문제를 일으키고 공동체의 순결을 오염시킬 수 있다. 그러므로 성경은 "너희는 하나님의 은혜에 이르지 못하는 자가 없도록 하고 또 쓴 뿌리가 나서 괴롭게 하여 많은 사람이 이로 말미암아 더럽게 되지 않게 하며"(히 12:15)라고 말씀하고 있다.

성숙을 위해서 쓴 뿌리나 상처를 처리하는 것을 '내적 치유'라는 말로 표현할 수 있을 것이다. 오늘날 교회에서 내적 치유에 대한 관심이 높아진 것은 한편으로는 바람직한 일로 보인다. 그러나 내적 치유가 반드시 어떤 심리학적 방법과 연관된 세미나를 통해서만 이루어져야 하는 것은 아니다. 내적 치유는 회심할 때, 그리고 예배, 기도, 찬송, 죄의 자백 등을 통해서 자연히 일어날 수도 있다. 오늘날 내적 치유 세미나가 성행하는 것은 다른 한편으로 예배나 기도, 찬송 등이 하나님의 은혜의 통로로써 제대로 기능하지 못한다는 것을 반증하는데 이것은 우려해야 할 현상이다. 내적 치유의 또 하나의 문제는 자신의 심리를 분석함으로써 자기에 대해 지나치게 관심을 집중시킨다는 것이다. 예배와 기도와 찬송 등은 '하나님이 누구신가?'에 관심을 집중하게 함으로 그 결과 자연적인 치유가 일어나게 된다. 사실 이것이 성경적인 내적 치유의 방식에 가깝다고 생각된다. 심리학적 방법을 성경적으로 응용하는 것은 일반 은총적인 부분이 있으나, 자칫 잘못하면 힌두교나 불교 등의 동양 종교들과 마찬가지로 인간의 '자아'에 지나친 비중을 두는 인간 중심적 사고방식으로 흐를 수 있다.

상처나 쓴 뿌리도 일종의 경험을 의미한다. 우리는 어릴 때부터 많은 경험을 하는데 그중에 어떤 경험은 매우 충격적이어서 깊은 각인을 새기는 것이다. 더군다나 부모나 선생님, 친구들과 같은 '의미 있는 타자'와의 관계에서 경험한 것은 절대적인 영향을 끼친다고 할 수 있다. 사람들은 이런 경험들도 역시 이성을 가지고 합리화해야 하는데, 이 과정에서 잘못된 논리를 가지고 합리화할 수 있다. 즉 자신의 경험을 왜곡된 논리로 잘못 처리해서 상처나 쓴 뿌리를 만들어 버릴 수 있다. 특히 어린아이들은 이성의 인지 작용이 충분히 발달하지 않아서 매우 단순한 논리로 합리화하기 때문에 이러한 왜곡이 일어나기 쉽다. 더군다나 부모와 같은 '의미 있는 타자'가 반복적으로 비성경적인 어떤 것을 경험하게 하고, 아이가 이 경험을 비성경적인 논리로 처리했을 때 그것은 쓴 뿌리가 되어서 나중에 하나님의 은혜를 수용하는 것을 어렵게 만든다. 이처럼 쓴 뿌리와 상처가 자신의 세계관, 즉 폐쇄적 구조물의 여기저기에 강하고 견고하게 박혀 있으면, 나중에 그것을 무너뜨리고 새로이 성경적 세계관을 세우기가 매우 어려워진다. 하나님의 말씀이 잘못 처리된 경험과 논리를 수정해야 함에도 불구하고 교묘한 방식으로, 심지어 종교적 방식으로 기존의 세상적 경험과 논리를 정당화하고 미화한다. 그래서 바리새인들처럼 비성경적 경험과 논리를 종교적으로 강화하면서 가식적인 인격을 그대로 유지하는 율법주의적인 그리스도인이 된다. 이처럼 잘못 처리된 경험을 제거하기 전에는 올바른 성경적 세계관이 형성되기 어려운 것이다.

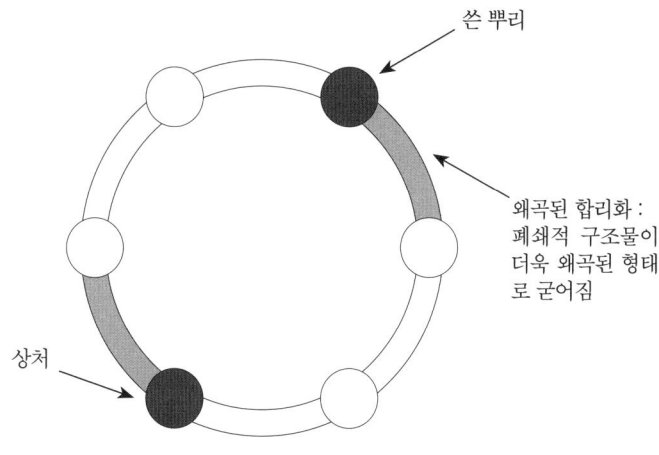

〈표10〉 쓴 뿌리, 상처와 세계관의 관계

이런 쓴 뿌리, 상처가 제거되기 위해서는 하나님의 은혜가 필요하다. 어떤 방법이든지 내적 치유가 일어나기 위해서는 예수 그리스도의 사랑이 그의 심령 속에 흘러 들어가는 은혜의 역사가 있어야 한다. 하나님의 은혜가 부어지면 쓴 뿌리와 상처 때문에 강화된 옛사람의 습관이 깨어져 나가고 하나님의 관점에서 이전의 쓰라린 경험을 재해석하고 재통합하며 하나님 말씀으로 자신에게 일어난 일을 재합리화하면서 성숙이 일어난다.

세계관과 영적 성숙

세계관의 형성이란 다른 말로 하자면 세계라는 실재에 대한 지도를 그려 가는 과정이다. 뒤에 나오는 이 책의 4장에서 자세하게 언급하겠지만 우리 인간은 타락으로 인해 인식 능력이 전락되었기 때문에 하나님과 인간 자신과 자연계에 대한 올바른 지식을 가지고 있지 못하다. 즉 인간은 실재를 정확하게 파악할 인식 능력이 없다는 것이다. 이 말은 우리가 감각 기관을 통해서 듣고 보는 세계가 허구라든지 엉터리라는 것을 의미하는 것이 아니다. 다시 말해서 우리가 감각 기관을 통해서 경험하는 세계 안에 있는 다양한 사물들이 실재하지 않는다거나 왜곡되어서 인식된다는 의미가 아니다. 개가 존재하지 않는데 개를 인식한다거나 개를 소로 잘못 인식한다는 말이 아니다. 사물이나 사건이 무엇을 함축하고 있는지 그 영적 의미에 대해서 알지 못한다는 것이다.

성경은 감각적 실재가 아니라 영적 실재야말로 참된 의미의 실재라고 말한다. 영적 실재는 하나님이 보시는 바 그대로의 실재다. 그러므로 예레미야 선지자는 "어리석고 지각이 없으며 눈이 있어도 보지 못하며 귀가 있어도 듣지 못하는 백성"(렘 5:21)이라고 말한다. 이사야 선지자도 "너희가 듣기는 들어도 깨닫지 못할 것이요 보기는 보아도 알지 못하리라"(사 6:9)고 말한다. 예수께서도 이사야의 말을 인용해서 말씀하신다. "너희가 듣기는 들어도 깨닫지 못할 것이요 보기는 보아도 알지 못하리라 이 백성들의 마음이 완악하여져서 그 귀는 듣기에 둔하고 눈은 감았으니 이는 눈으로 보고 귀로 듣고 마음으로 깨달아 돌이켜 내게 고침을 받을까 두려워함이라"(마 13:14-15; 요 12:40).

타락 전	타락 후	힌두교
감각적 실재 = 영적 실재 └──┬──┘ 서로 일치함	감각적 실재 ≠ 영적 실재 └──┬──┘ 서로 분리됨	감각적 실재 영적 실재 × ∥ 브라만이 존재
감각적으로 경험하면 곧 영적 의미로 파악할 수 있음	인식 능력의 상실로 인해 감각적 실재로부터는 영적 실재를 인식하지 못함	영적 실재를 알 수 없으므로 아예 감각적 실재를 부정해 버림
	→ 자기 나름대로 영적 실재에 대해서 그려봄 : 세계관	→ 극단적 관념론

〈표11〉 감각적 실재와 영적 실재

    사람들은 자신이 감각하고 경험한 것에 대해서 정확한 의미를 부여하지 못한다. 왜냐하면 영적 실재에 대해서 정확하게 인식할 수 있는 능력이 없기 때문이다. 따라서 인간은 타락하여 제한되고 왜곡된 인식 능력을 가지고 실재에 대해서 자기 나름의 지도를 그려 나가기 시작한다. 성경적 세계관이 온전한 지도라면 모든 사람들은 이 실재를 온전히 그리지 못하고 왜곡시킨다. 물론 어떤 사람은 실재와 매우 비슷한 지도를 그릴 수 있다. 그러나 완벽한 지도를 그릴 수 있는 사람은 없다. 즉 모든 사람은 자신의 세계관 안에 비성경적인 요소를 가지고 있는 것이다. 우리는 죽을 때까지 우리가 만든 지도의 잘못된 부분을 원본에 맞추어 보면서 고쳐 나가야 한다.
    그런데 힌두교나 불교는 감각하고 경험한 것에 대해서 영적 실재를 인식할 수 없기 때문에 오히려 감각 기관에 의해 경험한 것들의 실재성을 부정한다. 즉 그들은 인간이 감각한 사물이나 사건 자체를 실재하는 것으로 인정하지 않는다. 세계의 다양성과 경험의 다양성은 환상(maya)에 지나지 않는 것이라고 주장한다. 힌두교나 불교는 사물들과 사건들의 영적 의미, 즉 영적 실재를 알 수 없기 때문에 아예 감각적 실재도 부정해 버린다. 그들은 영적 실재에 대한 지도와 같은 것은 없다고 주장한다. 그들은 인간이 타락해서 영적 실재를 인식할 수 없다는 사실을 겸허하게 인정하는 것이 아니라 감각적 실재의 세계마저 부정함으로써 영적 실재가 없다고 강변하고 있는 것이다.

하나님의 계시를 깨닫지 못한 사람들은 자신들의 지도를 고쳐야 한다는 의식도 없고, 무엇을 기준으로 고쳐야 할지도 모른다. 설사 복음을 듣고 하나님의 계시의 말씀을 깨달았다고 해도 자신의 지도를 계속해서 수정하는 작업은 대부분의 사람들에게는 매우 고통스러운 일이다. 왜냐하면 그것은 부단한 '자기 부인'을 의미하기 때문이다. 따라서 사람들은 대부분 적당히 스스로 만족하면서 이 작업을 멈추고 굳어져 버린다. 사람들은 어느 정도까지 가면 자신의 지도가 완성되었고, 또 완벽하다고 착각하면서 수정하는 작업을 멈춘다. 이것이 바로 '경직', 즉 '굳어짐'인데 이 '굳어짐'이 심각한 것을 '완악'이라고 하는 것이다. 이러한 '굳어짐'이 기독교 지도자에게서 일어나면 더욱 심각한 영향을 끼친다. 마치 자기가 온전한 지도를 가진 것처럼 하나님의 말씀이나 다른 사람의 충고에 대해서 전혀 마음을 열지 않고 잘못된 자기 확신 가운데 고집을 피울 때 하나님의 영광이 가려지고 많은 사람이 실족하게 되는 것이다. 반면에 언제나 원본 지도를 갖다 대었을 때 잘못이 드러나면 기꺼이 수정하는 사람을 우리는 하나님과 사람 앞에서 겸손하다고 말한다.

쓴 뿌리나 상처는 어떤 충격적인 경험 때문에 지도가 어떤 부분에서 현저하게 잘못 그려진 것을 의미한다. 쓴 뿌리의 제거, 상처의 치료는 기본적으로 회개로부터 출발해야 한다. 회개란 자신이 그려온 지도가 엉터리라는 것을 인정하고 자기 지도를 기꺼이 수정하기로 방향 전환을 한 것이다. 세계관의 변화를 위해서는 먼저 온전한 지도, 즉 영적 실재를 영적으로 볼 수 있는 은혜가 있어야 하고 그 다음에 자신의 잘못된 지도를 수정하려는 노력이 필요하다. 성령께서는 나의 실상을 볼 수 있도록 영적인 눈을 열어 주시며, 또 세계의 참된 실상에 대해서도 볼 수 있게 해 주신다. 이처럼 하나님의 은혜의 역사가 있어야 하지만 우리도 하나님 말씀에 순종하려는 결단과 노력을 해야 한다. 잘못 처리된 경험은 성경적 경험에 의해서만 제거되고 치유되는 것이다. 잘못된 벽돌은 뽑아 내고 제대로 된 벽돌이 그 자리를 대신해야 한다. 성경적 경험을 하기 위해서는 하나님 말씀에 순종하는 것 외에는 방법이 없다. 세계관의 변화는 회심으로부터 시작해서 성화로 이어지는 일련의 과정이며 오직 은혜와 순종을 통해서만 가능한 것이다.

성숙이란 하나님의 눈, 하나님의 마음으로 자연, 역사, 사회, 개인사를 보는 것이다. "영적"이란 말은 "초자연적"이란 뜻이 아니라 "하나님과 올바른 관계에 있는"이라는 의미이며 "하나님의 관점과 방식을 따르는"이라는 의미다. 하나님의 관점이 바로 성경적 세계관이다. 영적인 사람은 하나님의 관점으로 보고 하나님의 방식으로 행동하는 성숙한 사람이다. 영적인 사람은 영적 실재를 보는 사람이며, 미성숙한 사람은 감각적 실재 밖에 보지 못하며 "육신의 정욕과 안목의 정욕과 이생의 자랑"(요일 2:16)을 따라 사는 완악한 자다.

세계관과 영적 전쟁

왜 우리는 하나님 말씀을 순종하는 데에 어려움을 느끼는가? 성경적 세계관이 우리 안에 형성되는 것이 왜 그렇게 어려운가? 복음이 전해지는 곳은 진공 상태가 아니며, 반드시 거기에는 문화가 있고, 그 핵심에는 세계관이 있다. 복음이 전해진다는 것은 성경적 세계관과 비성경적 세계관의 충돌이 있다는 것을 의미하며, 이것이 영적 전쟁의 본질이다. 세계관을 변화시키는 것은 인간의 지혜로 되는 것이 아니기 때문에 성령의 역사가 있어야 한다. 성령께서 역사하셔서 세계관들에 역사하고 있는 악한 영들의 세력으로부터 사람들을 자유롭게 하고 변화시키는 것이다. 영적 전쟁은 곧 세계관의 전쟁이라고 할 수 있다. 닐 앤더슨(Neil Anderson)은 영적 대결은 곧 진리 대결(Truth Encounter)이라고 말하며 티머시 워너(Timothy Warner)는 영적 대결은 곧 세계관의 대결이라고 말한다(Warner, 17). 그러므로 사탄은 기도하지 않고 '인간의 말'로 전도하는 것은 전혀 두려워하지 않는다. 왜냐하면 행동 양식이라는 껍데기는 바꾸어도 세계관이라는 알맹이는 바꾸지 못할 것이라는 것을 알고 있기 때문이다. 사탄이 두려워하는 것은 그리스도인들이 기도로 무장하고 성령에 힘입어서 복음을 전하는 것이다.

그리스도인들이 성령에 힘입어 복음을 전해서 비성경적 세계관들을 변화시키려고 할 때 반드시 사탄의 저항을 받게 된다. 따라서 세계관의 대결, 영적 대결에는 반드시 영적 세력들 간의 능력 대결(power encounter)이 일어나지 않을 수 없다. 이 능력은 가시적이고 물리적인 표적의 능력으로 나타날 수도 있고, 회심하게 하는 말씀의 능력으로 나타날 수도 있다. 그러나 능력 대결의 배후에 있는 것도 역시 세계관의 대결이다. 출애굽기 7-15장에 나타나는 애굽 요술사와 모세의 능력 대결 배후에는 애굽의 정령 숭배 신앙과 여호와 신앙의 대결이 깔려 있다. 열왕기상 18장에 나타나는 바알 선지자 450명과 엘리야의 능력 대결에도 바알 신앙과 여호와 신앙의 대결이라는 세계관의 대결이 전제되어 있다.

　세계관의 대결은 단순히 기독교와 타종교와의 대결로만 나타나는 것은 아니다. 오히려 성경적 세계관과 비성경적 세계관의 대결이라고 할 수 있다. 비성경적 세계관의 독버섯은 기독교 안에도 깊게 뿌리내릴 수 있다. 교회사는 이런 사실을 증거해 주고 있다. 선교가 영적 대결이고, 영적 대결은 세계관의 대결이라면 선교가 시작되는 출발점은 교회 내부로부터다. 교회가 건강한 성경적 세계관에 깊이 뿌리내리지 않고 온갖 잡다한 세계관과 세속주의, 물질주의의 혼합된 토양에 뿌리를 박는다면 선교도 그 토양을 벗어날 수가 없다. 선교사는 쉽게 성경적 세계관보다는 자기 자신의 세계관, 자기 문화의 세계관을 이식하려는 유혹을 받는다. 그러므로 선교사가 선교지의 세계관들을 이해하는 것 못지않게 자기와 자기 문화의 세계관을 명확하고 객관적으로 이해하는 것이 중요하다. 세계관의 싸움은 그리스도인 내부에서 먼저 일어나야 한다. 우리는 우리 안에 도사리고 있는 바알 신앙을 계속해서 훼파하고 여호와 신앙을 구축해야 한다.

토의 및 정리 문제

1. 세계관의 특징은 무엇이며 어떻게 형성되는 것인가?
2. 세계관과 문화는 어떤 관계를 가지고 있는가? 자기가 알고 있는 예를 들어 보라. 한국인의 세계관과 한국 문화는 어떤 관계가 있는지 생각해 보자.
3. 어떻게 하면 세계관의 변화가 일어날 수 있는가? 세계관의 변화를 위해서 하나님이 하시는 역할은 무엇이며 우리의 역할은 무엇인가?
4. 혼합주의와 명목 신자가 발생하는 이유를 들어 보고, 참된 신앙의 정립, 영적 성숙이 세계관과 어떤 관계를 갖는지 나누어 보라.
5. 세계관의 관점에서 제자 훈련의 목표를 설정해 보라. 순종이 왜 중요한지 나누어 보라.
6. "영적"이란 의미가 무엇인지, 그리고 영적 성숙은 무엇을 말하는 것인지 세계관의 관점에서 논의해 보라.

2장 | 영적 전쟁의 본질

영적 싸움의 대상

우리는 영적 전쟁의 본질은 곧 진리 대결이고 세계관의 대결이라는 것을 살펴보았다. 그런데 영적 전쟁에 있어서 먼저 알아야 할 것이 바로 우리가 싸우고 있는 영적 싸움의 대상이 누구인가 하는 것이다. 에베소서 6장 10-20절은 영적 전쟁의 대상이 "통치자들과 권세들과 이 어둠의 세상 주관자들과 하늘에 있는 악의 영들"이라고 한다. 이런 영적 존재는 마귀를 정점으로 하는 타락한 천사들의 위계와 역할을 나타내고 있다.

에스겔 28장 14절은 사탄이 원래는 "기름 부음을 받고 지키는 그룹" 천사들 중의 하나였음을 말해 주고 있다. 성경에 보면 천사들은 크게 두 가지 종류가 있다. 하나는 '그룹'이라는 천사이고 다른 하나는 '스랍'이라는 천사들이다. 그룹 천사는 먼저 창세기 3장 24절에서 나타나는데 하나님께서는 인간을 에덴동산에서 쫓아내시고 그룹 천사들과 불 칼을 두어 생명

나무의 길을 지키게 하셨다. 출애굽기 25장 19절에 보면 언약궤를 덮는 금판 덮개가 하나님이 임재하시는 속죄소인데 이 속죄소의 양쪽 끝에 금으로 만들어진 그룹 천사들이 세워져 있었다. 이처럼 그룹 천사란 하나님의 보좌 주위에서 하나님의 영광을 수호하는 천사들이다. 요한계시록 4장 8절에서도 하나님 주위에 있는 생물들이 밤낮 쉬지 않고 하나님을 찬송하여 "거룩하다 거룩하다 거룩하다" 하면서 영광과 존귀와 감사를 하나님께 돌리는데 이들이 바로 하나님의 영광을 수호하는 그룹 천사들이다.

에스겔 28장 12절에 의하면 그룹 천사는 완전함의 모델이었다. 그룹 천사의 지혜와 아름다움은 완전한 것이었다. 그런데 이 그룹 천사들 중의 하나가 마음이 교만해져서 타락하여 사탄이 되었다(겔 28:15-19). 이사야 14장 12-14절을 보면 계명성에 대한 이야기가 나오는데 "내가 하늘에 올라 하나님의 뭇별 위에 내 자리를 높이리라"(사 14:13)라고 말하고 있다. 여기서 별은 천사들을 의미한다고 할 수 있다. 요한계시록 12장 4절에 보면 "붉은 용의 꼬리가 하늘의 별 삼분의 일을 끌어다가 땅에 던지더라"는 말이 나오는데 이것은 사탄이 천사들 삼분의 일과 함께 타락한 것을 말한다. 그러므로 계명성이 하나님의 뭇별 위에 자기의 보좌를 높이겠다고 한 것은 하나님의 영광의 자리에 오르려고 했던 사탄의 교만을 말해 주는 것이다.

"가장 높은 구름에 올라가 지극히 높은 이와 같아지리라"(사 14:14). 여기서 '구름'이란 하나님의 영광을 상징하는 것이다. 성경에서 구름과 불은 하나님의 임재를 상징하는 경우가 많다. 예를 들어, 민수기 9장 15-23절에 보면 하나님께서 이스라엘 백성을 인도하실 때 낮에는 구름이, 밤에는 불 모양이 성막 위에 임함으로써 하나님이 함께하심을 나타내셨다. 성경에서는 예수 그리스도께서 재림하실 때 "구름을 타고 오는"이라고 말씀하는데

(마 26:24; 막 14:62; 계 1:7). 이 의미는 예수께서 영광 중에 오신다는 것이다. 초림하실 때는 베들레헴의 어느 마구간에 비천한 모습으로 오셨지만 재림하실 때는 누구든지, 예수를 믿지 않는 자들조차도 '주'시라고 굴복할 수밖에 없는 영광과 위엄을 가지고 오신다는 것이다(빌 2:10-11).

불도 역시 하나님의 임재를 나타낸다. 모세가 부르심을 받았을 때 떨기나무에 불이 붙은 가운데 하나님의 음성이 들렸다(출 3:2-4). 구약에서 하나님이 열납하시는 제사에는 불이 내려서 제물을 태워 버렸다. 레위기 9장 24절의 아론의 제사와, 열왕기상 18장 38절에서 엘리야가 바알 선지자들을 대적하여 제사를 드렸을 때 불이 내려서 제물을 태워 버렸다. 신약에서는 오순절에 제자들이 한 곳에 모였을 때 성령께서 불의 혀처럼 갈라지는 모습으로 임했다(행 2:3).

이처럼 구름과 불은 하나님의 영광과 임재를 상징하는 말이라고 볼 수 있다. 그러므로 "가장 높은 구름에 올라가 지극히 높은 이와 같아지리라"는 말은 하나님의 영광의 자리에 올라가겠다는 사탄의 교만을 말해 준다. 사탄은 이처럼 자기의 본분을 망각하고 다른 천사들 삼분의 일과 함께 타락했다. 그러므로 유다서 1장 6절에서는 사탄과 귀신들에게 대해서 "자기 지위를 지키지 아니하고 자기 처소를 떠난 천사들"이라고 말하고 있다.

영적 싸움의 본질

영적 전쟁의 대상들이 어떻게 생겨났는지 정리해 보자. 사탄은 원래 '그룹'이라고 하는 천사들 중 하나였다. 그 천사는 하나님의 영광스러운 보좌 주위에서 놀라운 하나님의 영광을 목도했을 것이다. 우리는 하나님의 영광에 대해서 이 땅에서도 약간 그 맛을 볼 때가 있지만, 천국에 갔을 때 우리가 목도하게 될 하나님의 영광은 정말 상상할 수조차 없다.

모세가 십계명을 받기 위해 시내 산에 올라갔을 때 그는 40일 동안 주야로 하나님과 함께하면서 말씀을 받아 가지고 내려왔다. 그런데 모세가 산에서 내려왔을 때 그의 얼굴에 반사된 하나님의 영광도 이스라엘 백성이 쳐다보지를 못하고 오히려 수건으로 얼굴을 가렸다(출 34:28-35). 그렇다면 모세가 직접 목도한 하나님의 영광은 어떠했겠는가!

이 엄청난 하나님의 영광을 보고 그룹 천사 중의 하나가 어느 날 갑자기 그 영광을 탐낸 것이다. 피조물로서는 도저히 생각해 볼 수도 없는 교만한 마음, 하나님과 동등하게 되려는 교만한 마음을 가지고 그 천사는 타락하여 사탄이 되어 버렸다. 그러나 결과적으로 사탄은 당연히 하나님의 영광의 자리에 오를 수가 없었다. 그는 피조물이 본질적으로 창조주의 자리에 오를 수가 없다는 것을 망각하고 있었다. 그렇다면 사탄이 할 수 있는 최선의 일은 무엇인가? 그것은 하나님이 마땅히 받으셔야 할 영광을 가로채거나 돌리지 못하게 하는 것이다. 사탄이 지금까지도 계속해서 하고 있는 일은 모두 그런 일이다.

우상 숭배란 무엇인가? 마땅히 하나님께 돌려져야 할 경배와 찬양과 영광을 "썩어질 사람과 새와 짐승과 기어다니는 동물 모양의 우상으로 바꾼"(롬 1:23) 것이다. 사탄은 금수와 버러지 형상의 피조물들을 숭배하게 하거나, 인간이 자기 자신에게 영광을 돌리게 함으로써 하나님이 마땅히 받으셔야 할 영광을 가로챘다. 우상 숭배의 본질은 자기 숭배다. 인간은 자기 자신이 하나님이 되려고 반역했고 타락했다(창 3:5). 우상을 숭배하는 이유도 우상 자체의 영광을 위해서가 아니라 부귀영화, 즉 자기 영광을 위해서다. 잡다한 우상들이 권력과 재물을 가져다준다고 믿기 때문에 우상을 숭배하는 것이다. 권력과 재물이 있으면 사람들이 굽실거리고 자기 말한 마디에 목이 달아난다. 그러니 부귀영화라는 말은 아주 정확하다. 인간은 하나님을 영화롭게 하는 대신에 자기 자신을 영화롭게 하기로 작정한 것이다.

이런 사탄의 전술은 안타깝게도 신자들에게도 먹혀 들어갈 수 있다. 때때로 사역자들은 자기가 한 설교가 스스로 생각해 보아도 괜찮고 반응이 좋다 싶으면 괜히 우쭐해지려는 유혹을 받는다. 성령께서 역사하셔서 잘한 것인데 마치 자기가 잘해서 그런 것처럼 착각하게 된다. 그래서 마땅히 하나님께 돌려야 할 공로를 은근히 가로채는 죄를 범할 때가 종종 있다. 장로, 권사들 중에도 헌금을 많이 한다든지 해서 교회에 공로가 많으면 사람들이 떠받들고, 그 결과 마음이 교만해져서 자기 자신을 내세움으로써 하나님의 영광을 가로채는 죄를 범하는 사람들이 적지 않다.

영적 전쟁의 핵심은 무엇인가? 한 마디로 말해서 하나님의 영광이 걸린 싸움이다(사 42:8). 에베소서 1장 12절에 의하면 하나님께서 우리를 그분의 백성으로 삼으신 것은 하나님의 영광의 찬송이 되게 하기 위해서다. 인간을 포함한 모든 피조물들은 하나님의 영광을 위해서 지으심을 받았다(사 43:7). 그러므로 구속받은 인간은 하나님의 영광을 온전히 찬송함으로써 그 존재의 목적을 실현하는 것이다. 영적 전쟁은 또한 인간에게는 평강(shalom)이 걸린 싸움이다. 그래서 천사들은 예수께서 탄생하셨을 때 "지극히 높은 곳에서는 하나님께 영광이요 땅에서는 하나님이 기뻐하신 사람들 중에 평화로다"라고 찬송한다(눅 2:14).

상급과 영광

하나님은 홀로 모든 영광을 받기에 합당하신 분이다. 그럼에도 불구하고 우리가 확신하는 것은, 하나님이 이기적이어서 당신 혼자서 모든 영광을 다 독차지하겠다고 주장하시는 분은 아니라는 것이다. 우리는 모두 하나님 앞에 서게 되는 날이 있을 것이다. 그때에 우리가 받게 될 상급은 과연 무엇일까? 필자는 상급의 차이는 곧 '영광'의 차이라고 생각한다. 하나님은 당신 혼자 영광을 받지 않으시고 장래에 천국에서 당신의 자녀들에게 영광을 나누어 주려고 하신다. 그러므로 로마서 8장 17-18절에서는 "우리가 그와 함께 영광을 받기 위하여 고난도 함께 받아야 할 것"이며 "현재의 고난은 장차 우리에게 나타날 영광과 비교할 수 없다"고 한다. 즉 하나님께서는 당신의 자녀들에게 영광을 나누어 주신다는 것이다.

그런데 하나님은 우리가 이 땅에 살아가는 동안에는 우리 자신이 이 영광을 취하지 못하게 하신다. 예수께서 바리새인들에 대해 하시는 말씀은 바로 이것이다. 바리새인들은 길거리에서 나팔을 불며 구제하고, 큰 거리 어귀에 서서 기도하고, 금식할 때 슬픈 기색을 하고 얼굴을 흉하게 한다. 예수께서는 그들이 이미 상을 받았다 말씀하신다(마 6:1-18). 그렇다면 어떤 상을 받았다는 말인가? 예수께서는 바리새인들이 외식하는 것은 "사람에게서 영광을 받으려고"(마 6:2) 그렇게 한다는 것을 지적하셨다. 바리새인들은 그들의 외적인 경건으로 인해 이 땅에서 사람들로부터 영광을 받았다. 여기서 우리가 받게 될 상(賞)이 다름 아닌 '영광'이라는 것을 알 수 있다.

그렇다면 이 땅에서 영광을 받으면 어떻게 되길래 예수께서는 그것을 막으셨는가? 우리는 비록 구원을 받았으나 아직은 영광의 몸(빌 3:21)을 입은 것이 아니며 모든 것이 회복되는 완전한 구원까지 받은 것은 아니다. 아직도 우리는 육신의 소욕으로부터 유혹을 받는 연약한 존재다. 그러므로 이 땅에서 살아가는 동안에는 우리가 스스로 우리 자신의 영광을 취한다면 예외없이 전적으로 교만해져서 타락하게 되어 있다. 하나님께서 오직 당신에게만 영광을 돌리게 하는 것은 하나님이 홀로 영광을 받으시기에 합당하실 뿐 아니라, 만일 우리가 이 땅에서 우리 자신에게 조금이라도 영광을 돌리게 되면 우리가 교만해져서 타락하기 때문이다. 여기에 하나님의 깊으신 배려와 사랑이 있다.

하나님은 우리가 겸손하게 하나님께 돌렸던 영광을 천국에서 밝히 다 드러내시고 우리에게 그 영광을 나눠 주시며 칭찬하실 것이다. 우리가 은밀하게 했던 구제와 기도와 금식과 모든 착한 행실이 모든 족속과 방언들로부터 구원받은 성도들이 모인 자리에서 파노라마처럼 드러나면서 열렬한 박수갈채를 받게 될지도 모른다. 하나님께서는 우리를 한 사람 한 사람씩 세우시고 나를 통해서 복음을 듣고 하나님 앞에 나아온 사람들을 다 일으켜 세우시고 칭찬하실지도 모른다. 사도 바울은 자신이 복음을 전한 성도들이 곧 면류관이고 영광이라고 말한다(살전 2:19-20). 그러나 천국에서 우리는 영화된 상태이기 때문에 이러한 칭찬과 박수갈채를 받고도 조금도 교만한 마음이 솟아나지 않고 오히려 하나님께 영광을 돌리고 다른 사람에게 그 상급을 돌릴 것이다. 다른 사람의 상급을 보고 시기 질투하는 일도 없을 것이다. 하나님은 우리에게 영광의 면류관을 씌워 주시지만, 우리는 "보좌에 앉으신 이 앞에 엎드려 세세토록 살아 계시는 이에게 경배하고 자기의 관을 보좌 앞에 드리며"(계 4:10) 모든 영광을 오직 하나님께만 돌리는 것이다.

일상생활에서의 영적 싸움

영적 싸움은 결론적으로 말해서 '영광이 걸린 싸움'이라고 할 수 있다. 하나님께 영광을 돌리느냐 돌리지 못하게 하느냐 하는 싸움이라고 볼 수 있다. 그래서 영적 싸움에는 많은 영역이 있다.

고린도전서 10장 31절에서는 "너희가 먹든지 마시든지 무엇을 하든지 다 하나님의 영광을 위하여 하라"고 말씀한다. 혹자는 이 말씀에 대해서 수용하지 못하고 '그것은 광신자들이나 가능한 일이 아니냐'고 생각할지도 모른다. '어떻게 모든 일을 할 때마다 하나님의 영광을 생각할 수 있겠는가'라고 생각한 적이 있었다. 그런데 여기에서 "먹든지 마시든지"가 의미하는 바는 우리가 일상생활에서 무의식적으로 반복하는 일들을 의미한다고 할 수 있다. 우리는 먹고 마시는 일상적인 일들은 하나님과 아무 상관이 없다고 생각할 수도 있다. 그러나 성경의 이 구절이 말하고자 하는 것은 우리가 하는 모든 일은 하나님의 영광과 연관되어 있다는 것이다.

우리가 하나님의 영광을 위해서, 하나님의 영광을 생각하면서 하는 모든 일을 통해서 하나님께서는 영광을 받으신다. 하나님은 외모를 보시는 분이 아니라 중심을 보시는 분이다(신 10:17; 삼상 16:7; 갈 2:6; 엡 6:9). 하나님은 우리가 하는 일의 외적 형태에 의해서가 아니라 하나님의 영광을 위하는 우리의 중심에 의해서 영광을 받으신다. 예를 들어, 우리가 회사에서 장부를 정리하거나 서류를 작성하고, 집에서 설거지나 빨래를 하는 것도 하나님의 영광과 상관이 있다는 것이다. 우리는 흔히 교회의 일만 하나님의 영광과 상관이 있다고 생각하는 경향이 있다. 그러나 교회 일을 하더라도 자기를 드러내고 자기를 증명하기 위한 동기로 한다면, 그것은 외적으로는 하나님의 영광을 위한 일처럼 보일지 몰라도 전혀 하나님께 영광이 되지 않을 것이다.

하나님의 일이냐 세상의 일이냐 하는 것은 일의 외적인 형태에 달려 있는 것이 아니다. 일의 외적 형태가 어떠하든지 간에 하나님의 영광을 위해서 주께 하듯(엡 6:7) 하면 하나님께서 영광을 받으실 것이다. 우리가 직장이나 가정생활에서 무엇을 하든지, 누구에게든지 주께 하듯 하면 그 일이 아무리 하찮아 보이고 작은 일이라 해도 그 일을 통해서 하나님이 영광을 받으실 것이다. 이렇게 살아가는 그리스도인의 삶에서는 무엇인가 알 수 없는 향기가 흘러나온다. 그러므로 마태복음 5장 16절에서는 "그들로 너희 착한 행실을 보고 하늘에 계신 너희 아버지께 영광을 돌리게 하라"고 했다. 사도행전 2장 47절에서는 초대 교회 성도들이 "온 백성에게 칭송을 받으니 주께서 구원받는 사람을 날마다 더하게 하시니라"고 했다.

우리는 일상생활의 영역에서 영적 싸움을 해야 하는데 이것을 생활 대결(Life Encounter)이라고 불러도 좋겠다. 우리가 일상생활에서 부딪히는 여러 가지 갈등이나 분쟁은 혈과 육의 싸움이 아니라 그 배후에 있는 악의 영들과의 대결(엡 6:12)이기 때문이다. 사탄은 일상생활에서 그리스도인들을 타락시키고 불의를 저지르게 하여 하나님의 영광을 가리게 한다. 사탄은 자녀가 물의를 일으키면 부모가 욕을 먹는다는 원리를 누구보다도 잘 알고 있다. 오늘날 우리나라에서 많은 사람이 교회의 울타리 안에 들어오기를 꺼려하고, 설사 들어왔다가도 떠나는 것은 그리스도인들이 일상생활의 영역에서 하나님의 영광을 가리기 때문이다. 로마서 1장 29-31절은 사탄이 일상생활에서 사람들을 타락시키기 위한 전술이 무엇인지를 보여 준다. 불의, 추악, 탐욕, 악의, 시기, 살인, 분쟁, 사기, 악독, 수군수군함, 비방,

하나님을 미워함, 능욕, 교만, 자랑, 악을 도모함, 부모를 거역함, 우매함, 배약, 무정함, 무자비함. 사탄은 이런 것들을 하나님의 자녀인 우리도 저지르도록 자꾸 충동질한다. 일상생활에서의 영적 싸움은 사탄이 사용하는 최고의 전술은 아니지만 가장 보편적인 전술이라고 볼 수 있다. 그러므로 생활 대결에서의 싸움의 원리는 "근신하고 깨어 있는 것"(벧전 5:8)이다.

전도와 영적 싸움

고린도후서 4장 4절에서는 "이 세상의 신이 믿지 아니하는 자들의 마음을 혼미하게 하여 그리스도의 영광의 복음의 광채가 비치지 못하게 함이니 그리스도는 하나님의 형상이니라"고 했다. 그리스도는 하나님의 형상이고 그리스도의 영광은 하나님의 영광이다. 하나님의 영광이 가장 잘 나타난 것이 바로 복음이다. 이 세상 신인 사탄은 복음의 광채가 불신자들에게 비치지 못하게 필사적으로 방해한다. 즉 사탄은 그리스도인이 전도하는 것을 철저하게 싫어한다. 대다수 그리스도인들이 전도에 대해서 부담스러워하고, 두렵게 여기고, 마지못해서 억지로 전도하는 경우가 많다. 물론 부담스러워하거나 두려워하는 마음이 우리의 기질적 약점에서 나온 것일 수 있다. 그런데 사탄은 우리의 약점을 철저히 활용할 줄 아는 존재다. 사탄은 두려워하는 마음을 넣어 전도를 하지 못하게 한다.

요한일서 4장 18절에서는 "사랑 안에 두려움이 없고 온전한 사랑이 두려움을 내쫓나니"라고 했다. 히브리서 12장 2절에서는 예수께서 "그 앞에 있는 기쁨을 위하여 십자가를 참으사 부끄러움을 개의치 아니하시더니"라고 했다. 예수께서는 십자가 너머 있는 영광과 구원받은 백성을 믿음의 눈으로 즐겁게 바라보심으로써 부끄러움을 이기신 것이다. 이처럼 영혼에 대한 사랑이 있을 때 우리는 두려움과 부끄러움도 이길 수 있다. 사탄은 우리의 믿음 없음과 기질의 약점을 이용해서 언제나 두려움과 부끄러움을 심어 준다. 거절과 비난과 실패에 대한 두려움을 준다. 그러나 이런 두려움과 부끄러움을 이기고 복음을 전했을 때 사람들이 하나님께 돌아오고 그분께 영광을 돌릴 것이다.

복음 전도에 있어서 영적 싸움은 때때로 **능력 대결**(Power Encounter)의 양상으로 나타난다. **능력 대결**이라는 용어는 앨런 티펫(Alan Tippett)이라는 선교학자가 사용한 데서 유래했다(Tippett, 16). 우리는 일상생활에서 마귀를 대적할 뿐 아니라 마귀와 직접적으로 능력 대결을 할 때가 있다. 출애굽기 7-15장에 보면 애굽의 요술사와 모세가 능력 대결을 하는 것을 볼 수 있다. 이 **능력 대결**에서 어떤 일이 일어나고 있는가? 애굽의 요술사들도 모세가 행하는 이적을 어느 정도는 따라하는 것을 볼 수 있다. 마귀도 상당한 능력을 가지고 있다는 것은 의심할 여지도 없다. 그러므로 어떤 종교나 집단에 가서 병이 나았다고 해서 전혀 이상할 것은 없다. 그러나 그러한 이적이 다 하나님의 역사는 아니다. 데살로니가후서 2장 9-10절에서도 "악한 자의 나타남은 사탄의 활동을 따라 모든 능력과 표적과 거짓 기적과 불의의 모든 속임으로 멸망하는 자들에게 있으리니"라고 말씀하고 있다. 그러나 애굽 요술사들은 모세가 티끌을 이로 바꿀 때 그것은 따라 하지 못했다. 사탄은 대단한 능력을 가지고 있지만 동시에 그 능력에는 한계가 있다. 하나님만이 하실 수 있는 일에 대해서 사탄은 전적으로 무기력하다.

열왕기상 18장에 보면 바알 선지자 450명과 엘리야의 **능력 대결**이 나타난다. 이러한 **능력 대결**은 오늘날에도 여전히 일어난다. 선교사들이 정령 숭배 지역에 가게 되면 그곳의 주술사들과 만나게 된다. 주술사들이 정령 숭배 신앙의 의식을 행할 때 선교사가 다가가면 자신들이 섬기는 귀신들과 신접이 잘 되지 않고 주술이 잘 통하지 않는 것을 느끼게 된다. 주술사는 무엇인가 이상한 사람이 왔기 때문에 그렇다는 것을 직감한다. 그때 선교사들이 예수 그리스도의 이름으로 악령들을 결박하면 주술사는 자기들이 섬기는 귀신보다 더 강한 어떤 신이 있다는 것을 알고 집단적으로 개종하는 일도 일어난다. 앨런 티펫과 맥가브란(Donald McGavran)은 이러한 집단적 개종을 지지하면서 '종족 운동'(People Movement)이라고 불렀다(Tippett, 200-201, McGavran, 333-372).

사실 대다수의 점쟁이나 무당들은 귀신 들린 상태이기 때문에 영안이 열려 있는 경우가 많다. 그래서 우리는 비록 우리 자신의 신분을 망각할 때조차도 귀신 들린 사람은 '귀신같이' 우리의 신분을 안다. 예수께서 거라사 지역에 갔을 때 귀신 들린 자가 "지극히 높으신 하나님의 아들 예수여!"라고 부르짖었다(눅 8:28). 그는 귀신 들렸기 때문에 귀신의 지식으로 예수가 누구인지 그 신분을 알 수 있었다. 바울이 빌립보에 갔을 때에도 점치는 귀신 들린 여종이 바울의 일행에 대해서 "이 사람들은 지극히 높은 하나님의 종"이라고 말했다(행 16:17). 이처럼 우리가 우리 자신의 영적 신분을 확인해 보려면 전도 현장에 가 보면 된다. 우리는 **능력 대결**이 모세나 엘리야나 바울의 시대에만 있었다고 생각해서는 안 된다. 오늘날에도 **능력 대결**은 일어나고 있으며 하나님은 당신의 모든 자녀들에게 마귀와의 대결에서 이길 수 있는 권세를 주셨다! 예수께서는 말씀하셨다. "내가 너희에게 뱀과 전갈을 밟으며 원수의 모든 능력을 제어할 권능을 주었으니 너희를 해칠 자가 결코 없으리라"(눅 10:19). 그러므로 **능력 대결**에서의 싸움의 원리는 "믿음을 굳건하게 하여 그를 대적하는 것"(벧전 5:9)이다.

오늘날에도 복음 전도에 있어서 **능력 대결**은 필요하다. 그러나 동시에 **능력 대결**에는 조심해야 할 측면이 있다. 능력이 곧 복음인 것으로 간주되어서는 안 된다. 하나님 왕국이 세상 왕국에 침투했을 때 하나님의 통치권이 능력으로 나타나는 것이다. 능력은 복음의 부산물이지 그 자체가 복음은 아니다. 누가복음 10장에서 예수께서는 **능력 대결**에서 승리하여 의기양양하게 돌아온 제자들에게 이렇게 말씀하신다. "귀신들이 너희에게 항복하는 것으로 기뻐하지 말고 너희 이름이 하늘에 기록된 것으로 기뻐하라"(눅 10:20). 복음이란 죽을 죄인들이 죄 사함을 받아서 생명책에 기록되었다는 복된 소식이다. 물론 진리에는 반드시 능력이 따른다. 그러나 능력이 나타난다고 해서 반드시 진리인 것은 아니다. 모세를 대적한 애굽의 요술사들도 능력을 나타낼 수 있었던 것처럼 사탄도 하나님의 능력을 흉내 낼 수는 있다.

예수가 살았던 당시에도 표적과 기사를 보고 믿었던 사람들이 복음에 부딪히거나 고난을 만났을 때(요 6:66) 예수를 떠나는 것을 본다. 정령 숭배 지역에서 **능력 대결**을 통해서 예수를 믿기로 한 사람들 중에는 시련과 고난이 닥쳐오면 떠나는 사람이 많다. 그들이 예수를 믿기로 한 것은 예수가 좀 더 능력 있는 신이라고 생각했기 때문이다. 그런데 예수를 믿은 후에 자기 가족 중에 한 사람이 병이 낫지 않고 죽을 수도 있다. 물론 그는 하나님의 능력을 간구하면서 매우 열심히 기도했을 것이다. 병들어 죽는 것은 하나님의 주권적인 섭리 안에서 일어나는 일이다. 하나님은 모든 병을 고쳐 주시지는 않는다. 하나님은 병을 고쳐 달라는 모든 기도에 대해서 "좋다"고 응답하시지 않는다. 그런데 능력이 곧 복음이라고 생각하는 사람들은 능력이 나타나지 않으면 하나님이 능력이 없다고 생각하거나, 자기를 사랑하지 않는다고 생각해서 하나님을 원망하고, 심지어 하나님을 떠난다. 그러므로 하나님의 능력 때문에 믿게 된 사람은 반드시 십자가를 통해서 주어지는 죄 사함의 은혜 가운데 깊이 들어가는 체험을 거쳐야 한다.

세계관의 대결

영적 싸움에 있어서 세 번째 영역은 **진리 대결**(Truth Encounter)이라고 할 수 있다. 이 말은 닐 앤더슨이 사용한 것인데(Anderson, 229), 이것이 바로 세계관의 대결을 의미한다. 영적 대결은 궁극적으로는 '세계관의 대결'이라고 말할 수 있다. 사탄은 "사람의 전통과 세상의 초등학문을 따르는" 사람들을 "철학과 헛된 속임수"로 노략질한다(골 2:8). 오늘날 '전통'과 '학문'이라는 개념은 정도 이상으로 미화되어 있는 것이 사실이다. 전통의 이름 하에 온갖 우상 숭배가 저질러지고 학문의 이름 하에 인간의 이성이 우상으로 숭배되고 있다.

대부분 사람들은 학문의 세계가 영적 전쟁에 있어서 중립 지대라고 생각한다. 사람들은 인간의 이성이 타락으로 인해 제한되고 왜곡되었다는 사실을 망각하고 있다. 어떤 사람들은 학문은 인간의 이성으로 추구하는 것이며, 이렇게 이성을 척도로 삼아서 추구해 나가면 언젠가는 진리에 도달할 수 있을 것이라고 생각한다. 그러나 이런 사고방식이야말로 하나의 세계관이며, 계몽주의 시대부터 현대를 지배해 온 '현대주의'(modernism), 즉 계몽 정신의 낙관론을 그대로 반영하고 있는 것이다. 비록 오늘날 후기현대주의(postmodernism)라는 사조가 유행하고 있지만, 현대를 움직이고 현대의 학문을 움직이는 정신은 여전히 계몽 정신, 즉 이성주의라고 말할 수도 있다. 이성주의는 세속주의라는 하나의 세계관이 가지고 있는 핵심적인 정신이다. 그러므로 현대의 '학문'이라는 것도 전혀 영적 전쟁의 중립 지대가 아니다. 영적 전쟁이 인간의 문화 안에서 일어나는 일이라고 한다면 영적 전쟁에 있어서 중립 지대는 이 세상에 한 군데도 없다.

중·고등학교까지는 껍데기만 있든 알맹이까지 찼든 교회도 잘 나오고, 부모님 말씀도 잘 듣고, 주일도 잘 지키던 아이들이 대학에만 가면 말도 잘 안 듣고 엉뚱한 소리를 하고 신앙에 회의를 갖는다. 그것은 무엇을 말해 주고 있는가? 대학에서 가르치는 세속 학문들은 인간의 이성을 가지고 추구하는 것이기 때문에 중립적이고 객관적이라고 간주되지만 사실은 거기에 굉장한 영적 싸움이 있다는 것을 말해 준다. 오늘날 세속 대학은 세속주의 세계관을 함양시키는 "신학교"가 되어 버렸다.

학문의 영역에서 나타나는 영적 전쟁의 대표적인 양상은 진화론에서 찾아볼 수 있다. 사람들은 흔히 '진화론'을 과학이라고 생각한다. 그러나 사실 진화론은 과학이 아니다. 진화론은 형이상학적 전제를 기반으로 한 굉장히 엉성한 하나의 틀이다. 이 유사 과학의 신봉자들은 어떻게 보면 창조론자보다 더 자기들의 신념에 대해서 신앙적 태도를 견지하고 있다. 그럼에도 불구하고 사람들은 진화론은 과학이고 창조론은 신앙이라고 믿는다. 왜 그런가? 그것은 세속주의자들이 나름대로 만들어 놓은 방법론적 자연주의(methodological naturalism)라는 학문적 규칙 때문이다. 즉 자연 현상은 자연으로만 설명해야지 초자연으로 설명하지 말자는 것이다. '신의 창조'는 생명이라는 자연 현상의 기원을 초자연으로 설명하려는 것이기 때문에 과학이 될 수 없다는 것이다. 그러나 성경은 그 본질을 예리하게 지적해 주고 있다. "또한 그들이 마음에 하나님 두기를 싫어하매……"(롬 1:28). 많은 사람이 진화론을 과학이라고 받아들이는 이유는 그것이 과학적이기 때문이라기보다도 진화론에서는 인간이 최고의 존재가 될 수 있기 때문이다. 창조론에 의하면 인간은 인간이 결코 도달할 수 없는 하나님이라는 최고의 존재를 인정해야 한다. 그러나 타락한 인간은 자기 위에 어떤 최고의 존재를 인정하고 싶어하지 않는다. 사실은 이 교만 때문에 인간은 진화론이 과학이라는 암시를 자기 자신에게 계속해서 주고 있는 것이다.

세계관의 대결이야말로 사탄의 최고 전술이며 가장 치열한 영적 싸움의 영역이다. 정령 숭배 지역에서는 오히려 **능력 대결**에 의해서 쉽게 사탄을 물리치고 개종자를 얻을 수 있다. 반면에 이슬람교권이나 힌두교권, 불교권에서는 개종자를 얻기가 더욱 어렵다. 왜냐하면 그것은 단지 능력 싸움 이상이며, 보다 본질적인 세계관의 싸움이기 때문이다. 정령 숭배 신앙의 세계관은 너무 단순하기 때문에 어떤 의미에서는 쉬운 싸움이라고 할 수 있지만, 보다 정교한 교리 체계를 가진 세계관과의 싸움은 더욱 치열하다고 할 수 있다.

사탄은 "거짓의 아비"(요 8:44)로서 "광명의 천사로 가장"(고후 11:14)하여 비성경적 세계관을 전파하고 마치 알곡 가운데 가라지를 섞는 것처럼 세계관에 혼합주의를 가져온다. 그러므로 **진리 대결**에 있어서 싸움의 원리는 "영을 다 믿지 말고 오직 영들이 하나님께 속하였나 분별"(요일 4:1)하는 것이다.

토의 및 정리 문제

1. 우리가 싸우는 영적 대적들의 정체는 무엇인가? 이 영적 대적들은 어떻게 타락하게 되었는가?
2. 영적 전쟁의 본질은 무엇인가? 왜 그런지 예를 들어서 나누어 보라.
3. 일상생활에서 어떻게 영적 싸움을 싸우는지 나누어 보라. 승리나 실패의 경험을 나누어 보라.
4. 복음을 전할 때 어떻게 영적 싸움을 싸우는지 나누어 보라. 승리나 실패의 경험을 나누어 보라.
5. 어떤 경우에 세계관의 싸움을 느끼고 있는지 나누어 보라.
6. 영적 전쟁에서 중립 지대가 있다고 생각하는가? 학문의 세계는 왜 중립 지대가 아닌가? 우리가 세속 학문을 대할 때 어떤 태도를 가져야 하는가?

3장 | 오늘날 세계의 영적 동향

동양 사상과 이슬람교의 발흥

오늘날 세계적으로 두드러진 영적 동향 중 하나는 동양 사상의 발흥이라고 할 수 있다. 이런 흐름을 타고 현대화된 요가나 탄트리즘 등 힌두교 사상이 유럽과 북미 등에서 성행하고, 1980년대 이후에는 우리나라에까지 수입되고 있다. 라즈니쉬의 사상은 현대화된 탄트리즘(Tantrism)이고, 크리쉬나 무르티나 요가난다의 사상은 현대화된 요가 사상에 지나지 않는다. 마하리쉬 마헤쉬의 '초월 명상'(TM)도 요가적 수행법의 현대적 변형일 뿐이다. 한편 동북아시아 지역에서는 '기'(氣)에 대한 관심도 1980년대 이후로 급격히 증가하고 있다. 우리나라에서도 '기공', '기 찜질방', '단전 호흡' 등 도교 사상의 물결이 넘쳐나고 있으며, 거기에다가 동양의 여러 가지 운명론에 관한 것들 예컨대 사주, 풍수지리, 점성술 등에 대한 온갖 책들도 난무하고 있다.

오늘날 동양 사상에 대한 탐구는 단순히 옛것을 발굴해서 소개하는 시도들도 있고, 현대적인 용어와 철학으로 각색된 것도 있으며, 과학과의 접목을 시도하는 것들도 있다. 이런 영향으로 그리스도인 가운데도 동양 사상에 관심을 가지는 사람이 늘어나고 있으며 신학자들 중에는 동양 사상을 신학에 도입하거나 접목하려는 시도도 있다. 이런 시도는 소위 '토착화 신학'의 시도로서 행해지는 경우가 많다. 이런 영적인 동향은 종교 다원주의, 포스트모더니즘, 뉴에이지 운동, 신과학 운동 등과 그 맥을 같이한다고 할 수 있다.

또 한 가지 중요한 영적 동향은 이슬람교의 엄청난 성장이다. 이슬람교는 1940년에는 불과 2억이었는데 2013년 기준으로 16억을 돌파하고 전 세계 인구의 23퍼센트에 달하는 것으로 알려져 있다. 과거에 기독교 지역이었던 유럽과 북미 지역에서도 매우 빠른 속도로 이슬람 인구가 성장하고 있다. 1979년 이후 호메이니의 이란 혁명 성공 이후로 이슬람 근본주의는 점점 확산되고 있다. 이제는 신문지상에서 이슬람 근본주의에 입각한 과격한 단체들의 테러나 납치 이야기를 듣는 것은 어려운 일이 아니다. 9.11사태 이후로 이슬람 테러리즘에 대한 두려움은 더욱 확대되고 있다. 힌두교가 가시적이지는 않지만 뉴에이지 운동 등을 통해서 은밀히 세계의 저변으로 확대되고 있다면, 이슬람교는 가시적이고 전투적인 선교를 통해서 세계의 곳곳에 자기들의 영향력을 확산시키고 있다.

이런 영적 동향을 한마디로 요약한다면 종교 다원주의의 발흥이라고 할 수 있다. 오늘날 기독교는 예수 그리스도의 유일성에 대해서 많은 도전을 받고 있다. 이제 선교사들은 선교지에서 "당신들만 진리를 가지고 있고, 반드시 기독교를 믿어야만 구원받는 법이 어디 있느냐?"라는 질문에 대답해야 할 형편이 되었다. 세계교회협의회(WCC)는 70년대까지만 해도 해방신학 등 진보 신학이 주류를 이루었는데 80년대에 와서는 종교 다원주의 신학이 더욱 주류로 자리 잡아 가고 있는 형편이다.

종교 다원주의자들은 '산의 정상은 하나이지만 산에 올라가는 길은 많은 것처럼 진리는 하나이지만 이 진리에 도달하는 길은 많다'고 주장한다. 하나의 진리가 문화권들의 특질에 따라서 각각 다른 각도에서 조명된 결과 여러 가지 종교가 발생한 것이며, 따라서 본질적으로 모든 종교는 동일하며 하나의 실재를 반영한 것이라고 생각한다. 이런 관점 하에 다원주의자들은 예수 그리스도의 유일성을 포기하면서까지 타종교와의 대화를 시도하고 있으며 아예 '선교'의 개념조차도 변질시켜 놓은 형편이다.

그러나 예수 그리스도의 유일성에 대한 유래 없는 도전에도 불구하고, 거시적으로 보았을 때 이런 영적 동향이 우리를 낙망시키지는 못한다. 선교의 통계들이 말해 주는 것은 이 세계가 점점 복음화 되어 왔고, 20세기에도 복음화의 비율이 계속 높아졌다는 것이다. 선교학계에서는 미전도 지역을 가리키는 말로 '10/40 창'이라는 개념을 사용해 왔다. 이 개념이 의미하는 바는, 지구의 북위 10도에서 40도까지를 창으로 그려 보았을 때 미전도 종족의 90퍼센트 이상이 이 지역에 집중되어 있다는 것이다. 그리고 재미있는 것은, 에덴동산과 인류 문명의 최초 발상지도 바로 이 지역에 속해 있었다는 점이다. 아마도 에덴동산에서 쫓겨난 아담과 하와는 처음부터 멀리 가지는 않았을 것이다. 이 지역은 사탄이 최초로 강력하게 역사했던 곳이었다. 더군다나 고대의 바벨론과 페르시아가 있었던 이라크와 이란이 이 지역에 속해 있으며 이스라엘도 바로 이 지역에 속해 있다. 조지 오티스(George Otis Jr.)에 의하면 이 지역 안에는 사탄의 요새(stronghold)들이 많이 있다고 주장한다. 그러나 선교 역사적으로 봤을 때 사탄의 요새에 대한 포위망이 점점 줄어들고 있다는 것이다(Otis, 157-178). 이제는 '미전도 종족' 개념에 대한 인식의 증가와 함께 이 지역으로 선교사들이 더욱 많이 나가고 있다. 예루살렘에서 시작한 복음이 이제 이 지역을 통과해서 다시 예루살렘까지 도달하게 되면 그 때 선교의 임무가 막을 내릴지도 모른다.

세계의 영적 동향이 한편으로는 부정적으로 보임에도 불구하고 우리가 확실히 장담할 수 있는 것이 있다. 첫 번째는 결국은 우리가 승리할 것이라는 약속이 너무나 분명하다는 것이다. 두 번째는 지금도 계속해서 포위망이 좁혀 들어가고 있고 사탄은 점점 수세에 몰리고 있다는 사실이다. 모든 전쟁에서 그렇듯이 수세에 몰리면 더욱 발악이 심해지는 법이다. 그러므로 힌두교와 이슬람교의 팽창이 두드러지고 행동이 과격해지는 것은 마지막 시대의 마지막 발악이라고 볼 수 있다. 그러나 동시에 영적 전투가 더 치열해질 것이고, 따라서 우리가 더욱 기도해야 한다는 사실도 결코 잊어서는 안 될 것이다.

동양 사상 발흥의 역사적 배경

여기서 우리는 동양 사상이 발흥하게 된 시대적 배경을 좀 살펴볼 필요가 있다. 17, 18세기에 등장한 계몽주의는 오늘날에 이르기까지 현대주의의 정신으로서 그 위력을 유감없이 발휘했다. 합리적이고 과학적인 사고방식을 진리의 척도로 삼은 계몽주의는 인간 이성에 절대적 지위를 부여했고 이성에 근거한 과학적 성과들에 대하여 무한한 신뢰감을 표시했다. 인간 이성에 대한 신뢰는 곧 인간성에 대한 낙관론을 낳았고 인간성에 대한 낙관론은 역사 진보에 대한 낙관론들을 낳았다. 다윈의 진화론, 스펜서의 사회진화론, 헤겔과 마르크스의 진보주의적 역사관과 같이 인간성과 역사의 진보에 대한 낙관론에 근거한 사상들이 이 시대를 풍미했다. 이러한 정신은 뉴턴의 고전 물리학 등 근대의 과학 혁명에 의해서 조성된 인간 이성에 대한 신뢰감에 뿌리박고 있는 것이었다. 인간의 이성은 절대적 진리를 산출해 낼 수 있고, 이성을 따라서 추구해 나가면 결국은 모든 진리를 밝혀낼 수 있을 것이라는 낙관론이 팽배하기 시작했다.

이러한 계몽 정신은 사실상 성경적 세계관과 충돌을 일으킬 수밖에 없다. 성경은 인간은 죄성을 타고나기 때문에 인간성은 낙관적이지 못하고, 인간의 이성은 죄의 영향에 의해서 제한되고 왜곡되었다고 보기 때문이다. 성경적 입장에서는 이러한 비관적인 인간성에 근거한 인류의 역사도 결코 진보적이거나 낙관적인 것이 아니며 인류의 역사는 심판과 종말을 향해서 나아가고 있다고 본다. 이처럼 인간성과 역사를 어떻게 보는가는 세계관을 결정짓는 가장 중요한 요소가 된다.

20세기에 들어오면서 이성주의, 과학주의, 절대주의, 진보주의, 낙관주의를 표방하는 계몽주의 정신에 금이 가기 시작했다. 19세기에 나타난 비(非)유클리드(Euclid) 기하학의 발달은 새로운 사조의 출발점이 되었다. 이전까지는 의심할 여지가 없는 절대적 진리로 간주되던 유클리드 기하학의 공리 체계들이 하나의 상대적인 공리 체계로 전락했다. 비유클리드 기하학자들은 도형이 놓인 공간의 성격에 따라서 공리 체계는 다를 수 있다는 것을 발견하게 되었다. 예를 들어, 평면과는 달리 곡면 상에서는 두 점을 연결하는 최단 거리가 직선일 수 없다는 것이 확인되었다. 이제 유일하고 절대적인 기하학의 체계로 간주되어온 유클리드 기하학도 여러 체계들 중 하나일 뿐임이 입증되었다.

수학의 영역에서 상대주의가 발생함과 동시에 물리학의 영역에도 새로운 사조가 나타났다. 아인슈타인의 현대 물리학은 이전까지 절대적인 것으로 간주되던 뉴턴의 고전 물리학 체계를 단지 하나의 패러다임으로 상대화시켜 버렸다. 아인슈타인은 상대성 이론으로 뉴턴의 물리학 체계에서 전제된 절대 시간과 절대 공간의 개념을 무너뜨리고 공간과 시간도 상대적인 것임을 입증했다.

이런 상대주의와 함께 불확실성의 개념이 생겨났다. 양자 역학의 분야에서 하이젠베르크(Heisenberg)의 '불확정성 원리'는 불확실성의 개념을 강화시켰다. 고전 물리학의 체계에서는 물체의 위치와 운동 상태가 주어지면 운동 방정식에 의해서 미래의 상태를 확실하게 예측할 수 있었다. 그러나 하이젠베르크의 양자 역학 체계에 의하면, 양자와 같은 미시 세계에서는 관찰자인 인간이 미립자의 위치나 운동 상태에 영향을 주기 때문에 고전 역학에서처럼 입자의 위치와 운동량을 동시에 기술할 수 없다. 따라서 입자의 미래 경로를 정확하게 예측할 수 없고 다만 확률적 통계로서만 취급될 뿐이라는 것이다. 불확정성 원리에 의하면 인식 주관으로서의 인간은 인식 대상에 대해 아무런 영향을 주고받지 않는 절대적 기준이 될 수 없다. 왜냐하면 인간이 관찰하려고 할 때 미립자들은 이미 인간의 관찰하려는 행위에 의해서 영향을 받아 버리기 때문이다. 불확정성 원리는 인식 주관인 인간의 이성에 근거해서 미래에는 모든 자연 현상을 정확하게 알 수 있으며, 과학의 발달이 확실한 진리를 가져다줄 것이라는 계몽주의적 낙관론에 찬물을 끼얹었다.

자연 과학의 영역에서 제기된 '상대성'과 '불확실성' 개념은 사회 과학의 영역에도 큰 영향을 주었다. 상대주의의 신호탄이 가장 먼저 솟아오른 것은 문화 인류학의 영역에서였다. 이전에는 서구 선진국의 문화가 절대적 가치로 인식되었으며 '미개한' 지역의 문화는 서구적인 문화를 향하여 근대화되어야 한다고 간주되었다. 이런 분위기에서 선교사들도 복음화와 서구화를 명확하게 구분하지 못하는 시대를 보냈다. 그러나 20세기에 들어와서 발생한 두 차례 세계 대전의 충격은 인간성과 역사의 진보에 대한 낙관론에 회의를 품게 했고 서구 문화의 절대성에 대한 신뢰를 흔들어 놓았다. 더구나 문화 인류학의 발달은 서양 문화에 절대적 가치를 두는 사고방식을 깨뜨리고, 문화적 상대주의의 입장에서 각 사회와 문화권들마다 고유성을 인정하며 그 가치를 인정해야 한다는 방향으로 시각의 수정을 불러일으켰다.

문화 인류학의 발달에 힘입은 문화적 상대주의는 보편적이고 절대적인 윤리 체계를 거부하는 상대주의적 윤리관을 낳았다. 각 문화권마다 통용되는 윤리와 규범이 다르다는 사실을 문화 인류학이 밝혀냈기 때문이다. 현대 물리학에서 제시된 상대성 이론은 뉴턴의 고전 물리학과 짝을 이룬 데카르트적인 기계론적 이원론의 형이상학 체계를 무너뜨렸다. 이로 인해 절대적 윤리관을 제공하던 형이상학 체계들이 붕괴되면서 상대주의적 윤리관이 뿌리내릴 수 있는 토양이 마련되었다. 더군다나 상대주의적 윤리관을 더욱 부채질한 것은 언어 분석 철학이었다.

언어 분석 철학은 형이상학적 명제들과 형이상학 체계로부터 자연스럽게 도출되는 윤리적 명제들을 언어 분석의 칼로 파괴해 버렸다. 예를 들어,

'인간의 영혼은 사후(死後)에 심판을 받으며 악한 일을 행하면 지옥에 떨어진다'는 하나의 형이상학적 명제를 가정했을 때, 이러한 형이상학적 명제들로부터 '살인이나 도둑질과 같은 행위를 해서는 안 된다'는 윤리가 나올 수 있다. 그런데 윤리의 토대가 되었던 형이상학적 명제 자체가 언어 분석에 의해서 의심받게 되었다. 그리하여 '살인이나 도둑질이 왜 악한 일인가'라든지 '악이란 무엇을 의미하는가'라는 근본적인 문제들이 제기되었다. 이러한 결과로 절대적 윤리 체계들이 무너지고 상대주의적 윤리관이 생겨났으며 상황 윤리들이 활개를 치게 되었다.

역사를 바라보는 시각도 바뀌었다. 인간성에 대한 낙관론이 무너지면서 역사의 진보에 대한 확신도 깨어지게 되었고 역사를 꿰뚫는 필연적 법칙과 같은 것도 거부되었다. 역사의 직선적 발전에 대한 신뢰에 금이 가면서 토인비(Toynbee, 1889-1975)나 슈펭글러(Spengler, 1880-1936)와 같이 역사의 진보에 대하여 부정하는 역사 철학자들이 나타나게 되었다. 역사의 각 시대가 가지고 있는 독특성을 인정하는 상대주의적 역사관이 발생했다. 역사의 미래에 있을 수도 있다고 생각되었던 유토피아에 대한 환상들이 깨졌다. 역사가 어떤 한 방향을 향해서 발전하는 것이 아니고, 역사에 어떤 법칙이 없다고 한다면 미래의 역사에 대해서 예측할 수 없다는 것은 당연한 논리적 귀결이다. 더군다나 불확실성의 개념은 상대주의적 역사관과 함께 미래에 대한 불확실성을 더욱 부채질했다. 이러한 불확실성에서 오는 불안을 극복해 보기 위해서 실존 철학이 등장했다. 실존 철학은 인간성에 대한 실망, 역사의 진보성에 대한 비판, 불확실성에서 나온 것이었다.

포스트모더니즘과 종교 다원주의

이러한 역사적 배경을 바탕으로 20세기 후반에는 계몽주의 정신을 넘어서 비합리주의, 상대주의, 불확실성, 다양성의 존중을 특징으로 하는 소위 '후기현대주의'의 사조가 나타나게 되었다. 문화적 상대주의는 문화적 다양성에 대한 존중과 함께 종교 다원주의를 낳았다. 절대적인 종교는 존재하지 않으며 모든 종교는 다양한 문화적 상황 하에 형성된 것이라는 시각이 확산되기 시작했다. 기독교도 문화적으로 상대화되었으며 아울러 동양의 사상과 신비주의에 대한 관심이 더욱 고조되기 시작했다. 더군다나 쌍두마차로 상징되는 데카르트와 뉴턴의 기계론적 실체적 세계관에 대한 비판과 함께 동양의 유기체론적 과정적 세계관에 대한 긍정적인 평가들이 나타났다. 뉴에이지(New Age) 운동은 이러한 동양의 신비주의에 뿌리를 두고, 인간이 신이 되는 신인합일(神人合一)의 새로운 시대를 추구하고 있다. 뉴에이지 운동의 과학적 측면이라고 할 수 있는 신과학 운동(New Scientist Movement)은 불교의 공(空)과 같은 상대성의 개념과 도(道), 역(易)과 같은 과정(過程, process)적 개념이나 기(氣)와 같은 유기체론적 개념들을 부각시키고 있다.

동양의 신비주의는 인간의 이성에 실망한 현대인에게 매력적인 대안으로 비춰지고 있으며 이러한 영향으로 요가, 기공, 심령 과학, 초능력 등에 대한 관심이 증가했다. 미래의 불확실성에 대해 불안해하는 현대인은 점성술이나 예언술, 신접술 등을 더욱 추구하게 되었다. 20세기는 이처럼 아이러니컬하게도 첨단 과학과 주술적이고 신비적인 문화가 공존하는 시대가 되었으며, 컴퓨터 회사가 돼지머리를 놓고 고사 지내고, 가장 지성적인 대학생이 점(占) 집을 찾아가는 시대가 되었다.

한편 문화적 상대주의는 문화적 주변부에 있다고 간주되어 온 비서구 세계 민족들에게 자기 민족의 문화 전통에 대한 자부심과 함께 민족주의를 더욱 부채질했다. 인도에서는 신힌두교(Neo-Hinduism) 운동이 일어났으며 중국에서는 신유교(Neo-Confucianism) 운동이 일어났다. 우리나라에서도 한민족의 웅대한 역사를 부각시키고, 한민족의 우수성을 입증하는 소위 "비전"(祕典)들이 오랫동안 감추어져 있다가 마침내 공개되었다는 주장들이 이목을 끌고 있다.

포스트모더니즘과 종교 다원주의, 문화적 민족주의의 물결이 한국 신학계에도 밀려든 것은 어쩌면 자연스러운 결과인지도 모른다. 한국 교회가 서양 선교사들로부터 수용한 신학이 '서구 신학'으로 비판받으면서 1960년대에는 '한국 신학, 토착화 신학'의 문제가 제기되었다. 한국 신학, 토착화 신학은 크게 세 가지 흐름으로 진행되었다. 첫째는 유교, 불교, 무속 등의 문화적 토양 위에 토착화 신학을 세워 보려는 시도였다. 그러나 이러한 시도들은 혼합주의라는 비판을 면치 못했다. 둘째는 한국의 역사적, 사회적 상황 위에서 신학을 세우고자 하는 시도였다. 1970년대의 역사적 상황은 문화적 측면보다는 사회적 실천 문제에 더욱 초점을 맞추게 했다. 그 결과 '민중 신학'이라든지 '한(恨)의 신학' 등이 등장했는데 이러한 시도들은 상황에 성경을 무리하게 끼워 맞추려고 했기 때문에 치우친 성경 해석이라는 비판을 면치 못했다. 셋째는 1980년대부터 두드러진 현상으로서 과정 신학의 틀을 가지고 한국의 전통을 새롭게 해석하려는 시도다. 1990년대 이후에는 포스트모더니즘, 종교 다원주의 신학의 확산, 한국 사회의 민주화라는 배경 하에 다시 문화적 관점에서 신학의 상황화 문제가 활발하게 진행되고 있다. 신학의 측면에 있어서 지적해야 할 것은 종교 다원주의와 포스트모더니즘의 물결을 타고 있는 상황화 신학이 한국에서만 일어나는 현상은 아니라는 것이다. 성경적인 상황화는 반드시 필요하지만, 텍스트(text)인 성경의 통제를 벗어난 무리한 상황화 신학에 의해서 혼합주의가 세계 도처에서 발생하고 있는 것도 간과할 수 없는 형편이다.

동양학의 발달

오늘날 동양 사상과 종교 다원주의 발흥의 원인을 역사적으로 다양한 배경에서 찾을 수 있지만, 직접적으로 영향을 끼친 원인으로서 동양학과 종교학의 발달을 언급하지 않을 수 없다.

기독교와 동양 종교와의 본격적인 만남은 몽골 족이 세운 원(元)나라가 중국 대륙을 지배하고 중앙아시아, 서아시아, 러시아까지 정복한 13세기부터라고 해야 할 것이다. 이탈리아인 마르코 폴로(Marco Polo)는 원나라 조정에서 봉사하다가 돌아가서 《동방견문록》을 저술했는데 이것은 중국을 폭넓게 서구에 소개한 최초의 저술이다. 마르코 폴로 이후 13세기에서 15세기 사이에 로마 가톨릭의 선교는 극동에까지 미쳤으며 그 결과 페르시아에서 중국에 이르는 광범한 지역의 종교에 대한 자료들이 서구로 밀려들어 왔다. 15세기에서 17세기에 이르는 대항해 기간은 기독교와 이방 종교와의 접촉을 더욱 원활하게 하였다. 아메리카 인디언의 신앙과 관습들도 서구에 소개되기 시작했다. 로마 가톨릭은 인도와 중국에 대해서도 본격적인 선교를 시작했다.

중국에 선교사로 간 예수회 선교사 마테오 리치(Matteo Ricci, 1552-1610)는 유교 경전인 사서(四書)를, 트리고(Nicolas Trigault)는 오경(五經)을 라틴어로 번역했다. 이러한 영향으로 17, 18세기에는 중국에 관련된 문헌들이 서구에서 범람하기 시작했고 그 후 청나라 때까지 유교 경전들이 라틴어와 불어로 번역되어 유럽에서 간행되었다(금장태, 31-36).

중국 종교의 합리주의적 특성은 17, 18세기에 서구에서 풍미하던 계몽주의에 영향을 주었다. 칸트는 스피노자(B. Spinoza, 1632-1677)의 범신론이 노자(老子)의 영향을 받은 것이라는 지적을 하기도 했다. 17세기 합리론자인 라이프니츠(Leibniz, 1646-1716)는 중국에서 활동하는 선교사들과 접촉했으며, 부베(Joachim Bouvet)가 쓴 주역(周易)에 관한 저술과 성리학(性理學)은 그의 학설에 영향을 주었다(금장태, 36-37). 라이프니츠의 제자였던 볼프(Christian Wolf, 1679-1754), 볼테르(Voltaire, 1694-1778), 괴테(Goethe, 1749-1832) 등도 공자와 중국에 대해서 깊은 관심과 존경을 드러내었다. 몽테스키외(C. L. Montesquieu, 1689-1755)와 루소(J. J. Rousseau, 1712-1778) 등은 중국 문화의 우수성을 인정하면서도 동시에 비판을 가했다(금장태, 39). 이처럼 17, 18세기의 저술들은 동양의 종교들이 비록 불완전하나마 서구인의 의식에 그런대로 자리잡기 시작했음을 보여 주고 있다.

17, 18세기에는 중국뿐 아니라 페르시아와 중동의 셈 족 문화와 종교에 대한 저술들도 조금씩 나타나기 시작했다. 18세기에는 아메리카 인디언 등의 원시 부족의 신앙과 관습에 대한 저술들도 나타났다. 샤를르 드 브로스(Charles de Brosses)는 이러한 부족의 신앙을 표현하는 말로써 '주물 숭배'(fetishism)라는 용어를 사용했는데 1860년대에 와서 타일러(E. B. Tylor)의 '애니미즘'(animism)이라는 용어가 이를 대신했다(Sharpe, 36).

19세기 초는 근동과 인도에 대한 발견이 시작된 시대라고 할 수 있을 것이다. 18세기 말 나폴레옹의 이집트 원정을 계기로 이루어진 이집트에 대한 저술이 19세기 초에 출판되었고 아시리아와 바빌로니아 고대 문화에 대한 연구가 이루어졌다. 한편 영국은 1600년 동인도 회사의 건립 이후 18세기 중엽부터 인도에 군건한 발판을 굳히고 있었고 18세기 말부터는 힌두교의 고전들이 편집, 번역되기 시작했다. 찰스 윌킨스(Charles Wilkins)는 1785년에 '바가바드 기타'(Bhagavad Gita)를 영어로 번역했고, 윌리엄 존스(William Jones)는 1789년에 '샤쿤탈라'(Shakuntala), 1794년에는 '마누법전'(Institutes of Manu)을 번역했다. 앙그틸 뒤페(Anquetil du Perron)은 1802년에 우파니샤드(Upanisad)를 페르시아어에서 라틴어로 번역했다. 이 결과 쇼펜하우어는 우파니샤드에 심취했고 에머슨(Emerson), 소로(Thoreau), 올컷(Alcott) 등 미국의 초월주의자들도 이러한 영향을 받았다. 이런 분위기를 타고 1814년에는 처음으로 파리대학에 산스크리트어 교수직이 개설되었다. 1816년에는 보프(Bopp)가 산스크리트, 그리스, 라틴, 페르시아, 독일어 등의 문법을 비교 연구하여 저술을 냄으로써 비교 종교학(Comparative religion)을 등장시키는 촉매 역할을 했다(Sharpe, 39-40).

종교학의 전개 과정

19세기는 계몽 정신이 꽃을 피우는 시대였다. 이성에 대한 낙관, 역사의 진보, 진화 등의 개념들이 점차 분명하게 두각을 드러내고 있었다. 피히테, 셸링, 헤겔, 생시몽, 콩트 등의 유명한 역사 철학들은 진보의 개념 위에 세워져 있었다. 이때 찰스 다윈(Charles Darwin)의 《종의 기원》이 1859년에 나타났고 허버트 스펜서(Herbert Spencer, 1820-1903)의 사회 진화론이 다윈과 손을 잡았다. 당시의 진보주의 역사 철학과 진화의 개념이 만난 것이다. 서구는 정신없이 진화론적 역사관에 젖어 들어 갔고 종교도 그 영향권 밖에 있지는 않았다. 스펜서는 진화론을 종교의 영역에 적용시키려고 한 최초의 인물일 것이다.

지리상의 발견에 따른 세계 종교에 대한 지식 증가, 계몽주의의 발생, 진화론의 열풍과 함께 등장한 것이 학문으로서의 종교학이다. 종교학은 계몽주의가 낳은 19세기의 아들 중 하나라고 할 수 있을 것이다. '종교학'이라는 용어는 막스 뮐러(Max Müller)가 1873년에 《종교학 입문》(Introduction to the Science of Religion)이라는 책을 출판함으로써 본격적으로 사용되기 시작했다. 막스 뮐러가 이 책을 발간했을 때에는 찰스 다윈이 진화론에 대한 저술을 계속해서 펴내고 있었고 유럽의 학계는 진화론 열풍에 휩쓸려 있었다. 진화론이 나타나기 전에도 세계 종교에 대한 지식은 상당한 정도로 축적되어 있었다. 그러나 이러한 자료들을 다룰 수 있는 적절한 방법론적인 틀을 갖지 못했는데 진화론이 이 틀을 제공함으로써 종교학이라는 학문이 성립하게 된 것이다. 종교학은 종교를 진화 과정 중에 나타나는 보편적인 현상으로 간주하는 진화론적 가정에 바탕을 두고 있었다. 종교학은 세계 각지의 다양한 종교로부터 수집되는 자료들을 비교함으로써 종교의 기원과 진화 과정을 밝힐 수 있다는 전제를 가지고 있었다. 그래서 초창기의 종교학은 '비교 종교학'과 거의 동일한 의미로 사용되었다.

종교학의 발생은 기독교가 계시된 유일한 종교라는 것을 정면으로 반박하는 것이었다. 기독교를 포함한 모든 종교는 진화의 단계는 다를지 몰라도 진화 과정에 따른 인간 의식의 발현이라는 전제가 깔려 있었다. 비록 초창기 종교학자들이 기독교를 진화의 최종 단계에 놓는 일이 많았지만, 유일한 신적 계시라는 것을 부정한다는 점에서 기독교의 유일성을 깨뜨리기는 마찬가지였다. 진화론적 단계라는 개념은 원시 부족의 신앙과 관습에 대한 관심을 불러일으켰다. 진화론 이전에는 이러한 원시 부족의 신앙은 열등하고 마귀적인 것이라 여겼기 때문에 서구인에게 있어서 심각한 연구의 대상이 되지 않았다. 그러나 진화론적 전제에서는 원시 부족의 신앙이 종교의 기원을 밝힐 수 있는 단서로 간주되었다. 그리하여 인류학, 민속학, 신화학이라는 학문이 나타날 수 있었다. 프레이저(J. G. Frazer)의《황금가지》(The Golden Bough)는 이러한 배경 가운데 나타난 것이다. '애니미즘' 용어의 창시자인 타일러도 인류의 문화와 종교가 하등 상태에서 고등 상태로 진화한다는 종교 사학적(history of religions) 전제를 가지고 종교의 기원과 발전을 탐구했다.

    19세기 말에서 20세기 초는 심리학이 발흥하던 시기였다. 심리학에 있어서 종교는 인간의 심리 현상을 탐구할 수 있는 매우 유익한 분야였다. 종교 심리학은 특히 미국에서 널리 영향을 끼치고 있었다. 그러나 종교 심리학이 진화론의 영향을 벗어나 있던 것은 아니다. 종교 심리학자들은 대부분 초자연적인 실재를 인정하지 않고 진화론적 자연을 전제로 하고 있었다. 인류학적 접근과 심리학적 접근은 본질적으로 다른 것이 아니고 동일하게 진화론에 바탕을 둔 것이며 단지 다른 각도에서 접근했을 뿐이다.

    20세기 초는 19세기 역사주의에 대한 반동으로 신비주의 물결이 일어났는데 종교 심리학자들은 신비 체험들을 다루는 쪽으로 나아갔다. 나탄 쇠데르블롬(Nathan Söderblom, 1866-1931)의 성스러움(holiness), 루돌프 오토(Rudolf Otto, 1869-1937)의 누미노제(Numinose), 칼 융(Carl Jung, 1875-1961)의 집단 무의식, 엘리아데(Mircea Eliade, 1907-1986)의 원형(archaic mentality) 등의 개념이 나타났다. 이러한 신비 현상에 대한 탐구는 해석학적 접근을 하고 있었지만 동시에 종교 현상학(phenomenology of religion)을 낳는 계기가 되었다.

종교 현상학이 학문적으로 정립된 것은 네덜란드의 학자 반 데어 레우(G. Van der Leeuw)의 저술 《종교 현상학》이지만 그 이전에도 종교가 가시적으로 현현되는 모습에 초점을 맞춘 현상학적 방법을 사용한 종교학자들이 많이 있었다. 그러나 종교 현상학은 에드문트 후설(Edmund Husserl, 1859-1938)의 영향으로 가치 판단을 배제한 공정한 현상의 관찰이라는 측면이 강조된다. 즉 현상학은 종교 체험을 연구하지만 신성에 관한 인간의 반응을 관찰할 뿐 교리적 문제를 고찰해서는 안 되며, 현상적으로 나타난 것을 보이는 그대로 관찰하고 기록해야 한다는 것이다. 이러한 현상학적 접근 방법 또한 기독교의 유일성을 거부하는 것이 아닐 수 없다. 현상만으로는 기독교적 종교 체험의 독특성을 주장하기가 어려운 데다가 구원에서의 '유일성'이라는 가치 판단은 배제되어야 하기 때문이다.

현상학과 상응하는 방향이라고 할 수 있는 해석학적 흐름은 트뢸치(Ernst Troeltsch, 1865-1923), 하르나크(Adolf von Harnack, 1851-1930), 쇠데르블롬(Nathan Söderblom), 오토(Rudolf Otto) 등에서 이미 나타났고 나중에 요아힘 바흐(Joachim Wach, 1898-1955)에 의해서 주도되었다. 현상학이 주관성의 배제를 중요시했다면 해석학은 주관성을 수용하고 활용하는 것이다. 종교에 대한 객관적 현상과 사실의 목록에 만족할 수 없는 사람들은 객관적인 자료에 주관적인 해석의 작업을 포함시키지 않을 수 없었다. 해석학자들은 이러한 해석을 통해서 종교 현상과 그 의미를 새롭고 포괄적으로 체험할 수 있게 된다고 주장했다. 그러나 종교에 대한 해석학적 접근은 성경에 대한 주관적 해석의 길을 열어 놓았고 자유주의 신학이 침투할 수 있는 길을 열어 놓았다.

이처럼 종교학의 전개 과정은 종교의 상대성이라는 결론으로 나아갔고 그것은 종교학이 발생할 때부터 예측되는 것이었다. 종교의 상대성은 당연히 종교 간의 접근, 대화의 필요성을 제기하는 쪽으로 흘러갔다. 그 출발점은 1893년에 개최된 시카고 세계종교회의(Chicago World's Parliament of Religions)였다. 이러한 노선은 1901년에서 1913년 사이에 런던, 암스테르담, 제네바, 보스턴, 베를린, 파리 등지에서 '유니테리언 등 자유주의 종교 사상가 및 교역자 국제회의'(International Council of Unitarian and other Liberal Religious Thinkers and Workers)로 이어졌다. 1차 대전 발발 직전에는 인도, 스리랑카, 중국, 일본 등지에서 회합을 가짐으로써 활동의 확장을 꾀하기도 했다(Sharpe, 309-310). 1차 대전 이후에는 미국의 지원을 받아 1929년에는 '세계신앙협회'(World Fellowships of Faiths)가 결성되었고, 유럽에서는 1921년에 '종교연맹'(Inter-Religious League)이 창설되었다. 2차 대전 후에는 미국에서 1933년 '세계신앙동지 국제회의'가 열렸고 영국에서는 1936, 1937, 1938년에 '세계신앙회의'가 런던, 옥스포드, 케임브리지에서 열렸다(Sharpe, 318-319). 이러한 세계종교회의에서 영향을 미친 사람들 중에는 비베카난다(Vivekananda)와 라다크리슈난(Radhakrishnan)과 같은 인도인들과 동양 종교학자들이 있었다(Sharpe, 307-323). 이처럼 세계 종교학계의 분위기는 에큐메니즘(Eumenism)에 가까이 가 있었고, 이러한 영향 하에 기독교 쪽에서도 에큐메니칼 운동 안에 종교 다원주의의 경향이 강해지기 시작했다. 현 시대를 풍미하는 종교 다원주의는 이처럼 20세기 초부터 그 싹을 드러내고 있었고 오늘날에는 그 소출을 거두고 있는 것이다.

토의 및 정리 문제

1. 오늘날 두드러진 영적 동향은 무엇인가? 그것을 뒷받침하는 현상들에 대하여 예를 들어 보라.
2. 계몽주의의 특징은 무엇이며 그것이 어떤 사조들을 낳았는지 논의해 보라.
3. 계몽주의적 특징에 도전하는 현상이 어떤 식으로 나타났는지 자연 과학과 인문 과학의 영역으로 나누어 정리해 보라.
4. 포스트모더니즘이 어떻게 종교 다원주의와 관련되는지 설명해 보라. 또 어떤 현상으로 나타나는지 설명해 보라.
5. 동양학과 종교학의 전개 과정이 종교 다원주의를 낳는데 어떻게 기여했는지 정리해 보라.

4장 | 타세계관에 대한 성경적 관점

타종교와 타세계관에 대한 세 가지 관점

우리는 흔히 이런 생각을 해 본다. 이 세상에 한 가지 종교만 있으면 아무 갈등도 없고 얼마나 좋겠는가! 도대체 이 많은 종교와 세계관들은 왜, 어떻게 나타나게 되었는가? 이 세계관들의 위상은 무엇이고 본질은 무엇인가? 이런 생각들을 성경적 세계관에 입각해서 신학화한 것이 종교 신학이라고 할 수 있다. 즉 종교 신학이란 종교들과 세계관들에 대한 성경적 입장을 표명한 것이다.

우리는 타종교와 타세계관에 대해 그리스도인으로서 어떻게 생각해야 되는지 정립할 필요가 있다. 여기에는 대체로 세 가지 정도의 입장이 있다.

첫 번째로, 가장 극단적인 생각은 타종교가 전적으로 사탄의 작품이라는 주장이다. 인간의 모든 문화적 행동 양식과 가치 기준들은 세계관을 기초로 하고 있다. 그러므로 세계관을 빼고는 문화는 성립할 수도 없고 설명할 수도 없다. 문화에서 가장 중요한 영역이라고 할 수 있는 종교의 심장부에는 바로 세계관이 놓여 있다. 그러므로 타종교와의 만남(encounter)은 곧 세계관의 대결이라고 할 수 있다. 그러나 영적 대결이 곧 세계관의 대결이라고 할 때, 그것이 의미하는 바가 모든 타종교나 타세계관이 전적으로 사탄의 역사와 영향력으로부터 유래한다는 것은 아니다.

타종교나 타세계관에도 부분적인 진리는 있다. 타종교나 타세계관에 옳은 부분이 전혀 없다고 말하는 것은 매우 심한 독단이 될 것이다. 예를 들어서 불교에 심취한 사람은 마음이 평안해지고 깨끗해지는 것처럼 느낄 수도 있다. 그러나 마음이 평안하고 깨끗한 것처럼 느껴진다고 해서 그것이 곧 구원을 가져다주는 것은 아니다. 타종교와 타세계관은 일반 은총의 발로로서 부분적인 진리가 있을 수 있다. 만일 타종교가 전적으로 사탄의 작품이라고 한다면 인간은 자유 의지도 없는 꼭두각시에 불과한 것이 된다. 그러나 인간은 사탄에 의해서 전적으로 조종 받는 로봇과 같은 존재가 아니다.

두 번째로, 또 한가지 잘못된 사고방식은 타종교가 '선(先)복음'(Pre-Gospel)이라고 생각하는 것이다. 즉 타종교라는 것은 복음이 잘 수용되도록 하기 위해서 하나님께서 미리 만들어 놓으신 작품이라고 생각한다. 자유주의 신학자들이 대체로 이런 생각을 가지고 있다. 그들은 복음이 '최선의 길'(the Best Way)이기는 하지만 구원에 이르는 '유일한 길'(the Only Way)은 아니라고 생각한다.

오늘날에는 복음에 대한 세 가지 태도가 있다. 먼저, 복음이 '유일한 길'이라고 하는 '유일주의'(exclusivism)인데 이것은 전통적인 복음주의자들이 가지고 있는 입장이다. 그 다음은 복음이 '최선의 길'라고 생각하는 '수용주의'(inclusivism)인데 이것은 자유주의자들이 가지고 있는 입장이다. 마지막으로 복음을 단지 '하나의 길'이라고 생각하는 다원주의(pluralism)인데 이것은 종교 다원주의자들의 입장이다. 오늘날 자유주의자들뿐 아니라 천주교도 수용주의의 입장을 취하여, 타종교에도 전혀 구원이 없는 것이 아니지만 천주교가 구원에 이르는 '최선의 길'이라고 주장하고 있다. 그러나 기독교는 종교 다원주의자들이 말하는 것처럼 여러 가지 길 중에 하나가 아니다. 또 타종교는 자유주의자들이 말하는 것처럼 하나님이 미리 예비해 놓은 작품이 결코 아니다.

세 번째로, 타종교에 대한 올바른 성경적 관점은 타종교를 우선 일반 계시에 대한 반응의 발로로 보는 것이다. 하나님은 인간을 하나님 형상대로 창조하셨고, 인간이 하나님께 절대적으로 의존하도록 창조하셨다. 그런데 어느 날 사탄이 인간에게 다가와서 사탄 자신이 타락한 방식대로 "너희 눈이 밝아져 하나님과 같이 되어"(창 3:5)라고 유혹했다. 인간이 하나님과 같이 된다는 것은 더 이상 하나님을 의존하지 않겠다는 독립 선언과 마찬가지였다. 그러나 비록 인간이 타락하여 독립을 선언했다고는 해도, 원래 하나님이 창조하신 바 절대자에게 의존할 수밖에 없는 인간의 본질적 속성이 없어진 것은 아니다. 예를 들어, 6살짜리 어린아이가 있다고 가정해 보자. 이 아이는 자유 의지를 가지고 있으며 "부모가 필요 없다"는 독립 선언을 할 수도 있을 것이다. 그러나 그런다고 이 아이가 정말로 독립적으로 살 수 있는 것은 아니다. 부모에게 의존해야만 살 수 있다는 본질은 전혀 변하지 않았다.

인간은 하나님에게 절대적으로 의존할 때에만 참된 행복과 기쁨과 안식을 누릴 수 있고 공허함을 채울 수 있는 존재다. 이런 인간 존재의 본질을 충족시키기 위해서 모든 인간은 무엇인가 절대적인 것을 추구한다. 어떤 사람에게는 그것이 돈 버는 것일 수도 있고, 명예를 추구하는 것일 수도 있고, 예술, 학문 등에 심취하는 것일 수도 있고, 여러 가지 다른 종교를 찾는 것일 수도 있다. 하나님에게서만 채워질 수 있는 공허함을 채우기 위해서 인간은 미친듯이 무엇인가를 추구한다. 그러고도 채워지지 않으면 마약이나 술, 도박에 빠질 수도 있다. 그러나 이 모든 것을 통해서도 참된 행복과 평안과 기쁨과 안식은 없고 여전히 공허할 뿐이다. 왜냐하면 하나님께 절대 의존할 때에만 그러한 것들이 채워지도록 인간은 창조되었기 때문이다.

우리는 아우구스티누스의 고백을 여기서 인용할 수 있다. 그는 마니교와 신플라톤주의 등에서 오랜 방황을 한 후에 하나님께 돌아와서 말했다. "내가 하나님께 돌아와 쉬기 전까지 나에게 참 평안이 없나이다"(《고백록》, 1권 1). 이처럼 본질적으로 절대자를 추구하는 성향, 이것이 바로 인간에게 남아 있는 종교적 본능, '종교성'의 기원이라고 할 수 있다. 다시 말해, 종교성이란 것은 하나님께서 우리 인간을 하나님의 형상대로 지으셔서 절대적으로 의지하게끔 만드셨기 때문에 모든 인간에게 내재되어 있는 것이다. 인간은 하나님의 형상대로 만들어졌기 때문에 기본적으로 '종교적 인간'(Homo religiosus)이다. 타종교는 인간이 가지고 있는 보편적 종교성의 발로라고 할 수 있는데 이것을 다른 말로는 일반 은총의 발로라고도 할 수 있다. 그러나 타종교의 경우 인간의 종교성은 죄성과 반역성으로 잘못된 대상을 지향하고 있다. 이처럼 절대자가 아닌 것이 절대자의 자리에 올라가 있을 때 그것은 우상이 된다. 따라서 인간이 하나님 외에 절대적인 가치를 부여하고 추구하는 것은 모두 우상 숭배 행위가 되는 것이다. 성경에서 탐심이 우상 숭배라고(골 3:5) 말하는 이유는, 탐심이 하나님이 아닌 어떤 것에 절대적 의미와 가치를 부여하기 때문이다. 그러므로 우리는 타종교를 단순히 일반 계시에 대한 반응 내지 종교성의 발로라고만 정의해서는 안 된다. 거기에는 일반 계시에 대한 반응뿐 아니라 인간의 죄성과 하나님에 대한 반역성, 그리고 그것을 부추기는 사탄의 역사와 영향력이 섞여 있기 때문이다.

인간의 타락이 가져온 세 가지 결과

우리는 타종교나 타세계관을 올바로 이해하기 위해서 그것들이 어떻게 형성되었는지 알아야 한다. 세계관들의 발생은 인간의 타락 사건과 밀접하게 연관되어 있다. 따라서 먼저 인간이 타락한 뒤에 어떤 일들이 생겼는지 알아보아야 한다.

인간이 타락한 후에 크게 세 가지 일이 일어났다. 첫째는 인간의 인식 능력이 전락되었고, 둘째는 도덕적인 능력이 전락되었고, 셋째는 자연계가 전락되었다.

1. 인식 능력의 전락

먼저 인식 능력의 전락에 대해 살펴보기로 하자. 하나님은 아담을 만드시고 난 후에 아담이 생물들을 어떻게 이름 짓나 보시려고 생물들을 그에게로 이끌어 오셨다. 그리고 아담이 각 생물에 대해서 일컫는 바가 곧 그 이름이 되었다(창 2:19). 원래 히브리어에서 이름을 붙인다고 할 때에는 그 사물의 본질에 맞게 붙인다는 것을 의미한다. 아무렇게나 이름을 붙이는 것이 아니고 그 사물이 가진 특성과 본질에 맞게 붙여야 된다. 아담이 그 많은 생물의 이름을 붙였다는 것은 그가 생물들의 본질을 통찰했다는 것을 의미한다. 그래서 하나님은 아담이 붙인 이름을 그대로 다 인정하셨고 생물들은 아담이 이름을 붙인 그대로 불려졌다(창 2:19). 이처럼 인간이 타락하기 전에는 사물의 본질에 대한 직관력을 포함해서 총체적인 인식 능력이 있었다고 볼 수 있다. 인간의 이성과 같은 것들도 아마 인간이 가지고 있는 총체적 인식 능력의 일부분이었을 것이다.

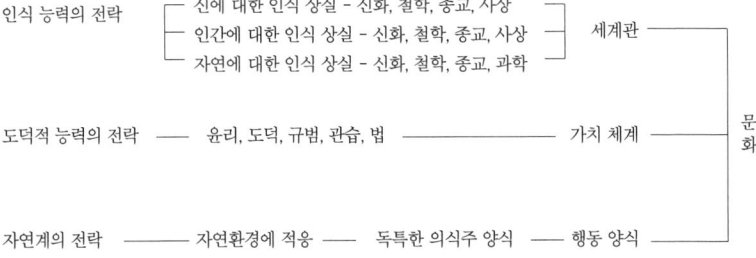

〈표12〉 타락의 결과와 문화 발생

원래 직관력이란 총체적인 판단력과 지식이 있을 때 가능한 것이다. 총체적인 지식과 정보, 총체적인 판단력이 작용해서 뛰어난 직관력이 나타나는 것이다. 어떤 분야에서 지식과 경험이 많을수록 직관적 판단의 정확도가 높아진다는 것은 그가 그 분야에서 어느 정도 총체적인 인식을 할 수 있는 능력이 있기 때문이라고 할 수 있다. 어쨌든 인간은 타락으로 인해 총체적인 지식과 정보를 상실했을 뿐 아니라 총체적인 판단력조차도 상실했다. 단편적인 지식과 정보, 그리고 판단력을 가지고 직관했을 때 그 오류가 큰 것은 말할 필요조차도 없다. 타락한 인간의 직관력이 그다지 신뢰받을 수 없는 이유는 여기에 있다. 인간의 타락은 지식과 정보를 처리하는 판단 능력에 왜곡을 가져왔다. 오늘날 우리가 감정이나 심리 상태에 따라서 동일한 상황에서도 얼마나 다른 판단을 내리는가를 보면 죄의 영향력이 인식과 판단에까지 미치는 것을 알 수 있다.

인간은 타락으로 인간이 본래 가지고 있던 총체적인 인식 능력을 상실했다. 인간의 생각은 허망해지고 미련한 마음은 어두워졌으며(롬 1:21), 온전하고 명확하게 아는 대신에 희미하고 부분적으로 아는(고전 13:12) 존재가 되었다. 현재의 인간이 뇌세포의 몇 퍼센트를 사용하는가에 대해서 아직 논란이 있지만, 타락 사건이라는 존재의 전락 사건이 인식 능력의 전락을 가져온 것은 사실일 것이다. 만일 영화로운 몸으로 존재가 회복된다면 인식 능력도 회복될 것인데, 만일 온전한 인식 능력을 사용하면 어떻게 될지 상상이 되지 않는다. 타락 전에 하나님께서는 자연계를 관리하는 권한을 위임하셨다(창 1:28). 아마 자연계를 관리하기 위해서 인간에게 자연계를 다스릴 수 있는 통찰력과 지혜가 부여되었을 것이다. 그런데 인간은 타락으로 자연계의 사물에 대한 통찰력과 지혜를 잃어버리고 자연계에 대한 지식을 상실하게 된 것이다.

무엇보다도 인간이 잃어버린 인식 능력 중 가장 중요한 것은 하나님에 대한 인식 능력이다. 인간은 에덴동산에 있을 때 하나님과 직접적인 교통을 했고 하나님에 대한 지식이 있었다. 하나님이 어떤 존재인지 인식하는데 아무런 어려움이 없었을 것이다. 에덴동산에서는 '계시'도 필요 없었을 것이고 성경 말씀과 같은 것도 필요 없었을 것이다. 타락 사건은 하나님에 대한 인식 능력을 잃어버리게 만들었다. 그리하여 하나님에 대한 지식은 점점 사라져 갔고 노아의 홍수 후 그 지식은 더욱 희박하게 되었을 것이다.

'하나님을 아는 지식'은 회복되어야 할 것이 되었다. 그러므로 호세아도 하나님을 아는 지식이 없어서 멸망하는 것을 통탄하면서(호 4:6) 힘써 하나님을 알자고(호 6:3) 부르짖었다. 또 바울도 성도들이 하나님을 알게 하시도록(엡 1:17) 기도했고 하나님을 아는 지식이 자라가기를 소망했다(골 1:10). 인간이 가지고 있는 하나님의 형상 안에는 절대자를 추구하는 '종교성'이 포함되어 있기 때문에 하나님을 아는 지식에 대한 갈망이 늘 있고, 그것이 채워지지 않으면 만족과 평안이 없다. 인간은 하나님에 대한 인식 능력을 잃어버리고 난 후, 타락으로 인하여 제한되고 왜곡된 인식 기능인 이성을 가지고 하나님에 대한 지식을 추구했다. 그 결과 인간의 이성과 상식에 근거한 철학, 신화, 사상, 종교와 같은 것들이 생겨나게 되었고, 하나님에 대한 불충분하고 왜곡된 지식을 진리로 착각하게 되었다.

인간이 잃어버린 것은 하나님에 대한 인식 능력뿐이 아니었다. 인간은 인간 자신의 본질에 대한 통찰력까지도 잃어버리게 되었다. 인간은 자신이 왜 이 세상에 태어났고, 어디서 와서 어디로 가는지도 모르는 존재가 되어 버렸다. 인간 자신에 대한 지식을 상실해 버린 인간의 모습에 대해서 실존 철학만큼 더 잘 설명해 주는 것은 없다. 실존 철학자 하이데거(Martin Heidegger, 1889-1976)는 인간 존재의 본질에 대해서 한마디로 '피투성'(被投性, Geworfenheit)이라고 규정한다. 다시 말하자면 '던져진 존재'라는 것이다. 인간은 자신이 어디서 와서 어디로 가는지 모르며, 자기의 의지와는 무관하게 내던져졌다는 것이다. 실존 철학은 참으로 부분적인 진리를 말해 주고 있다. 인간에 대한 지식을 상실한 사람에게 있어서 인간이란 하룻밤의 유희에 의한 우연의 산물이고 '고아'처럼 세상에 던져진 존재일 수밖에 없다. 그러나 예수께서는 실존 철학의 서글픈 명제를 정면으로 반박하신다. "내가 너희를 고아와 같이 버려두지 아니하고 너희에게로 오리라"(요 14:18). 믿는 자들, 즉 하나님과 인간에 대한 지식을 회복한 자들에게 있어서 인간은 더 이상 세상에 내던져진 고아가 아니다. 그러나 믿지 않는 자에게 있어서는 인간은 세상에 던져진 존재인 것이다.

인간은 자신이 어디서 왔는지도 모르고 미래에 어떻게 되는지도 모른다. 인간 존재의 기원과 미래는 불확실하다. 그러므로 하이데거가 인간 존재의 본질이 '불안'(Angst)과 '염려'(Sorge)라고 말한 것은 당연한 귀결이다. 이런 불안과 염려는 구체적인 어떤 일로 인해 생기는 불안이나 염려가 아니다. 삶의 가장 평온한 시기에도 솟아오르는 인간 존재의 밑바닥에 깔려 있는 본질적인 불안이고 염려다. 인간은 평온할 때에는 그 평온이 깨어질까봐 불안해한다. 그러나 예수께서는 실존 철학의 두 번째 서글픈 명제에 대해서도 정면으로 반박하신다. "평안을 너희에게 끼치노니 곧 나의 평안을 너희에게 주노라 내가 너희에게 주는 것은 세상이 주는 것과 같지 아니하니라 너희는 마음에 근심하지도 말고 두려워하지도 말라"(요 14:27). 이 평안은 본질적인 불안과는 반대로 본질적인 평안이다. 이것은 욱여쌈을 낭하는 것 같은(고후 4:8) 어떤 열악한 환경 속에서도 빼앗기지 않는 평안이다.

이처럼 인간이 타락으로 인해 인간 자신에 대한 지식을 상실함으로써 생겨난 것이 역시 철학이니, 사상이니, 신화니, 종교니 하는 것들이다. 이런 세계관들은 타락으로 인해 제한되고 왜곡된 인간의 인식 기능에 의해서 추구되었기 때문에 불충분하고 왜곡되어 있다. 따라서 철학, 종교, 사상, 신화, 과학 등의 세계관들은 인간의 기원과 본질에 대해서 수천 년 동안 씨름해 왔지만 아직도 명쾌한 답을 얻지 못하고 있다.

정리하자면, 인간이 타락으로 인해 하나님과 인간 자신과 사물의 본질에 대한 인식 능력을 잃어버림으로써 철학, 사상, 신화, 과학, 종교와 같은 세계관들이 생겨나게 되었다. 따라서 문화의 심층부인 세계관은 인식 능력의 상실에 의해서 생겨난 것이라 할 수 있다.

2. 도덕적 능력의 전락

인간의 타락으로 인하여 발생한 사건 중에 주목해야 할 두 번째 사건은 도덕적 능력, 즉 하나님 형상 안에 있는 양심의 능력이 전락되었다는 것이다. 양심이 완전히 없어진 것은 아니지만 제한되고 왜곡되어 작동하게 되었다. 이전에는 없었던 부당한 욕구들이 생겨났고 이런 부당한 욕구들을 채우기 위해서 인간은 죄를 짓지 않을 수 없게 되었다. 우리는 여기서 인간성에 대한 낙관론에 뿌리를 두고 있는 세계관들의 허구를 꿰뚫어 볼 수 있다.

마르크시즘은 인간성에 대한 낙관론에 근거해 있다. 마르크시즘에서는 생산력이 극도로 발달하고 생산 관계에 모순이 없는 공산주의 사회는 더 이상의 계급 투쟁이 없으며 도덕이 실현되는 이상적인 유토피아가 될 것이라고 주장한다. 물론 이러한 이상주의가 설득력이 없다는 것은 역사적으로 사회주의의 실험이 종언을 고했다는 것으로 입증되었다. 그러나 설사 마르크시즘의 이상대로 아무리 생산력이 발달하고 생산 관계에 모순이 없어도, 즉 유토피아 사회가 도래해도 해결되지 않는 욕구들이 있다. 아내가 있는 한 남자가 다른 여자에게 눈을 돌린다거나 남편이 있는 한 여자가 다른 남자에게 눈을 돌리는 이런 종류의 부당한 욕구들은 공산주의 사회가 해결해 줄 수 있는 것이 아니다. 예컨대 남녀 간의 삼각관계와 같은 문제는 유전 공학을 이용해서 복제 인간을 만든다고 해도 해결되지 못할 것이다. 복제 인간은 일란성 쌍둥이가 그런 것처럼 완전히 다른 인격을 가진 독립적인 존재이며 완전히 다른 사람일 것이다. 설사 복제 인간을 만든다고 해도 사람들은 서로 원본을 차지하려고 싸울 것이다. 그리고 독립적 인격을 가진 복제 인간이 삼각관계에서 탈락한 사람을 자신의 파트너로 삼으리라는 보장도 없다.

유교의 경우도 맹자(孟子)의 성선설 계통이든 순자(筍子)의 성악설 계통이든 본질적으로는 인간성에 대한 낙관론에 근거하고 있다. 왜냐하면 유교는 예(禮)의 교육을 통해서 인간의 욕구가 조화롭게 실현되는 이상 왕국의 건설을 꿈꾸기 때문이다. 유교에서 예는 천(天)과 인간 간의 수직적 관계와, 그리고 인간 상호 간의 수평적 관계를 규정하고 있다. 유교에서는 천의 대리자인 성인(聖人)이 다스림으로써 예가 실현되는 이상 왕국을 정치 이념으로 삼는다. 공자가 늘 그리워했던 요순(堯舜)시대로의 복귀라는 이상은 이러한 유교의 본질을 잘 드러내고 있다. 그러나 이런 유교적 이상 왕국은 유교를 정치적 이념으로 표방하는 나라에서도 결코 이루어진 적이 없었다. 이들 나라는 실제적으로는 법이나 힘에 의해서 다스려졌다. 예는 지배 계층의 자기만족적인 율법주의로 변했으며 민중들을 지배 계층에 속박시키기 위한 사회적 질서 유지의 도구가 되어 버렸다.

이슬람교도 인간성에 대한 낙관론에 뿌리박고 있다. 이슬람교는 인간의 원죄를 인정하지 않으며 인간의 모든 욕구는 샤리아(shari'ah)라는 법에 의해서 조화되면서 실현될 수 있다고 생각한다. 이슬람교는 영혼의 욕구와 육신의 욕구를 모두 추구하며, 따라서 소위 성(聖)과 속(俗)을 통합한다고 주장한다. 이처럼 영혼의 욕구와 육신의 욕구가 샤리아에 의해서 실현되는 이상적인 공동체가 바로 움마(ummah)다. 그러나 이슬람교의 경우도 샤리아에 의해서 이상적인 공동체가 실현된 적은 한 번도 없었다. 이슬람교에서는 인간성에 대한 잘못된 낙관론으로 여러 가지 편법들이 생겨났다. 예를 들어, 이슬람교에서는 간음을 반대한다. 그들은 샤리아에 의해서 인간의 성욕이 억제될 수 있다고 낙관한다. 그러나 수니파의 경우는 아내를 네 명까지 두거나 이혼을 허락함으로써 결국은 부당하게 성욕을 채우는 것을 허용하는 결과를 초래하기도 한다. 시아파의 경우는 무타(muta)라고 하는 일시적인 결혼을 허용함으로써 결과적으로 간음을 합법화하게 된다. 그래서 시아파의 남자들 중에는 여행 시에 객지에서 매춘부와 일시적인 결혼을 해서 성욕을 채우다가 집에 돌아올 때는 이혼을 하고 돌아오는 경우도 있다고 한다.

인간성에 대한 낙관론에 뿌리박은 세계관들은 인간이 얼마나 부패한 존재인지를 망각하기 때문에 현실성을 상실한 이상주의로 치닫고 만다. 이런 세계관들은 예라든지 샤리아와 같은 율법적 제도나 규범으로써 인간의 욕구를 통제하거나 조절할 수 있고, 나아가서 유토피아라든지 요순시대라든지 움마와 같은 이상 사회를 건설할 수 있다고 주장한다. 그러나 현실을 보자면, 이런 이상적인 제도로써 죄와 욕구의 분출을 다스리는 데 성공한 이상 왕국은 발견되지 않는다. 성경은 인간의 마음을 거짓되고 심히 부패한 것으로 간주한다(렘 17:9). 성경적 관점에 따르자면 이상 왕국은 인간의 제도나 노력으로는 결코 이루어지지 않을 것이다. 예수께서 재림하셔서 왕으로 통치하시고 타락으로 인해 생겨난 부당한 욕구가 없어지고 영화로운 몸을 입게 되었을 때 새 예루살렘이라는 이상 왕국이 실현될 것이다.

그럼에도 불구하고 인간의 욕구를 통제하거나 조절하기 위한 여러 가지 사회적 제도나 수단이 필요 없다고 말하는 것은 아니다. 인간의 부당한 욕구들은 제재되지 않으면 갈등과 충돌, 싸움을 일으킬 것이고, 인간의 욕구를 그대로 가만히 놔두면 동물과 거의 다를 바가 없을 것이다. 그래서 이런 욕구들을 통제하고 사회의 붕괴를 막기 위한 수단은 반드시 요청되지 않을 수 없다. 결국 문화의 두 번째 영역인 가치 체계들, 즉 윤리, 도덕, 규범, 관습, 법과 같은 것들은 도덕적 능력의 전락에 의해서 생겼다고 볼 수 있다.

3. 자연계의 전락

인간의 타락으로 야기된 결과 중 살펴보아야 할 세 번째 사건은 자연계의 전락이다. 인간의 타락은 자연계의 전락을 가져왔다. 하나님은 타락한 인간에게 "땅은 너로 말미암아 저주를 받고"(창 3:17)라고 선언하셨다. 왜냐하면 하나님께서 땅의 관리권을 아담에게 위임하셨기 때문이다. 즉 인간은 원래 땅의 피조물에 대한 관리권을 가지고 있었다(창 1:26, 28). 타락하기 전에는 인간은 다른 피조물들을 영적인 권위로 다스렸을 것이다. 그러나 타락한 후에는 힘의 논리가 작용하는 자연계로 전락되었다. 인간이 하나님의 영적 권위에 복종하지 않음으로써 영적 권위의 질서가 깨뜨려졌고, 다른 피조물들도 인간의 영적 권위에 더 이상 복종하지 않게 되었다. 인간이 하나님께 반역하였으므로 다른 피조물들도 인간에게 반역하게 되었다. 이제 인간은 영적인 권위가 아니라 힘의 권위로 피조 세계를 다스릴 수밖에 없게 되었다(창 9:2).

인간은 하나님과 인간 자신과 자연계에 대한 지식을 점점 상실하게 되었던 것 같다. 아담의 아들 가인이 도시 문명을 건설한 것이나(창 4:17) 두발가인이 구리와 쇠로 만든 기계(창 4:22), 그리고 고대의 불가사의한 문명을 고려할 때 자연계에 대한 지식을 한꺼번에 상실한 것은 아닌 것 같다. 자연계가 전락된 후 노아 시대의 대홍수를 기점으로 인간은 갑자기 원시 상태로 전락하게 되었을 것이다. 원시 상태에 떨어진 인간에게 자연은 '풍족'이라기보다는 '위험'이었을 것이다. 인간은 열악한 자연환경에서 살아남기 위해서 처해진 환경에 따라 독특한 의식주 양식을 발전시켰고 이와 관련된 여러 가지 도구를 만들게 되었다. 이것이 문화의 가장 바깥쪽에 위치하고 있는 '행동 양식'을 결정하게 된 주원인이다. 인간은 전락한 자연계의 힘에 순응하거나 맞부딪혀 싸우면서 문화를 발전시켜 왔다. 그런데 과학의 발달로 인간이 자연을 통제하는 힘이 어느 정도 생기자 무리하게 오히려 자연을 착취함으로써 자연의 파괴와 오염 등의 문제가 일어나게 된 것이다.

전락된 자연계의 원리는 진화론자들의 표현대로 '적자생존'과 '약육강식'으로 요약된다. 이처럼 진화론에도 부분적인 진리는 있다. 그러나 진화론자들이 가지고 있는 필름은 타락 전의 자연계 상태와 구속의 역사가 완성된 이후의 자연계 상태에 대해서는 끊겨 있다. 그들은 이렇게 끊긴 필름의 중간 토막을 가지고 그 원리를 역사 전반에 걸쳐서 일반화하고 있다.

진화론자들은 지금과 같은 적자생존, 약육강식의 질서를 마치 영원한 진리인 것처럼 생각하고 있다. 그러나 인간이 타락하기 전에 에덴동산에 있을 때에는 자연계의 질서가 약육강식, 적자생존의 법칙에 의해서 지배되지 않았을 것이다.

자연계는 지금과 같은 약육강식의 먹이 사슬과 생태 구조가 아니었을 것이다. 하나님이 인간에게 식물로 주신 것은 채소와 나무의 열매였으며(창 1:29) 동물에게도 푸른 풀만이 식물로 주어졌다(창 1:30). 약육강식을 결정짓는 육식의 습성은 어디에서도 찾아볼 수가 없었다. 우리는 예수께서 재림하신 후에 에덴동산을 발전적으로 회복시키셔서 새 하늘과 새 땅을 창조하시는 모습을 이사야서에서 발견할 수 있다(사 65:17). 즉 이사야서에는 적자생존, 약육강식이라는 전락된 자연계의 원리로부터 회복된 세계를 그리고 있다. "이리가 어린 양과 함께 살며 표범이 어린 염소와 함께 누우며 송아지와 어린 사자와 살진 짐승이 함께 있어 어린아이에게 끌리며 암소와 곰이 함께 먹으며 그것들의 새끼가 함께 엎드리며 사자가 소처럼 풀을 먹을 것이며 젖 먹는 아이가 독사의 구멍에서 장난하며 젖 뗀 어린아이가 독사의 굴에 손을 넣을 것이라"(사 11:6-8, 65:25).

회복된 자연은 에덴에서와 마찬가지로 인간에게 위험한 어떤 요소도 가지고 있지 않다. 자연은 풍족하고 안전하며 재난의 근원이 아니다. 모든 동식물은 하나님이 인간에게 다스리도록 맡기신 대로 인간의 권위 하에 있으며 결코 인간에게 위협을 주는 존재가 아니다. 거기에는 아무런 "해됨도 상함도 없을 것이다"(사 11:9).

자연계의 회복은 약육강식의 질서가 없어지는 것에 국한되지 않고, 황폐한 자연환경이 회복되는 것을 포함한다. 광야에서 물이 솟겠고, 사막에서 시내가 흐르며, 뜨거운 사막이 변하여 못이 될 것이며, 메마른 땅이 변하여 원천(原泉)이 될 것이며, 승냥이의 눕던 곳에 풀과 갈대와 부들이 날 것이다(사 35:6-7). 저주받아 가시덤불과 엉겅퀴를 내던 땅은(창 3:18) 다시 회복되어 꽃과 열매를 내게 될 것이다. 타락으로 인해 단축된 인간의 수명은 회복되어 나무의 수한과 같게 될 것이며 백세는 젊은이로 취급될 것이다(사 65:20-22). 그러므로 성경은 모든 피조물들이 이런 구속을 기다리고 있음을 말한다. "피조물들이 고대하는 바는 하나님의 아들들이 나타나는 것이니 피조물이 허무한 데 굴복하는 것은 자기 뜻이 아니요 오직 굴복하게 하시는 이로 말미암음이라 그 바라는 것은 피조물도 썩어짐의 종 노릇 한 데서 해방되어 하나님의 자녀들의 영광의 자유에 이르는 것이니라 피조물이 다 이제까지 함께 탄식하며 함께 고통을 겪고 있는 것을 우리가 아느니라 그뿐 아니라 또한 우리 곧 성령의 처음 익은 열매를 받은 우리까지도 속으로 탄식하여 양자 될 것 곧 우리 몸의 속량을 기다리느니라"(롬 8:19-23).

총체적 회복자 그리스도

예수께서는 물론 인간을 구원하러 오셨지만, 인간만을 구원하러 오신 것은 아니다. 예수께서는 인간의 타락으로 인해 상실한 모든 것을 총체적으로 회복하기 위해서 오신 것이다. 이런 회복의 역사는 인간, 자연, 문화의 세 가지 영역에서 총체적으로 이루어질 것이다. 인식 능력, 도덕적 능력, 자연계, 문화 등 모든 것이 총체적으로 회복될 것이다.

```
존재 회복 ─┬─ 인식 능력의 회복 ─┐     영화의 상태 ──────┐
          └─ 도덕적 능력의 회복 ─┘                        │
                                                          ├─ 새 하늘과 새 땅
자연 회복 ── 자연계 질서의 회복 ── 이상적인 자연환경 ──┤   새 예루살렘 성
                                                          │
문화 회복 ── 문화에서 죄성의 요소 제거 ── 천국 문화 ──┘
```

〈표13〉 총체적 회복

　인간은 하나님과 인간 자신과 사물에 대한 인식 능력과 지식들을 회복하게 될 것이다. 그리하여 물이 바다를 덮음같이 여호와를 아는 지식이 세상에 충만하게 될 것이다(사 11:9). 성경은 "여호와를 경외하는 것이 지혜의 근본이요 거룩하신 자를 아는 것이 명철"이라고 말한다(잠 9:10). 이것은 죄와 인식 능력이 밀접한 관계가 있다는 것을 의미한다. 인간이 타락했을 때, 즉 하나님과 올바르지 못한 관계에 떨어졌을 때 총체적인 인식 능력을 상실했다. 그러므로 하나님과 올바른 관계에 놓여 있을 때 인간은 사물을 통찰하는 인식 능력을 회복한다는 것을 예측할 수 있다. 거룩함이란 단지 도덕성의 문제가 아니라 인식 능력을 회복시키고 부패와 오염에서 통찰력을 회복하는 것이다. 우리는 성화될수록 사물에 대한 더욱 큰 지혜가 생길 것이며 예수께서 재림하셔서 영화로운 몸을 입을 때 온전하고 총체적인 인식 능력을 회복할 것이다.

　도덕적 능력도 회복되어서 부당한 욕구들이 없어질 것이다. 사실 모든 고통은 욕구의 좌절에서 나온다. 욕구가 좌절되는 것은 두 가지 조건이 있

다. 첫째로는 채워질 수 없는 부당한 욕구가 발생했기 때문이고, 둘째로는 정당한 욕구일지라도 그것을 채워 줄 수 없는 환경 조건의 열악함 때문이다. 인간의 타락은 부당한 욕구를 발생시켰고, 또 자연계의 전락으로 풍족함은 사라지고 열악한 환경 조건이 생겨났다. 총체적인 회복은 부당한 욕구를 없앨 뿐 아니라 열악한 환경 조건을 회복시킬 것이기 때문에 새 하늘과 새 땅에서는 아무런 고통이 없게 될 것이다. "우는 소리와 부르짖는 소리가 그 가운데에서 다시는 들리지 아니할 것"(사 65:19)이다.

도덕적 능력이 회복되었다는 것은 우리가 영화로운 몸을 입었다는 것을 의미한다(빌 3:21). 영화로운 몸을 입었을 때 우리는 죄를 지으려고 해도 지을 수 없는 상태가 될 것이다. 이것은 에덴의 단순한 회복이 아니다. 우리가 에덴동산에 있을 때, 즉 타락하기 전에는 죄를 지을 수도 있고 짓지 않을 수도 있는 상태였다. 그러나 타락한 이후에는 인간은 반드시 죄를 지을 수밖에 없는 상태로 전락되었다. 왜냐하면 죄인으로 태어났기 때문이다. 그러나 지금 구속함을 받은 이 땅의 성도는 에덴동산에서처럼 죄를 지을 수도 있고 짓지 않을 수도 있다. 성령의 소욕대로 살면 죄를 짓지 않을 수 있지만 육신의 소욕대로 살면 죄를 지을 수도 있다. 그러나 영화로운 몸을 입은 완전한 구속의 상태에서는 죄를 지으려고 해도 지을 수 없는 상태가 될 것이다. 이것은 타락 전 인간의 상태보다 더욱 탁월한 상태다. 예수께서 천사장의 나팔 소리와 함께 재림하실 때 우리는 순식간에 신령한 몸으로 홀연히 변화될 것이다. 우리는 썩지 아니하고 죽지 아니하는 몸을 입게 될 것이다(고전 15:51-54). 그 때에 맹인의 눈이 밝을 것이며 못 듣는 사람의 귀가 열릴 것이며 그 때에 저는 자는 사슴같이 뛸 것이며 말 못하는 자의 혀는 노래할 것이다(사 35:5-6).

인식 능력, 도덕적 능력, 자연계의 전락은 각각 세계관, 가치 체계, 행동 양식을 발생시켰는데, 이 세 가지 영역을 총괄해서 문화라고 부른다. 역사상으로 나타난 인간의 문화는 힘의 논리 위에 설립된 것이며 그것은 타락 이후에 생긴 것이 틀림없다. 문화를 의미하는 영어 단어 'culture'는 '경작하다'를 의미하는 'cultivate'에서 나왔다. 인간의 타락으로 인해 땅은 저주를 받았고 인간은 종신토록 수고하여야 소산을 먹게 되었다(창 3:17). 인간은 에덴동산에서 내어보내졌고 그의 근본인 토지를 갈게 되었다(창 3:23). 문화의 한자어 '文化'는 '인식 능력의 전락'이라는 측면에 보다 초점을 맞춘 용어라고 할 수 있다. 인간의 인식 능력의 전락과 수명 단축은 급속한 지식의 감소를 가져왔고, 따라서 인간은 이런 지식을 기록으로 남기고 보존하며 전수하는 것이 중요하다는 것을 알게 되었다. 지금과 같은 문화는 인간 타락 이후의 산물이며 생존하기 위한 노동의 산물이라고 할 수 있다.

물론 인간이 타락하기 전에도 하나님은 인간에게 '문화 명령'을 주셨다. "생육하고 번성하여 땅에 충만하라 땅을 정복하라 바다의 물고기와 하늘의 새와 땅에 움직이는 모든 생물을 다스리라"(창 1:28). 그러나 인간이 타락하기 전에 하나님이 의도하셨던 문화는 힘의 논리와 생존을 위한 노동, 그리고 그 노동의 잉여 가치 위에 건설되는 것이 아니었다. 모든 피조물은 인간의 영적 권위와 질서 하에 있었고 인간이 생존을 위해서 노동을 할 필요는 전혀 없었다. 문화 명령은 하나님이 맡기신 자연계를 영적 원리에 따라서 다스리는 창조적인 노동이었다. 그러나 타락한 인간은 생존하기 위해서 노동을 했고 이에 기초한 문화를 건설하기 시작했다. 떡의 문제를 해결하기 위한 육신적인 문화의 건설은 하나님의 문화 명령에 입각한 영적인 문화 건설을 불가능하게 했다. 떡이냐 하나님 말씀이냐 하는 문제는 인류가 영원히 싸워야 할 영적 싸움의 주제가 되었다.

이처럼 생존을 위한 노동에 기초한 문화는 타락의 산물이기 때문에 모든 족속의 모든 문화에는 죄성이 스며들어 있으며 사탄이 역사한 흔적도 명백히 보인다. 그렇다고 해서 타락 후의 문화가 전적으로 제거되어야 할 절대악인 것은 아니다. 만일 이나마의 문화도 없었더라면 인간은 짐승과 마찬가지의 상태로 전락했을지도 모른다. 문화는 이런 비참한 상태로까지 떨어지는 것을 막아 준 일반 은총의 발로이기도 하다.

예수께서 재림하신 후에 인간의 인식 능력과 도덕적 능력과 자연계가 회복된다는 것은 곧 그것들의 산물인 세계관, 가치 체계, 행동 양식 등이 온전하게 회복된다는 것을 의미한다. 그것은 곧 문화가 회복된다는 것을 의미한다. 모든 족속의 문화적 요소 중에서 죄성의 발로에 의한 것은 제거되고 천국 문화에 합당한 요소들만 수렴이 될 것이다. 사람들은 "그들의 칼을 쳐서 보습을 만들고 그들의 창을 쳐서 낫을 만들 것이며 이 나라와 저 나라가 다시는 칼을 들고 서로 치지 아니하며 다시는 전쟁을 연습하지 아니"(사 2:4) 할 것이다. 사람들은 "경배하려고 만들었던 은 우상과 금 우상을 그 날에 두더지와 박쥐에게 던지게"(사 2:20) 될 것이다.

하나님의 문화 명령은 새 하늘과 새 땅에서 천국 문화로 완성될 것이다. 타락 전에 주어진 문화 명령의 완성조차도 하나님이면서 동시에 인간의 대표자이신 예수 그리스도의 재림에 의해서 이루어질 것이다. 우리는 그 때 그의 나라에서 왕노릇하면서(계 22:5) 하나님이 창세 후에 축복하신 대로 땅을 정복하고 다스리게 될 것이다. 성경은 이러한 천국 문화에 대한 환상을 잘 나타내 보여 주고 있다. 이사야 60장은 각 족속의 문화를 대표하는 것으로 상징되는 열왕들이 자기 나라에서 풍부한 것들을 가지고 새 예루살렘에 입성하는 행렬의 모습을 그리고 있다(사 60:3-14). 요한계시록 21장은 거룩한 성, 새 예루살렘의 환상을 더욱 선명하게 보여 준다. "그 성은 해나 달의 비침이 쓸 데 없으니 이는 하나님의 영광이 비치고 어린 양이 그 등불이 되심이라 만국이 그 빛 가운데로 다니고 땅의 왕들이 자기 영광을 가지고 그리로 들어가리라 낮에 성문들을 도무지 닫지 아니하리니 거기에는 밤이 없음이라 사람들이 만국의 영광과 존귀를 가지고 그리로 들어가겠고"(계 21:23-26). 여기서 만국의 영광과 존귀는 곧 죄성과 반역성이 제거된 각 족속 문화의 정수를 나타낸다. 이처럼 천국 문화는 모든 족속의 문화가 구속받아서, 죄의 모습이 없고 가장 아름다운 모습들만 수렴된 풍성한 문화가 될 것이다.

타세계관과 복음과의 관계

이제 타종교와 세계관들이 어떻게 생겨나게 되었는지 결론을 내려 보자. 인간은 하나님의 형상대로 만들어졌기 때문에 그 본질적인 속성은 절대자를 찾을 수밖에 없게 되어 있다. 그런데 인간은 타락으로 인해 총체적인 인식 능력을 상실했기 때문에 하나님을 올바로 알 수 없게 되었고 온전한 진리를 구성해 낼 수 없게 되었다. 인간의 인식 기능은 죄로 인해 제한되었을 뿐 아니라 왜곡되었기 때문에 온전한 기능을 할 수 없게 되었다. 그러므로 제한되고 왜곡된 인간의 인식 기능에 근거한 타종교와 타세계관들에는 부분적인 진리가 있지만 온전한 진리는 없다.

복음은 하나님의 말씀이며 온전한 진리다. 그러므로 로마서 3장 1-2절에서는 "유대인의 나음이 …… 범사에 많으니 우선은 그들이 하나님의 말씀을 맡았음"이라고 말하고 있다. 유대인이 하나님의 말씀을 맡았다는 것은 유대인만이 온전한 진리인 성경을 가지고 있다는 것을 의미한다. 다르게 말하면 타종교와 타세계관은 하나님 말씀을 맡아 갖지 못했고 따라서 온전한 진리를 가지고 있지 못하다는 말이다.

그렇다면 하나님의 말씀, 즉 온전한 진리란 무엇을 의미하는가? '온전하다'는 말은 하나님 말씀인 성경에 우주와 역사에 관한 모든 진리가 포함되어 있다는 것을 의미하지는 않는다. 그러나 성경은 인간의 타락 사건과 인간이 구원받기에 충분하고 오류 없는 진리를 가르쳐 준다. 즉 '온전하다'는 것은 충분하고 오류가 없다는 것을 의미한다. 인간의 인식 기능은 제한되었고 왜곡되었다. 그러므로 인간의 인식 기능에 기반을 둔 타종교와 타세계관은 충분하지 못하고 오류가 있다는 것을 의미한다.

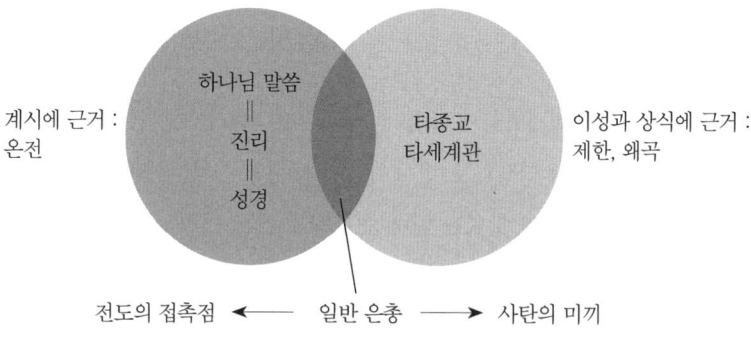

〈표14〉 복음과 타종교의 관계

우리는 여기서 왜 진리가 특별히 계시되어야 하는가에 대한 대답을 얻게 된다. 만일 인간이 타락하지 않았다면 굳이 성경으로 특별히 계시되지 않더라도 인간의 인식 능력으로 온전한 진리를 알 수 있을 것이다. 사실 에덴동산에서 인간은 하나님과 직접 교통을 하고 있었고 인간의 인식 능력으로도 일반 계시를 통해 하나님에 대한 올바른 지식을 얻을 수 있었을 것이다. 그러나 타락으로 인해 인간의 인식 능력으로는 더 이상 온전한 진리를 알 수 없게 되었고, 따라서 진리는 특별히 계시되어야 했던 것이다. 인간이 스스로 인식할 수 있는데 특별히 계시되어야 할 필요는 없다. 특별히 계시되었다는 것은 인간이 일반적 방식으로는 인식할 수 없기 때문이다. 인식할 수 없는 것은 인식 능력이 전락되었기 때문이며 인식 능력이 전락된 것은 인간이 타락했기 때문이다.

하나님은 인간이 비록 타락했지만 그들이 여전히 진리를 알기 원하셨다. 그러나 인간은 스스로의 능력으로는 진리를 인식할 수 없게 되었다. 그래서 하나님은 진리를 특별히 계시할 수밖에 없었는데 그 계시가 바로 유대인에게 먼저 주어졌다. "그가 그의 말씀을 야곱에게 보이시며 그의 율례와 규례를 이스라엘에게 보이시는도다 그는 어느 민족에게도 이와 같이 행하지 아니하셨나니 그들은 그의 법도를 알지 못하였도다"(시 147:19-20).

타락한 인간의 인식 능력은 불완전하기 때문에 특별 계시 없이 절대자를 추구하는 사람들은 일반 계시에 대한 반응의 결과로서 부분적인 진리만을 가진 세계관을 구성한다. 이것이 타종교와 세계관이 발생한 기원이다. 물론 타종교와 타세계관에는 부분적인 진리가 있으며 그것은 일반 은총의 발로다. 따라서 타종교와 타세계관에도 하나님의 말씀과 공유할 수 있는 부분이 있다. 그런데 사람들은 제한되고 왜곡된 인간의 인식 기능에 기초하여 구성해 낸 부분적인 진리를 확대하여 그것이 전부인 것처럼 일반화한다. 이때 사탄이 인간의 죄에 의해서 생겨난 약점이나 오류, 하나님에 대한 반역적 태도를 활용하지 않는 것이 더 이상한 일이다. 사탄은 인간이 일반 은총의 발로로 찾아낸 부분적인 진리를 미끼 삼아서 진리가 아닌 부분으로 사람들을 끌고 가서 멸망시킨다. 만약 처음부터 전적으로 엉터리 같고 진리가 아닌 것 같으면 사람들은 아무도 타종교나 타세계관을 따르지 않을 것이다. 타종교나 타세계관에도 상당히 진리처럼 보이는 부분이 있기 때문에 사람들은 그것만 보고 끌려 들어가게 된다. 그러나 사탄은 점차 부분적인 진리조차도 잠식해 간다. 그래서 하나님의 말씀과 공유한 진리의 부분이 점점 작아져서 보다 사탄적인 가르침을 드러내는 종교나 세계관도 나타난다. 그럼에도 불구하고 이 공유된 부분, 부분적인 진리는 일반 은총이며 선교에 있어서 접촉점이 된다. 따라서 전도자나 선교사들은 타종교나 타세계관에 나타나는 일반 은총을 적절히 활용할 수 있어야 한다.

복음의 특성 : 미련, 비밀

타종교나 타세계관은 타락한 인간이 여전히 가지고 있는 절대자를 추구하는 본성에서 나온 결과다. 타락한 인간 실존의 본질은 불안이다. 자기 존재의 근원과 미래에 대한 불확실성에 뿌리박은 불안은 인간으로 하여금 절대자를 추구하게 한다. 더군다나 자연계가 전락하여 인간에게 위협적으로 변했기 때문에 인간은 더 위험하고 불안하게 되었다. 이 불안을 떨치기 위해서 전락한 인식 기능을 가지고 나름대로 추구한 결과 나타난 것이 타종교들이다. 타종교와 타세계관의 특징은 그것들이 전락한 인식 능력, 즉 인간의 이성과 상식에 근거해서 형성되었다는 것이다. 그렇기 때문에 타종교와 타세계관들은 타락한 인간이 접근하기가 더 용이하다고 할 수 있다.

타종교와 타세계관들이 그렇게 심오해 보이고 복음은 그렇게 미련해 보이는 까닭은 무엇인가? 예를 들어, 불교는 매우 논리적이고 합리적이며 심오해 보인다. 흔히 사람들은 불교는 심오해서 이해하기가 어렵다고 말한다. 그러나 한국에서 불교가 어려워 보이는 이유는 순전히 한문 실력과 철학적 사고 능력이 부족하기 때문이다. 불교는 한문 실력이 있고 철학적 사고 능력이 있는 사람이라면 누구나 이해할 수 있다. 반면에 복음은 전혀 심오하지도 않을 뿐 아니라 미련하게조차 보인다. 박사 학위를 아무리 많이 가지고 있더라도 복음은 이해되지 않는다. "하나님이 인간의 육신을 입고 동정녀를 통해서 땅에 오셨다. 그는 인류의 죄를 대신하여 십자가에서 죽음으로써 속죄 제물이 되셨고 사흘만에 부활하셨다. 누구든지 그를 주로 시인하고 그의 대속과 부활을 믿는 자는 구원받을 것이다." 이 문장들을 이루는 명제 하나하나가 인간의 이성과 상식에 부합되지 않으며 그 내용도 별로 심오해 보이지 않는다. 어떻게 보면 너무나 불합리하고 미련해 보인다. 복음에 대한 이런 반응은 전혀 이상한 일이 아니다. 왜냐하면 복음의 본질이 '미련'이기 때문이다. 그러므로 바울은 복음이 "유대인에게는 거리끼는 것이요 이방인에게는 미련한 것이로되"(고전 1:23)라고 말한다.

사실 심오하다는 것은 인간의 이성을 감동시킨 것에 지나지 않는다. 어떤 사람이 매우 깊이 있는 논리와 서술을 전개했을 때 우리는 '심오하다'는 말을 하게 된다. 즉 보통 사람이 이성을 사용하는 수준보다 훨씬 더 나아가서 깊이 있게 논리를 전개했을 때 신선한 자극과 존경심을 일으키게 되는데, 이것이 '심오'다. 그러나 다른 한편으로 생각해 보면 심오하다는 것은 이해되었다는 것을 의미한다. 만일 어떤 논리가 이해되지 않았다면 그것이 심오한지 어떻게 알고 '심오하다'고 말하겠는가!

복음은 심오하지 않다. 왜냐하면 인간의 이성과 상식에 근거해서는 결코 이해되지 않기 때문이다. 복음은 본질상 미련한 것이어서 이성을 감동시키지는 않지만 마음을 감동시킨다. 이것이 바로 복음의 능력이다. 극악무도한 살인자조차도 변화시키는 능력이다. 그러므로 바울은 "오직 부르심을 받은 자들에게는 유대인이나 헬라인이나 그리스도는 하나님의 능력이요 하나님의 지혜니라"(고전 1:24)고 말한다.

왜 타종교는 심오한데 복음은 미련한가? 왜 타종교는 이해하기가 쉬운데 복음은 이해되지 않는가? 타종교는 인간의 사고에 근거한 것이고 복음은 계시된 것이기 때문이다. 복음이 계시된 것이라는 말은 다르게 말해서 복음은 이해의 차원이 아니라 수용의 차원이라는 것을 말해 준다. 만일 인간의 인식 능력으로 이해할 수 있는 것이라면 굳이 계시되어야 할 이유가 없다. 복음은 하나님의 지혜의 극치이고 인간의 인식 능력 밖에 있다. 그러므로 바울은 "기록된 바 하나님이 자기를 사랑하는 자들을 위하여 예비하신 모든 것은 눈으로 보지 못하고 귀로 듣지 못하고 사람의 마음으로 생각하지도 못하였다 함과 같으니라"(고전 2:9)고 말한다.

복음은 인간의 이성이 도무지 알아낼 수 없는 하나님의 경륜이며 '비밀'(mysterion)이다. 그러므로 바울은 "오직 은밀한 가운데 있는 하나님의 지혜를 말하는 것으로서 곧 감추어졌던 것"(고전 2:7)이라고 말한다. 복음이 감추어졌던 비밀이라면 계시 외에는 알릴 방법이 없다. 그러므로 바울은 "계시로 내게 비밀을 알게 하신 것"(엡 3:3)이라고 말하고 있다. 사도 바울은 복음을 설명할 때 "복음의 비밀"(엡 6:19), "하나님의 비밀"(골 2:2), "그리스도의 비밀"(엡 3:4; 골 4:3) 등 '비밀'이라는 표현을 즐겨 썼다. 이 비밀은 하나님의 경륜에 속한 것이기 때문에 인간의 인식 능력 밖에 있지만 언젠가는 그 내용이 밝히 드러날 비밀이다. 복음은 타락한 인간의 인식 능력 앞에서 '미스터리'가 된다. 비밀의 특징은 가르쳐 주지 않으면 절대로 알 수 없다는 것이다. 비밀의 내용이 아무리 단순한 것이라 해도 비밀을 가진 자 쪽에서 알려 주지 않으면 결코 알 수 없다. 어떤 사람이 아무리 지혜롭고 박사 학위를 여러 개 가지고 있어도 하나님의 비밀 앞에서는 무기력하다. 그러므로 성경은 말한다. "지혜 있는 자가 어디 있느냐 선비가 어디 있느냐 이 세대에 변론가가 어디 있느냐 하나님께서 이 세상의 지혜를 미련하게 하신 것이 아니냐 하나님의 지혜에 있어서는 이 세상이 자기 지혜로 하나님을 알지 못하므로 하나님께서 전도의 미련한 것으로 믿는 자들을 구원하시기를 기뻐하셨도다"(고전 1:20-21).

타종교와 세계관을 배우고 연구하는 이유

타종교와 타세계관이 복음에 비해서 그처럼 열등한 것이라면 우리가 타종교와 타세계관에 대해서 배우고 연구하는 이유는 무엇인가?

첫째는 효과적인 전도의 접촉점을 찾기 위해서다. 우리는 바울이 아레오바고에서 아테네 사람들에게 한 설교를 통해서 긍정적으로 접촉점을 찾으려고 하는 선교사의 올바른 태도를 보게 된다. 그리스 로마 신화에서 우리가 보는 바대로 아테네 사람들은 다신론자들이었고 그들의 신관은 매우 인본주의적이어서 기독교와 공유할 수 있는 부분은 거의 없는 것처럼 보였을 것이다. 그럼에도 불구하고 바울은 그들의 약점을 지적하거나 비방하지 않았다. 바울은 무엇인가 공유할 수 있는 부분을 찾으려고 노력했고 그들이 가지고 있는 '종교성' 그 자체를 접촉점으로 삼았다. 바울은 그들이 "알지 못하는 신에게"조차 경배하는 우상 숭배 행위를 비난하지 않고 오히려 그 종교적 열의를 인정해 줌으로써 접촉점을 삼았다. "너희를 보니 범사에 종교심이 많도다 내가 두루 다니며 너희가 위하는 것들을 보다가 알지 못하는 신에게라고 새긴 단도 보았으니 그런즉 너희가 알지 못하고 위하는 그것을 내가 너희에게 알게 하리라"(행 17:22-23).

둘째는 복음을 효과적으로 변증하기 위해서다. 우리가 복음을 전할 때 오히려 공격적인 반론이나 질문을 받게 되는 경우가 허다하다. 이런 반론이나 질문에 대해서 효과적으로 변증함으로써 우리는 그들이 그리스도께 나아올 수 있도록 도와주어야 한다. 명심해야 할 것은, 우리가 복음을 변증하는 것은 복음을 오해하고 있는 영혼을 불쌍히 여기기 때문이지 논쟁하기 위해서가 아니라는 사실이다. 복음과 타종교 사이의 우열을 가리고 논쟁하는 것은 변증의 목표가 아니다.

어차피 복음은 하나님의 지혜에 속하고 타종교는 인간의 지혜에 속하기 때문에 우열은 이미 판가름 났다. 복음이 우월하다는 것을 인간적인 말로 애써 강변하지 않아도 복음의 능력이 그것을 말해 줄 것이다. "하나님의 나라는 말에 있지 아니하고 오직 능력에 있기"(고전 4:20) 때문이다. 또 복음은 비밀에 근거한 것이고 타종교는 상식에 근거한 것이기 때문에 논쟁한다고 결론이 나지는 않을 것이다. 타종교와 비교 종교학의 지식을 전도의 직접적인 수단으로 삼아서 "당신들의 종교는 이러하고 우리 기독교는 이러하니 복음을 받으라"고 말로 설득하는 것은 좋은 방법이 아니다. 십중팔구는 논쟁을 불러일으킬 것이다.

이런 것을 통찰했기 때문에 바울은 십자가 외에는 아무것도 알지 않기로 작정했고(고전 2:2), 그것을 전도의 첫 번째 원칙으로 삼았다. 바울은 자기가 가지고 있는 타종교에 대한 자질구레한 지식을 늘어놓은 것이 아니라 두렵고 떨리는 마음으로(고전 2:3) 기도하면서 성령의 능력을 의지하여 그리스도의 십자가만 단순하게 전했던 것이다. 그래서 바울은 복음을 전할 때 사람의 지혜의 권하는 말로 하지 아니하고 다만 성령의 나타나심과 능력으로 했다(고전 2:4)고 말한다.

요즈음 흔히 '능력 전도'를 이적과 표적을 보여 주는 것으로만 생각하는 사람이 있는데, 더욱 본질적인 것은 '말씀의 능력'이라고 할 수 있다. 말씀의 능력만이 세계관의 변화를 가져오기 때문이다. 물론 이적과 표적이 전도에 무익하다거나 잘못이라고 말하려는 것은 아니다. 그러나 예수께서도 이적과 표적을 나타내셨지만 많은 사람이 믿지 않았고, 설사 능력 때문에 믿었다고 해도 환란이 닥쳤을 때 떠나는 사람이 많았다. 능력은 복음의 부산물이지 그 자체가 복음은 아니다. '능력 전도'란 믿음으로 하는 전도이며, 사람의 지혜가 아닌 하나님의 능력에만 의지하는 전도다. 그러므로 바울은 "너희 믿음이 사람의 지혜에 있지 아니하고 다만 하나님의 능력에 있게 하려 하였다"(고전 2:5)고 말한다.

셋째는 선교가 세계관 전쟁이기 때문이다. 선교의 궁극적 목표가 세계관의 변화를 가져오는 것이라면, 타종교들의 세계관에 대해서 정확히 이해하는 것은 중요하다. 만일 선교사가 타종교들과 세계관들에 대해 정확한 이해를 가지지 못한다면 선교사 자신과 현지 지도자들이 혼합주의에 빠지는 실수를 범할 수도 있다. 또 선교사는 타종교들과 세계관들에 역사하는 사탄의 전략을 간파함으로써 사람들을 효과적으로 도울 수 있을 것이며 올바른 신학의 토착화에도 기여할 수 있을 것이다.

토의 및 정리 문제

1. 타종교에 대한 세 가지 관점에 대해서 나누어 보라. 당신의 견해는 무엇이며 왜 그렇게 생각하는지 설명해 보라.
2. 인간이 가지고 있는 종교성의 기원에 대해서 생각해 보고 그것이 어떤 식으로 발로되는지 나누어 보라.
3. 인간의 타락이 어떤 결과를 가져왔는가? 세 가지 측면을 문화와 관련해서 나누어 보라.
4. 그리스도의 재림 후 총체적으로 회복된 우주의 모습과 우리의 삶은 어떠하겠는가?
5. 문화의 완전한 구속을 소망하는 우리가 문화에 대해서 지녀야 할 태도는 무엇이라 생각하는가?
6. 복음은 왜 계시되었는가? 복음의 특성이 '미련', '비밀'이라고 하는 것은 어떤 의미를 갖는가?
7. 타종교와 타세계관을 배워야 할 필요는 무엇인가? 또 주의해야 할 점은 무엇인가?

5장 | 최초의 네 가지 거짓말

최초의 거짓말

창세기는 거짓의 아비(요 8:44) 사탄이 최초의 인류에게 최초로 한 거짓말을 보여 주고 있다. "너희가 결코 죽지 아니하리라 너희가 그것을 먹는 날에는 너희 눈이 밝아져 하나님과 같이 되어 선악을 알 줄 하나님이 아심이니라"(창 3:4-5). 이 거짓말의 내용은 크게 네 가지로 나누어진다. 이 네 가지 거짓말은 네 가지 범주의 세계관을 나타내고 있다. 첫째, '죽지 않는다'는 불사영생술과 관련된 신비주의다. 둘째, '눈이 밝아진다'는 합리주의, 혹은 과학주의다. 셋째, '선악을 알게 된다'는 도덕주의, 혹은 율법주의다. 넷째, '하나님과 같이 된다'는 범신론적 합일주의다. 여기서 신비주의와 범신론적 합일주의는 논리적으로 반드시 연결된다. 사탄의 이 거짓말들은 아담에게서 끝난 것이 아니다. 사탄은 오늘날에도 이 네 가지 거짓말을 똑같이 쓰고 있다. 혹자는 이것을 사탄의 사영리라고 말하기도 한다. 이것은 사탄의 공식이다. 사탄은 이 공식을 약간 응용해서 문제를 제출한다. 그러나 수학 교사가 조금만 응용해서 문제를 제출해도 학생들이 맞추지 못하는 것처럼 사람들은 사탄의 이 네 가지 거짓말에 계속해서 속아 넘어간다.

불사영생술

"인간이 죽지 않을 것이다"라고 주장하는 세계관들이 있다. 죽음은 인간이 가장 궁극적으로 직면하는 문제이며 동시에 궁극적으로 풀기 원하는 문제다. 그러므로 세상에는 인간이 죽지 않고 영원히 살 수 있다고 주장하는 세계관들이 여기저기 나타나 있다. 인간이 죽지 않고 영원히 살 수 있을 것이라는 생각에는 일반 계시의 측면이 있다. 사실 인간은 원래부터 죽도록 창조되지는 않았음을 성경은 보여 준다. 인간이 죽게 된 것은 죄 때문이었다. 많은 종교와 세계관들은 영원히 사는 것을 꿈꿔 왔지만 영생의 길을 찾지 못했다. 그들은 인간이 어떻게 죽게 되었는지 알지 못했기 때문에, 따라서 어떻게 다시 살 수 있는지도 알 수 없었다.

1. 도교(道教)

인간이 죽지 않을 수 있다고 주장하는 세계관의 대표적인 예가 '도교'(道教)다. 도교는 장생(長生), 불로(不老)를 넘어서 불사(不死)까지 추구한다. 도교에서는 불사의 경지에 이른 사람을 신선(神仙)이라고 한다. 도교의 아이디어는 간단한 것이다. 도교에서는 사람이 늙어서 죽거나 병들어서 죽는 것을 관찰하고, 따라서 죽지 않으려면 늙지 않거나 병들지 않는 강한 몸을 가져야 한다고 생각했던 것이다. 그들은 죽음의 문제를 신체 세포의 노쇠에서 찾으려고 했다. 먼저 그들은 금이 변질되지도 않고 영원하기 때문에 몸이 금처럼 바뀌면 인간이 늙지 않고 영원히 살 수 있지 않을까 하는 생각을 갖게 되었다. 처음에는 이런 생각을 가지고 금을 갈아서 먹어 보았지만 소화가 되지 않았을 것이다. 그래서 금을 바로 복용할 것이 아니라, 체내에서 어떤 생화학 작용이 일어나서 금처럼 변하도록 하면 되겠다고 생각했던 것 같다. 이렇게 해서 만든 것이 바로 '금단'(金丹)이라는 환약인데, 이 단약(丹藥)을 만드는 것을 '연단술'(鍊丹術)이라고 한다. 연단술은 일종의 연금술(鍊金術)인데, 연금술은 서양, 이슬람권, 힌두권에서도 성행하던 불사를 추구하는 비술(秘術)이었다.

갈홍(葛洪)의 《포박자》(抱朴子)란 책에 보면 '구전금단'(九轉金丹)이라는 약이 나오는데 이 구전금단을 먹으면 몸이 가벼워져서 신선이 되어 하늘을 날 수 있다고 주장했다. 하늘을 나는 신선, 즉 '천선'(天仙)은 영원히 사는 불사의 존재라는 것이다. 그러나 구전금단을 먹고 실제로 천선이 되었다는 역사적 보고는 없는 것 같다. 금단(金丹)은 금과 수은과 유황의 화합물로 만들어질 수 있다고 생각되었다. 그 결과 영원히 살고자 소원했던 사람들이 이 '금단'(禁斷)의 열매를 먹고 수은 중독에 걸려서 죽었다. 중국의 황제들도 영원히 살려고 하다가 오히려 젊은 나이에 수은 중독으로 죽었다(酒井忠夫, 252-257). 단약을 복용하는 방법이 위험한 것으로 판명되자 사람들은 다른 방법을 모색하지 않을 수 없게 되었다. 즉 인간의 몸에 단전(丹田)이라는 곳이 있는데 이 단전에다 기(氣)를 축적하면 신선이 될 수 있다는 주장이 생겨났다. 이것이 바로 '단전 호흡'의 기원이다. 도교에서는 단전에 기를 쌓는 것을 '내단법'(內丹法)이라고 하고 단약을 만들어 먹는 것을 '외단법'(外丹法)이라고 불렀다(王治心, 87-93). 이처럼 단전 호흡이라는 것은 그 발생부터 영원히 사는 것을 목표로 하고 있었다.

오늘날 단전 호흡이 유행하고 있으며 직장에서도 건강 차원에서 단전 호흡을 수행하는 곳이 꽤 늘어났다. 심지어 기독교인들도 아무 생각 없이 덩달아서 단전 호흡을 하고 있다. 그러나 단전 호흡의 궁극적 목적은 단순한 건강의 추구가 아니라 영원히 살고자 하는 데 있다. 이것은 예수 그리스도의 피 없이 '수행'(修行)이라는 인간의 노력에 의해서 영생을 추구하는 인본주의적 술수다. 사람들은 건강의 차원에서 할는지 모르지만 타락한 천사들은 건강의 차원에서 봐 주지는 않을 것이다. 단전 호흡이 건강에 무조건 좋다는 주장도 매우 치우친 한 편만의 주장이다. 단전 호흡을 하다가 정신 질환이나 신체적 병에 걸린 사람도 있고 귀신 들린 사람도 있다고 한다. 단전 호흡을 전문으로 하는 사람들도 사기(邪氣)가 침범할 수 있다는 것을 인정한다. 단전 호흡은 '인간이 죽지 않을 것'이라는 사탄의 가르침에 근거해서 인간적인 방법으로 영생을 추구하는 것이다. 하나님의 가르침을 묵상하고 이를 실천하면 성령께서 역사하신다. 그러나 사탄의 가르침을 받아들이고 이를 실천하면 귀신이 역사하게 된다. 사탄은 우리 안에 있는 것을 교두보로 삼아서 역사한다. 우리 안에 교만이 있으면 귀신은 교만의 영으로 역사하고, 우리 안에 의심이 있으면 의심의 영으로 역사한다. 우리 안에 이런 교두보가 없다면 귀신이 비록 역사해도 성공을 거둘 수 없다. 그러므로 성경은 "오직 각 사람이 시험을 받는 것은 자기 욕심에 끌려 미혹됨이니"(약 1:14)라고 말씀하는 것이다.

2. 탄트리즘(Tantrism)

인간이 영원히 살 수 있다고 주장하는 또 하나의 세계관이 인도의 탄트리즘이다. 탄트리즘은 오늘날 우리나라에도 들어와서 영화, 소설 등에도 그 용어들이 사용되고 있는데, '탄트라', '만달라', '무드라', '군달리니', '차크라' 등의 용어가 바로 탄트리즘의 용어들이다. 라즈니쉬와 같은 사람은 현대화된 탄트리즘을 전파하고 있다. 탄트리즘은 흔히 밀교(密敎)라고도 알려져 있는데 크게 힌두교 탄트리즘, 불교 탄트리즘이 있고 자이나교에도 탄트리즘이 있다. 불교 탄트리즘은 금강승(金剛乘)이라고도 하는데, 이것은 자칭 대승(大乘) 불교보다도 차원이 높다는 의미를 함축하고 있다. 불교 탄트리즘은 티베트 불교가 되었고 나중에 몽골에 들어가서 라마 불교가 되었다. 탄트리즘은 성적(性的) 희열과 종교적 희열, 혹은 성적 합일(合一)과 종교적 합일은 일맥상통한다는 데에 그 논리적 기반을 두고 있다. 탄트리즘은 성을 매개로 하여 초월을 추구하는 것이다. 힌두교 사원에 가보면 남신과 여신이 성행위를 하고 있는 조각상들을 볼 수 있다. 그러나 이것이야말로 남신과 여신의 결합에 의해 풍요와 다산을 가져다준다는 바알 종교의 전형을 보여 주는 것이다.

탄트리즘은 요가와 약간의 차이를 가지고 있다. 요가에서는 인간의 영혼이 육체의 감옥에 갇혀 있다고 본다. 따라서 영혼이 육체라는 저급한 물질세계의 속박으로부터 벗어나는 것이 곧 해탈이고 구원이다. 따라서 요가는 저급한 물질인 육체의 욕구를 억누르고 고행과 명상을 추구한다. 이런 면에서 요가는 전형적인 영지주의 세계관이다. 이에 반해 탄트리즘은 육체를 우주와 신을 대표하는 것으로 보고, 해탈은 육체로부터 시작되는 것으로 본다. 탄트리즘에서는 탄트라를 수행함으로써 '신의 몸'(神體)을 갖게 되고 영원히 살 수 있다고 생각했다.

탄트리즘에서는 이런 신의 몸을 금강신(金剛身)이라고 부르는데, '금강'이라는 말은 산스크리트어 '바즈라'(vajra)를 한문으로 번역한 것으로 다이아몬드처럼 강함을 의미한다. 금강신의 상태는 도교에서 말하는 신선의 상태와 별로 다를 바가 없으며, 병도 없고, 초능력도 행하며, 공중을 날아다니기까지 한다는 것이다. 탄트리즘에서는 금강신을 얻기 위해서는 호흡법을 배워야 하고 금(金)을 먹어야 한다고 생각했다(Eliade, 263-272). 이 또한 도교에서 말하는 단전 호흡, 금단 복용과 비슷하다. 이처럼 인도의 영생술인 탄트리즘도 인도의 연금술과 깊은 연관을 가지고 있다.

3. 몸의 변화

도교나 탄트리즘에서 말하는 '몸의 변화'에는 부분적인 진리가 없지 않다. 도교에는 '환골탈태'(換骨奪胎) 라는 말이 있는데, 이것은 문자 그대로 '뼈가 바뀌고 허물을 벗어 버린다'는 뜻이다. 이것은 고린도전서 15장에서 묘사된 바, 예수께서 재림하실 때에 우리의 몸이 영화로운 몸으로 홀연히 변하는 것을 연상하게 한다.

또 도교에서는 '우화등선'(羽化登仙)이라는 말이 있는데, 이것은 '날개깃이 나와서 신선이 되어 올라간다'는 의미다. 여기에도 부분적인 진리는 있다. 예수께서는 부활하신 후에 제자들이 문을 닫아 놓았지만 그대로 통과해서 들어오셨고(요 20:19) 부활의 영화로운 몸으로 하늘로 승천하셨다(행 1:9). 이것은 부활의 몸이 공간적 제한을 초월하는 몸임을 말해 준다.

우리는 우리가 입게 될 영화로운 몸도 예수의 부활하신 몸처럼 공간적 제한을 초월하는 몸일 것이라고 기대할 수 있다. 예수께서 재림하실 때 우리의 몸은 공간적 제한을 초월하는 영화로운 몸으로 변화될 것이기 때문에 하늘로 올라가서 공중에서 주를 영접할 수(살전 4:17) 있을 것이다. 이 영화로운 몸은 병이나 아픔이나 장애도 없으며, 지금 그것을 본다면 초능력이라고 말할 수밖에 없는 엄청난 능력을 가지게 될지도 모른다. 영화로운 몸은 죄를 지을 수도 없는 상태이기 때문에, 엄청난 능력이 주어진다고 해도 그것 때문에 죄를 짓거나 교만해지거나 하나님을 반역하지는 않을 것이다.

이처럼 도교는 겉으로 보았을 때 기독교와 매우 비슷하다. 궁극적으로 추구하는 목표가 동일하게 영생일 뿐 아니라 몸의 변화와 승천을 꿈꾼다. 그러므로 대학 도서관에 가보면 도교와 기독교를 비교한 논문이 많이 있는 데 그럴만한 이유는 있다. 심지어 증산교(甑山敎)에서는 도교를 동선(東仙)이라 하고 기독교를 서선(西仙)이라고 주장하는데 그들 나름대로의 이유를 짐작할 만하다. 그러나 이런 주장들은 본질적인 것을 놓치고 있다. 도교나 탄트리즘에서는 이런 목표들이 단전 호흡이나 탄트라와 같은 인간의 수행과 노력으로 가능하다고 본다. 반면에 성경에서는 이런 일들이 우주적이고, 종말론적이고, 신적인 개입에 의해서 일어난다고 보는 것이다. 도교나 탄트리즘은 목표를 설정하는 데 있어서는 부분적인 진리를 가지고 있는지 모르지만, 그 실현 방법에 있어서는 완전히 인본주의로 가 버렸다고 할 수 있다.

4. 6백만불의 사나이와 로보캅

도교에서 말하는 '영원히 산다'는 주장에는 부분적인 진리가 있다. 왜냐하면 인간은 영원히 살 수 있는 존재이기 때문이다. 그러나 도교는 어떻게 하면 영원히 사는지 몰랐다. 왜냐하면 어떻게 해서 죽게 되는지 몰랐기 때문이다. 도교는 인간의 세포가 노쇠해서 죽는다고 생각한다. 그러나 세포가 노쇠하는 것도 인간이 타락한 결과이지 인간이 죽게 된 최초의 원인은 아니다.

죽음을 세포의 노쇠로만 생각하는 사고방식은 오늘날에도 여전하다. 죽지 않을 정도로 강한 육체에 대한 인간의 야망은 오늘날에는 과학과 결부되어서 '6백만불의 사나이'나 '로보캅'과 같은 가상 인물을 탄생시켰다. 실제로 생물 공학(biotechnology)자들 중에는 인간의 육체가 노쇠하지 않도록 모든 신체기관을 '6백만불의 사나이'나 '로보캅'처럼 바꾼다면 언젠가는 인간이 영원히 살 수 있을 것이라고 생각하는 사람들이 있다. 그들은 고도로 발달한 의학과 전자 공학을 이용하면 모든 인간의 신체를 세포가 아닌 인공적인 기계로 대치시킬 수 있다고 생각한다. 이 꿈을 슬쩍 끼워 놓은 영화가 '스타워즈'(Star Wars)다. 이 영화에는 현대 과학을 숭상하는 과학 숭배주의와 영생에 대한 꿈이 결합되어 있다. '스타워즈'를 보면 주인공 루크(Luke)의 아버지 베이더(Vader)가 나오는데 그는 신체의 거의 모든 부위가 기계로 되어 있는 사이보그이며 기계에 의해서 생명이 유지된다. 이 영화는 오늘날 과학과 기계는 하나님을 대신하여 영생을 주며, 따라서 하나님 대신에 찬양받아 마땅하다는 메시지를 전달하는 것 같다.

옛날에는 단약을 먹거나 단전 호흡을 하거나 탄트라를 수행함으로서 세포의 노화를 막으려고 했다. 현대에 와서는 전자 공학, 유전자 공학 등을 사용해서 인간의 노쇠한 육체만 대체하면 영원히 살 수 있을 것이라고 생각한다. 옛날 방식과 현대 방식이 무엇이 다른가! 그것은 전적으로 동일한 사고방식이다. 인간의 죽음에 대해서 물질주의적으로 접근하고 있다는 점에서 전혀 다를 바가 없다. 그들은 마치 선악과(善惡果) 안에 사람을 죽게 만드는 무슨 화학적 성분이 있었고, 이 때문에 사람이 죽게 되었던 것인 양 생각한다. 그들은 죽게 만든 화학적 성분을 제거해야 한다는 듯이 신체의 노쇠를 막기 위한 단약을 복용하고, 단전 호흡을 하고, 탄트라 수행을 하고, 또 기계로써 신체 기관을 대체하려 한다. 그러나 이런 물질주의적 접근 방식은 그다지 성공적이지 못했다. 그들은 인간이 죽음에 이르는 존재가 된 참다운 이유를 몰랐기 때문이다.

5. 죽음의 원인

인간의 죽음의 궁극적 이유가 세포의 노쇠가 아니라면 도대체 무엇인가? 어떤 물질적 이유 말고 또 다른 차원의 이유가 있다는 말인가?

로마서 5장에서는 아담 한 사람이 불순종함으로 말미암아 죄가 세상에 들어왔고, 그 죄로 말미암아 사망이 들어왔다고 말한다. 선악과 안에는 사람을 죽게 만드는 어떠한 독성분도 없기 때문에 중화제는 필요가 없는 것이다. 물론 혹자는 다음과 같이 주장할 수 있다. "선악과 안에 독성분이 있었을지도 모른다. 비록 하나님의 말씀을 어기고 선악과를 먹었지만, 죽음에 이르는 직접적인 요인은 선악과 안에 있는 그 독성분 때문이었을 것이다." 이런 주장은 여전히 죽음을 물질주의적으로 해결하려는 사람들의 입장을 지지해 줄 위험이 있다. 하나님과 신비적으로 합일(合一)하거나, 하나님을 감동시켜서 죽지 않는 물질적 비법을 예외적으로 얻을 수도 있다는 허황된 생각을 할 수도 있다. 그러나 설사 선악과 안에 독성분이 있다손 치더라도 인간이 그 해독제를 개발하는 것은 전혀 불가능하다. 왜냐하면 인간의 지혜가 전능하신 하나님을 이길 수 없기 때문이다.

요즈음 과학자들은 죽음의 비밀에 대해서 과학적으로 밝혀 보려고 시도하고 있다. 그들은 인간의 염색체 끝에 붙어 있는 텔로미어(telomere)라는 유전 물질이 세포 분열 때마다 길이가 줄어드는데 너무 짧아지면 노쇠화가 일어나고 더 이상 세포 분열이 일어나지 않기 때문에 죽음에 이르게 된다고 주장한다. 그러나 이런 유전자가 죽음의 직접적인 원인인지는 모르지만 최초의 원인은 아니다. 왜 그런 유전자의 문제가 인간의 육체 속에 있어야 하는지에 대해서는 여전히 대답할 수 없다. 그러나 성경은 하나님께서 인간을 생령으로 창조하셨다고(창 2:7) 말씀하고 있다. 인간은 영혼이나 육체나 모두 영적인 존재였으며 영원히 살 수 있는 상태였던 것이다. 인간의 육체 안에는 죽음을 가져오는 어떤 유전자도 없었다고 할 수 있다. 인간이 타락했을 때 하나님은 인간이 흙에서 나왔으니 흙으로 돌아가리라고(창 3:19) 선언하셨다. 인간의 육체는 영적인 몸에서 전락되어서 육신적인 몸이 되어 버린 것이다. 우리는 인간의 타락 사건이 인간의 몸의 상태까지 변화시킨 것을 본다. 아마 죽음에 이르게 하는 유전자가 있다면 그것은 바로 인간이 타락할 때 생겼을 것이다. 그러므로 죽음에 이르게 하는 최초의 원인은 인간의 타락에 있으며 유전자는 죽음에 이르게 하는 도구적 원인일 뿐이다.

로마서 5장은 이런 사변적인 논쟁에 대해서 단호하게 쐐기를 박는다. 인간이 죽게 된 직접적이고 결정적인 원인은 하나님이 말씀하신 바 "네가 먹는 날에는 반드시 죽으리라"(창 2:17)는 '행위 언약'을 어겼기 때문이다. 하나님과의 계약을 깨뜨렸기 때문에 그 말씀대로 죽은 것이다. 하나님은 식언치 않으시는 분이기 때문에 "죽으리라" 하면 죽을 수밖에 없는 것이다. 하나님과의 언약을 깨뜨리고 하나님의 말씀을 무시한 것이 '불순종'이다. 인간은 하나님 말씀에 불순종함으로서 죽게 된 것이다.

그렇다면 다시 살려면 어떻게 해야 하는가? 우리가 길을 잘못 들면 왔던 길을 되돌아갈 수밖에 없다. 하나님 말씀을 믿지 않고 불순종했기 때문에 죽게 되었다면, 살기 위해서는 다시 하나님 말씀을 믿고 순종해야 하는 것이 당연한 이치다. 하나님께서 믿음을 가장 큰 의로 여기시는 까닭이 여기에 있다. 선악과를 먹고 죽게 된 인간에게 하나님은 새로운 언약을 제시하셨다. "이 떡을 먹는 자는 영원히 살리라"(요 6:58). 이 떡은 하늘에서 내려온 생명의 떡, 예수 그리스도이시다. "모세가 광야에서 뱀을 든 것 같이 인자도 들려야 하리니 이는 그를 믿는 자마다 영생을 얻게 하려 하심이니라"(요 3:14-15).

성경의 메시지는 간단하다. 하나님 말씀을 믿지 않았으므로 죽게 되었으니 이제는 '믿으면 살리라'는 것이다. 인간은 새로운 언약에 순종함으로써 영원히 살 수 있게 되었다. 이 새로운 언약을 우리는 '은혜 언약'이라고 한다. 하나님은 새로운 언약의 내용을 구약 시대 몇 천 년 동안 반복해서 알려 주셨다. 피를 흘려 가죽옷을 지어 입힘으로써(창 3:21), 여자의 후손이 뱀의 머리를 상하게 할 것에 대해 말씀하심으로써(창 3:15), 아브라함의 씨를 통해서 천하 만민이 복을 받을 것에 대해서(창 22:18), 다윗의 홀(笏)을 잡고 오실 왕으로서(민 24:17 개역한글), "선지자들을 통하여 여러 부분과 여러 모양으로"(히 1:1) 말씀해 오셨다.

6. 선악과는 왜 두었나?

어떤 사람들은 이렇게 질문한다. "왜 하필이면 그런 내용인가?" "왜 선악과를 먹으면 죽고, 예수를 믿어야 구원을 얻는가?" 이에 대한 대답은 간단하다. '그것은 하나님 마음이다.' 계약의 내용이 무엇이든 그것은 하나님이 원하시는 대로 하는 것이다. 더군다나 계약 조건이 우리에게 그렇게 불리한 것도 아니다. 하나님은 우주의 주인이시기 때문에 하나님이 제시하신 계약의 내용에 대해 우리가 이러쿵저러쿵 말할 수 없다. 우리가 할 수 있는 것은 단지 그 계약을 받아들일 것인가, 말 것인가 하는 것이다.

어떤 사람은 이렇게 질문한다. "왜 하나님은 에덴동산 중앙에 선악과와 같은 쓸데없는 것을 만들어서 인간을 골탕 먹이시는 것입니까?" 그에 대한 대답도 간단하다. 그것도 '하나님 마음'이다. 어떤 사람에게는 이렇게 대답하는 것이 성의 없고 불친절하게 들릴지도 모른다. 그러나 사실 이 대답이 가장 정확한 대답이다. 왜냐하면 이런 질문 자체가 하나님의 성품과 주권을 무시하는 것이기 때문이다. '쓸데없는'이라는 말을 사용할 때, 이미 인간이 하나님보다 더 지혜롭다는 전제를 하고 있다. '골탕'이라는 말을 사용할 때, 인간이 하나님보다 더 선하다는 것을 밑바닥에 깔고 있다. 인간이 판단의 주인이 되어서 하나님을 판단하고 있기 때문이다. 그러나 하나님은 이런 무지한 인간들조차 사랑하시고 오래 참으시기 때문에 그분의 입장에서 잠깐 변호하는 것을 용납해 주실지도 모르겠다.

하나님은 인간을 창조하신 후에 에덴동산뿐 아니라 모든 피조 세계에 대한 관리권을 인간에게 위임하셨다(창 1:27-30). 진정으로 인간을 축복하셨고 인격적으로 대우하셨다. 한갓 피조물에 지나지 않는 인간에 대한 이 같은 대우와 신뢰는 엄청난 것이었다. 하나님은 우리 인간을 전적으로 믿어 준 것이다. 에덴동산 중앙에 선악과가 있었는데 그것은 하나님이 금지하는 유일한 것이었다. 아담은 여기저기 돌아다니면서 에덴동산을 마음대로 주관했을 것이고, 그러다 보면 인간은 어느새 자기가 이 세계의 주인인 줄 착각할 수도 있을 것이다. 아담은 에덴동산 중앙을 볼 때마다 '내가 주인이 아니구나'라는 것을 깨닫고, '저것을 금지하신 분이 주인이시다'라는 것을 기억했을 것이다. 선악과는 자유 의지를 가진 인간이 타락하지 않도록 상기시키는 물건이었다. 만일 선악과가 없었더라면 인간은 더 빨리 타락했을지도 모른다. 사탄은 그런 금지 사항이 없어도 자기의 자유 의지대로 타락했던 것이다. 동산 중앙의 나무가 인간의 타락을 경고하기 위한 첫 번째 안전 장치였다면 선악과를 따먹었을 때 죽게끔 한 것은 두 번째 안전 장치였는지 모른다. 죽지 않고 죄 가운데 영생하는 것은 저주이고, 마귀와 같이 회개할 기회가 없게 될 것이다. 그러므로 죽음은 한편으로는 징계이지만 다른 한편으로는 하나님의 긍휼인 것이다.

7. 정체성의 부인과 신비주의

인간의 죽음과 자기 정체성을 연관시키는 세계관도 있다. 기독교 계통의 이단 중에는 자기 정체성을 제거함으로써 인간이 영원히 살 수 있다고 주장하는 경우도 있다. 이들은 인간이 죽게 된 이유는 세포가 노쇠하는 데 있고, 세포가 노쇠하는 이유는 피가 썩어서이고, 피가 썩는 이유는 욕심 때문이며, 욕심이 생기는 것은 '나'라고 하는 자아가 있기 때문이라고 주장한다. 그래서 그들은 '나'를 죽여야 영원히 살 수 있다고 주장한다. 그들은 성경에서 말하는 '자기 부인'의 구절을 인용하면서 '나'라는 정체성(identity)을 없애는 것을 강조한다. 그러나 성경에서 말하는 '자기 부인'은 '나'라는 정체성을 없애는 것이 아니라 옛 자아, 옛사람의 습관을 죽이는 것이다. 우리가 성령 충만해져서 자기를 부인할 때, 이것이 곧 자기 정체성을 상실한 상태는 아니다. 우리는 성령 충만한 상태에서 '내가 누구더라? 내 이름이 뭐지?' 이렇게 되는 것은 아니다. 성령 충만한 자기 부인의 상태는 우리 안에 있는 육신의 소욕을 쳐서, 성령께서 우리의 생각과 행위를 완전히 주관하고 인도하시는 상태다.

신비주의 종교들은 '자기'라는 의식, 즉 정체성을 부정한다. 불교에서 말하는 '무아'(無我)가 의미하는 바는, 모든 존재는 '나'라는 정체성이 원래 없다는 것이다. 힌두교에서 말하는 '아트만'(Atman)도 모든 사람에게 내재되어 있는 몰개성적인 자아다. 즉 사람마다 다양한 개성으로 나타나는 자아인 '지바'(jiva)는 현상 세계와 마찬가지로 '환상'에 지나지 않으며, 따라서 개별자의 정체성은 존재하지 않는다는 것이다. 언제나 예외 없이 정체성의 부인은 자기 정체성의 상실을 통한 '합일'(合一)이라는 신비주의로 나간다. 이에 대해서는 뒤에서 좀 더 자세히 다루기로 한다.

이성주의, 합리주의, 과학주의

두 번째 거짓말로서 "눈이 밝아진다"는 세계관들이 있다. 이런 세계관들의 대표격은 이성주의, 합리주의, 과학주의라고 할 수 있다. 인간은 하나님의 기준을 떠나서 자신만의 진리 판단과 도덕 판단의 기준을 가지려 하는

데, 그것을 눈이 밝아진 것으로 생각한다. 히브리어 원문에서는 '눈이 밝아진다'는 말을 '눈이 열린다'고 표현하고 있다. 이 표현은 지각이 없는 무지한 상태로부터 어떤 것에 대해서 특별히 자각하게 된 것을 의미한다. 우리말에도 '~에 눈을 뜬다'라는 말이 있는데 그것은 특별히 어떤 것에 대해 체험적 자각을 하게 되었다는 것을 나타낼 때 사용된다. 그러나 이런 자각이 언제나 좋은 것은 아니다. 예를 들어, "나는 5살에 성(性)에 눈을 떴고 10살에 돈에 눈을 떴다"라고 말한다면 사람들은 웃을 것이다. 왜냐하면 5살이나 10살에는 성이나 돈이라고 하는 편협한 관점을 가지고 세상을 봐서는 안 되고, 보다 포괄적이고 총체적인 관점에서 사물을 바라보는 훈련을 쌓아야 하는 나이이기 때문이다. 인간의 인식 기능인 이성은 자신이 경험한 것을 '합리성'이라는 틀 안에서 정리하여 폐쇄적인 구조물을 형성하는 것을 좋아한다. 인간은 아무리 무식한 사람일지라도 자신이 의미 있게 체험한 것에 집착하며, 자신이 '눈 뜬' 특별한 관점을 통해서 세상을 바라보고자 한다. 그런데 사람들은 자신이 '눈 뜬' 그 관점이 매우 제한되고 편협하며 왜곡된 것이라는 사실을 잘 알지 못한다.

1. 계몽주의

17, 18세기에 서양에서는 '계몽주의'(Enlightenment)라고 하는 철학 사조가 등장했다. '계몽'이라는 용어의 어원은 '밝아짐', '빛'에 있다. 사탄의 별명은 "광명의 천사"(고후 11:14), 즉 "빛의 천사"인 것과, 루시퍼(Lucifer)라는 이름도 그 어원이 빛과 연관되어 있는 것은 우연이라고 보기는 어려울 것 같다. 계몽주의는 이성이야말로 인간을 무지로부터 밝히는 빛이라고 주장

했고, 진리 판단의 절대적인 기준이라고 생각했다. 그러나 "이성의 빛"은 진리에 대한 인식의 지평을 넓힌 것이 아니었다. 오히려 이성의 합리성이라는 제한되고 왜곡된 틀에 인식을 제한시켜 버렸다. 즉 계몽주의에 의하면 이성으로 받아들여지지 않는 것은 진리로 인정될 수 없으며, 따라서 계시를 통한 진리의 수용이란 있을 수가 없다는 것이다. 즉 계몽주의는 단적으로 말해서 이성주의라고 할 수 있다.

2. 자유주의 신학

신학의 영역에서도 계몽주의의 영향을 받아서 소위 자유주의 신학자들이 나타났다. 자유주의자들에게 있어서 성경에 나타나는 초자연적이고 초이성적인 사실들은 이성적 합리적 설명을 벗어나는 것이었다. 그래서 자유주의 신학자들은 이런 초자연적이고 초이성적인 사실들을 '신화'나 교훈을 위한 '예화'로 취급해 버린다.

예를 들어, 그들은 오병이어의 기적에 대해서 이런 식으로 설명하는 것을 좋아한다. "당신도 이성이 있으면 어디 상식적으로 한번 생각해 보시오. 어떻게 물고기 두 마리와 떡 다섯 개로 수천 명을 먹일 수 있단 말이오. 도대체 어떻게 그런 일이 일어날 수 있겠소. 사실 그때 모인 사람들 중에 반 정도는 도시락을 싸 왔을 것이오. 그런데 모두들 나누어 먹기 싫어서 내놓지 않고 감추어 두고 있었소. 그런데 순수하고 욕심 없는 어린이가 먼저 자신이 싸 온 도시락을 내놓으면서 나누어 먹자고 했소. 이 어린 아이의 행동을 보고 어른들은 감동을 받아서 너도나도 감추어 두었던 도시락을 꺼내서 나누어 먹기 시작했소. 그렇게 하니까 모든 사람이 먹을 수 있었소. 성경에서 오병이어의 기적을 기록한 것은 그것이 역사적 사실이기 때문이 아니라, 공동체의 윤리를 설명하기 위한 예화에 불과한 것이요. 즉 공동체의 정신을 설명하기 위한 교훈적 예화에 지나지 않소. 공동체 내에서의 나눔과 경제적 분배의 정의를 실현하자는 것이오. 공동체 내에서는 콩 한 쪽도 나누는 사랑과 단합의 공동체 정신을 말하고자 하는 것이오." 이런 설명은 매우 합리적으로 보이지만 사실에 부합하지 않는 것이다.

인간은 타락한 후에 총체적인 인식 능력을 상실했고, 제한되고 왜곡된 이성만 인식의 기능으로 남게 되었다. '눈이 밝아진다'는 세계관은 이성이라는 제한되고 왜곡된 창을 통해서 모든 사물을 보는 것이다. 인간의 이성이라는 것으로 모든 사실을 다 설명해 낼 수 없다. 인간의 이성에 근거한 과학이라는 것도 그렇게 전능한 무엇이 아니다. 그런데도 이성을 통해서 모든 사물을 보겠다는 것은 바로 인간 안에 있는 원초적 교만, 즉 원죄 때문이다. 타락한 인간의 인식 기능인 이성은 계시에 대하여 본질적으로 폐쇄적이다. 계시는 이성이 합리화해 놓은 경험 체계를 넘어선 것이기 때문에 이성을 만족시켜 주지 못한다. 그런데도 인간의 이성은 스스로 만물의 척도가 되어서 심지어 하나님이 계시한 말씀까지 이성으로 따지고, 이성에 수용되지 않는 것은 신화나 예화로 일축해 버리는 것이다.

3. 과학 만능주의

'눈이 밝아진다'는 세계관은 이성주의, 합리주의, 과학주의라고 할 수 있다. 오늘날 비록 포스트모더니즘이라고 하는 사조가 유행하고 있지만, 여전히 이 시대를 끌어가고 있는 주된 사조는 현대주의라고 할 수 있다. 이성을 존중하는 계몽 정신은 계몽주의 시대 이후 지금까지 인류를 지배해 온 정신이다. 이런 계몽 정신의 지배는 과학 혁명 이후 현대에 이르기까지 과학의 발달과 맞물려 있는 것이다.

과학의 발달은 근간이 되는 인간의 이성에 대한 과대한 신뢰를 가져왔다. 그 결과 오늘날에는 수많은 이성주의와 과학주의들이 성행하고 있다. 인간의 모든 심리적 경험조차도 화학과 물리학의 법칙으로 환원시킬 수 있다고 생각하는 환원주의도 나타났다. 그들은 '은혜 받았다'는 것은 뇌의 어느 부위에 어떤 생화학 물질이 얼마만큼 분비된 것으로 설명할 수 있다고 주장한다. '기쁨이 충만하다'는 것도 엔돌핀이 뇌의 어느 부위에 얼마만큼 나와서 그런 것이라고 말할 수 있다는 것이다. 과학 숭배주의자들은 비록 지금은 과학으로 모든 것을 설명할 수 없지만 미래에는 모든 것을 설명해 낼 수 있을 것이라고 생각한다. 오늘날 라엘리언이나 데니켄과 같은 UFO 숭배 종교의 출현은 바로 과학 숭배주의가 종교화한 것이라고 할 수 있다.

사탄은 사람들이 믿는 바와 두려워하는 바를 철저히 이용한다. 정령 숭배 지역의 사람들은 초자연적 영의 실재를 지나치게 믿는다. 이런 지역에서 사탄은 노골적으로 영적 존재로 나타나서 두려움을 주고 위협함으로써 하나님이 마땅히 받으셔야 할 영광을 가로챈다. 그러나 오늘날 현대화되고 세속화되고 과학을 지나치게 믿는 사람들에게 사탄은 자신의 정체를 드러내지 않는다. 과학, 이성, 합리성의 명목 하에 하나님의 존재를 배제시킴으로써 하나님께 영광을 돌리지 못하게 한다. 사탄의 목적은 자기 정체를 알리거나 알리지 않는 데 있는 것이 아니라 영광을 가로채는 데 있다. 이것은 현대화 이전의 시대나 정령 숭배 지역에서는 귀신을 보았다는 사람이 많은데 오늘날 현대화된 곳에서는 귀신을 보았다는 사람이 왜

적은지 그 이유를 말해 준다.

사탄은 '눈이 밝아진다'는 세계관을 통해서 사람들이 하나님의 계시를 받아들이지 못하게 한다. 사탄은 인간을 부추겨서 이성을 최고의 위치로 올려놓게 하고, 이성을 만물의 척도로 삼아서 하나님의 계시를 수용하지 못하도록 한다. 오늘날 지성인들이 이단에 더 잘 빠져드는 것은 이단이 보다 이성적이고 합리적이고 과학적으로 보이기 때문이다. 그들에게 있어서 기존 교회에서 가르치는 교리 체계는 속 시원하게 의문점을 풀어 주지 않는 것처럼 보인다. 반면에 이단들은 이런 의문점들을 합리적이고 과학적으로 설명해 주는 것처럼 보이고 논리적으로 앞뒤가 잘 맞는 것처럼 보인다. 소위 배웠다는 사람일수록 자신의 이성과 과학적 지식을 더 신뢰하는 경향이 있기 때문에 이단에 더 잘 넘어간다. 성경은 논리학 책이거나 과학 책이 아니다. 성경은 모든 우주의 사실을 알려 주기 위해 씌어진 것이 아니다. 그러나 성경은 우리가 구원받기에 합당할 만큼의 지식은 충분히 알려 주고 있다. 그 이상의 것은 제한되고 왜곡된 인식 기능을 가진 인간이 추구할 것이 아니며, 설사 추구한다고 해도 올바른 지식에 도달할 수 없다. 제한되고 왜곡된 이성으로 계시된 말씀을 억지로 풀어서 꿰어 맞추려고 하다가 이단에 빠지게 된다(벧후 2:20-21, 3:16). 예수께서 다시 오시면 마치 가리운 수건을 벗은 것처럼 다 알게 될 때가 올 것이다(고후 3:18).

성경은 동산 중앙의 나무 실과를 먹은 후 인간이 어떻게 되었는지 이렇게 기록하고 있다. "이에 그들의 눈이 밝아져 자기들이 벗은 줄을 알고 무화과나무 잎을 엮어 치마로 삼았더라"(창 3:7). 어떤 사람은 인간이 선악과를 먹은 후에 실제로 눈이 밝아졌다고 성경에서 말씀하고 있기 때문에 사탄이 거짓말을 한 것은 아니지 않느냐고 질문하기도 한다. 사탄은 처음에는 동산 중앙의 나무 실과를 먹으면 눈이 밝아 하나님과 같이 되어 선악을 알게 될 것이라고 말했다. 인간이 기대한 것은 선악을 알게 되고 하나님과 같이 되는 것이었다. 그러나 결과는 선악을 알지도 못했고 하나님과 같이 되지도 못했다. 오히려 인간은 두려움과 수치심에 싸이게 되었다. 사탄이 의도한 바와 인간이 기대한 바는 완전히 달랐다. 눈의 밝아짐에 대해서 사탄과 인간은 동상이몽(同床異夢)을 꾸고 있었다.

도덕주의, 율법주의

'선악을 알게 된다'는 세계관들은 한마디로 도덕주의와 율법주의라고 말할 수 있다. 하나님의 형상대로 창조된 인간은 하나님이 인간에게 부여한 양심으로 인해 도덕적 선을 추구하려는 내적 동기를 가지고 있다. 그러나 동시에 인간은 타락으로 인해 양심이 부패했기 때문에 무엇이 도덕적인 선인지 분별할 절대적인 기준을 가지고 있지 못하다. 그런 의미에서 인간은 동기론적으로도 선악을 알지 못하며 자기 기준에서 선악에 대한 동기를 가지고 있다. 또 인간은 유한하기 때문에 누구도 선악을 결과론적으로는 알지 못한다. 자기가 착한 의도로 행한 것이 결과적으로 다 선하게 된다는 아무런 보장도 없다. 우리는 종종 우리 행위가 의도한 동기와는 달리 결과적으로 선이나 악이 되는 것을 발견한다. 선한 의도로 행동했는데 악한 결과를 낳을 수도 있고 나쁜 동기로 행동했지만 오히려 결과적으로 좋은 결과를 낳을 때도 있다. 그러므로 우리는 행위의 결과에 대해서 선악을 정확하게 예측할 수 없으며 개연적으로 추측할 따름이다.

1. 자기 동기와 기준에 근거

인간은 양심이 부패해져서 도덕적 선악에 대한 하나님의 기준을 상실하게 되었다. 사실 타락하기 전 인간은 하나님의 뜻에 벗어나는 어떤 행위도 하지 않았으며 따라서 선악의 개념조차도 필요하지 않았을 것이다. 그러나 타락함으로 죄를 짓게 되었고 이제 선과 악의 개념이 구분되었다. 인간에게 선악에 대한 관념이 생긴 것이다. 그러나 선악에 대한 관념이 생겼다는 것이 하나님과 동일하게 선악을 알게 되었다는 의미는 아니다. 오히려 인간은 부패된 양심으로 인해 도덕적 선악에 대한 하나님의 절대적 기준을 상실하게 되었고 그 대신 자기 양심의 기준을 절대적 기준의 자리에 올려놓게 되었다. 이것이 바로 교만과 자기 의(義)의 출발점이다.

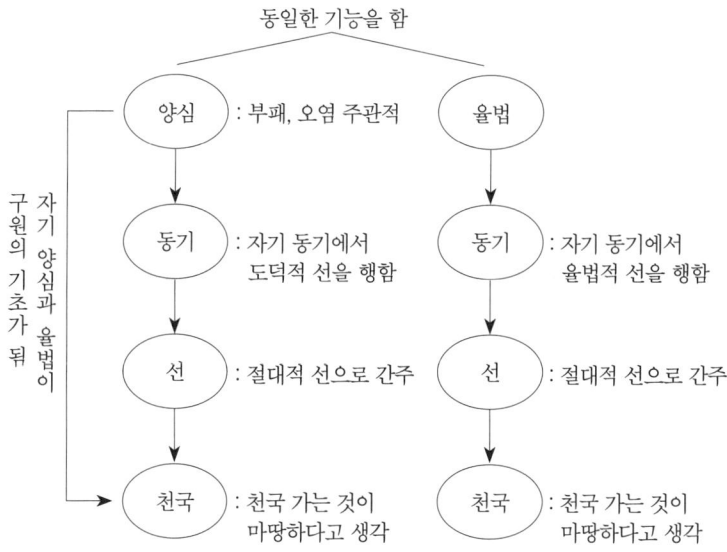

〈표15〉 도덕주의 율법주의의 구조

우리는 자기의 기준에서, 동기의 차원에서만 선을 말할 수 있지만, 그것이 절대적 기준에서, 그리고 결과론적으로 선이 될지는 모른다. 선악에 대한 우리의 기준이 절대적인 기준이 된다는 말은 우리가 하나님처럼 거룩하고 조금도 죄가 없는 존재라는 것을 전제로 한 말이다. 또 결과론적으로 선악을 안다는 것은 미래에 일어날 일을 아는 전지(全知)함과, 미래에 일어날 결과를 통제할 수 있는 전능(全能)함을 전제로 한다. 로마서에서 "하나님을 사랑하는 자 곧 그의 뜻대로 부르심을 입은 자들에게는 모든 것이 합력하여 선을 이루느니라"(롬 8:28)고 했다. 모든 것이 합력하여 선을 이루기 위해서는 모든 것을 통제할 수 있는 전능함이 있어야 한다. 하나님만이 그렇게 하실 수 있다.

그런데 인간은 마치 결과론적으로 선악을 아는 양, 자신이 가지고 있는 선악에 대한 기준이 절대적인 기준인 양, 자신이 생각할 때 선한 동기로 한 것이면 곧 그것이 선이라고 생각한다. 그리고 자신이 생각할 때 선을 행했기 때문에 천국에 가는 것이 마땅하다고 주장한다. 여기에서 선악을 판단하는 동기와 기준이 바로 자기 양심에서 출발하는 것을 본다. 만일 인간의 양심이 하나님의 거룩하심에 이를 수 있을 만큼 깨끗하다면 우리의 양심은 절대적인 기준이 될 수 있을지 모른다. 그러나 인간의 타락으로 인해 양심은 심히 부패하게 되었다. 성경은 인간의 마음만큼 부패한 것이 없다고 선언했다(렘 17:9). 인간의 양심은 타락으로 인하여 제한되고 왜곡되었다. 그러므로 타락한 인간의 주관적 양심이 구원의 출발점이 될 수 없다.

그런데 이처럼 전락된 양심을 자신의 의(義)로 삼고 구원의 출발점으로 삼는 사람들이 많다. 우리는 주위에 있는 불신자들이 흔히 이런 반응을 하는 것을 보게 된다. "내가 죄인이라고? 내가 도둑질을 했어? 강도질을 했어? 나만큼 양심적으로 산 사람 있으면 나와 보라고 그래. 나는 법 없이도 살 사람이야, 이거 왜 이래?" 이 사람은 자신의 양심에 비추어 보아서 옳은 일을 하려고 노력했다는 것이다. 자신의 동기가 옳기 때문에 자신은 옳은 일을 했고, 따라서 의로운 사람이라는 것이다. 물론 그의 양심이 절대적으로 깨끗하다면 거기에서 나온 동기도 모두 옳을 것이다. 그러나 양심이 부패했다면 그 부패한 양심에서 나온 동기가 옳다는 것을 어떻게 말할 수 있겠는가! 이런 자칭 양심가 중에는 다른 사람이 봤을 때는 양심도 없는 파렴치한 사람도 많다. 타락한 인간의 양심의 주관성에 대해서 성경은 이렇게 단적으로 말하고 있다. "사람의 행위가 자기 보기에는 모두 정직하여도 여호와는 마음을 감찰하시느니라"(잠 21:2).

2. 죄와 은혜

때때로 모태 신앙으로 자라 왔기 때문에 체험적인 신앙을 아직 갖지 못했거나, 혹은 하나님을 인격적으로 만났지만 첫사랑을 잃어버린 사람들은 자신이 죄인이라는 사실이 마음에 깊이 와 닿지 않아서 괴로워하는 경우가 있다. 지식적으로는 죄인이라는 사실을 알고 인정하겠는데 그것이 깊이 마음에 사무쳐 오지 않아서 답답해하는 것이다. 그들은 종종 "죄가 더한 곳에 은혜가 더욱 넘쳤나니"(롬 5:20)라는 성경 말씀을 다음과 같이 잘못 이해하는 경우가 있다. '내가 예수님을 영접하기 전에 죄를 많이 지었더라면 지금 내가 죄인이라는 것을 깊이 느낄 것이고, 더 큰 은혜를 누릴 수 있을텐데! 나는 모태 신앙이라서 그다지 나쁜 일도 하지 않았고, 그래서 내가 죄인이라는 사실이 깊이 와 닿지 않는구나!'

물론 죄를 많이 지은 사람이 죄 사함 받는 은혜를 더 많이 누릴 가능성은 높다. 여기에는 부분적인 진리가 있다. 흉악한 죄를 많이 지은 사람이 더 큰 은혜를 누릴 수 있을는지 모른다. 그러나 항상 그런 것은 아니다. 죄의 질이 흉악하고 양이 많다고 해서 언제나 은혜를 많이 누리는 것은 아니다. 죄를 지은 만큼 양심이 무디어지면 아무리 죄를 많이 지은 사람도 자신이 죄인이라는 것을 깨닫지 못한다.

우리는 흉악한 죄를 짓고도 전혀 양심에 거리낌이 없는 파렴치한 사람들을 때때로 본다. 그러나 아무리 작은 죄를 지었어도 양심이 하나님의 거룩하심에 가까이 가게 되면 자기의 죄가 크게 보이는 것이다. "죄가 더한 곳에 은혜가 더욱 넘쳤다"는 말은 죄의 질이 흉악하고 죄의 양이 많은 곳에 은혜가 더 많다는 의미가 아니다. 죄의식이 많은 곳에 은혜가 더 많다는 의미다. 우리가 큰 죄의식을 느끼는 것은 죄를 더 많이 지었을 때가 아니라 거룩하신 하나님의 빛이 우리의 양심에 비추어졌을 때다. 그러므로 우리가 더 큰 은혜를 누리기 위해서는 우리 양심이 거룩하신 하나님께 더욱 가까이 가야 하는 것이다. 그래서 하나님의 임재를 깊이 체험했을 때 이사야 선지자처럼 "화로다 나여 망하게 되었도다"(사 6:5)라고 말하게 된다. 베드로처럼 "나를 떠나소서 나는 죄인이로소이다"(눅 5:8)라고 말하게 되는 것이다.

3. 판단과 정죄

우리는 때때로 신문이나 텔레비전 뉴스를 보면서 혀를 차는 경우가 있다. 모든 사람이 자기를 손가락질 해도 '가'는 조금도 양심의 가책을 느끼지 않고 떳떳하게 행동하는 것을 본다. 모든 사람이 손가락질해도 '가' 자신의 양심의 기준에서는 자기의 동기는 선하고, 따라서 자기에게는 아무런 잘못이 없다는 것이다. 이런 '가'를 보면서 '나'는 '이런 죽일 놈' 하면서 혀를 찬다. 그러나 '나'보다 더 양심적인 '다'는 '나'를 보면서 '이런 죽일 놈' 하면서 혀를 차고 '다'보다 더 양심적인 '라'는 '다'를 보면서 '이 죽일 놈' 하면서 혀를 찰 것이다. '마'는 '라'를 보면서, '바'는 '마'를 보면서, '사'는 '바'를 보면서 그렇게 할 것이다. 이렇게 해서 아마도 전 인류가 한 줄로 설 수 있을 것이다. 그리고 맨 마지막에는 거룩하신 하나님이 계셔서 '모두 죽일 놈들' 하고 말씀하실 것이다. 하나님이 보셨을 때는 모든 사람이 '죽일 놈'인 것이다. 이것은 매우 성경적이다. 성경은 "모든 사람이 죄를 범하였으매 하나님의 영광에 이르지 못하더니"(롬 3:23)라고 말한다.

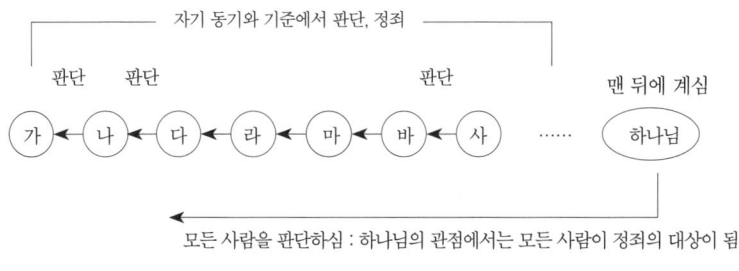

〈표16〉 판단과 정죄의 양상

하나님이 보셨을 때 모든 사람의 양심은 부패했으며 모든 사람은 죽을 죄인이다. 오직 거룩하신 하나님만이 모든 것을 판단하고 정죄하실 수 있다. 그러므로 사람이 다른 사람을 판단하고 정죄하는 것은 옳지 못하다. 자기도 죄인이면서 다른 사람을 죄인으로 판단하는 것은 겨 묻은 개가 똥

묻은 개를 나무라는 격이다. 따라서 성경은 말한다. "남을 판단하는 사람아 누구를 막론하고 네가 핑계하지 못할 것은 남을 판단하는 것으로 네가 너를 정죄함이니 판단하는 네가 같은 일을 행함이니라"(롬 2:1-2). 이처럼 타락한 인간은 자기의 기준에서 자기를 선하다고 판단하고 자기의 기준에서 다른 사람의 행동이나 말을 판단한다. 마치 자기가 그 사람의 마음을 다 아는 것처럼 짐작해서 판단한다.

타락한 인간은 다른 사람을 판단하는 것에서 끝나지 않는다. 다른 사람을 정죄하고 심지어는 심판까지 해 버린다. 도스토옙스키의 《죄와 벌》에서 라스콜니코프는 노파를 정죄하고 도끼로 죽여 버린다. 그의 기준에서 보았을 때 노파는 죽어 마땅한 사람이었고, 그래서 그는 노파를 정죄하고 심판했다. 마치 자신이 선악을 아는 전능자인 양 판단하고 정죄하고 심판까지 한 것이다.

4. 착각은 자유?

창세기에 보면 인간이 동산 중앙의 나무 실과를 따 먹고 범죄한 후에 하나님께서 가죽옷을 지어 입히시고 다음과 같이 말씀하시는 것이 나온다. "보라 이 사람이 선악을 아는 일에 우리 중 하나같이 되었으니 그가 그의 손을 들어 생명나무 실과도 따 먹고 영생할까 하노라 하시고…… 하나님이 그 사람을 쫓아내시고 에덴동산 동쪽에 그룹들과 두루 도는 불 칼을 두어 생명나무의 길을 지키게 하시니라"(창 3:22-24). 어떤 사람들은 "이 사람이 선악을 아는 일에 우리 중 하나같이 되었으니"라고 했으니 사탄의 약속이 맞는 것이 아니냐고 반문하기도 한다. 그러나 이 말씀은 정말로 인간이 선악을 알게 되었다는 말이 아니다. 오직 하나님만이 선악의 절대적인 기준을 가지고 계시며 결과론적으로 선악을 아신다.

이 말씀은 하나님께서 타락한 인간의 상태를 비웃는 말이다. 시편에도 "주께서 그를 비웃으시리니"(시 37:13, 59:8)라는 말씀이 있다. 이 말씀의 진정한 뜻은 다음과 같다. '저들이 마치 우리와 같이 결과론적으로, 절대적 기준에서 선악을 아는 전능자인 양 착각하는 존재가 되었으니 이제 못할 짓이 없겠구나. 자신의 동기와 기준에 비추어서 자기를 스스로 의롭다 하고 다른 사람을 판단하는 교만한 존재가 되었구나. 이제 판단하는 정도에서 그치지 않고 다른 사람을 정죄하고 심판하여 죽이기까지 하는 무도한 죄인이 되었구나. 이런 죄인의 상태에서 영생하는 것은 영원한 저주이니 그들이 생명나무를 먹고 영생해서는 안 된다!'

선악의 행위에 대해서 판단하고 정죄할 수 있는 권한은 전지전능하신 하나님에게만 있다. 그런데 동산 중앙의 실과를 먹고 타락한 후, 인간은 자신이 선악을 알기 때문에 타인을 판단하고 정죄할 수 있으며, 또 자신에 대해서도 스스로 의롭다고 판단할 수 있는 존재인 양 착각하게 되었다. 인간은 하나님만이 하실 수 있는 '칭의'(稱義)와 '정죄'(定罪)의 권한을 마치 자기 자신이 가진 것인 양 착각하게 된 것이다. 이것이 바로 도덕주의이고 율법주의다.

5. 율법주의의 본질

율법은 양심과 동일한 기능을 하는 것이다. 인간은 하나님의 형상대로 만들어졌기 때문에 누구나 양심을 가지고 있다. 그리고 장 칼뱅(John

Calvin)의 말대로 율법의 내용은 본래 인간의 양심에 다 들어 있는 것이다. 그런데 인간의 양심이 부패해졌기 때문에 인간은 하나님이 원하시는 바를 행하지 못하게 되었다. 그래서 하나님께서 인간의 양심에 본래부터 들어 있는 것을 끄집어 내셔서 중요한 것 몇 가지만 가시적으로 돌판에 새겨 놓은 것이 곧 율법이다. 즉 율법은 돌판에 새긴 양심이고, 양심은 마음속에 심어 놓은 돌판이다(Calvin, 69-112).

율법주의자들은 자신의 동기와 기준에서 보았을 때 율법의 선을 행했다고 생각되면 곧 자신이 율법을 지킨 것이라고 생각한다. 즉 율법을 지켰는지 지키지 않았는지를 자기 자신이 판단하는 것이다. 그래서 자기가 판단할 때 자신이 율법의 선을 행했으면 자신은 곧 선을 행한 것이기 때문에 천국에 가는 것이 마땅하다고 생각한다. 그러나 양심이나 율법은 결코 구원의 출발점이 되지 못한다.

양심이나 율법의 기능은 "우리를 그리스도께로 인도하는 초등교사"(갈 3:24)의 노릇을 하는 것이다. 양심은 우리의 마음이 얼마나 부패했는가를 깨닫게 해 주는 선생이다. 율법은 우리가 얼마나 형편없는 죄인인가를 깨닫게 해 주는 선생이다. 우리는 우리 자신의 양심을 보면서 전적으로 부패한 죽을 죄인의 모습을 발견해야지, '나는 얼마나 양심적인가!'라고 생각해서는 안 된다. 우리는 율법을 앞에 놓고서 결코 율법의 요구를 들어줄 수 없는 우리 자신의 전적인 무기력을 자각해야지 '나는 얼마나 율법을 잘 지키는 경건한 자인가!'라고 생각해서는 안 된다.

물론 도덕과 율법은 선한 것이고 성경의 말씀대로 신령한 것(롬 7:14) 이다. 그러나 도덕과 율법의 준수가 '자기 의'(義)의 근거가 되어서, 도덕과 율법의 준수를 통해서 구원이 있다고 말할 때 그것은 바로 도덕주의 혹은 율법주의가 된다. 율법주의자들은 하나님 말씀의 절대적 잣대 앞에서는 형편없이 빗나간 죄인임에도 불구하고 자기 자신이 가지고 있는 상대적 잣대에 근거해서 자기를 스스로 의롭다고 생각한다. 하나님 말씀이 임해도 자기가 죄인인 것을 깨닫지 못한다. 이것이 바로 율법의 기능을 알지 못하는 율법주의자들의 강퍅함이다.

6. 행위 구원론의 불합리성

이슬람교나 유대교, 유교는 '선악을 알게 된다'는 도덕주의, 율법주의 세계관에 속한다. 유교는 유대주의 못지 않은 '예'라는 율법의 체계를 가지고 있다. 유교의 예에는 수직적으로는 상제에게 제사를 지내는 예법과 수평적으로는 인간 공동체 내에서 지켜야 할 예법들로 가득차 있다. 유교에서는 예법을 잘 지켜서 인격을 수양하고 이상적인 사회를 만드는 것이 곧 인생의 최고 목표라고 생각한다. 이슬람교의 구원관도 도덕주의적이다. 즉 착한 행위를 많이 하면 천국에 가고 나쁜 행위를 많이 하면 지옥에 가는데, 알라 신은 겨자씨만 한 차이도 구분해 내는 미세한 천칭 저울을 가지고 있다고 주장한다. 겨자씨만 한 차이로 누구는 지옥에 가고 누구는 천국에 간다고 하는 것은 얼마나 우스꽝스럽고 불합리한가?

도교의 경우도 마찬가지다. 명청(明淸) 대에는 민간 도교가 나타났다. 기존의 도교에서 행하는 단전 호흡과 같은 수행은 일반 서민들에게는 너무 어려운 것이었다. 농사도 지어야 하고 자식도 키워야 하는데 어떻게 가만히 앉아서 호흡만 하고 있을 수 있겠는가? 그래서 선한 행위를 많이 하면 나중에 신선이 될 수 있다는 사상이 생기게 된 것이다. 민간 도교에서는 1천 3백의 선한 일을 하면 천선(天仙)이 될 수 있고, 3백의 선을 쌓으면 지선(地仙)이 될 수 있다고 주장했다. 그들은 자신이 얼마만큼의 선한 일을 했는지 알기 위해서 자신들의 행위를 계량화시켰다. 만일 우리가 행위로 구원받는다면 각각의 행위에 대한 비중이 다를 것이다. 죽을 사람을 살린 것과 무거운 물건을 들어 준 것은 각각 한 건의 선행이지만 그 비중은 다르다. 행위 구원론을 펴기 위해서는 선행의 건수와 비중이 모두 고려되어야 한다. 그래서 민간 도교에는 행위의 비중을 공(功)과 과(過)로 점수화한 공과격(功過格)이라는 것이 있었다. 예를 들면 중병 든 사람을 고치는 것은 30공, 사람 하나를 죽이면 100과 등등, 이런 식으로 모든 행위에 대해서 점수를 부여한 목록표를 가지고 있었다. 그래서 매일 행위 목록표에 따라서 자기가 한 일을 되돌아보고 공(+)과 과(-)의 점수를 계산했으며 월말과 연말에도 결산표를 작성했다(窪德忠, 354-358). 지금 우리는 그들의 행위를 보면서 매우 우스꽝스럽게 생각하지만 이들은 아주 진지하게 이 일을 했다.

행위로 구원받는다고 할 때 생기는 문제는 행위의 비중과 양을 어떻게 계량화시키느냐 하는 것이다. 즉 무슨 기준으로 그 행위에 대해서 그러한 점수를 부여하느냐 하는 것이다. 왜 어떤 행위는 +50점인데 다른 행위는 +5점 밖에 안 되는가 하는 것이다. 누가 행위에 대한 공평한 기준을 제시할 수 있는가 하는 것이다. 설사 공평한 기준이 있다손 치더라도, 어떤 이는 평생의 행위를 결산해보니 +1이 되어서 천국에 가고 또 다른 이는 -1이라서 지옥에 간다면, 그것이 합리적인 심판이라고 할 수 있는가 하는 것이다. 이처럼 행위 구원론은 결과적으로 매우 우스꽝스러운 논리로 귀결되고 만다.

범신론적 신비주의

'하나님과 같이 된다'는 세계관은 사탄이 가장 잘 이용하는 전략이다. 사탄도 하나님과 같이 되려고 하다가 타락했기 때문에 인간도 동일한 방식으로 타락시키려고 하는 것이다. 에스겔 28장은 사탄의 타락 사건을 잘 묘사해 주고 있다. "네 마음이 교만하여 말하기를 나는 신이라 내가 하나님의 자리 곧 바다 가운데에 앉아 있다 하도다 네 마음이 하나님의 마음 같은 체할지라도 너는 사람이요 신이 아니어늘…… 네가 너를 죽이는 자 앞에서도 내가 하나님이라고 말하겠느냐"(겔 28:2-9). 이런 사탄의 전략은 노골적인 방법보다는 고상한 철학과 교묘한 논리를 동반한 사상으로 나타난다. 그러나 그런 사상의 중심에 있는 주장은 교만이요 '인간이 곧 하나님'이라는 논리다.

범신론에 대한 루이스(C. S. Lewis)의 다음과 같은 지적은 매우 날카롭고 적절하다. "범신론은 그냥 놓아두게 될 때 인간의 마음이 자동적으로 갖게 되는 태도다"(Lewis, 1947, 83). 범신론은 교만으로 타락한 인간의 자존심을 만족시키기 때문에 인간의 자연적인 성향이라고 할 수 있다.

1. 신인합일(神人合一)

'하나님과 같이 된다'는 세계관들은 거의 예외 없이 범신론적 신비주의의 형태로 나타난다. 힌두교, 요가, 탄트라, 불교, 성리학, 기 사상 등은 바로 '인간이 곧 하나님과 같이 된다'는 세계관에 속한다고 할 수 있다. 고대 그리스의 파르메니데스와 헤라클레이토스, 근세의 스피노자와 셸링 등의 사상에서도 이런 세계관을 발견할 수 있다. 이처럼 동서양을 막론하고 범신론적 신비주의는 수천 년 동안 면면히 내려왔으며 오늘날에는 뉴에이지 운동으로 다시 활개를 치고 있다.

범신론적 신비주의는 우주를 곧 신으로 간주하며 인간은 우주와 합일한다고 생각한다. 또 인간이 우주와 합일했을 때 우주와 동일한 신적(神的)인 존재가 된다고 주장한다. 이들 세계관이 주장하는 바, '인간이 곧 신(神)'이라는 신인합일(神人合一) 사상은 인간의 이성과 교만을 만족시키며 신비적 체험에 대한 욕구를 채워 주는 것이기 때문에 매우 매력적으로 보인다.

2. 힌두교

범신론적 합일 사상 중에 가장 대표적인 것이 아드바이타 베단타(Advaita Vedanta) 힌두교의 범아일여(梵我一如) 사상이다. 범(梵)은 우주의 궁극적 실재인 '브라만'(Brahman)을 한문으로 음역한 것이다. 브라만은 인식의 대상인 우주에 있어서 가장 궁극자다. 아(我)는 인간의 궁극적 실재인 '아트만'을 한문으로 음역한 것이다. 즉 아트만은 인식의 주관인 인간에 있어서 가장 궁극자다. '범아일여'는 '브라만과 아트만이 하나'라는 의미다. 인간의 궁극자는 우주의 궁극자와 동일하기 때문에 '인간이 곧 우주의 궁극자'이며 '인간이 곧 신'이라는 것이다.

'브라만이 곧 아트만'이기 때문에 아트만은 모든 인간에게 보편적으로 내재하는 브라만일 뿐이다. 브라만은 다양성을 넘어선 몰개성적인 비인격적인 궁극자이며, 따라서 아트만도 몰개성적인 궁극자다. 여기서 우리는

'몰개성적'이라는 표현에 주의해야 한다. 몰개성적이라는 것은 개별적 자아, 즉 개개인의 정체성을 부정하는 것이기 때문이다. 개개인이 가지고 있는 다양한 개성은 참된 자아가 아니고, 개인적 차별 없이 모든 사람에게 평등하게 있는 아트만이 곧 참된 자아라는 것이다. 힌두교에서는 개개인의 자아를 '지바'라고 하는데, 이 개별적 자아의 다양성은 '무지'(avidyā)의 영향력에 의해서 나타난 것이며 '환상'에 불과한 것이다.

힌두교에서는 우주에 실재하는 것은 오직 브라만밖에 없다고 주장한다. 우주의 다양한 모습은 '무지'의 영향력에 의해서 나타난 '환상'에 불과한 것이다. 비유하자면 우주의 모든 사물은 금 책상, 금 의자, 금 그릇, 금 책 등 금으로 이루어져 있다. 우주에 실재하는 것은 금밖에 없으며 책상, 의자, 그릇, 책 등과 같은 사물의 '이름과 형상'(nāmarūpa)은 아무런 의미도 없고 우열도 없는 '환상'일 뿐이다. 우주는 금의 연속체(continuum)이며 금의 과정(process)이며 전체가 하나다. 우주에는 어떤 개성이나 다양성도 실재하지 않는다. 왜냐하면 실재하는 것은 브라만이기 때문이다. 그런데 '전체적인 하나'로 존재하는 브라만을 보지 못하고 다양성을 보는 것은 '무지'의 힘 때문이라는 것이다.

3. 불교

우리는 '하나님이 된다'는 또 하나의 세계관을 대승 불교에서 찾아볼 수 있다. 대승 불교의 논리도 사실 힌두교의 범아일여 사상이 지닌 논리 구조와 크게 다를 바가 없다. 대승 불교에서 우주의 궁극적 실재의 자리를 차지하는 것은 비인격적인 '법신불'(法身佛)이다. 모든 중생에게는 불성(佛性)

이 있기 때문에(一切衆生悉有佛性) 누구든지 깨닫기만 하면 성불(成佛)해서 우주의 궁극자인 법신불과 합일한다는 것이다. 대승 불교의 불성은 힌두교의 아트만의 자리를 대신하고 있다. 불성은 모든 개별자에게 평등하게 내재되어 있는 우주의 궁극자인 것이다. 그래서 모든 인간은 깨닫기만 하면 누구든지 부처가 되고 우주의 궁극자가 된다는 것이다. 이것은 '인간이 곧 우주의 궁극자', 즉 '인간이 곧 신'이 된다는 것을 의미한다.

불교에서도 우주의 다양성을 보는 것을 '분별망심'(分別妄心), 즉 무지의 소산으로 간주한다. 모든 사물은 자기 고유의 개성이나 다양성, 정체성을 가지고 있지 않다. 이것을 불교에서는 '자성'(自性)이 없다고 말한다. '제법무아'(諸法無我)의 교리도 이런 의미를 그대로 반영하고 있다. 대승 불교에 가면 존재하는 것은 부처밖에 없으며 모든 만물은 그 자체로서 부처다. 부처는 아드바이타 베단타 힌두교의 브라만의 자리를 차지하고 있다. 이처럼 대승 불교는 힌두교의 논리 구조와 크게 다를 바 없다는 것을 발견할 수 있다.

4. 성리학

신유학(新儒學) 중 하나인 성리학도 힌두교나 불교와 동일한 논리 구조를 가지고 있다. 성리학에서 우주의 궁극자는 몰개성적이고 비인격적인 '이'(理)다. 이(理)가 사물에 내재해 있을 때 '성'(性)이라고 한다. 모든 개별자의 성(性)은 이(理)가 내재된 것이므로 다양성이 없고 모두 동일하다. 사물의 다양성을 결정하는 것은 기(氣)다. 즉 사물이 형성될 때 기가 올바르게 형성되느냐 편중되어 형성되느냐에 따라서 인간, 동물, 식물이 나누어진다. 또 기가 맑으냐 탁하냐에 따라서 사람들의 기질의 좋고 나쁨이 결정된다는 것이다.

성리학에 의하면 모든 사물의 본성은 개나 소나 사람이나 할 것 없이 모두 동일하다는 것이다. 즉 성은 모든 사물에 내재되어 있는 몰개성적인 궁극자다. 성리학에서 '성리'(性理)라는 말은 '성즉리'(性卽理), 다시 말해 '성(性)이 곧 이(理)'라는 의미다. 성리학의 목표는 기질에 의해서 제한된 성(性)이 그 제한을 극복하고 본연의 성(性)을 실현하여 우주의 궁극자인 이(理)와 합일하는 것이다. 주자(朱子)는 기질적 제한의 극복을 '활연관통'(豁然貫通)이라 불렀고 우주와의 합일을 '천인합일'(天人合一)이라는 말로 표현하였다. 유교의 성인은 천인합일의 경지에 오른 사람으로서 미미한 것을 보고도 그것이 이루어질 바를 아는 통찰력을 가진 자로 간주되었다.

범신론적 신비주의에 있어서 가장 중요한 개념은 '합일'(合一)이다. 천인합일(天人合一), 신인합일(神人合一), 주객합일(主客合一) 등의 개념은 신비주의의 기초가 된다. 합일을 통한 신비적 체험은 자기 정체성의 상실을 통해서 일어난다. 인식 주관과 인식 대상이 각자의 개성과 다양성, 즉 정체성을 상실함으로써 하나가 되는 것이 신비주의적 합일이다.

5. 정체성의 부정

이처럼 개별자가 가지고 있는 정체성의 상실을 통해서 '만물이 하나'라는 한 가지 명제가 나온다. 또 결과적으로 신(神)인 우주와 인간도 하나이므로 '인간이 곧 신'이라는 또 한 가지의 명제가 나온다. 우리는 뉴에이지 철학의 두 가지 핵심적인 기둥을 여기에서 본다. 하나는 '만물은 하나다'

라는 명제이고 또 하나는 '인간은 신이다'라는 명제다. 이 두 가지 명제는 불가분의 관계에 있다. '만물은 하나'라고 할 때에는 개체들의 다양성을 부정해야 한다. 즉 개별자들의 정체성의 부정을 통해서 합일이 이루어지는 것이다. 만일 '가' '나' '다' '라' 등이 개별자로서의 정체성을 가지고 있지 않다면 '가=나' '가=다' '가=라' '나=다' '나=라' '다=라' …… 라는 등식이 가능할 것이다. 이런 식으로 해서 모든 사물은 동일하다는 결론이 나올 수 있다. 또 '우주가 곧 신'이라면 우주와 하나인 '인간도 곧 신'이라는 결론에 이르게 될 것이다.

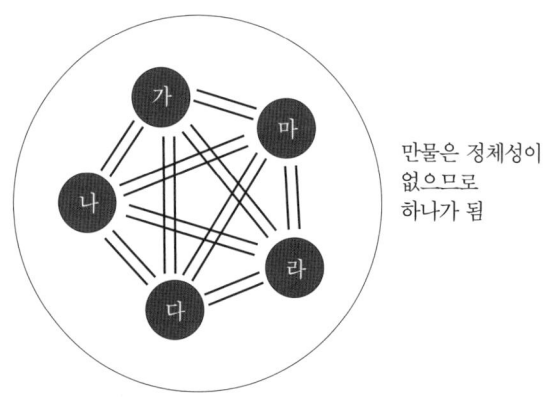

〈표17〉 범신론적 합일

개별자의 정체성과 다양성을 부정하는 것은 곧, 우주를 다양하고 개성 있는 개별자로 만드신 하나님의 창조 사역을 부정하는 것이다. 우주의 다양성을 환상으로 간주하는 것은 하나님의 창조 사역을 환상으로 간주하는 것이다. 여기에 세계관을 통한 사탄의 영적인 음모가 나타난다. 사탄은 고상한 철학과 그럴듯한 세계관을 통해서 하나님의 존재와 하나님의 사역을 부정하는 것이다. 사탄은 피조물이기 때문에 하나님이 될 수 없고 하나님의 창조 사역을 흉내 낼 수 없다. 그렇기 때문에 사탄은 하나님을 부정하고 하나님의 창조 세계의 다양성을 부정하게 함으로써 자신이 하나님이 되어 보고자 하는 것이다. 그러나 하나님은 세계를 다양하게 만드셨고 다양한 개별자들과 인격적인 관계를 맺고 계시다. 만일 개별자들이 정체성이 없고 다양하지 않다면 하나님이 어떻게 이 개별자들과 인격적인 관계를 맺을 수 있겠는가? 그러므로 우주의 다양성을 부정하는 것은 곧 하나님의 인격성을 부정하는 것이다. 사탄이 사물의 다양성과 정체성을 부정할 뿐 아니라 비인격적이고 몰개성적인 궁극자의 개념을 제시하는 것도 하나님의 인격성을 부정하기 위한 것이다. 이렇게 하나님도 비인격화되고 피조물도 비인격화되어서 인격적 교제가 없게끔 하는 것이 사탄의 전략이다.

6. 장자

우리는 정체성의 상실을 통한 주객합일의 대표적인 예를 장자(莊子)에서도 볼 수 있다. 장자 사상에 의하면 '도'(道)는 비인격적이고 몰개성적인 우주의 궁극자이며, 이 '도'(道)가 인간을 포함한 만물에 편재해 있다는 것이다. 그래서 장자는 "천지 만물이 나와 함께 생겨났으며 따라서 만물과 나는 하나다"(天地與我竝生 而萬物與我爲一)라고 말한다. 장자에 의하면 모든 것이 이미 하나이기 때문에 구별할 수 없다(旣已爲一矣 …… 無適焉 因是已). 장자에 있어서 절대 자유를 획득하는 방법은 사물의 대립과 주객의 차별을 넘어가는 것이다. 그래서 장자는 "성인은 옳고 그름을 조화하여 천균(天均)

에서 쉰다"(聖人和之以是非 而休乎天均)라고 말한다. 장자가 말하는 천균은 절대 평등을 의미한다. 장자는 인식 주관과 인식 대상을 합일시킴으로써 절대 자유를 추구한다. 그러나 사실 장자가 생각하는 주객합일은 지극히 자아 상실적인 것이다.

장자에 '호접몽'(胡蝶夢)이라고 하는 '나비 꿈'에 대한 우화가 나온다. 이 우화에서 장자는 '장자가 나비로 변한 꿈을 꾼 것이 현실인지, 그렇지 않으면 나비가 장자로 변한 꿈을 꾼 것이 현실인지 모르겠노라'고 말한다. 장자는 인식 주체인 자기와 인식 대상인 나비 사이에 정체성의 구분이 없어져서 하나가 된 몰아의 상태를 말하고 있다. 장자는 이런 주객합일의 상태를 '물화'(物化)라고 표현한다(莊子, 齊物論).

7. 에크하르트와 수피(Sufi)

주객합일이 신과 인간과의 관계에 적용되면 신인합일, 혹은 천인합일로 나타난다. 대표적인 기독교 신비주의자인 마이스터 에크하르트(Meister Eckhart, 1260-1327)는 신을 명상하는 가운데 자기의 정체성을 상실했다. 인식 대상인 신이 자신에게로 몰입되어 오고, 인식 주관인 자신이 신에게로 몰입되어 가면서 신과의 동일성을 느꼈다. 그는 신의 정체성과 자기의 정체성을 구분하지 못하고 '신과 나, 우리는 하나다'라는 신인합일을 주장했다. 또 에크하르트는 "모든 만물은 신 그 자체다"라는 범신론적 주장을 했으며, 이로 인해 이단으로 정죄되었다(Harkness, 106).

이슬람 신비주의를 수피(Sufi)라고 하는데 여기서도 동일한 패턴을 발견하게 된다. 알 할라즈(Al-Hallaj, 857-922)는 범신론적 기반 위에서 자기 정체성의 상실을 통한 신과의 합일을 추구했다. 그는 "내가 곧 진리다. 나는 내가 사랑하는 그분이며, 내가 사랑하는 그분은 나다"라고 주장하여 처형되었다(Hitti, 61).

범신론적 신비주의에서는 주객합일이나 신인합일을 통해서 몰아경(沒我境), 무아경(無我境), 황홀경(恍惚境), 삼매경(三昧境) 등을 체험한다. 무당이나 샤먼(shaman)이 황홀경에 빠지는 것이나, 요가 수행자가 삼매경에 빠지는 것이나, 참선 수행자가 무아경에 빠지는 것이나 동일한 것은 자기 정체성의 상실을 전제로 한다는 것이다. 여기서 우리가 주목해야 할 사실은 자기 정체성의 상실은 바알적 신앙과 밀접한 연관성을 갖고 있다는 것이다.

8. 연합과 합일

범신론적 신비주의를 '합일주의'(合一主義)로 규정할 때 혼동이 생길 수 있다. 왜냐하면 성경에서도 '하나 됨'을 강조하기 때문이다. 예수께서는 잡히기 바로 전에 하나 됨을 위하여 기도하셨다. "아버지께서 내 안에, 내가 아버지 안에 있는 것같이 그들도 다 하나가 되어 우리 안에 있게 하사 세상으로 아버지께서 나를 보내신 것을 믿게 하옵소서"(요 17:21). 에베소서도 만물의 하나 됨을 강조한다. "하늘에 있는 것이나 땅에 있는 것이 다 그리스도 안에서 통일되게 하려 하심이라"(엡 1:10). "하나님도 한 분이시니 곧 만유의 아버지시라 만유 위에 계시고 만유를 통일하시고 만유 가운데 계시도다"(엡 4:6).

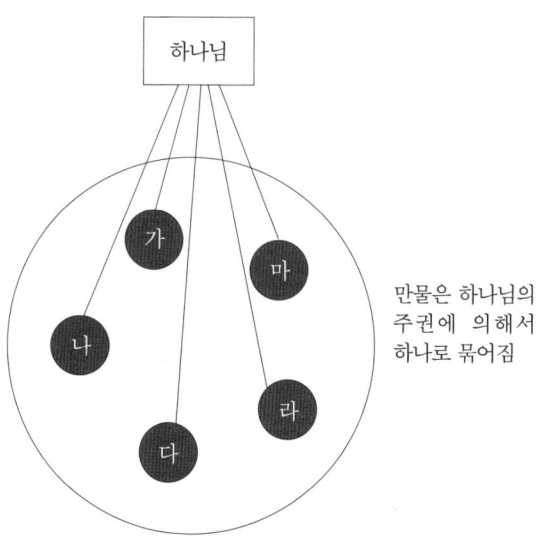

〈표18〉 성경적 연합

성경이 말하는 '하나 됨'은 개별자들이 자기 정체성을 상실함으로써 이루어지는 것이 아니다. 성경이 말하는 하나 됨은 '합일'이 아니라 '연합'이다. 연합은 개별자들이 각자의 정체성과 다양성을 유지하면서 하나되는 것을 말한다. 요한복음의 하나 됨은 성도들이 "사랑 안에서 연합"(골 2:2)하는 것을 말하며, 에베소서의 하나 됨은 만물들이 하나님의 주권적 섭리 하에서 통일되어 있다는 것을 말한다. 하나님은 다양한 모든 개별자들과 관계하시며, 모든 개별자들은 하나님의 주권적인 섭리 안에 하나로 묶여 있다. 지혜에 부요하신 하나님의 섭리 가운데 만물들은 정체성과 다양성을 가지고 하나이신 하나님의 주권 아래 통일되어 있다. 이것이 '만유의 통일'이 의미하는 바다.

토의 및 정리 문제

1. '죽지 않는다'는 세계관에는 어떤 것들이 있는가? 그 공통점은 무엇인가?
2. 죽음의 성경적 원인은 무엇인가? 이런 관점에서 성경적으로 영생하는 길은 무엇인가? 다른 세계관과는 어떤 차이가 있는가?
3. '눈이 밝아진다'는 것은 어떤 의미인가? 그것은 어떤 결과를 가져왔는가?
4. 이성이 진리 판단의 절대적 척도가 될 수 없는 까닭은 무엇이라고 생각하는가?
5. '눈이 밝아진다'는 세계관에는 어떤 것들이 있는가? 그런 세계관이 소위 지성인들에게 잘 받아들여지는 이유가 무엇이라고 생각하는가?
6. 하나님이 선악을 아시는 것과 인간이 선악을 아는 것은 어떤 차이가 있는가?
7. 우리가 다른 사람을 판단하고 정죄하지 말아야 할 이유는 무엇인가?
8. 율법주의와 도덕주의는 왜 잘못된 것인가?
9. '죄가 더한 곳에 은혜가 더욱 넘쳤다'는 것은 무슨 의미인가? 이런 관점에서 우리가 큰 은혜를 누리려면 어떻게 해야 하는가?
10. 행위 구원론이 가지는 불합리성과 한계는 무엇인가? 예를 들어 설명해 보라.
11. '인간이 하나님'이라는 세계관에는 어떤 것이 있는가? 예를 들어 설명해 보라.
12. 정체성과 다양성의 부정을 통해서 사탄이 노리는 것은 무엇인가?

13. 신비주의적 체험들이 잘못된 근본적 이유는 무엇이라 생각하는가?
14. 신비주의에서 말하는 '하나 됨'과 성경에서 말하는 '하나 됨'의 차이는 무엇인가?

6장 | 고통이냐, 죄냐? 사망이냐, 생명이냐?

고통이 문제냐, 죄가 문제냐?

어떤 세계관이 성경적이냐 아니냐를 판단하는 또 하나의 기준이 있다. '고통이 문제냐, 죄가 문제냐' 하는 것이 바로 그 기준이다. 모든 세계관이나 종교들은 본질적인 문제의식을 가지고 있으며, 이 문제의식에서 출발한다. 동시에 이런 문제의식이야말로 그 종교나 세계관이 흘러가는 방향성이기도 하고 귀착점이기도 하다. 그러므로 '고통'이라는 문제의식에서 출발하여 '고통'의 문제를 해결하는 것을 목적으로 삼는 세계관과, '죄'라는 문제의식에서 '죄'를 해결하는 것을 목적으로 삼는 세계관은 본질적으로 엄청난 차이가 있다. 고통에 초점을 맞추는 것은 인간 중심적인 세계관이다. 왜냐하면 고통은 인간이 싫어하는 것이기 때문이다. 그러나 죄에 초점을 맞추는 것은 신 중심적인 세계관이다. 왜냐하면 죄는 하나님이 싫어하시는 것이기 때문이다.

1. 고통의 세계관 불교

예를 들어, 불교가 어떻게 출발했는가 살펴보자. 석가모니(釋迦牟尼)의 본래 이름은 고타마 싯다르타(Gautama Siddhartha)이다. 그는 주전 6세기 경에 인도 북부의 코살라국에 속하는 한 조그만 왕국인 카필라성의 왕자로 태어났다고 한다. 비록 불교 설화에서는 석가모니가 왕자로 태어났다고 하지만, 불교학자들의 주장에 의하면 석가모니가 태어난 곳은 왕국이 아니고 공화정 체제의 부족 도시 국가라고 한다. 즉 카필라성은 고대의 아테네나 스파르타와 같이 부족 중심의 공화정 체제의 국가였을 것으로 추정되고 있으며, 석가모니는 그곳 원로원의 최고 수장의 아들로 태어난 것 같다(정승석, 21-23).

석가모니의 어머니 마야 부인은 그를 수태할 때 꿈을 꾸었는데 코끼리가 옆구리를 쳐 받고 들어오는 태몽을 꾸었다고 한다. 그 태몽을 들은 예언자가 해몽하여 말하기를 "이 사람은 붓다가 되거나 전륜성왕(轉輪聖王)이 될 것이다"라고 했다고 한다. 전륜성왕은 마치 성경에 나오는 솔로몬처럼 강력한 통치력을 가지고 나라를 부강하게 하며 백성을 편안하게 잘 다스리는 왕이라고 할 수 있다. 붓다(Buddha)는 '깨달은 자'라는 뜻이다. 석가모니의 아버지는 기왕이면 자기 아들이 자기를 이어서 왕이 되기를 바랐다. 그래서 왕자가 출가해서 붓다가 되지 못하도록 궁전에서 연일 잔치를 베풀고, 인생의 어두운 면은 보지도 못하게 아름다운 것만 보여 주었다. 왕자가 간혹 궁궐 밖으로 외출할 때에는 길가에 꽃을 심고, 깨끗이 청소를 하고, 병자나 노인이나 죽어 가는 사람은 왕자가 지나가는 길에 얼씬거리지도 못하게 했다고 한다. 그럼에도 불구하고 어느 날 왕자는 궁궐 밖으로 나갔다가 노인과 병자들과 죽어 가는 사람을 보고 마음에 번뇌가 일어났다. 결국 왕자는 생로병사의 고통에 싸여 있는 인간의 문제를 해결하기 위해서 출가를 했고, 마침내 보리수 밑에서 명상 끝에 깨달음을 얻어서 부처가 되었다고 한다. 불교의 출발점에 대한 이 이야기는 무엇을 말해 주고 있는가? 불교의 문제의식은 어디서 출발하고 있는가? '생로병사'(生老病死)라고 하는 인생의 고통에서 출발한다.

물론 인생을 고통으로 규정짓는 것은 정직하게 말해서 틀렸다고 할 수 없다. 사실 인생은 고통이다. 아무리 낙천적인 사람에게도 인생은 고달픈 것이다. 그렇기 때문에 불교 세계관이 '고통'이라는 문제의식의 초점을 맞추어서 전개되는 것은 전혀 이상한 일은 아니다.

불교의 출발점은 바로 '고통'에 있다. '어떻게 하면, 태어나서 늙고 병들고 죽는 이 고통스러운 현실에서 벗어날 수 있는가' 하는 것이 불교의 문제의식이다. 그런데 인간의 모든 고통은 어디서 생기는가? 일반적으로 볼 때 고통은 '욕구의 좌절'에서 생긴다. 자기가 원하는 무엇인가가 좌절되었을 때 고통이 생긴다. 그래서 많은 종교가 이런 각도에서 고통의 문제를 다루고 있다. 불교는 '만일 욕구가 좌절되어서 고통이 생기는 것이라면, 욕구를 없애면 고통이 없어지지 않겠는가'라는 아이디어를 가지고 전개한다. 그런데 어떻게 욕구를 가지지 않을 수 있는가? 불교에서는 집착하지 말라고 가르친다. 불교에 의하면 우주에 존재하는 것 중에 영원불변하고 변하지 않는 것은 아무것도 없다. 우주의 만물들은 본래 영원불변한 속성이나 본질을 가지고 있지 않으며, 따라서 실체(實體, substance)가 아니다. 불교에서 말하는 '제행무상'(諸行無常)이 의미하는 바는 이 세상의 모든 사물은 영원불변하지 않다는 것이다. '제법무아'(諸法無我)가 의미하는 바는 이 세상의 모든 사물들은 영원불변하는 본질이나 속성이 없다는 것이다. 불교에서는 본질과 속성을 '자성'(自性)이라고 하는데 모든 사물은 이런 자성이 없다는 것이다. 자성이 없다는 말은 모든 사물이 자기 정체성을 가지고 있지 않다는 것을 의미하는 것이기도 하다. 심지어 인식 주관인 '나' 조차도 고유의 본질과 속성을 가진 존재가 아니며, 따라서 '나'라는 정체성은 없다는 것이다.

불교의 관점에서는 모든 사물은 영원불변하지 않고, 자기 정체성도 없으며, 부단히 변화하는 과정이다. 사실상 모든 사물이 영원한 것이 아닌데, 마치 그것이 영원한 것인 양 착각하고 집착하니까 욕망이 생기고, 욕망이 채워지지 않으니까 고통이 생기는 것이다. 불교에서는 이 고통을 '번뇌'(煩惱)라고 표현한다. 불교에서는 이 세상에는 집착할 만한 것이 아무것도 없다고 주장한다. 집착하고 추구할 만한 것이 없는데 집착하고 추구하기 때문에 고통이 생긴다고 말한다. 이것이 불교에서 말하는 '일체개고'(一切皆苦)의 의미다. 여기에는 부분적으로 옳은 면이 있다. 욕망이 집착에서 생기고, 고통이 욕구의 좌절에서 생긴다는 심리적 과정에 대한 관찰은 타당성을 가진다고 할 수 있다. 이처럼 타세계관에 나타나는 부분적 진리는 '일반 은총'의 발로라고 말할 수 있다.

불교에서는 영원불변하지 않고 부단한 변화 과정 중에 있는 우주의 본래 모습을 보지 못하고, 영원불변한 사물들인 양 착각하여 집착하는 것을 '무지' 때문이라고 보았다. 모든 고통의 근원은 무지에 있기 때문에 고통을 없애기 위해서는 무지를 깨뜨려야 한다는 것이다. 무지를 깨뜨린 것이 바로 '깨달음'인데, '깨달음'을 얻으면 곧 '열반'의 경지에 이른다는 것이다. 열반은 아픔도, 슬픔도, 눈물도, 고통도 없는 고요한 기쁨의 상태다. 불교에서는 이런 상태를 '열반적정'(涅槃寂靜)이라고 부른다.

실제로 불교의 가르침을 따라서 수행을 하다 보면 열반의 상태와 같은 것이 느껴질 수 있을 것이다. 그러나 기쁨이 있다고 해서 언제나 진리는 아니다. 우리는 흔히 현상적으로 무엇인가 유익이 있으면 진리라고 생각한다. 질병이 낫게 되면 그것이 곧 진리라고 생각한다. 그러나 병이 나았다고 해서 항상 진리는 아니다. 무당도 병을 낳게 할 수 있으며 절에 가서 치성을 드려서 병이 나을 수도 있다. 이슬람교 사원에 가서 기도해서 병이 나을 수도 있다. 현상적으로 나타나는 유익이 있다고 해서 그것이 곧 진리라고 단정하는 것은 위험한 생각이다. 사탄은 더 큰 것을 빼앗기 위해서 사탕을 미끼로 줄 수 있는 능력을 어느 정도는 가지고 있다. 진리의 판단 기준은 하나님 말씀에 근거해야 하는 것이며, 현상에 근거하게 되면 반드시 미혹의 영에 빠지게 된다. 성경에서도 "악한 자의 나타남은 사탄의 활동을 따라 모든 능력과 표적과 거짓 기적과 불의의 모든 속임으로 멸망하는 자들에게 있으리니"(살후 2:9-10)라고 전한다. 이처럼 현상적 유익을 따라가면 다 사탄의 올무에 걸리게 되어 있다.

2. 고통에 대한 성경적 관점

성경은 고통에 대해서 어떻게 말하는가? 성경도 인생의 고통을 깊게 다루고 있다. 이를테면 욥기는 인생의 고통에 대해 깊이 있는 신학적 사고를 전개하고 있다. 욥은 자기에게 왜 그런 고통과 시련이 닥쳤는지 이해할 수 없는 가운데 극심한 고통을 받았다. 우리가 살아가다 보면 때때로 이해할 수 없는 고난을 당할 때가 있다. 고난, 고통에 대한 인간의 욕구는 두 가지로 나타난다. 첫 번째는 왜 그런 고난이 자기에게 닥쳤는지 설명해 달라는 것이다. 두 번째는 자기에게 닥친 이 고통을 제거해 달라는 것이다. 대부분의 종교나 세계관들은 바로 이런 문제를 깊게 다루고 있다. 그럼에도 불구하고 성경은 '고통'의 문제를 가장 핵심적인 문제의식으로 삼지 않는다. 성경은 고통을 제거하는 것을 최고의 목표로 삼지 않는다.

성경은 오히려 '고통'이 가지고 있는 긍정적인 면을 강조한다. 욥은 고난을 통해서 순금과 같이 연단되었고(욥 23:10) 하나님을 아는 지식에서 성숙하게 되었다(욥 42:5). 시편에서 시인은 고난과 고통을 통해서 자신이 얼마나 연단되고 성숙해졌는지 고백하면서 하나님께 감사하고 있다(시 119:67, 71). 베드로는 "그리스도의 고난에 참여하는 것으로 즐거워하라"(벧전 4:13)고 말한다. 바울도 "우리가 그와 함께 영광을 받기 위하여 고난도 함께 받아야 할 것이니라"(롬 8:17)고 말한다. 이 외에도 성경에는 고통의 긍정적인 면을 강조하는 구절을 여기저기에서 많이 찾아볼 수 있다. 이처럼 성경은 고통을 깊게 다루고 있지만 불교나 다른 종교에서처럼 '고통'이 문제의식의 출발점은 아니며 고통을 없애는 것이 최종 목표도 아니다.

성경은 고통이 죄로부터 나왔다고 말한다. 불교에서 말하는 '무지'도 바로 죄 때문에 생긴 것이다. 죄 때문에 쓸데없는 '욕구'도 생긴 것이다. 앞에서 언급한 대로 인간이 죄를 짓고 타락했을 때 세 가지 중요한 일이 일어났다. 첫 번째로 인식 능력이 전락되었고, 두 번째로 도덕적 능력이 전락되었고, 세 번째로 자연계가 전락되었다. 도덕적 능력의 전락으로 인간에게 부당한 욕구가 생겼고, 자연계의 전락으로 야기된 열악한 환경은 인간의 정당한 욕구조차도 좌절시켰다. 욕구가 좌절된 결과 고통이 발생했다. 이처럼 인생의 고통은 근본적으로 죄에서 출발한 것이다.

3. 기독교와 불교의 차이

성경적 관점에서 고통을 없애기 위해서는 어떻게 해야 하는가? 죄 때문에 고통이 발생했다면 회개하는 것이 고통을 없애는 첫걸음이 된다. 회개하면 천국이 임하게 된다. 천국은 불교의 열반과 비교할 때 그 성격이 언뜻 비슷해 보인다. 그곳에는 눈물도 없고, 아픔도 없고, 슬픔도 없고, 고통도 없고, 기쁨만 있다. 그러나 천국은 무엇보다도 하나님이 통치하시는 하나님 나라다. 하나님이 통치하시고 하나님과 올바른 관계에 있기 때문에 완전한 곳이 된다. 불교와 성경의 세계관을 단순화하면 다음과 같은 패턴으로 요약할 수 있다. 성경의 가르침은 불교에서 주장하는 것과 비교해 볼 때 얼마나 다른가?

불교 : 무지 → 고통 → 깨달음 → 열반

성경 : 죄 → 고통 → 회개 → 천국

불교의 주장은 다음과 같이 간단하게 요약할 수 있다. "인생의 고통은 무지 때문이다. 그러므로 깨달으면 열반에 이르게 될 것이다." 불교에서는 죄 대신에 무지를 이야기한다. 회개 대신에 깨달음을 이야기한다. 불교에는 '죄'나 '회개'라는 개념이 없다. 죄의 개념이 없기 때문에 '대속'이라든지 '용서'라든지 하는 개념이 들어올 수 없고, 따라서 '그리스도'도 필요하지 않다. 불교의 패턴은 매우 합리적이고 철학적이고 설득력 있어 보이지만 거기에는 하나님의 자리가 없다.

성경은 기독교의 패턴을 명확하게 드러내 보여 주고 있다. 세례 요한과 예수께서는 공생애 사역을 시작할 때, "회개하라 천국이 가까이 왔느니라"(마 3:2, 4:17)는 말씀으로 시작하셨다. 예수와 세례 요한의 이 말씀은 기독교의 문제의식이 고통이 아니라 죄에서 출발한다는 것을 단적으로 보여 주고 있다. 죄라는 것은 기본적으로 하나님과의 관계에 대한 문제다. 죄란 하나님 말씀에 불순종하고 하나님과 화목하지 못한 상태에 있는 것을 말한다. 성경은 고통의 원인이 하나님과 잘못된 관계에서 비롯된 것임을 말해 준다(렘 2:19).

하나님과의 영적, 도덕적 관계에 초점을 맞추지 않고 고통에 초점을 맞추는 것이 모든 바알적 종교의 특징이다. 바알적 신앙은 현세 기복적이어서 현세적 풍요와 다산을 복의 기준으로 삼는다. 결국 고통이라는 것은 사실상 현세적 복을 상실한 상태라고 할 수 있다. 따라서 고통에 초점을 맞춘다는 것은 뒤집어 말해서 현세적 복에 얽매여 있기 때문이라고 할 수 있다. 즉 현세적 복에 초점을 맞추는 것과 고통에 초점을 맞추는 것은 바알적 신앙이라는 동전의 양면이라고 할 수 있다. 사탄은 이런 세계관을 통해서 하나님과의 관계 문제, 즉 죄의 문제를 보지 못하게 한다. 사탄이 죄의 문제를 보지 못하게 하는 것은 복음의 영광, 즉 예수 그리스도를 가리기 위해서다.

4. 죄의 은폐

본성적으로 타락한 인간은 죄를 은폐하는 것을 좋아한다. 타락한 인간이 최초로 한 일은 죄로 인한 자기의 수치를 가리는 일이었으며 하나님의 낯을 피하여 숨는 것이었다. 아담과 하와는 무화과나무 잎을 엮어 치마를 만들어 입었고 동산 나무 사이에 숨었다(창 3:7-8). 그들이 수치를 가리고 죄를 은폐하는 방법은 하나님이 보시기에 가소롭고도 엉성한 것이었다. 인간이 아무리 자기의 죄를 은폐하려고 해도 하나님을 속일 수는 없다.

모든 타락한 인간은 자기의 수치와 죄를 숨기기에 급급하다. 심지어 교회 안에서도 사람들은 그 속에는 수치와 죄악으로 가득 차 있으면서 겉으로는 거룩한 자인 양 꾸미기에 바쁘다. 교회에 와서 죄를 고백하면 용납되지 않고 정죄받을까봐 오히려 교회에서 죄를 숨기기에 더욱 급급하다. 성경은 "너희 죄를 서로 고백하라"(약 5:16)고 말씀한다. 오직 성령 충만한 성도의 공동체에서만 죄의 고백이 가능하다. 성령 충만한 성도의 공동체에서는 어떤 사람이 죄를 고백한다 해도 그것이 흠잡기 위한 것으로 사람들에게 기억되지 않으며 오직 중보를 위한 기도 제목으로 기억될 뿐이다.

5. 깨달음의 종교

죄를 은폐하려고 하는 타락한 인간의 본성이 세계관의 영역에서는 고차원적인 철학의 옷을 빌려 입고 나타나는데, 그것이 바로 '깨달음'의 종교다. '깨달음'의 종교는 언제나 고통의 문제에 초점을 맞추는 범신론적 바알 신비주의의 형태를 띤다. 고통의 문제를 해결하기 위해서 불교의 승려들은 참선과 같은 신비주의적 수행 방법을 사용한다. 신비주의적 수행은 결국 고통을 일으키는 무지를 깨우쳐서 '깨달음'의 상태에 이르는 것을 목적으로 삼는다.

범신론적 신비주의에 있어서 고통은 원래 존재하지 않는다. 모든 고통은 무지에서, 즉 우주의 본래적 모습을 보지 못하는 잘못된 인식의 성향에서 나온다는 것이다. 즉 우주의 만물들이 드러내 보이는 다양성과 정체성은 우주의 본래 모습이 아니며 환상에 불과하다는 것이다. 힌두교의 우파니샤드 철학에서는 환상을 '마야'라고 부른다. 결국 '깨달음'이란 우주의 다양한 모습이 환상에 불과하다는 것을 알고 사물들에 대한 집착과 욕망을 버리는 것을 의미한다. 이런 주장 속에는 하나님이 창조하신 우주의 만물들이 환상이며 실재하지 않는다는 내용이 함축되어 있다. 이것은 다양한 개성을 가진 만물들을 창조하신 하나님의 사역을 부인하는 것이고 결과적으로 하나님의 존재를 부인하는 것이다. 그래서 불교나 아드바이타 베단타 힌두교와 같은 범신론에서는 인격적인 창조주 신이 없어지고 우주 그 자체가 신이 된다. 우주 자체가 신이기 때문에 그에 속한 소우주인 인간도 신적인 존재이고, 따라서 '인간이 곧 신'이라는 결론이 나온다. 여기에 사탄의 거짓된 가르침이 있다.

고통의 문제에 집중하는 것은 인간의 문제를 올바르게 해결하는 길을 보지 못하게 한다. 왜냐하면 고통이 발생한 역사적 원인을 보지 못하게 하고, 욕구 자체만을 다룸으로써 고통의 문제를 해결하려고 하기 때문이다. 그러나 욕구 자체에만 관심이 간다는 것은 욕구가 뿌리내리고 있는 '자아'의 문제에만 집중하게 하는 것이기 때문에 결국은 자기중심적인 성향에서 벗어나기는 어려워진다. 그러므로 고통의 문제에 초점을 맞추면 자기 내부 관심을 집중하게 되고 하나님과의 관계는 관심 밖으로 밀려나게 된다.

6. 기복 신앙

고통에 초점을 맞추는 세계관들은 성경적 세계관에서 벗어날 수밖에 없다. 불교나 힌두교와 같은 범신론적 신비주의만 여기에 해당하는 것이 아니라 기복 신앙도 전형적인 고통 중심의 세계관이다. 신비주의가 자기의 집착과 욕구를 소멸시킴으로써 고통을 없애려고 한다면, 기복 신앙은 집착과 욕구는 그대로 둔 채 신의 도움을 받아 욕구를 채움으로써 고통을 없애려고 하는 것이다. 이런 면에서 신비주의와 기복 신앙은 비록 한쪽은 적극적이고 한쪽은 소극적인 태도를 드러내지만 여전히 바알 신앙이라는 동전의 양면에 지나지 않는다. 그래서 불교의 승려들이 참선과 같은 신비주의 수행으로 나아간다면, 이에 반해서 불교의 평신도들은 고통의 문제를 해결하기 위해서 기복 신앙으로 흘러간다. 기복 신앙은 신의 힘을 빌어서 현세에서 고통을 없애고자 하는 모든 형태의 신앙이라고 할 수 있다. 기독교 안에서도 고통에 초점을 맞춤으로써 기복 신앙과 같은 것이 생겨나는 것을 본다. 기독교적 기복 신앙도 현세의 고통을 덜고 현세적 복을 더하기 위해서, 하나님께 치성을 드리거나 하나님을 달래는 것을 주목적으로 하고 있다.

7. 해방 신학

해방 신학도 고통에 초점을 맞춘 세계관이다. 해방 신학이 발생한 라틴 아메리카 지역은 신제국주의에 의해서 수탈당하고 있었고, 신제국주의와 결탁한 독재 정권 때문에 민중들은 고통스러웠다. 이 고통이 너무나 극심해 보였기 때문에 해방 신학자들은 민중의 고통에 초점을 맞추어서 신학을 구성했다. 그들은 '죄'라는 것이 하나님과의 일대일의 관계 문제가 아니라 사회 구조의 문제라고 생각했다. 어떤 해방 신학자들은 사회 구조 자체가 죄악이기 때문에 혁명으로 사회 구조를 변화시키는 것이 곧 구원이라고 주장했다. 그들은 개개인이 하나님과 어떤 영적, 도덕적 관계를 갖는가에 대해서는 무시했다. 그러나 사회 구조의 죄악성도 타락한 인간들의 죄성에서 나온 것이지 사회 구조 그 자체가 죄의 궁극적인 근원은 아니다. 다시 말해, 죄성을 가지고 있는 것은 인간이지 사회 구조가 아니다. 사회 구조의 죄악성은 죄성을 가진 인간의 산물인 것이다.

물론 해방 신학에 부분적인 진리가 없는 것은 아니다. 해방 신학은 사탄의 전략이 사회와 문화 안에서 죄를 구조화하고 세력화하는 것임을 잘 지적해 주었다. 교회는 대항 문화적 공동체로서 죄의 세력을 폭로하고 구조악을 노출시키는 선지자적 공동체가 되어야 한다. 우리 그리스도인들은 이웃이 받고 있는 고통에 대해서 당연히 관심을 가지고 사회의 문제에 적극적으로 참여해야 한다. 필요하다면 비폭력적 방법으로 시민불복종 운동에 참여함으로써 부당한 정권에 저항할 수 있다. 그러나 그것은 오직 이웃 사랑의 차원에서 하는 것이지, 폭력 혁명으로 사회 구조를 변화시킴으로써 유토피아를 만들 수 있다는 허황된 인본주의적 야심에 근거해서는 안 된다. 해방 신학은 고통에 너무나 초점을 맞추다가 죄가 무엇보다도 먼저 하나님과 인간 개개인의 관계 문제라는 사실을 놓쳐 버렸다. 그 결과 해방 신학은 성경을 자의적으로 해석하게 되었고 자신들의 이념을 성경에 투사시켜서 성경 말씀이 자기들의 이념에 봉사하도록 했다. 자기들이 성경 말씀을 따르는 것이 아니라 성경이 자기들의 이념을 따르게 함으로써 주인과 종이 바뀌는 꼴이 되어 버렸다.

8. 과정 신학

과정 신학도 고통에 초점을 맞추면서 생겨난 것이다. 이 세상에는 고통과 악이 존재한다. 그래서 철학자들은 '어떻게 전능하면서 선한 신이 이처럼 비참하게 고통과 악을 허용하는가'라고 질문한다. 유신론의 체계에서는 고통과 악의 문제가 철학적으로 설명되지 않는다. 사실 십자가 앞에 이 문제를 들고 가지 않는 한 철학으로 해결될 일은 아니다. 하나님은 십자가에서 인간의 고통과 악을 직접 체험하셨다. 그러므로 우리는 십자가에서 인간의 고통에 함께하시는 하나님의 사랑을 발견하게 된다.

과정 신학은 고통과 악의 문제를 성경으로 설명하려고 하지 않고 철학으로 설명하려고 했다. "왜 이렇게 인생은 고통스러운가? 왜 세상은 고통으로 가득 차 있는 것일까? 전능하시고 선하신 하나님이 어떻게 이런 고통을 허용하시는 것일까? 선하지만 전능하지 않은 것일까? 그렇지 않으면 전능하지만 선하지 않은 것일까?" 과정 신학자들의 문제 의식은 바로 이런 신정론(神正論)적인 질문에서 출발한 것이었다.

범신론적 구조에서는 이런 문제가 발생하지 않는다. 왜냐하면 범신론에서는 우주 자체가 신이기 때문이다. 우주의 본래 모습은 다양성도 정체성도 없다. 정체성이 없기 때문에 고통의 주체도 없다. 고통이나 악은 우주의 다양성과 마찬가지로 환상이며 실재하지 않는다. 고통과 악은 단지 무지 때문에 존재하는 것이다. 깨달음의 상태에서는 고통도 악도 존재하지 않는다. 이처럼 범신론은 고통과 악의 문제를 설명하기가 수월하게 보인다. 그러나 동시에, 범신론에는 우주가 어떻게, 왜 발생했는지 설명하지 못하는 단점이 있다.

과정 신학은 유신론(theism)과 범신론(pantheism)의 단점을 피하고 장점만 살리기 위해서 이 두 가지를 결합했다. 그 결과 소위 '범재신론'(panentheism)이라는 것을 만들어 냈다. 과정 신학은 초월적인 신이 어느 날 우주 자체로 자신을 현현시켰다고 주장한다. 초월적인 신은 본래 완전하지만 스스로 우주 자체로 현현하면서 불완전하게 되었고, 따라서 신도 자기 완성과 구원을 향해 나아가는 불가피한 과정 중에 있다는 것이다. 이것이 바로 과정 신학에서 우주의 기원과 세상의 고통이라는 문제를 동시에 해결하기 위한 궁여지책의 논리였다. 이러 혼합주의의 결과로 과정 신학은 신이 완전하면서 동시에 불완전하다는 모순율을 범할 수밖에 없게 되었다.

과정 신학의 신은 불완전하며 고통과 악을 자신의 본성으로 가질 수밖에 없다. 그러나 과정 신학자들은 '고통'이나 '악'(惡)과 같은 개념보다는 보다 덜 부담스러운 '부조화'나 '불완전함'이라는 개념 사용을 좋아한다 (Cobb & Griffin, 69-75). 이와 같은 방법으로 과정 신학은 불교나 힌두교와 마찬가지로 인간의 죄 문제를 은폐하게 된다. 과정 신학에서는 죄의 문제가 은폐되기 때문에 전통적인 기독교 신학은 부정된다. 따라서 과정 신학자들이 타종교와의 대화를 시도하고, '보편적 그리스도'를 주장하며, 종교다원주의에 귀착하는 것은 전혀 이상한 일이 아니다.

9. 마르크스주의

마르크스주의도 고통의 문제에 초점을 맞춘 세계관이다. 칼 마르크스(Karl Marx)는 이 세상이 고통스러운 것은 계급 갈등에 그 원인이 있다고 주장했다. 즉 부르주아 계급이 프롤레타리아 계급을 착취하기 때문에 이 세상이 고통스러운 것이라고 생각했다. 그는 고통의 원인을 생산력과 생산 관계의 모순에 있다고 보았다. 즉 생산력에 걸맞지 않는 생산 관계로 인해 계급 갈등이 심화되고 혁명이 일어나는 것이라고 보았다. 마르크스주의는 고통의 기본적인 원인이 경제적인 하부 구조의 모순에 있다고 보고, 따라서 혁명으로 사회 구조가 변화되어야 한다고 주장한다.

마르크스주의의 입장에서 보면 모든 고통은 욕구의 좌절에서 오며, 욕구의 좌절은 계급적 억압 때문에 생긴 것이었다. 즉 욕구를 충족시킬 수 있는 환경적 요소가 제한되어 있다는 것이다. 이런 제한된 환경에서는 모든 사람이 자신의 욕구를 다 충족할 수 없었다. 그래서 마르크스주의는 부르주아 계급이 자신의 욕구를 채우기 위해서 프롤레타리아 계급의 욕구 충족을 억압하는 것이라고 생각한다. '공산주의'와 '평등 분배'에 대한 사상은 욕구 충족의 평균화를 주장하는 것일 뿐이다.

매우 단순화시켜서 예를 들어 보자. 지금 어느 마을에는 집 안에 화장실이 없고 마을 전체에 공동 화장실만 두 칸 있다고 생각해 보자. 아침마다 사람들은 화장실 앞에 줄을 서 있다. 그런데 맨 앞에 들어간 두 사람은 장고파(長考派)다. 기다리는 사람들은 욕구가 좌절되었기 때문에 매우 고통스럽다. 아마도 발을 동동 구를 것이다. 이 문제를 어떻게 해결할 것인가? 여기에는 두 가지 방법이 있다. 하나는 화장실을 더 짓는 것이다. 이것은 자본주의식이다. 여기에는 문제가 따른다. 누가 화장실을 지을 돈을 제공할 것인가? 화장실을 지을 수 있는 기술이 있는가? 화장실을 지었다고 해서 모든 사람에게 그 혜택이 돌아간다고 할 수 있겠는가? 아마 투자를 많이 한 어떤 사람은 자기는 전용 화장실을 가져야 한다고 주장할지도 모른다. 또 한 가지의 방법은 '한 사람당 1분씩만 시간을 주자'는 법을 만들어서 그것을 어기는 사람은 가차 없이 처벌하는 것이다. 이것이 바로 사회주의 방법이다. 여기에는 또 다른 문제가 생길 것이다. 사람들은 화장실을 더 지으려는 노력을 하거나 화장실을 짓는 일에 투자하려고 하지 않을 것이다. 화장실의 환경을 개선하거나 청결을 유지하려는 노력도 하고 싶지 않을 것이다. 왜냐하면 자기가 아무리 노력해도 자기에게 돌아오는 것은 1분에 지나지 않기 때문이다. 여기서 우리는 오늘날 자본주의의 모순과 사회주의가 몰락한 원인을 발견하게 된다. 자본주의와 사회주의는 인간의 고통과 욕구 문제를 해결하고자 하는 두 가지 방법이다.

마르크스주의 세계관에는 부분적인 진리가 있다. 마르크스주의 역시 인간의 근본 문제를 고통에 맞추기 때문에 죄성의 문제를 소홀히 한다. 마르크스주의에서 주장하는 것처럼 억압과 착취로부터 오는 고통을 제거하려고 사회 구조의 변화를 추구하는 것은 수용되어야 한다. 그러나 타락한 본성을 가진 인간이 완전한 평등 사회를 이룰 수 있다는 이상은 깨뜨려져야 한다. 참된 평등이란 노력한 사람이나 게으른 사람이나 모두 똑같이 갖는 것이 되어서는 안 된다. 참된 평등은 노력한 사람은 더 많이 갖고, 노력하지 않은 사람은 덜 갖는 것이어야 한다. 이것은 이기적인 인간에게 최선으로 적용될 수 있는 공의다. 우리가 문제 삼는 불의는 노력하지 않은 사람이 많이 갖고, 반대로 노력했는데도 정당한 몫을 갖지 못하는 것이다.

마르크스주의는 인간의 이기적 욕구를 역사 발전의 원동력으로 삼는다. 그러나 그들이 꿈꾸는 유토피아는 노력하지 않은 사람이 자기와 똑같이 가져도 배 아파하지 않는 완전 성화된 사람들이 모인 곳이다. 이것이 바로 공산주의의 모순이며 공산주의가 현실과 동떨어진 이상주의임을 말해 주는 것이다. 마르크스주의는 예수께서 재림하신 후에나 이루어질 새 하늘과 새 땅에서 사는 완전 성화된 사람의 공동체를 인간의 힘으로, 더군다나 폭력적 수단으로 땅 위에 실현하고자 했다. 오늘날 소위 실용주의 노선을 걷는 사회주의 국가에서는 개인의 자영업이나 자작농에서 나오는 수입을 개인이 갖도록 보장해 주고 있다. 이것은 공산주의가 타락한 인간의 본성을 무시한 이상주의였음을 자백하는 것에 지나지 않는다.

마르크스주의의 또 하나의 잘못은 타락한 인간의 본성에서 나오는 모든 욕구를 인정하는 것이다. 인간의 모든 고통은 인간의 타락에서 비롯된 바, 욕구를 좌절시키는 자연환경의 전락과 부당한 욕구의 발생으로부터 나온다. 그런데 마르크스주의는 진화론에 근거해 있고, 따라서 인간의 타락 사건을 부정한다. 그러므로 마르크스주의에 있어서 자연환경의 제약은 본래부터 그러한 것이고, 부당한 욕구란 애당초 존재하지 않는 것이다. 따라서 마르크스주의에서 부당한 욕구의 억제를 강조하는 종교를 '아편'으로 간주하는 것은 그다지 이상한 일이 아니다. 마르크스주의에 의하면 종교는 프롤레타리아가 가진 욕구 충족의 열망을 억압하기 위해서 부르주아 계급이 만들어 낸 아편인 것이다.

10. 쾌락주의와 금욕주의

우리는 영지주의 사상을 통해서도 몇 가지의 통찰력을 얻을 수 있다. 영지주의의 근본적인 문제 의식도 '인간은 왜 고통스러운가' 하는 것이었다. 영지주의는 인간의 영혼이 저급한 물질인 육체에 갇혀 있기 때문에 고통스럽다고 생각한다. 따라서 영혼이 육체로부터 벗어나는 것이 곧 해탈이고 구원이라고 생각한다. 이처럼 영지주의의 주류는 육체가 요구하는 일은 모두 억압하고자 했다. 육체는 참된 '나'가 아니기 때문에 육체가 하고자 하는 대로 해서는 안 된다는 것이다. 힌두교의 극단적인 금욕주의 고행은 바로 이런 발상에서 나온 것이다.

한편 동일한 영지주의인데도 금욕주의와 정반대로 쾌락주의로 가는 경우도 있다. 그들도 역시 육체는 참된 '나'가 아니고 영혼만이 참된 '나'라고 주장한다. 그렇기 때문에 참된 '나'가 아닌 육체가 하는 일에 대해서는 관여하지 말고 내버려 두라고 주장한다. 이렇게 영지주의의 또 다른 분파는 육체가 하고 싶은 대로 하게끔 방치함으로써 극도로 방탕한 쾌락주의로 치닫게 되었다.

불교도 영지주의와 동일한 양상을 보인다. 불교의 정통파는 신비주의적 수행을 통해 육체의 욕구를 억제함으로써 고통의 문제를 해결하려고 한다. 한편 불교의 좌도파(左道派)는 욕구를 실현함으로써 고통을 해소하려고 했고, 결과적으로 쾌락주의적 방탕의 길로 갔다. 야사(野史)에 의하면 고려 말에 한 승려는 '욕구가 좌절되어서 번뇌가 생기는 것이라면 욕구를 다 채우면 번뇌가 없어질 것이 아닌가'라고 생각했다고 한다. 그는 음란한 마음이 일어나면 온갖 수단을 다 써서 여자를 유혹했는데 그가 죽은 후에 사리가 많이 나왔다고 하는 이야기도 있다. 이처럼 극단적인 금욕주의와 극단적인 쾌락주의는 영지주의라는 동전의 앞면과 뒷면이다.

극단적 금욕주의를 뒷받침하는 세계관은 사람들의 의식과 생활에 막대한 영향을 미친다. 예를 들어, 인도는 아마도 힌두교의 금욕주의 영향이 경제 발전을 막는 중요한 한 가지 요인이 되었을 것이다. 힌두교에서 이 세상은 마야, 즉 환상에 불과하며, 기껏해야 영혼이 해탈하기 위한 수도장(修道場) 이상의 의미를 갖기는 힘들다. 그런 세계관을 갖게 되면 이 세상을 잘 가꾸고 발전시켜서 잘 살고자 하는 관심이 점점 사라지게 되고, 따라서 개발에 대한 의욕도 일어나지 않는다. 또 이런 세계관을 가지면 역사에 대한 의식도 약해질 수밖에 없다. 역사는 환상의 역사에 불과하며 어떤 미래적 소망을 주기가 힘들다. 금욕주의적 신비주의가 항상 범신론이나 순환론과 필연적 관계를 갖는 것은 결코 이상한 일이 아니다.

성경은 고통에 대해서 어떻게 말하고 있는가? 성경은 극단적 금욕주의도, 극단적 쾌락주의도 추구하지 않는다. 인간의 타락으로 도덕적 능력이 전락하면서 비롯된 부당한 욕구는 억제되어야 하고 눌려야 한다. 한편 자연계의 전락에서 비롯된 바, 정당한 욕구를 좌절시키는 열악한 환경은 금욕의 대상이 아니다. 우리는 열악한 환경을 개발하고 발전시키면서 그것을 극복할 수 있다. 그러므로 기독교는 중도(中道) 노선이라고 볼 수 있다.

예수께서 다시 오시면 인간에게 고통을 가져다주는 요인들이 모두 다 회복될 것이다. 인간은 온전한 인식 능력을 갖게 되고 온전한 도덕적 능력을 갖게 되어서 부당한 욕구들이 없어지게 될 것이다. 전락된 자연계도 완전히 회복될 것이다. 적자생존과 약육강식의 질서는 끝나고 땅은 회복될 것이다. 열악한 자연환경도 없어지고 인간의 부당한 욕구도 없어지므로 당연히 고통은 사라지게 될 것이다. 에덴동산에서처럼 인간은 정당한 욕구만 갖게 될 것이고 자연환경도 인간의 정당한 욕구를 충분히 채워 줄 수 있을 만큼 풍족하게 회복될 것이다. 그곳이 바로 우리가 그리는 새 하늘과 새 땅, 새 예루살렘 성이다.

사망에 이르는가, 생명에 이르는가?

고통의 문제에 초점을 맞추는 세계관은 죄의 문제를 해결할 수 없고, 따라서 사망의 문제를 해결할 수 없다. 왜냐하면 죄의 대가는 사망이기 때문이다(롬 6:23). 이런 측면에서 세계관을 판단하는 또 한 가지 관점을 생각해 보자. 잠언 14장 12절을 보면 "어떤 길은 사람이 보기에 바르나 필경은 사망의 길이니라"고 전하고 있다. 사람이 보기에 옳게 보이기 위해서는 일반적으로 두 가지를 만족시켜 주어야 한다. 하나는 논리적으로 옳아 보여야 하고 또 하나는 도덕적으로 옳아 보여야 한다. 이런 관점에서 많은 세계관이 사람이 보기에는 옳아 보인다. 그러나 참 진리이기 위해서는 논리성과 도덕성을 만족시키는 것만으로는 부족하다. 논리성과 도덕성을 만족시키는 것은 다르게 말해서 인간의 이성과 상식을 만족시키는 것에 지나지 않는다. 진리는 인간의 이성과 상식을 넘어 있다는 것을 이미 지적했다.

1. 사람 보기에 바른 길

불교는 사람이 보기에는 바른 길로 보인다. 불교는 매우 철학적인 종교이고 논리적으로도 옳아 보인다. 철학적 사고의 훈련이 조금만 되어 있다면 불교는 누구든지 이해할 수 있다. 그뿐 아니라 불교는 도덕적으로도 매우 높은 기준을 제시한다. 그럼에도 불구하고 불교의 길은 필경 사망에 이르는 것이다. 왜 그런가? 죄의 문제를 해결할 수 없기 때문이다. 사람의 보기에 옳아 보이는 종교는 한마디로 말해 상식적인 종교다.

그런 관점에서 본다면 기독교는 오히려 상식적이지 않아 보인다. 논리적으로도 도덕적으로도 옳아 보이지 않을 수 있다. 동정녀 탄생, 죽은 자의 부활과 승천 등은 상식에 맞지 않는 것 같다. 가나안의 아말렉 족속을 남녀노소 할 것 없이 진멸하라고 명하는(삼상 15:3) 구약의 하나님은 도덕적이지 않은 것처럼 보인다. 복음서에 나타나는 예수의 태도는 때때로 매우 차갑고 독선적인 것처럼 보일 수도 있다. 인간의 상식과 눈으로 보면 기독교는 사람이 보기에 바른 길이 아닌 것처럼 보인다. 성경도 그것을 부정하지 않는다. 성경은 복음이 유대인에게는 거리끼는 것이요 이방인에게는 미련한 것이라고(고전 1:23) 말한다. 복음이 거리끼고 미련하게 보이는 것은 논리적으로 도덕적으로 상식에 맞지 않기 때문이다.

불교에서는 죄의 문제를 해결할 수 없다. 불교와 기독교의 차이를 단적으로 나타내 보여 주는 이야기가 있다. 불전(佛傳)에 나타나는 사건과 성경에 나타나는 사건은 매우 비슷한 배경을 가지고 있지만 전적으로 다른 길을 보여 준다. 석가모니가 사위성(舍衛城)의 기원정사(祇園精舍)에 있을 때 하루는 자신의 외아들이 죽은 과부가 찾아왔다. 그 과부는 석가모니에게 자기 아들을 살려 달라고 눈물로 애원했다. 그때 석가모니는 이렇게 말했다. "당신이 돌아다니면서 사람이 죽어 나가지 않은 집을 일곱 군데 찾아내어 쌀을 한 웅큼씩 얻어 오면 슬픔에서 벗어날 수 있을 것이다." 과부는 하루 종일 돌아다녔지만 사람이 죽어서 나가지 않은 집을 하나도 발견하지 못했다. 과부가 석가모니에게 다시 돌아왔을 때 아마도 설법이 시작되었을 것이다. "모든 사람은 태어나면 반드시 죽는 법이다." 얼마나 철학적인가! 과부는 이 집, 저 집 돌아다니면서 자신의 문제를 좀 객관적으로 보게 되었고 고조된 감정을 가라앉힐 수 있었을 것이다. 얼마나 지혜로운 가르침인가! 그러나 결국 석가모니는 과부의 죽은 외아들을 살리지는 못했다.

성경에 보면 예수께서 나인 성에 들어가시기 위해서 성문에 가까이 오셨을 때 사람들이 어떤 과부의 죽은 외아들을 메고 나왔다. 사람들이 그 과부와 함께 동행했고 그 과부는 슬피 울고 있었다. 예수는 과부를 보고 불쌍히 여겨 '울지 말라'고 하면서 그 아들을 살려서 어미에게 주었다(눅 7:11-15). 과부가 살려 달라고 부탁도 하지 않았는데 먼저 살려 주었으니 이 얼마나 경망스럽게 보이는가! 어차피 그 청년은 언젠가는 다시 죽을 터인데 살려 주었으니 얼마나 철학적이지 못하고 생각이 깊지 못한가! 그런데 결국 예수께서는 과부의 죽은 외아들을 살려 주셨다.

이것이 기독교와 불교의 차이다. 석가모니는 철학적이고 매우 지혜로운 자이지만 죄의 문제를 해결할 능력이 없다. 석가모니는 구세주가 아니기 때문에 죄의 문제를 해결할 수가 없고, 생명의 주가 아니기 때문에 죽은 자를 살릴 수 없었던 것이다. 예수는 철학적일 필요가 없었다. 인간적인 지혜를 사용할 필요가 없었다. 그는 죄의 문제를 해결하신 생명의 주이시기 때문이다.

2. 40년과 4분

한국 불교 조계종의 성철(性徹) 전(前)종정은 저명한 선승(禪僧)인데 1993년 11월 4일, 그가 죽었을 때 방송에서 연일 크게 보도할 정도였다. 그는 다음과 같은 '열반송'(涅槃頌)을 남기고 죽었다고 한다. "일생 동안 남녀 중생들을 많이 속였구나. 하늘에 두루 미치는 죄업이 수미산(須彌山)보다 높아서, 산채로 무간지옥(無間地獄)에 떨어지니 한이 만갈래나 되는구나. 둥근 수레바퀴 붉음을 토하여 푸른 산에 걸렸도다"(生平欺狂男女群 彌天罪業過

須彌 活陷阿鼻恨萬端 一輪吐紅掛碧山). 수미산은 서방정토(西方淨土) 극락(極樂)에 있는 가장 높은 산의 이름을 말한다. 무간지옥은 사이도 없는 지옥, 마치 무저갱과 비슷한 곳이다. 물론 불교에서는 이 열반송이 선과 악, 극락과 지옥의 상대성을 초월한 '공'(空)의 경지에서 말한 것이라고 주장한다.

성철 종정은 1987년도 석탄일 법어에서 "사탄이여 어서 오시옵소서. 나는 당신을 존경하며 예배합니다. 당신은 본래 거룩한 부처입니다"라고 말한 적이 있다. 이것 역시 선과 악, 하나님과 사탄이라는 대립의 경지를 넘어서 '공'이라는 상대성의 경지에서 한 말이라는 것이다. 불교의 '공' 사상은 물리적 세계에서 적용되는 상대성을 모든 영역에 확대 적용하는 비약을 함으로써 도덕적 상대주의로 빠진다. 물리적 세계에서나 적용되는 부분적인 진리를 가지고 전체적인 비진리로 이끌고 간다. 그러나 성경은 교묘한 철학으로 무장한 도덕적 상대주의에 대해 엄히 경계하고 있다. "악을 선하다 하며 선을 악하다 하며 흑암으로 광명을 삼으며 광명으로 흑암을 삼으며 쓴 것으로 단 것을 삼으며 단 것으로 쓴 것을 삼는 그들은 화 있을진저 스스로 지혜롭다 하며 스스로 명철하다 하는 그들은 화 있을진저"(사 5:20-21).

불교의 상대주의는 고상한 공의 철학으로 무장하고 있다. 그들의 논리는 너무나 지혜롭고 명철하게 보인다. 그 논리를 따라가다 보면 선이 악이 되고 악이 선이 되어 버린다. 그러나 성경은 말한다. 선은 선이고 악은 악이다. 천국은 천국이고 지옥은 지옥이다. 죄는 죄고 의는 의다. 하나님은 하나님이시고 사탄은 사탄이다. 영생은 영생이고 사망은 사망이다. 이것을 뒤집는 말장난을 하는 자는 화가 있을 것이라고 말한다.

불교에서는 생(生)과 사(死)는 서로 분별되거나 대립된 것이 아니며, 공

(空)의 상대성의 경지에서 그 대립과 분별을 뛰어넘는다고 주장한다. 이 고상한 철학은 인간으로 하여금 죽음의 문제를 심각하게 직면하지 못하게 하고, 그 결과 죄의 문제를 은폐시켜 버린다. 왜냐하면 죄는 죽음의 원인이기 때문이다. 동시에 생의 가치를 죽음과 동일하게 떨어뜨림으로써 영생의 깊은 의미를 보지 못하게 한다. 도덕에 있어서도 절대적인 선은 없어지고 상대적인 선만 있게 된다. 죄도 절대적인 죄는 없고 상대적인 죄만 있게 된다. 이런 윤리적 상대주의는 인간이 죄의 문제에 직면하는 것을 방해한다.

사실 생각해 보면, 산속에 사는 선승은 아마도 우리보다 죄를 많이 짓지 않았을지도 모른다. 그는 산속에 앉아서 벽만 쳐다보고 수도하고, 잠도 자지 않고, 평생 누더기만 입고 산 사람이다. 그의 마음은 이런 금욕적인 수행을 통해서 매우 깨끗해졌을 것이다. 그러나 그는 오랜 세월 동안의 금욕적인 수행과 인간의 마음에 대한 깊은 성찰을 통해서도 근본적으로 제거할 수 없는 깊은 죄성, 즉 원초적인 교만과 원초적 이기심이 있다는 것을 죽기 전에 발견했을지도 모른다.

인간이 모든 명상의 수행과 금욕주의적 고행을 한다고 해도 도달할 수 있는 진리는 이른바 사영리(四靈理) 중에 제2영리, 즉 '모든 사람은 죄를 범하여서 하나님의 영광에 이르지 못한다'는 사실이다. 우리는 4분도 채 안걸려서 사영리를 듣고, 복음을 이해하고, 예수 그리스도를 영접하고, 죄의 문제를 완전히 해결받는다! 그런데 이처럼 복음이 너무 간단하고 값없이 주어지니까 오히려 사람들은 받아들이기 힘들어하는 것 같다. 왜 어떤 사람은 40년을 수도해도 2영리까지만 도달하고, 어떤 사람은 4분 안에 4영리를 다 깨닫는가? 복음은 비밀이기 때문이다. 비밀은 아무리 금욕하고 머리를 쥐어짠다고 해도 저절로 알게 되는 것이 아니다. 비밀은 가르쳐 주어야 아는 것이다. 계시를 통해서만 알게 되는 것이다. 아무리 뛰어난 사람이라도 자기 상식과 이성에 의지해서는 제2영리 이상으로 갈 수 없다. 그러므로 성경은 말한다. "하나님의 지혜에 있어서는 이 세상이 자기 지혜로 하나님을 알지 못하므로 하나님께서 전도의 미련한 것으로 믿는 자들을 구원하시기를 기뻐하셨도다"(고전 1:21).

많은 길이 사람이 보기에 옳아 보인다. 이런 길들이 논리적으로도 옳아 보이고 도덕적으로도 옳아 보이지만 필경 사망에 이르는 것은 죄의 문제를 해결할 수 없기 때문이다. 복음의 능력은 죄의 문제를 해결할 수 있는 능력이며 마음의 주인 자리를 바꿀 수 있는 능력이다. 오직 십자가의 능력으로만 우리는 주인의 자리에서 내려오고 하나님과의 진정한 화목을 이룰 수 있다.

토의 및 정리 문제

1. 불교의 문제의식과 기독교의 문제의식은 어떻게 다른가? 그 결과는 어떻게 나타나는가?
2. 성경은 고통의 원인과 의미를 어떻게 설명하고 있나? 성경적으로 봤을 때 고통의 문제는 언제 어떻게 해결될 수 있는가?
3. 고통에 초점을 맞추는 세계관들에는 어떤 것이 있는가? 이들 세계관들은 고통의 원인과 해결책을 어떻게 제시하고 있는가?
4. 타락한 인간이 죄를 은폐하는 양상은 어떤 식으로 나타나는가? 일상 생활과 세계관 등에서 예를 들어 보라.

5. 쾌락과 금욕에 대한 성경적 관점은 무엇인가? 다른 세계관과 비교해서 설명해 보라.

6. 옳아 보이지만 결국은 사망에 이르는 세계관의 특징은 무엇인가? 결국 사망에 이르는 이유는 무엇인가?

7장 | 바알 신앙의 특징과 전형

현세주의적 물질주의

1. 풍요와 다산

바알 신앙의 특징은 '풍요'(豊饒)와 '다산'(多産)이라고 하는 현세주의적 물질주의 축복관에 있다. 바알 신앙의 아이디어는 매우 단순한 데서 출발한다. 주로 태양신이나 비의 신으로 나타나는 남신(男神)과 대지를 상징하는 여신(女神)이 결합함으로써 풍요와 다산을 가져다준다는 것이다. 이런 생각은 태양과 비가 땅에 잘 내렸을 때 곡식의 풍요와 다산을 가져다준다는 자연주의적 사고의 발로라고 할 수 있다. 바알 신앙은 풍요와 다산이라는 현세적 복을 위한 신들의 성적 결합을 재현하기 위해서 신전 창녀 제도를 도입하고 있다. 즉 바알 신전(神殿)에는 창녀가 있다. 이 신전 창녀는 여자 사제로서 대우받으며 신전에서 성행위를 함으로써 남신과 여신의 결합을 상징적으로 재현한다. 바알 신앙에서는 이런 상징적 의례를 통해서 신이 풍요와 다산을 가져다준다고 믿는다. 이런 바알 신앙의 모습은 중근동뿐 아니라 인도 등지에서도 나타난다.

인도의 신들을 보면 남자 신이 있으면 대개 그 신의 파트너인 여신이 있다. 힌두교 사원에는 신들의 결합을 상징하는 적나라한 남녀 교합상이 있다. 사람들은 이런 조각이나 그림들을 어색하게 생각하지 않고 오히려 신성한 것으로 바라본다. 바알 신앙에서 성(性)은 현세적 복의 중요한 매개일 뿐 아니라 신비주의적 초월의 매개이기도 하다. '성(性)을 통한 초월'이라는 바알 신비주의는 탄트리즘이라는 이름으로 나타났는데, 오늘날 한국 사회에서도 인기를 얻고 있는 라즈니쉬 사상은 현대화된 탄트리즘에 불과하다. 중국의 도교의 한 수행법인 방중술(房中術)도 성행위를 통한 영생을 추구한다. 방중술에서는 성행위를 통해서 기를 축적함으로써 영원히 죽지 않는 신선이 될 수 있다고 주장한다. 이것도 바알 신비주의의 전형이라고 할 수 있다. 오늘날 현대에는 뉴에이지 운동을 통해서 바알 신비주의가 다시 성행하고 있고 세계적으로 확산되고 있다. 바알 신앙은 아직도 끝나지 않은 것이다.

풍요와 다산은 현대 물질만능주의(mammonism)에서도 '돈'과 '성'의 결합으로 나타난다. '풍요로운' 삶을 자극하는 현대 물질만능주의의 선구자인 광고는 섹스어필(sex-appeal)의 기법을 통해서 더욱 큰 효과를 얻는다. 오늘날 자본주의 사회의 광고를 보면 '풍요와 다산'의 신앙이 그대로 반영되어 나타난다. 현실적인 풍요를 자꾸 자극함으로써 소비자들에게 집에서 잘 쓰고 있는 멀쩡한 냉장고도 내다 버리고 새로운 모델로 바꾸게 한다. 만약 그렇게 하지 못하는 사람은 뭔가 비참한 기분을 느끼게 만든다. 다산은 성

(性)과 관계가 있는데, 많은 광고 매체가 성적인 자극을 주는 기법을 통해서 상품을 선전한다. 이런 기법의 광고는 그렇지 않은 광고보다 잘 먹혀들어 간다. 이처럼 바알주의는 언제나 성과 돈이 결합되어 있으며 오늘날에도 바알 선지자들은 반드시 돈이 아니면 성 문제로 타락하게 되어 있다.

2. 죄 문제를 다루지 않음

바알 신앙은 풍요와 다산의 축복만을 말하고 죄를 지적하지 않는다. 바알 신앙은 죄의 문제를 은폐함으로써 '깨달음'의 철학, 즉 바알 신비주의로 나아간다. 바알 신앙에서 현세적 기복주의와 신비주의는 동전의 양면과 같다. 전자가 세속적 인본주의라면 후자는 우주적 인본주의다(Groothuis, 56-57). 이 둘의 공통점은 '죄'의 문제보다는 '고통'의 문제에 초점을 맞추어서, 쾌락을 극대화하고 고통을 극소화하는 것을 추구한다는 데 있다. 기복주의가 신의 힘을 현실에 끌어들여서 '고통을 제거'하고자 한다면 신비주의는 신과의 합일을 통해서 '고통을 제거'하고자 하는 점이 다를 뿐이다. 문제의식의 '고통'에 출발점을 두는 세계관은 바알 신앙이다. 바알 신앙의 특징은 '풍요'와 '다산'이라고 하는 현세적 복을 추구하는 기복성에 있다. 고통이란 현세적 복의 결여에서 야기된 것이며 따라서 고통 제거는 바알 신앙의 목적이 될 수밖에 없다.

오늘날 교회에 침투한 바알 신앙, 즉 물질만능주의는 심각하다. 교회가 죄를 지적하지 않고 현세적 축복만을 말함으로 성도들은 진정한 구속의 감격을 누리지 못한다. 참된 축복은 죄 사함 받는 기쁨을 누리는 것이다. "허물의 사함을 받고 자신의 죄가 가려진 자는 복이 있도다"(시 32:1). 죄가 우리 자신의 교만으로 가리워질 때 그것은 저주다. 죄는 오직 예수 그리스도의 의로 인해 가리워져야 한다. 교회는 예수 그리스도의 의에 의해서 죄가 가리워지는 죄 사함의 기쁨을 계속해서 맛보는 곳이 되어야 한다. 죄가 드러나지 않은 곳에 참된 구속의 감격이 있을 수 없다. 교회에서는 죄가 드러나서 죄를 자복하고 죄 사함을 받는 참된 기쁨과 복을 누려야 한다. 교회에서 죄가 드러나지 않고 죄를 자복하지도 않았는데도 축복을 약속받으면 귀는 즐거울지 모르지만 우리의 영혼은 여전히 죄책감에 눌려 참된 기쁨을 회복하지 못하게 된다. 죄책감에 눌려 있는 상태에서 현세적 복을 약속받으면 영적인 카타르시스를 체험하지 못하고 영적으로 찝찝한 상태에 머무를 수밖에 없다.

 죄 사함 없는 현세적 축복은 우리의 영혼에 참된 기쁨을 주지 못한다. 많은 목회자가 죄를 지적하면 교인들이 떠나기 때문에 죄를 지적하지 못하고 위로와 축복만을 말한다고 한다. 그러나 교인들이 떠나는 이유는 단순히 죄가 드러났기 때문이 아니다. 죄가 드러나기만 했지 죄 사함의 기쁨으로 채움 받지 못했기 때문이다. 목회자가 사랑 가운데 말씀으로 죄를 드러내고 예수의 보혈로 감싸 주는 것이 아니라, 단지 육신적으로 치는 설교를 하기 때문이다. 목회자 자신도 거룩한 삶을 살지 못하면서, 책망하고 치는 설교로 자기가 하고 싶은 말만 하니까 교인들이 떠나는 것이다. 목회자의 설교 속에서 사랑으로 충만한 아버지 하나님이 애타게 나무라는 음성을 듣지 못하고 혈기에 찬 사람의 책망만 들리기 때문에 싫어지는 것이다. 오늘날 목회자들 중에는 양극단을 달리는 사람들이 있다. 어떤 목회자는 책망만 하고 어떤 목회자는 위로와 축복만 말한다. 책망과 위로 모두 사랑에 근거해야 한다. 죄 사함의 위로와 기쁨이 없는 책망은 치는 것에 불과하고, 죄에 대한 책망 없는 위로와 축복은 비위 맞추기에 불과하다. 두 가지 모두 인본주의적 태도다.

오늘날 가슴 아픈 것은 교회가 세상의 죄를 책망하는 것이 아니라(요 16:8) 오히려 세상이 교회 타락을 책망하는 꼴이 되었다는 것이다. 성령은 죄를 깨닫게 하고, 죄를 책망하시며, 구속의 은혜를 새롭게 깨닫게 하시는 주권적 하나님이다. 그런데 바알 신앙인들은 성령을 현세적 축복을 가져다주는 '전능한 종'으로 간주하고 있다. 알라딘의 마술 램프의 요정처럼 비비기만 하면 나타나서 모든 요구를 다 들어주어야 하는 존재인 것으로 착각하고 있다. 복음 전파와 하나님의 영광을 위해서 성령의 능력이 요구되는 것이 아니라, 오직 현세적 문제의 해결, 이를테면 질병의 치유, 사업의 성공, '자기 교회'만의 양적 팽창의 도구로 요구되고 있다. 바알 신앙의 현세주의적 축복관은 성공주의, 양적 팽창 제일주의, 결과 우선주의, 개교회주의, 대교회주의를 싹 틔운 온상이 되었다. 오늘날 풍요와 다산이야말로 많은 목회자에게 있어서 궁극적 목표가 되어 버린 것 같다.

기계적 관계, 기계적 신앙

1. 자동 판매기 신앙

바알 신앙의 특징은 기복성에 있다고 할 수 있다. 기복 신앙에 무의식적으로 전제된 것은 기계적 관계다. 즉 기복 신앙은 신과 어떤 기계적인 관계를 맺고 기계적 행위를 함으로써 현세적인 가치를 추구할 수 있다고 생각한다. 바알 신앙에서는 풍요와 다산의 현세적 축복들이 기계적 관계와 행위를 통해서 주어진다고 믿는 것이다. 기계는 사람의 영적, 도덕적 상태와 상관없이 작용하는 것이다. 기계적 신앙이란 자신의 영적, 도덕적 상태와는 상관없이 많은 기도, 혹은 많은 헌금 등을 투입(input)했을 때 그에 상응하는 세상적 복을 기계적으로 산출(output)해 낼 수 있다고 하는 생각이다.

예를 들어, 자동 판매기라는 기계를 생각해 보자. 자판기는 고객의 영적, 도덕적인 상태에 상관하지 않는다. 자판기는 사악하고 불경건한 나쁜 사람이 동전을 넣었다고 해서 거부하지 않는다. 자판기는 누구든지 돈을 많이 넣는 사람에게는 내용물을 많이 주고 적게 넣는 사람에게는 적게 준다. 왜 자판기는 영적, 도덕적 상태를 따지지 않고 기계적으로 반응하는가? 기계이기 때문이다. 그러나 만일 자판기가 아니고 사람이 장사를 하고 있을 때 원수가 물건을 사러 오면 아마도 결코 팔지 않을 것이다. "내가 장사를 안 했으면 안 했지 너한테는 안 판다"고 고함칠 것이다. 왜냐하면 사람은 인격적인 존재이기 때문이다. 자판기 신앙이란 자신의 영적, 도덕적 상태와는 상관없이 종교적 행위를 집어넣으면 집어넣은 만큼 나와야 한다고 생각하는 신앙 형태다.

오늘날 자판기 신앙이 교회 안에 팽배하다. 어떤 사람들은 불평으로 소리친다. "내가 주일 예배도 꼬박꼬박 나오고 수요 예배, 금요 기도회, 새벽 기도회, 교회 학교 교사, 성가대, 온갖 수련회에도 다 참석했습니다. 십일조는 물론 감사 헌금, 헌물도 이렇게 많이 했습니다. 그런데 하나님 도대체 이럴 수가 있습니까?" 이것을 다르게 표현하면 "내가 이렇게 많이 집어넣었는데 나온 내용물이 이게 뭡니까?" 라는 말이다. 마치 자신이 하나님께

선심을 썼는데 그럴 수 있냐는 것이다. 그렇게 치성(致誠)을 드렸는데 왜 상황이 더 나빠졌냐는 것이다. 하나님이 내놓지 않으면 안 될 정도로 자신이 많이 투자해 놓았다고 생각하고 있는 것이다. 그러나 하나님은 우리가 선심을 베풀지 않아도 그 위엄과 영광에 손상받지 않으신다.

우리가 설사 새벽 기도와 금요 철야에 한 번도 빠지지 않고, 모든 공 예배에 다 참석하고, 교회에서 하는 모든 행사에 다 참여한다 해도 하나님과 무관할 수 있다. 하나님과 인격적으로 관계하지 않는다면 이 모든 열심이 모두 무당의 치성 행위에 지나지 않는다. 매일 하나님의 말씀에 비추어서 자신을 쳐서 복종시키고, 영적으로 도덕적으로 하나님과 올바른 관계를 맺지 않는다면, 매일 철야 기도를 하고 매일 새벽 기도를 하고 모든 공 예배에 다 참여한다 할지라도 그것은 아무것도 아니다. 하나님께 드린 것이 특권이고 은혜라고 생각해야 되는데 하나님에게 선심을 베푼 것이라고 생각하는 이상 바알 신앙에서 벗어날 수 없다.

바알 신앙의 치성도 외관상으로는 굉장한 열심이 있다. 한겨울에도 얼음을 깨서 목욕재계하고 치성을 드린다. 그러나 본질적으로 바알 신앙의 치성은 '받아 내기' 위해서 드리는 것이다. 많이, 확실히 받아 내기 위해서 그렇게 정성을 드리고 열심을 내는 것이다. 즉 이기적 동기를 바탕으로 열심이 나오는 것이다. 우리는 신앙생활에 있어서 열심을 내어야 한다. 그러나 여호와 신앙의 열심은 받아 내기 위해서가 아니라 이미 받았기 때문에 내는 열심이다. 하나님께 받은 은혜가 너무나 크고 감격스러워서 열심을 내는 것이다. 바알 신앙은 구원받기 위해서 두려움으로 헌신한다. 그러나 여호와 신앙은 구원받았기 때문에 감격함으로 헌신한다.

기복 신앙에 있어 '치성'(致誠)은 자신의 영적, 도덕적 태도의 변화 없이

신의 힘을 끌어낼 수 있는 투입량 증가를 말한다. 즉 치성이란 어떤 방법으로 충분한 양의 정성을 신에게 바치면 신은 그 사람의 영적, 도덕적 변화를 요구하지 않고 기계적으로 반드시 복을 내려 주게 되어 있다는 것이다. 기복 신앙의 치성은 신을 달래거나 조종함으로써 신의 힘을 끌어낼 수 있다는 전제 위에 있다. 치성의 논리는 '주고받기'(give & take)의 논리다. 기복 신앙, 정령 숭배 신앙, 샤머니즘의 본질은 신과의 거래, 즉 '주고받기'에 있다. 교회 안에도 하나님과 거래하려는 사람이 많다. 그들은 자신의 영적, 도덕적 변화 없이 무엇을 드림으로, 그 반대급부로 무엇을 받아 내겠다는 것이다. 이것은 상업적 신앙 태도다.

여호와 신앙의 특징은 계산적이고 기계적인 주고받기가 아니라 '은혜'다. 성경에서 이것을 잘 보여 주는 것이 마태복음 20장의 포도원 품꾼의 비유다. 바알 신앙의 방식대로 하자면 아침에 온 품꾼은 많이 받고 제 십일 시에 와서 한 시간만 일한 품꾼은 적게 받아야 한다. 그러나 주인은 일한 양과는 상관없이 모든 품꾼에게 동일하게 한 데나리온씩 주었다. 바알 신앙인에게는 투입량이 다른데 산출량이 동일한 것은 견딜 수 없이 불공평한 일이다. 그러나 '은혜'가 무엇인지 아는 여호와 신앙인은 기계적인 투입량과 산출량의 일치를 공의로 생각하지 않는다.

2. 현세적 복을 받는 올바른 순서

바알 신앙의 특징이 현세적 복을 추구한다고 해서, 여호와 하나님이 현세적 복을 주실 수 없는 분이라고 생각해서는 안 된다. 여호와 하나님은 모든 생사화복을 주관하신다. 아브라함도, 이삭도, 야곱도, 요셉도, 다니엘도, 느헤미야도 현세적 복을 받았다. 그러나 바알 신앙과 여호와 신앙은 현세적 복을 받는 순서가 다르다. 바알 신앙에서 신앙의 목적은 현세적 축복이며 하나님의 영광은 그 결과일 뿐이다. 바알 신앙인들은 이렇게 말한다. "하나님, 저에게 물질의 축복을 주셔야 하나님께 영광이 됩니다." 그러나 여호와 신앙에서는 하나님의 영광이 신앙의 목적이고 현세적 축복은 그 결과다. 그래서 먼저 하나님의 영광을 추구하면 그 결과로써 현세적 축복도 받게 되는 것이다. 하나님은 목적과 결과의 순서가 바로잡혀 있을 때 현세적으로도 크게 축복하신다.

	여호와 신앙	바알 신앙
결과	현세적 복	영광
목적	영광	현세적 복

〈표19〉 여호와 신앙과 바알 신앙의 차이

어떤 사람들은 반문하기를, "불신자들도 현세적으로 축복받아서 잘 되는 경우도 많지 않느냐"고 따진다. 성경은 이에 대하여 죄인과 악인의 형통을 부러워하지 말라고 말한다(잠 23:17, 24:1, 19). 죄인이나 악인도 형통할 수 있다. 왜냐하면 그들은 하나님의 자녀가 아니기 때문에 하나님이 간여치 아니하시고 내버려 두셨기(롬 1:24, 28) 때문이다. 그 결과 죄인과 악인들은 마귀의 도움으로 형통할 수도 있다. 그러나 하나님의 자녀에게 이 순서가 잘못되었을 때 하나님은 가만히 내버려 두시지 않는다. 순서를 바로 잡을 때까지 끈질기게 간여하실 것이다. 어리고 미성숙한 신자들이 잘못된 순서를 가지고 있을 때에 하나님은 그들을 격려하시기 위해서 약간의 현세적 축복은 허락하실지도 모른다. 그러나 하나님을 믿는 자는 이 순서가 잘못되었을 때 현세적으로 크게 축복받을 것을 기대해서는 안 된다. 왜냐하면 이 순서가 잘못된 사람은 현세적 복을 받았을 때 반드시 교만해져서 하나님을 잊어버리기 때문이다(신 8:13-14). 그렇다면 순서가 바로 된 모든 사람이 현세적 복을 받는가? 만일 어떤 사람이 이 땅에서 짧은 인생 동안 받는 현세적 복을 귀한 것으로 여기지 않고 영원한 하늘에서 받을 상급을 귀하게 여겨서 하나님께 자기의 삶을 전적으로 드려서 헌신했다면 그는 현세적 복을 받지 못할 수도 있다. 그것은 하나님이 주시지 않아서가 아니라 그가 현세적 복을 스스로 포기했기 때문이다.

여호와 신앙의 목적은 "먼저 그의 나라와 그의 의를 구하는"(마 6:33) 것이다. 그 결과로 "이 모든 것을 너희에게 더하시리라"(마 6:33)는 것이다. "이 모든 것"은 현세적인 필요와 복들이다. 이 말씀을 하시기 전에 예수께서는 "너희가 하나님과 재물을 겸하여 섬기지 못하느니라"(마 6:24)고 말씀하셨다. 여호와 신앙과 물질만능주의적 바알 신앙이 병존할 수 없다는 것을 분명히 하셨다. "그러므로 염려하여 이르기를 무엇을 먹을까 무엇을 마실까 무엇을 입을까 하지 말라 이는 다 이방인들이 구하는 것이라 너희 하늘 아버지께서 이 모든 것이 너희에게 있어야 할 줄을 아시느니라"(마 6:31-32). 이 말씀은 이방인, 즉 바알 신앙인들이 추구하는 현세적 복을 잘 말해 주고 있다. '먹고, 마시고, 입는 것'에다가 축복하면 잘 먹고, 잘 입고, 잘 사는 것, 즉 풍요와 다산이며, 이것을 요즘 말로 표현하면 한 달 수입과 아파트 평수다. 하나님은 이런 물질들이 우리에게 필요하다는 것을 누구보다도 잘 알고 계신다. 그런데 물질만능주의, 바알 신앙은 이런 물질의 추구를 목적으로 삼기 때문에 문제가 된다. 여호와 하나님은 우리가 하나님의 영광을 추구할 때 물질, 현세적 복 등을 주실 것이라고 약속하고 계신다. 그러나 하나님은 먼저 우리가 순서를 바로잡기 원하신다.

신앙의 올바른 순서를 가짐으로써 현세적 복도 받은 대표적인 경우가 솔로몬 왕이다. 일천 번제를 드린 후 하나님이 소원을 물었을 때 솔로몬은 자기를 위해 장수(長壽)도 구하지 않았고 부(富)도 구하지 않았다(왕상 3:11). 솔로몬은 바알 신앙의 현세적 복을 구하지 않았다. 그는 하나님의 영광을 위해서 백성을 잘 다스릴 수 있는 지혜를 구했다. 그 결과 하나님은 지혜를 주었을 뿐 아니라 그가 "구하지 아니한 부귀와 영광도"(왕상 3:13) 주셨다.

요한삼서 1장 2절은 여호와 신앙에서 복 받는 올바른 순서를 잘 보여 주고 있다. "사랑하는 자여 네 영혼이 잘됨같이 네가 범사에 잘되고 강건하기를 내가 간구하노라." 여기서 말하고자 하는 것은 신앙 성장, 만사형통, 건강이라는 동일한 차원의 세 가지 가치를 동시에 추구해야 한다는 의미가 아니다. "영혼이 잘 되었을 때", 즉 하나님과 영적, 도덕적으로 올바른 관계를 맺고 있을 때 하나님께서 "이 모든 것"을 더하시기를 간구하는 것이다.

3. 광야 시험과 바알 신앙의 유혹

예수께서는 이스라엘 백성이 광야에서 겪었던 40년 간의 시험을 40일로 단축하여 겪으셨다. 그분이 욕심도 죄도 없으셨지만 광야에서 굶주리신 가운데 시험받으신 것은 여호와 신앙을 가지기 위해서 모든 사람이 반드시 겪어야 할 시험과 훈련의 내용을 보여 주시기 위함이다. 예수께서 받으신 시험은 전형적인 바알 신앙의 유혹이었다.

첫 번째 시험은 '떡의 시험'이었다. 마귀는 "네가 만일 하나님의 아들이 어든 이 돌들에게 명하여 떡이 되게 하라"고 유혹했다(눅 4:3). 마귀는 예수께서 가장 주리셨을 때(눅 4:2) 이렇게 떡으로 유혹했다. 우리는 떡의 시험을 이기지 않고서 여호와 신앙에 굳게 설 수 없다. 예수께서는 신명기 말씀으로 이 시험을 통과하셨다. 신명기는 이스라엘 백성들이 광야에서 40년 동안 훈련받은 것은 바로 물질만능주의 바알 신앙의 뿌리를 뽑기 위한 것이었음을 말해 주고 있다. 오늘 먹을 만나 외에는 줍지 않는 훈련을 40년 동안 한 것은 오직 내일 먹을 것을 염려하지 않는 훈련이었다. 그것은 하나님의 말씀을 순종하여 하나님의 영광을 추구할 때 하나님께서 먹고 입는 것을 책임지신다는 하나님에 대한 믿음의 훈련이었다.

신명기는 이것을 이렇게 요약하고 있다. "네 하나님 여호와께서 이 사십 년 동안에 네게 광야 길을 걷게 하신 것을 기억하라 이는 너를 낮추시며 너를 시험하사 네 마음이 어떠한지 그 명령을 지키는지 지키지 않는지 알려 하심이라 너를 낮추시며 너로 주리게 하시며 또 너도 알지 못하며 네 조상들도 알지 못하던 만나를 네게 먹이신 것은 사람이 떡으로만 사는 것이 아니요 여호와의 입에서 나오는 모든 말씀으로 사는 줄을 네가 알게 하려 하심이라 이 사십 년 동안에 네 의복이 헤어지지 아니하였고 네 발이 부르트지 아니하였느니라"(신 8:2-4).

광야에서의 두 번째 시험은 '권력욕과 명예욕의 시험'이었다. 마귀는 천하만국을 보여 주면서(눅 4:5) "이 모든 권위와 그 영광을 내가 네게 주리라 이것은 내게 넘겨 준 것이므로 내가 원하는 자에게 주노라 그러므로 네가 만일 내게 절하면 다 네 것이 되리라"고 유혹했다(눅 4:6-7). 이 시험은 떡의 시험보다 좀 더 높은 수준의 시험이다. 바알 신앙은 언제나 세상적 권력과 자기 영광을 추구한다. 바알 신앙은 능력 종교이며 권력 종교여서 힘(power)을 숭배한다. 권력은 의존성에서 발생하는데, 의존하지 않으면 권력이 발생하지 않는다. 자신이 통제(control)하고 조종(manipulation)할 수 있는 범위까지가 자기 권력이다. 인간은 하나님이 주신 '다스림'의 사명(창 1:28)을 왜곡하고 자기 영광을 위해 권력을 추구하는 존재로 전락했다. 바알 신앙은 권력과 영광을 미끼로 하여 다른 사람을 자기 통제 아래에 두고 지배하려고 한다. 오늘날 교회 안에 침투한 바알 사제들도 권력과 영광을 쟁취하기 위해서 수단과 방법을 가리지 않는다. 바알 신앙의 지도자들은 언제나 권력을 휘두르며 군림하려고 하며 자기의 영광을 추구한다. 그러나 여호와 신앙의 지도자들은 권력을 휘두르거나 자기의 영광을 추구하지 않고 예수처럼 종으로 섬기고 하나님께 모든 영광을 돌린다. 예수께서는 십자가의 무력(無力)함을 통해서 세상적 권력들의 본질을 폭로하신다(골 2:15). 여호와 신앙은 언제나 하나님의 권위와 능력에 의지하며 하나님의 영광만을 추구한다. 권력욕과 명예욕은 탐심의 극치다. 그리고 탐심은 우상 숭배다(골 3:5).

세 번째 시험은 '하나님을 조종하려는 시험'이었다. 바알 신앙의 특징은 신을 조종하고 부려서 자기가 원하는 대로 하고자 하는 것이다. 자기 권위나 능력을 증명하기 위한 수단으로서 신의 능력을 끌어들이는 것이다. 마귀는 예수를 성전 꼭대기에 세우고 "네가 만일 하나님의 아들이어든 여기서 뛰어내리라"고 말한다(눅 4:9). 하나님의 아들이라는 것을 증명해 보이라는 것이다. 하나님의 영광을 위해서, 하나님을 증명해 보이기 위해서 뛰어내린다면 그것은 하나님을 시험하는 것이 아니다. 기드온이 양털의 표적을 구한 것은 하나님을 시험한 것이 아니다. 왜냐하면 기드온은 자기를 증명해 보이거나 자기의 영광을 드러내기 위해서 기적을 구했던 것이 아니라 하나님의 뜻을 분명히 알고 확신을 갖기 위해서였기 때문이다. 하나님을 시험했느냐 안 했느냐의 기준은 기적을 구했느냐에 달려 있는 것이 아니라 어떤 동기로 구했느냐에 달려 있다.

교회 안에 침투한 바알 사제들은 하나님을 증명하고 하나님의 영광을 드러내기 위해서가 아니라 자기를 증명하고 자기의 영광을 위해서 하나님을 조종하려고 한다. 그들은 자기가 손가락 하나만 움직여도 하나님이 놀라운 능력을 베풀게 되어 있다는 듯이 말한다. 그들이 은사와 축복이 자기에게서 나오는 것인 양 과장하는 것은 자기가 '능력의 사자'임을 입증하기 위해서다. 세 번째 시험은 바알 신앙의 시험 중 가장 높은 단계의 시험이며, 하나님의 은혜를 크게 누리고 하나님이 쓰시는 사람일수록 조심해야 할 시험이다.

4. 여호와 신앙에서의 복

바알 신앙의 복이 현세적이고 물질적인 것이라면 여호와 신앙에 있어서 복은 영적, 도덕적 상태, 즉 하나님과의 올바른 관계라고 할 수 있다. 시편에서 말하는 복 있는 사람은 "악인들의 꾀를 따르지 아니하며 죄인들의 길에 서지 아니하며 오만한 자들의 자리에 앉지 아니하고 오직 여호와의 율법을 즐거워하여 그의 율법을 주야로 묵상하는 자"(시 1:1-2)이며, "여호와께 피하는 자"(시 2:12)이며, "허물의 사함을 받고 자신의 죄가 가려진 자는 복이 있는 자"(시 32:1)이며, "마음에 간사함이 없고 여호와께 정죄를 당하지 아니하는 자"(시 32:2)다. "여호와를 자기 하나님으로 삼은 나라 곧 하나님의 기업으로 선택된 백성"(시 33:12), "여호와를 의지하고 교만한 자와 거짓에 치우치는 자를 돌아보지 아니하는 자"(시 40:4), "가난한 자를 보살피는 자"(시 41:1), "주께 힘을 얻고 그 마음에 시온의 대로가 있는 자"(시 84:5), "주로부터 징벌을 받으며 주의 법으로 교훈하심을 받는 자"(시 94:12), "정의를 지키는 자들과 항상 공의를 행하는 자"(시 106:3), "여호와를 경외하며 그의 계명을 크게 즐거워하는 자"(시 112:1), "여호와의 이름으로 오는 자"(시 118:26), "행위가 온전하여 여호와의 율법을 따라 행하는 자…… 여호와의 증거들을 지키고 전심으로 여호와를 구하는 자"(시 119:1-2)는 복이 있는 사람이다.

신약의 산상 수훈에 나타나는 복도 시편에서 말하는 복의 관념과 다르지 않다. 심령이 가난한 자, 애통하는 자, 온유한 자, 의에 주리고 목마른 자, 긍휼히 여기는 자, 마음이 청결한 자, 화평하게 하는 자, 의를 위하여 박해를 받는 자는 복이 있다(마 5:3-10).

바알 신앙의 복과 여호와 신앙의 복은 얼마나 다른가! 이처럼 여호와 신앙에서는 올바른 영적, 도덕적 상태가 복이고 하나님과 올바른 관계를 맺고 있는 것이 복이다. 우리가 영적, 도덕적으로 올바르고 하나님과 바른 관계를 맺고 있을 때는 우리가 애쓰지 않아도 우리의 말과 행위와 삶을 통해서 하나님의 영광이 나타난다. 그러므로 예수께서는 "너희 빛이 사람 앞에 비치게 하여 그들로 너희 착한 행실을 보고 하늘에 계신 너희 아버지께 영광을 돌리게 하라"(마 5:16)고 말씀하신다. 초대 교회 성도들은 영적, 도덕적으로 올바른 상태였고 하나님과 올바른 관계를 맺고 있었기 때문에 온 백성에게 칭송을 받았고 이로 인하여 구원받는 사람들이 늘어갔다(행 2:47). 이처럼 영적, 도덕적으로 올바른 상태, 하나님과의 올바른 관계에 있으면 저절로 하나님께 영광을 돌리게 되고 열매를 맺게 된다.

바알 신앙에서 영적, 도덕적 상태를 신경 쓰지 않은 이유가 무엇인가? 사탄의 목적은 하나님의 영광을 가리거나 가로채는 것이기 때문이다. 사탄은 기계적인 관계와 기계적 신앙 행위를 통해서 우리가 영적으로, 인격적으로 성숙하는 것을 막고 하나님의 영광을 가로챈다. 자식이 잘못하면 아버지가 욕을 먹는다는 것을 사탄은 잘 알고 있다.

5. 사탄이 인격적 관계를 맺지 못하는 이유

사탄은 항상 비인격적이고 기계적인 관계를 맺기 원한다. 왜냐하면 사탄은 자기의 인격에 자신이 없는데, 인격적인 관계에서는 사탄 자신의 정체가 폭로되기 때문이다. 사실 누구든지 인격적 관계에서는 그 인격이 결국 드러나고야 마는 법이다. 다른 것은 다 속일 수 있을지 모르지만 인격만은 속이지 못한다. 잠깐 겉으로 속일 수 있을는지는 모르지만 오랫동안 같이 살아 보거나 사귀어 본 사람은 속일 수가 없다. 예를 들어, 밖에서는 아무리 인격자인 체해도 자기 가족이나 배우자를 속이지는 못한다.

사탄은 하나님의 능력과 사역을 모방할 수 있지만 하나님의 인격을 모방할 수는 없다. 사탄이 비록 광명의 천사로 위장할 수 있지만 오래 사귀면 그 정체가 드러난다. 사탄은 모방의 천재이기 때문에 하나님의 능력을 조금씩 흉내 낼 수 있다. 방언도 줄 수 있고 병도 낫게 할 수 있다. 그런데 사탄이 결코 흉내 낼 수 없는 것이 하나 있다. 그것은 바로 하나님의 인격이며 그리스도의 마음이다. 사탄은 능력을 모방할 수는 있지만 결코 사랑을 모방할 수는 없다. 왜냐하면 그것은 그의 본질을 거스르는 것이기 때문이다. 인격은 속일 수 없기 때문에 인격적 관계를 통해서는 거짓말을 할 수 없다. 그러므로 사탄은 기계적, 비인격적 관계를 맺을 수밖에 없는 것이다.

사탄은 모든 방법을 동원해서 우리가 하나님과 인격적 관계를 맺는 것을 방해한다. 왜냐하면 우리는 하나님과의 인격적 관계를 통해서만 하나님의 영광을 드러낼 수 있기 때문이다. 그러므로 사탄은 형식화 제도화를 통해서 하나님과의 관계를 기계적 관계에 머물도록 역사한다. 예수께서 바리새인들을 그토록 꾸짖으신 이유가 무엇이겠는가? 바리새인은 자신들의 형식적 행위가 하나님께 받아들여지리라고 생각하는 자들이다. 바리새인은 마음의 동기, 마음의 중심을 하나님이 꿰뚫어 보신다는 것을 망각하고 기계적으로 하나님과 관계를 맺으려는 사람들이다. 겉으로는 하나님을 높이지만 속으로는 마치 하나님이 없는 것처럼 사는 사람들이다. 그래서 바리새인은 사람에게만 보이려고 행동하는 것이다. 위선이란 마치 하나님이 보지 못하시고 듣지 못하시는 것처럼 행동함으로써 하나님을 비인격적으로 대우하는 것이다. 바리새인이란 하나님과의 인격적인 관계는 없이 종교적 형식만 남아 있는 위선자들인 것이다. 바리새주의는 종교적 형식을 통해서만 하나님과 관계를 맺으려고 하는 기계적 신앙, 바알 신앙이다.

오늘날 우리가 회복해야 할 것은 바로 인격적인 신앙, 인격적으로 드리는 예배다. 우리는 우리의 인격을 싣지 않고 예배를 형식적으로 드릴 때가 많다. 하나님께서 지금 우리의 예배 가운데 임재하셔서 예배를 받으신다는 의식 없이 기계적으로 찬송을 부른다. 입과 눈은 찬송가를 따라가고 있지만 우리의 인격과 마음은 다른 곳에 가 있다. 그것은 인격적으로 드리는 예배가 아니다. 인격적으로 드리는 예배는 신령과 진정으로 드리는 예배다. 바알 신앙의 예배는 언제나 형식적이고 기계적으로 드려진다. 바알 신앙은 옛날 이야기가 아니라 오늘날에도 우리 가운데 침투하고 있다. 우리가 잠시라도 예수 그리스도를 바라보는 시선을 놓치면 우리는 자기도 알지 못하는 사이에 바알 신앙에 빠져드는 것이다.

사탄은 인간의 도덕적, 인격적 성장에 관심이 없다. 사탄의 유일한 관심사는 어떻게 하면 하나님의 영광을 가리거나 가로챌 수 있는가 하는 것이다. 그러나 하나님은 자녀들의 도덕적, 영적 성장에 최고의 관심을 가지고 있다. 하나님은 우리가 잘 먹고 잘 사는 것보다 우리의 영적인 성장에 더 관심이 많으시다. 하나님은 우리가 아파트 몇 평에 살고 있는가 하는 것보다는 영적으로, 도덕적으로 그리스도의 장성한 분량만큼 자랐는가에(엡 4:13) 더 관심이 있으시다. 하나님은 우리와 인격적 관계를 맺기 원하신다. 왜냐하면 인격적인 하나님께서 우리와 인격적으로 교제하기 위해 인간을 하나님의 형상대로 만드셨기 때문이다.

우리는 하나님과의 인격적 관계를 통해서만 성장하게 되어 있다. 우리가 어떤 사람과 사귀는가가 그 사람의 인격을 결정한다. 청소년 시기에 자녀들이 어떤 친구들을 사귀는가는 자녀에게 큰 영향을 미친다. 마찬가지로 그리스도와 인격적으로 매일 사귀는 사람은 매일 그리스도를 닮아 가게 되어 있다. 우리가 하나님의 거룩하신 성품을 닮아 가려면 하나님과 인격적인 사귐을 갖는 것 외에는 다른 방법이 없다.

바알 신앙의 전형들

1. 알라딘의 마술 램프

우리가 잘 아는 동화 중에 "알라딘의 마술 램프"라는 것이 있다. 램프의 소유자가 램프를 비비면 램프 안에서 '펑'하고 요정이 나타나서 '주인님 무엇을 도와드릴까요?'라고 말한다. 램프의 요정은 주인이 착한 사람인지 나쁜 사람인지 따지지 않고 무조건 시키는 대로 한다. 바알 신앙에서 신은 마치 "알라딘의 마술 램프"에서 나오는 '전능한 종'처럼 램프 사용자의 영적, 도덕적 상태에 대해서 상관하지 않는다. 램프의 소유자는 신의 힘을 끌어낼 수 있는 방법만 알면 언제든지 기계적으로 신의 힘을 끌어낼 수 있고, 자신의 현세적 유익을 위해서 그 힘을 얼마든지 활용할 수 있다. 바알 신앙에서 신은 인간의 행위와 의식(ritual)에 의해서 조종받는 신이다. 신을 조종하는 행위와 의식은 힌두교와 애니미즘, 샤머니즘 등에서 전형적으로 나타나는 것이다. 인간이 동전을 올바르게 집어넣으면 신은 자신의 의지와 무관하게 자판기처럼 기계적으로 반응하지 않을 수 없다. 신을 조종하려는 태도는 타락한 인간이 갖고 있는 죄성의 발로다. 어린아이들은 '고집'을 부림으로써 부모를 조종하려고 한다. 고집이란 자기 뜻을 관철시키려는 행위일 뿐이다. 그러므로 어린아이 때 이 고집이 꺾이지 않으면 자라서 참된 여호와 신앙을 갖는 데 어려움을 겪을 것이다.

바알 신앙에서는 신의 뜻이나 신의 방법, 신의 때가 중요한 것이 아니라 램프 소유자의 뜻과 방법과 때가 중요하다. 오늘날 많은 사람이 하나님께서 자기의 기도에 응답하지 않는다고 불평의 소리를 내어놓는다. 자기가 기도를 통해서 비볐으면 '펑'하고 나타나서 도와줘야 하는데 아무 소식이 없다는 것이다. 그래서 '역시 하나님은 계시지 않아' 하면서 의심에 빠진다. '내가 기도했는데 왜 안되지'라는 말은 '내가 비볐는데 왜 안 나타나지' 하는 말과 같다. 만약 우리가 비볐다고 하나님이 다 들어주신다면 그 하나님은 '전능한 종'일 뿐이다. 바알 신앙인은 항상 자기 뜻이, 자기가 원하는 방법으로, 자기가 원하는 때에 이루어져야 기도의 응답을 받았다고 말한다. 그러나 죄로 인해 부패하고 무능한 인간이 꼬박꼬박 시키는 대로 하는 신을 도대체 '주님'이라고 할 수 있겠는가! 그런 신은 '전능한 종'일 뿐이다.

여호와 하나님은 주님이시기 때문에 그분의 뜻을, 그분의 방법으로, 그분의 때에 반드시 응답하신다. 그러므로 인간이 보기에는 기도의 응답이 "그래", "안 돼", "기다려라"는 세 가지 형태로 나타날 수밖에 없다. "그래"만 응답이라고 생각하는 사람은 신이 자기가 시킨 대로 당장 해야 한다고 생각하는 바알 신앙인이다. "안 돼"와 "기다려라"도 기도의 응답이라는 것을 아는 사람은 하나님의 주권과 능력, 지혜와 선하심을 믿는 자다. 지금 당장 나의 요구대로 이루어지지 않아서 고통스럽지만 하나님이 나보다 더 지혜로우시고 선하시다는 것을 인정하는 믿음이 있는 자다. 바알 신앙은 자신들이 요구하는 현세적 복을 하나님이 당장 들어주실 때에만 응답받았다고 생각한다.

만일 우리의 자녀가 하고 싶은 대로 다 들어준다면 그 자녀를 망치게 된다. 하나님은 우리 인간의 본성에 대해서 우리보다 더 잘 아신다. 이것을 인정하는 것이 여호와 신앙이다. 그러나 바알 신앙은 그것을 인정하지 않는다. 인간이 하나님보다 더 지혜로운 양, '하나님은 내가 시키는 대로 당장 시행하면 돼! 내가 비비면 나타나서 무조건 하면 돼!'라고 생각한다. 그것은 하나님에게 협박하는 것과 마찬가지다. 우리가 여호와 신앙을 따라가다 어느 날 돌아보면 바알 신앙을 좇고 있는 자신을 발견하게 된다. 하나님을 주님으로서가 아니라 종으로 취급하고 있다. 이스라엘 백성이 여호와 신앙을 따르다가 얼마 안 가서 다시 바알 신앙을 추구하는 어리석은 모습을 우리는 성경의 역사서에서 본다. 그러나 사실 그것은 바로 우리 자신의 모습이다.

2. 알리바바와 "열려라 참깨"

"알리바바와 40인의 도적"에 보면 도적들이 훔친 보물들을 동굴에 넣어 두는 것이 나온다. 이 동굴은 올바른 암호를 대기만 하면 언제든지 열린다. 도적이든 알리바바든 "열려라 참깨!"라는 주문(呪文)만 정확하게 대면 동굴 문은 열린다. 동굴 문은 주문을 대는 사람의 도덕성이나 영성에 대해서 아무런 상관을 하지 않는다. 이처럼 바알 신앙에서는 주문이 언제나 따라온다. 주문은 신적인 능력을 기계적으로 끌어내는 패스워드(password)와 같다. 주문은 정확한 구절이기만 하면 그것을 외는 사람이 어떤 사람인가 하는 것과는 상관없이 기계적으로 작용한다. 그러나 사실 사탄의 관심은 주문의 정확성에 있지 않고 기계적 신앙 행위에 있다. 주문의 정확성을 요구하는 것은 마치 능력을 끌어낼 수 있는 어떤 공식(formula)이 있는 것처럼 가장하려는 사탄의 속임수에 지나지 않는다.

열왕기상 18장에는 엘리야와 바알 선지자 450인이 갈멜산에서 능력 대결을 벌이는 것이 나온다. "그들이 …… 아침부터 낮까지 바알의 이름을 불러 이르되 바알이여 우리에게 응답하소서 하나 아무 소리도 없고 아무

응답하는 자도 없으므로 그들이 그 쌓은 제단 주위에서 뛰놀더라 …… 이같이 하여 정오가 지났고 그들이 미친 듯이 떠들어 저녁 소제 드릴 때까지 이르렀으나 아무 소리도 없고 응답하는 자나 돌아보는 자가 아무도 없더라"(왕상 18:26-29).

여기서 "미친 듯이 떠드는 것"은 곧 주문을 말한다. 이처럼 주문은 바알 신앙에서 전형적으로 나타나는 신앙 형태다. 원래 주문은 기도문이나 경전의 일부분, 혹은 신의 이름 등을 기계적으로 반복해서 부르는 것이다. 이런 기계적 반복에 의해서 신의 의지와는 무관하게 신의 힘을 끌어들일 수 있다는 생각이 전제되어 있다. 오늘날 주문을 사용하는 많은 종교들은 그것이 바알 신앙임을 말해 주고 있다.

한때 우리나라 초·중등학교 학생들 가운데 주문을 외워서 귀신을 불러내는 놀이가 유행이라고 한다. 아이들이 사용하는 주문이 어디서 유래했는지 모르지만 사실 들어보면 유치하기 그지없다. 그럼에도 불구하고 이런 방법을 통해서 귀신과 신접하는 체험을 하는 아이들이 많다고 한다. 지구 상에는 수많은 애니미즘과 샤머니즘 문화권의 종족들이 있는데 그들이 사용하는 주문들은 각각 다르지만 그들은 그런 유치한 형태의 주문으로도 신접을 한다. 왜냐하면 사탄은 주문의 내용이나 수준과는 상관없이 기계적으로 영적인 관계를 추구하는 사람들에게는 언제든지 역사하기 때문이다.

어린이들을 위한 프로그램들에는 거의 대부분 바알 신앙적 요소들이 있다. 어린이들의 동화나 만화, 텔레비전의 유치원 프로그램들을 보면 마술과 관계되지 않은 것이 거의 없을 정도다. 뜻도 알 수 없는 주문이나, 혹은 '짠', '얍'과 같은 간단한 기합과 함께 무엇이 갑자기 나타나거나 사라진다. 이런 프로그램을 통해서 어린이들은 자기도 모르는 사이에 바알 신앙에 물들게 되는 것이다.

주문은 신적인 힘을 끌어내기 위한 것일 뿐 아니라 나아가서 신과의 합일을 추구하는 데에도 사용된다. 바알 신앙은 기복적일 뿐 아니라 신비주의적이다. 대체로 주문은 기도문이나 경전의 구절을 반복하는 것에서 출발했다. 그러나 주문은 그 내용에 대한 깊은 인식이나 신과의 인격적인 관계없이, 기계적인 반복의 형태로 신적인 힘을 끌어내거나 신과의 합일을 추구하는 데 사용된다. 오늘날 주문을 사용하는 종교들은 그것이 기계적 신앙임을 말해 주고 있다.

3. 주문을 사용하는 종교들

무슬림들이 하루에 다섯 번 해야 하는 기도인 살라트(salat)는 몸을 씻는 정결 의식, 반복된 동작과 반복된 기도문의 암송으로 되어 있다. 무슬림들은 "알라는 위대하다"(Allahu akhbar)라는 구절과 샤하다(shahada), 즉 "알라 외에 다른 신은 없으며 무함마드는 알라의 예언자다"라는 신앙 고백을 읊는다. 그 후 꾸란 제1장과 다른 장 하나를 외운 후 허리를 굽혀 절하고, 그 다음 앉아서 이마가 바닥에 닿도록 두 번 큰 절을 한 후 다시 일어선다. 예배 의식에 사용되는 기도문은 암송해야 하고 기도하는 자의 모국어에 관계없이 아랍어로 기도해야 한다(김정위, 68-71). 이슬람교 신비주의자인 수피들은 알라와의 합일을 체험하기 위해서 디크르(dhikr)를 사용한다. 디크르는 알라의 이름이나 짧은 종교적 구절을 반복해서 암송하는 것이다(Parshall, 33).

힌두교의 만트라(mantra)도 원래는 신에 대한 기도문이었다. 자연 현상의 배후에는 살아 있는 인격적인 신들이 있다고 생각되었으며 기도와 찬양과 제사를 통해서 이들 신과 인격적인 관계를 맺으려 하였다. 본래 제사는 신에 대한 감사 표시이거나 신의 호의를 기원하는 신 중심의 행위였다. 그러나 제사 의식이 점점 전문화되고 정교해짐에 따라 제사 자체가 관심의 대상이 되었다. 브라만은 기도문을 주관하는 사제로서 올바른 제사를 통해 신에게 힘을 부여하고 그 힘이 인간에게 도움을 준다고 생각했다. 신들조차도 제사 없이는 아무런 힘이 없으며, 우주의 질서를 유지하는 것은 신들이 아니라 올바른 제사의 행위 자체라고 생각되었다. 이렇게 하여 제사를 주관하는 브라만 계급의 권위가 절대적으로 강해졌다. 이러한 생각은 발전해서 우주의 법칙(ṛta)이라는 개념을 낳았다. 즉 올바른 제사 행위는 신의 의지와 상관없이 우주의 법칙에 따라서 우주의 힘을 기계적으로 끌어낼 수 있다는 생각으로 발전했다. 여기서 우주의 힘을 끌어낼 수 있는 주문은 매우 중요한 것이 되었다. 이런 생각은 좀 더 발전하여, 인간의 행위는 반드시 어떤 필연적인 결과를 끌어낸다는 카르마의 법칙, 즉 인과업보라는 비인격적이고 기계적인 인과율의 법칙이 되었다(길희성, 22-28).

불교의 진언(眞言)은 원래 경전의 일부분으로서 나름대로 의미가 있다. 그러나 우리나라의 많은 불교신자들이 경전의 의미도 모르면서 산스크리트어나 팔리어 경전을 한문으로 음역한 것을 외우거나 한문으로 번역된 경전을 낭독한다. 왜냐하면 그런 기계적 암송을 통해서 '부처의 법력(法力)'을 끌어들일 수 있다고 생각하기 때문이다.

도교의 주문도 마찬가지다. 도교에서는 도술을 부릴 때 항상 주문을 사용한다. 도교의 성직자 격인 도사들이 단을 설치하고 제사를 지내는 것을 제초과의(齊醮科儀)라고 한다. 도사들은 소위 호풍환우(呼風喚雨)와 같은 도술을 부리는데 이때 주문과 부적을 사용하여 귀신을 부린다. 우리나라의 신흥 종교인 증산교도 도교의 영향을 강하게 받아서 만들어졌기 때문에 주문을 사용한다. 그들이 가장 많이 사용하는 주문은 '태을주'(太乙呪)라는 것인데 이 주문을 계속해서 외우면 신통력을 가지게 된다고 주장한다.

천주교에서는 주기도문이나 영광송 등이 미사 의식에서 기계적으로 암송된다. 고해 성사에서는 죄에 대한 보속(補贖)으로서 주기도문이나 영광송 등이 암송되기도 한다. 예컨대 천주교에서 고해 성사를 할 때 신부가 이런 식으로 벌을 주는 경우가 있다고 한다. "가서, 주기도문 50번 외우시고, 영광송을 50번 외우십시오." 이렇게 되면 하나님을 바라보면서 인격적으로 기도를 드리는 것이 아니라, 기계적으로 횟수를 채우기 위해서 주문처럼 외우기가 십상이다.

주기도문을 50번, 100번 암송한다고 하나님께 진실한 회개의 표현이 될 수 있겠는가! 참된 회개의 표현은 단순히 기계적인 기도문 암송이나 의무적인 선행으로 나타나는 것이 아니라, 무엇보다도 새로운 심령으로 변화를 받아 자신의 삶을 산 제물로 드리는 것이어야 한다(롬 12:1-2). 이처럼 기계적 신앙은 언제나 형식과 의식을 변질시켜서 하나님과의 인격적 관계를 막는다.

4. 기독교에 침투하는 주문

개신교에서도 예배의 시작이나 끝에 사도신경이나 주기도문 등이 그 의미에 대한 묵상 없이 기계적으로 암송되는 경우가 많다. 심지어 어떤 교회에서는 '사도신경을 외우심으로……, 주기도문을 외우심으로'라는 표현을 사용한다. 그러나 사도신경이나 주기도문은 우리의 인격이 실린 신앙 고백이어야 하며 기도여야 한다. 만일 교회에서 사도신경을 고백할 때 좀 천천히 인격을 실어서 한다면 교회 안에서 명목 신자들이 많이 없어질 것이다. 사도신경의 한 구절 한 구절이 그냥 지나칠 수 없는 내용이기 때문에 명목신자들은 사도신경을 고백할 때마다 걸림돌이 될 것이다. 그래서 그 고백이 자기 것이 되도록 몸부림치거나 그렇지 않으면 교회를 떠나거나 할 것이다. 우리가 주기도문으로 기도할 때 인격을 실어서 좀 천천히 한다면 우리와 이 땅에 대한 하나님의 뜻이 무엇인지 돌아볼 수 있게 될 것이다.

이처럼 많은 종교들이 반복된 동작이나 반복된 노래, 반복된 기도문을 사용함으로써 신과 기계적인 관계를 맺고 있으며, 이런 반복을 통해서 무아경, 황홀경을 추구한다. 사탄은 사람들이 기도나 경전을 주문화하는 것을 좋아하고, 의식을 기계적으로 형식화하는 것을 좋아한다. 사람들은 스스로 경건하다고 생각하는 방법으로 하나님과 기계적 관계를 맺으려고 하는 경우가 많다.

어떤 교회에서는 방언을 받기 위해서 '할렐루야'를 반복하면 된다고 가르치는 곳이 있다. '할렐루야'는 주님을 찬양한다는 말이다. 우리가 '할렐루야'를 외칠 때 매번 우리의 인격적 고백이 실린다면 문제가 될 것이 없다. 그러나 주님을 찬양하는 마음 없이 단지 방언을 받기 위해서 기계적으로 '할렐루야'를 반복한다면 그것이 주문과 다를 것이 무엇인가! 은사는 선물이라는 의미다. 선물을 주느냐 마느냐는 주는 자의 마음에 달렸듯이 방언의 은사를 주느냐 마느냐는 하나님 마음에 달린 것이다. 하나님은 우리의 기계적인 '할렐루야'의 반복에 대해서 하나님의 의지와 무관하게 반드시 방언을 주셔야 하는 의무를 가지고 계시지 않다.

우리는 바알 신앙에서의 기도가 얼마나 기계적이고 비인격적인지 마태복음 6장에서 볼 수 있다. 예수께서는 이렇게 말씀하신다. "또 기도할 때에 이방인과 같이 중언부언하지 말라 그들은 말을 많이 하여야 들으실 줄 생각하느니라 그러므로 그들을 본받지 말라 구하기 전에 너희에게 있어야 할 것을 하나님 너희 아버지께서 아시느니라"(마 6:7-8). 이방인, 즉 바알 신앙인의 특징은 중언부언하는 것이다. 중언부언은 비인격적이고 기계적인 반복이다. 우리도 동일한 기도 내용을 반복할 때가 많다. 어떤 일이 우리의 심령에 너무나 간절히 와닿을 때 한 번만 말하지 않고 반복할 수도 있다. 그러나 이렇게 반복할 때마다 매번 우리의 간절함과 인격이 실린다면 그것은 중언부언하는 기도가 아니다. 중언부언은 인격의 실림 없이 기계적으로 반복하는 것이다. 그러므로 중언부언은 주문을 외는 것과 본질상 동일하다.

바알 신앙은 기도도 역시 '주고받기'의 관점에서 생각한다. 바알 신앙인들은 '말을 많이 하여야', 즉 투입량이 많아야 산출량도 많을 것이라고 생각한다. 참된 기도는 우리의 필요를 미리 아시는 하나님의 인격을 신뢰하는 것이며 우리의 인격이 실린 것이어야 한다. 중언부언은 인격의 실림이 없는 기계적인 반복이며 바알 신앙의 '치성' 행위다. 열왕기상 18장 26-29절은 바알 신앙인들의 중언부언을 단적으로 말해 주고 있다. 그들은 자기들 신으로부터 응답이 없자 정성이 부족한 줄로 생각하고 이제 좀 더 투입량을 증가시키기 위해서 자기들의 몸을 스스로 상해했다. "이에 그들이 큰 소리로 부르고 그들의 규례를 따라 피가 흐르기까지 칼과 창으로 그들의 몸을 상하게 하더라"(왕상 18:28).

기도할 때 우리가 원하는 바를 정확히 구체적으로 말해야 그대로 응답된다고 생각하는 것도 올바른 생각은 아니다. 그런 생각은 마치 정확한 주문을 사용해야 신의 능력을 끌어올 수 있다는 생각과 다른 차원이 아니다. 하나님은 인격적이시므로 마음의 중심을 보시며 우리가 말하기 전에 우리가 구하는 것을 알고 계신다. 응답받는 기도의 비결은 온전히 하나님과 인격적으로 교제하는 것이지 정확한 용어를 사용하는 것에 있지 않다. 구체적인 기도의 중요성은 기도 응답의 유무 때문이 아니라 우리들 자신의 유익 때문이다. 즉 우리가 구체적인 기도를 하는 것은 하나님께서 우리가 무엇을 원하는지 잘 이해하시도록 돕기 위해서가 아니라, 우리가 하나님의 응답을 잘 분별할 수 있도록 하기 위해서다.

5. 부적

주문과 마찬가지로 부적은 바알 신앙에서 전형적으로 나타나는 현상이다. 주문은 기도문이나 경전의 일부분, 혹은 신의 이름 등을 기계적으로 반복해서 부름으로써 신과 합일하거나 신을 조종하거나 신의 힘을 끌어들일 수 있다는 생각이 전제되어 있다. 그런데 주문이 신의 힘을 끌어내고 신을 조종하기 위한 청각적 패스워드라면 부적(符籍)은 시각적 패스워드다. 즉 사용자의 영적, 도덕적 상태와는 상관없이 부적은 기계적으로 어떤 영적인 힘을 끌어들이거나 영적인 힘을 물리치는 역할을 하기 때문에 화를 물리치고 복을 가져올 수 있다고 생각한다.

오늘날 많은 사람들이 병과 잡귀를 물리치고, 몸을 보호하거나 사고를 방지하기 위해, 그리고 집안의 평안과 사업의 번창을 위해서 부적을 사용한다. 사람들은 부적을 몸이나 자동차, 집, 방, 사무실 등에 붙여 두기도 하고, 침대나 요, 베개에 넣어 두기도 하고, 불에 태운 뒤 물에 타서 마시기도 한다.

전형적인 바알 신앙이라고 할 수 있는 애니미즘, 혹은 샤머니즘에 있어서 부적은 호부(護符)나 마스코트(mascot)의 형태로 나타나기도 한다. 즉 어떤 물건이 재액을 막고 행운을 가져다준다고 생각하는 것이다. 여기에는 어떤 사람의 영적, 도덕적 상태와 상관없이 그것을 소지한 사람에게 기계적으로 행운을 가져다준다는 바알적 신앙관이 전제되어 있는 것이다. 부적은 사실 이런 호부나 마스코트가 조금 더 발전한 것에 지나지 않는다.

도교에서는 부적이 귀신을 내쫓거나 부리는 힘을 가지고 있다고 생각한다. 도교의 일파인 태평도나 오두미도와 같은 집단에서는 부적을 태워서 물에 탄 것을 부수(符水)라고 불렀는데 그것을 환자에게 마시게 함으로써 병을 치유하고자 했다. 중국에서 부적은 황지(黃紙), 홍지(紅紙), 백지(白紙), 청지(靑紙), 흑지(黑紙)등에 주사(朱砂) 혹은 먹물을 이용하여 붓으로 그리는데, 변형된 한자 혹은 티베트 문자 등이 그려진다. 부적은 음과 양이 교차하며 사람과 귀신과의 교감이 가장 활발한 시간인 자시(子時)에 만드는데, 향을 피워 놓고 주문을 외워서 부적의 용도에 맞는 신이 강림하기를 비는 신접 의식을 행한다(오상익, 27-34).

도교에서는 불사(不死)의 신선이 되기 위해서 금단이라는 약을 제조하고자 했는데 이것을 연단술(鍊丹術)이라고 한다. 연단술은 일종의 연금술(鍊金術)로서 도교에서는 단약을 만들 때 부적을 사용하여 귀신의 도움을 받고자 했다. 또 도교의 도사들은 황충과 가뭄을 막기 위해서 단을 설치하고 제초(齊醮)라고 하는 제사를 지냈는데, 이때 부적으로 귀신들을 부려서 호풍환우(呼風喚雨)할 수 있다고 생각했다.

애니미즘의 영향을 강하게 받은 대중 이슬람교에서도 부적을 사용해서 점을 치거나 병을 고치는 행위를 한다. 이슬람교의 부적은 주로 꾸란에서 따온 조각으로 아랍어 글자를 오려서 만든 것이다. 기적을 행하는 사람인 카라마(karama)는 꾸란의 구절을 종이에 기록해서 물에 담근 후 환자에게 그 물을 마시게 해서 병을 고치곤 한다. 혹은 꾸란을 암송한 후 용기에 담긴 물 위로 숨을 쉬고 그것을 병자가 마시게 한다(Cooper, 139). 이런 방법은 중국의 오두미도나 태평도와 같은 민간도교에서 환자에게 먹였던 부수(符水)와 너무나도 흡사한 것이다.

염주도 기계적 신앙의 대표적인 산물이다. 염주를 돌리는 반복된 동작은 곧 기계적 동작이며 기계적 관계를 맺는 것이다. 염주를 돌리는 반복된 동작이 주문을 외는 횟수를 세기 위한 것이든, 정신 집중을 해서 몰아경이나 무아경의 상태를 추구하기 위한 것이든, 혹은 염주 자체가 어떤 마술적 능력을 가지고 있다고 생각하든, 그것은 신과의 어떤 인격적 관계도 전제하지 않는다.

6. 감염 주술과 부적

이런 종류의 바알 신앙의 침투 현상은 기독교를 포함한 종교들의 역사에서도 찾아볼 수 있다. 폴리네시아의 애니미즘에는 마나(mana, 힘)를 가진 능력 있는 자들이 소유하던 물건이나 그의 머리카락, 유골 등에는 동일한 능력이 있다는 생각이 나타난다. 이것을 감염 주술(contagious magic)이라고 하는데, 불교에서 부처의 사리를 숭배한다거나, 중세 시대 천주교에서 성자(聖者)들의 유골이나 유물을 숭배하는 것, 민속 이슬람교에서 성자의 유물이나 유골을 숭배한 것도 동일한 사고방식이라고 할 수 있다. 즉 이런 물건을 소유함으로써 기계적으로 화를 막고 복을 가져올 수 있다는 바알 신앙적 관념이 전제되어 있다. 십자가가 드라큘라를 물리칠 수 있다는 영화 '드라큘라'에 전제되어 있는 관념은 십자가가 부적처럼 귀신과 재액을 기계적으로 물리칠 수 있다는 사고방식과 다르지 않다. 오늘날 그리스도인 여성들이 십자가 목걸이를 하고 있는 것을 많이 본다. 만일 십자가가 자기를 지켜 줄 것 같은 마음이 조금이라도 거기에 들어가 있다면 그 십자가는 부적의 역할을 하는 것이며 바알 신앙인 것이다.

부적을 만드는 과정에는 주문을 외고 귀신과 신접하는 것이 포함된다. 부적을 사용하는 것은 현세적인 이익을 추구하기 위해서 귀신과의 교감을 행하는 것이며, 결국 귀신을 쫓아낸다고 해도 더 강한 귀신을 불러들이는 것이 된다. 그러나 성경은 신접자나 진언자에 대해서 하나님이 가증스럽게 여기신다고 말한다(신 18:11, 12). 우리가 영적으로 교감해야 할 영적 대상은 오직 하나님 한 분이시다. 하나님만이 우리를 축복하시고 우리에게 진정한 도움을 주실 수 있다.

하나님은 우리가 복받을 만할 때 복 주시는 분이며, 귀신을 달래는 것처럼 달랜다고 해서 복을 주시는 분이 아니다. 하나님은 우리의 영적, 도덕적 상태와 무관하게 복을 주시는 분이 아니다. 그러나 귀신은 우리의 도덕적, 영적 상태와 상관없이 기계적인 관계를 통해서 우리에게 복을 주는 듯이 보인다. 이 같은 기복 신앙을 통해서 사탄은 우리로 하여금 죄 문제의 해결이나 영적, 도덕적 상태에 관심을 두지 못하도록 끌어간다. 우리가 단지 현실 문제에만 관심을 두고 복을 구할 때 사탄은 이를 이용하여 우리를 세상에 속한 사탄의 포로로 얽어매어 놓으려 한다.

도무지 알아볼 수도 없고 그 의미를 알 수도 없는 해괴망측한 그림과 같은 것을 붙여 놓기만 하면 곧 자기가 안전하리라고 생각하는 사람들은 얼마나 어리석은가! 하나님이 없는 사람들은 언제나 두려움에 사로잡혀 있다. 그들은 두려움을 이기기 위해서 아무 것도 아닌 우스꽝스러운 종이 한 장에 의지하여 불안한 마음을 달래 보려고 한다. 그들은 이런 불안 때문에 아무것도 아닌 종이 한 장에 수십만 원씩 바치고 있는 것이다. 사탄은 인간의 두려움을 이용해서 얼마나 많은 사람들을 속이고 바보로 만들어 버리는가!

예수께서는 말씀하신다. "평안을 너희에게 끼치노니 곧 나의 평안을 너희에게 주노라 내가 너희에게 주는 것은 세상이 주는 것과 같지 아니하니라"(요 14:27). 여호와가 우리의 요새이시고 방패이시고 산성이시고 피난처이시다(시 18:2, 61:3). 어떻게 말도 안 되는 그림 한 장이 재액을 막는 방패가 되고 피난처가 될 수 있겠는가! 부적은 우리의 안전을 보장하지 못한다. 그러나 "내가 확신하노니 사망이나 생명이나 천사들이나 권세자들이나 현재 일이나 장래 일이나 능력이나 높음이나 깊음이나 다른 어떤 피조물이라도 우리를 우리 주 그리스도 예수 안에 있는 하나님의 사랑에서 끊을 수 없으리라"(롬 8:38-39).

토의 및 정리 문제

1. 바알 신앙의 특징인 풍요와 다산은 타종교에서 어떤 식으로 나타나는가? 오늘날은 어떤 식으로 나타나는가?
2. 바알 신앙의 열심과 헌신은 여호와 신앙의 열심과 헌신과 비교했을 때 어떤 차이가 있는가?
3. 복의 관념에 대한 여호와 신앙과 바알 신앙의 차이는 무엇인가? 성경적 복 관념이 왜 중요한지 나누어 보라.
4. 사탄이 기계적 관계를 맺고, 또 영적, 도덕적 상태를 따지지 않는 이유는 무엇인가? 또 하나님이 우리와 인격적 관계를 맺고 우리의 영적 도덕적 상태에 관심이 많은 이유는 무엇인가?
5. 기도에 대한 바알 신앙과 여호와 신앙의 태도의 차이는 무엇인가? 기도에 대한 서로의 경험을 들어서 나누어 보라.
6. 주문과 부적은 왜 바알적인가? 주문을 사용하는 바알 종교의 예를 들어 보라. 이런 바알적 요소가 기독교 안에 어떤 식으로 침투할 수 있는가?

8장 | 사탄의 비인격화 전략과 종교사

사탄의 전략

사탄은 인간과 인격적 관계를 맺을 수 없기 때문에 비인격적 관계를 제시함으로써 하나님과의 인격적 관계를 맺지 못하도록 방해한다. 원래 인격적 관계란 쌍방 간에 인격적이어야 하며 어느 한쪽이라도 비인격적 상태가 되면 인격적 관계를 맺을 수 없게 된다. 그래서 사탄은 하나님을 비인격화시키거나 인간을 비인격화시키는 전략을 사용한다. 하나님을 비인격화시킨 것이 자연주의와 율법주의이고 인간을 비인격화시키는 것이 신비주의다.

C. S. 루이스의 저서 《스크루테이프의 편지》에서 노련한 악마 스크루테이프는 그의 조카인 신출내기 악마 웜우드에게 이렇게 가르치고 있다. "물질주의적 마법사, 이러한 사람은 영의 존재는 부인하면서도, '힘'이라고 막연히 불리는 것을 단순히 사용하는 데서 더 나아가 진실로 숭배하는 사

람인데, 이들은 바로 우리의 완벽한 작품이다"(Lewis, 1989, 44). 여기서 스크루테이프가 가르쳐 주고 있는 전략은, 사람들이 영적인 존재를 '비인격적인 힘'으로 생각하게끔 하라는 것이다. 비인격화 전략, 이것은 바알주의, 즉 물질주의 혹은 자연주의 전략이라고 할 수 있다.

루이스의 아이디어처럼 "사탄이라면 어떻게 할까?"라고 생각해 보는 것은 매우 재미있는 작업이다. 우리는 인격적인 하나님, 우리와 인격적인 관계를 맺기 원하시는 하나님을 믿는다. 그러나 사탄이라면 어떤 수를 쓰더라도 하나님의 인격성을 부정하고 하나님과의 인격적 관계가 불가능하다고 주장할 것이다. 사탄은 인격적 관계를 맺을 수 없다. 왜냐하면 사탄은 인간과 인격적인 관계를 맺으면 자신의 정체가 노출되기 때문이다.

사탄은 하나님의 주권을 부정하기를 원한다. 사탄은 하나님의 영광의 자리에 스스로 올라 자신이 우주의 주권자가 되려고 하는 어처구니 없는 교만을 품고 타락했다. 그 후 지금까지 사탄은 하나님이 마땅히 받으셔야 할 영광을 가로채거나, 하나님께 영광을 돌리지 못하도록 하기 위하여 수단과 방법을 가리지 않고 역사해 왔다. 티머시 워너의 말대로 영적 전투는 영광이 걸린 싸움이 되었다(Warner, 17-26).

사탄이 하나님의 주권을 부정함으로써 하나님께 영광을 돌리지 못하게 하는 전략 가운데에는 궁극자에 대한 비인격화가 있다. 비인격적 존재는 주권을 행사할 수 없으며 영광을 받을 수 없다. 그러므로 사탄은 인격적인 영적 존재인 하나님을 '궁극적 원리'나 '힘'으로 간주하게 함으로써 결과적으로 하나님이 영광을 받지 못하게 한다. 하나님을 비인격화함으로써 사탄이 노리는 것은 사람들이 하나님과 인격적 교제를 하지 못하게 하는 것이다.

오늘날 성령에 대한 잘못된 태도 중 가장 심각한 것은 성령의 '인격성'을 무시하는 것이다. 유니테리언(Unitarian)이나 여호와의 증인 등은 성령을 비인격적인 힘으로 간주하고 있다. 요즈음 유행하고 있는 기 사상과 기공(氣功)을 행하는 사람들도 성령의 능력과 역사를 기의 힘으로 간주해 버린다. 복음주의적 신앙을 가진 사람들 중에서도 지식적으로는 성령의 인격을 인정하는지 모르지만 그 태도를 보면 성령을 인격적으로 대우하지 않는 사람들이 많은 것 같다. 성령이 마치 비인격적인 힘이나 되는 것처럼 인위적인 방법으로 성령의 역사를 조장하려고 한다. 그러나 성령은 하나님이시고 주님이시며 결코 인위적 조장의 대상이 될 수 없다. 성령이 우리를 사용하시는 주인이지, 우리가 성령을 '부리는' 주인이 아니다. 성령은 우리가 언제든지 문지르면 기계적으로 나타나서 우리를 위해서 봉사하는 '전능한 종'이 아니다. 성령은 주권적으로 역사하시며 철저히 인격적인 관계를 통해서만 역사하신다. 그러므로 성령을 온전히 '인격적'으로 대우하고 성령과 인격적인 관계를 맺는 것이 올바른 성령 운동이라고 할 수 있다.

인류의 종교사는 궁극적 절대자가 어떻게 비인격화 되어갔는지를 잘 보여 주고 있다. 종교 사학파의 학자들은 다신론적 사고에서 유신론적 사고로, 그리고 비인격적 궁극자로 인간의 사고가 발달되어 간다고 주장해 왔다. 이런 주장은 부분적으로는 옳다. 왜냐하면 사탄이 분명히 이런 전략을 사용했으리라 예상할 수 있기 때문이다.

정령 숭배 신앙

인류가 타락한 후 에덴동산에서 쫓겨났을 때, 인간의 총체적인 인식 능력은 전락되었다. 인간은 하나님과 인간 자신의 본질에 대한 통찰력을 상실했을 뿐 아니라 위임된 자연을 다스릴 수 있는 통찰력을 상실했다. 인간의 도덕적 능력도 전락되어 인간은 자기 내부에서도 평화를 누리지 못하고 동료 인간과도 평화를 누리지 못하게 되었다. 자연환경도 전락되었다. 인간의 영적 권위 하에 위임되어 있던 자연은 힘의 권위 하에만 복종하는 약육강식, 적자생존의 장으로 떨어졌다. 맹수와 자연의 재앙들이 나타나기 시작했다. 노아 시대의 대홍수 후에는 인간은 갑자기 원시적인 상태로 전락했을 것이다. 자연은 인간에게 위험스러운 것이 되었고, 종종 두려움의 대상이 되었다. 사탄이 이런 인간의 두려움이라는 약점을 사용하지 않는다면 그것이 오히려 더 이상할 것이다.

사탄은 인간이 두려워하는 자연 현상, 동식물 등의 배후에 신적인 힘이 있는 것처럼 역사했을 것이다. 사탄의 목적은 마땅히 하나님께 돌려져야 할 경배와 영광을 가로채거나 돌리지 못하게 하는 것이었다. 인간은 자연을 두려워하고 자연에 빌게 되었다. 그 결과 원시적 사회에서 발견할 수 있는 가장 보편적인 신앙 형태가 정령 숭배 신앙이다. 중국에서의 자연신들은 풍사(風師), 우사(雨師), 뇌사(雷師), 운신(雲神), 일월성신(日月星辰), 사직(社稷), 오사(五祀), 오악(五嶽), 산림(山林), 천택(川澤) 등의 자연 현상들이었다(王治心, 38-42). 인도에서도 베다(Veda) 초기의 자연신들은 하늘의 신 디아우스(Dyaus), 태양의 신 미트라(Mithra), 천둥과 폭풍의 신 인드라(Indra), 폭풍우의 신 마루트(Marut), 바람의 신 바유(Vāyu), 불의 신 아그니

(Agni), 땅의 신 프리티비(Pṛthivī) 등과 같은 자연 현상이었다(길희성, 23).

진화론적 전제에 근거를 둔 종교 사학파 학자들은 인간의 의식도 진화함에 따라서 인간 의식의 산물인 종교도 다신론의 단계에서 유신론, 이신론의 단계로 발전한다고 주장했다. 그러나 앤드루 랭(Andrew Lang ,1844-1912)과 같은 종교학자는 다신론이 지배적인 문화에서도 최고신에 대한 개념이 남아 있다는 많은 증거를 제시함으로써 진화론적 종교사학의 가설을 부정했다(Sharpe, 84-91). 이것은 오히려 인간의 타락과 대홍수로 인하여 하나님에 대한 지식을 많이 잃어버렸지만 완전히 말살되지는 않았고, 비록 희미하고 왜곡된 형태로나마 수많은 종족의 문화 가운데 이런 지식의 잔재가 남아 있음을 의미한다.

태양신 숭배 신앙

인간은 타락했음에도 불구하고 하나님의 형상을 가졌고, 따라서 궁극적 절대자이신 한 분의 신을 바라는 경향이 잠재되어 있다. 인간이 자연 현상에 대해서 좀 더 잘 적응하고 자연에 대한 맹목적인 두려움에서 다소간 벗어났을 때, 이러한 자연의 힘 배후에 있는 통일적인 힘의 근원을 찾는 것은 당연한 일이었을 것이다. 그러나 사탄도 이러한 인간의 욕구를 이용하지 않을 리 만무했을 것이다. 사탄의 두 번째 전략은 이런 여러 가지 신들 위에 최고신을 제시하는 것이었다.

태양신이야말로 가장 적절한 최고신으로 간주되었다. 왜냐하면 타락한 인간에게 있어서 모든 자연 현상 중에서 태양의 중요성에 비길 만한 것이 없었기 때문이었다. 인간이 갑자기 열악한 환경 가운데 떨어졌을 때 밤은 낮보다 훨씬 위험하고 두려웠고 그 때문에 낮이 밤보다 숭상되었다. 땀을 흘려야 소산을 먹을 수 있는데 태양이 없으면 농사에 치명적이었다. 인간은 태양에 대해서 의존적이었고 태양은 가장 절대적인 것으로 보였다. 사탄이 인간의 두려움과 의존성을 마음껏 활용하지 않을 리 만무하다. 사탄의 전략은 태양신이 최고신이 되도록 역사하는 것이다. 그리하여 전 세계적으로 대부분의 문화권에서 최고신은 태양신의 모습으로 나타났다. 태양신 숭배 사상이 전 세계에 깔려 있는 것은 바로 이 때문이다. 사탄은 하나님이 마땅히 받으셔야 할 영광을 태양에게 돌리게 한 것이다. 인류의 상고 시대, 즉 노아의 홍수에 가까울수록 천신 사상이 더 지배적이었다고 할 수 있다. 그러나 엘리아데의 말대로, 점점 후대로 갈수록 천신 사상이 태양신 사상으로 전화(轉化)되는 현상이 전 세계적으로 관찰된다(Eliade, 1996, 140-145).

   태양신 숭배 사상이 발생한 것은 중근동 지역이다. 바벨론의 신(神) 마르두크(Marduk)는 태양신이며, 인도에서 삼신(Triad)인 브라마, 위스누, 시와도 태양신이다. 브라마는 떠오르는 태양을 의미하고 위스누는 중천에 뜬 태양, 그리고 시와는 지는 태양을 의미한다. 이집트에서 오시리스는 태양신이며, 파라오는 태양의 아들이다. 남미의 잉카와 마야, 아즈텍 문명에도 태양신 숭배 사상의 흔적이 뚜렷하다. 중국의 상제(上帝)도 태양신이다. 북경에는 옛날에 상제에게 제사 지내던 천단(天壇)이라는 곳이 있다. 중국에서는 동짓날에 상제에게 제사를 지냈는데, 동지는 밤이 제일 긴 시간이지만 동시에 그 시점부터 낮이 길어지기 시작하는 때다. 그래서 동지는 태양이 태어나는 날로 간주되었고 이날에 상제에게 제사를 지낸 것이다. 한국의 '하늘님'도 태양신이었다. 우리나라의 건국 신화는 거의 태양신 숭배 사상 및 난생 설화와 관련되어 있다. 사람이 알을 낳는데 태양 빛이 그 알을 비추면서 따라다닌다. 이때 알을 깨고 나온 인물이 박혁거세나 고주몽 같은 건국 신화의 주인공이다. 우리나라의 이름인 예맥(濊貊), 조선(朝鮮), 한(韓), 환(桓)이나 건국 시조인 동명(東明), 해모수(解慕漱) 등의 이름도 태양의 밝음을 나타내는 말이다. 일본의 왕은 태양의 여신 아마테라스의 아들로 간주되기 때문에 '천황'이라고 불린다.

수많은 문화와 세계관들이 태양신 숭배에 그 뿌리를 두고 있다는 것과 오직 성경만이 태양신 숭배를 반대한다는 것은 의미심장한 사실이다(신 4:19; 겔 6:4, 8:16-18; 레 26:30; 왕하 23:11; 대하 14:5, 34:4, 7; 사 17:8, 27:9). "너희 우상들이 깨어져 없어지며 너희 분향제단들이 찍히며 너희가 만든 것이 폐하여지며 또 너희가 죽임을 당하여 엎드러지게 하여 내가 여호와인 줄을 너희가 알게 하려 함이라"(겔 6:6-7). 구약 시대 중근동의 이방 종교에서는 대부분 태양신이 최고신의 자리를 차지하고 있었다. 이런 당시의 영적인 분위기를 고려해 볼 때 구약 성경에서 태양신을 이처럼 반대하는 것은 매우 독특한 사상이라고 할 수 있다.

태양 숭배와 순환론

태양신이야말로 바알 신앙, 즉 자연주의적 순환론을 제시하기에 적합한 것이 아닐 수 없었다. 자연주의적 순환론은 결과적으로 하나님의 존재와 창조 사역을 은폐하고, 인류 초기에 일어났던 하나님에 대한 사탄의 반역

사건을 감춘다. 순환론의 기원과 발생을 살펴보면 이런 사실이 명백하게 드러난다. 순환론의 기원은 인생의 생사(生死) 주기, 뱀이 주기적으로 허물을 벗는 것, 그리고 태양과 달의 주기를 관측하게 된 것과 관계가 있다. 신화적 사고에 있어서 뱀이 허물을 벗는다는 것은 불멸(不滅)을 의미하는 것이며 개인의 재생(再生)과 환생(還生)의 상징이기도 했다(Cairns, 10-21). 태양이 뜨고 지며, 달이 차고 기우는 주기적인 회귀와 계절의 순환에 대한 관념은 순환론적 사고를 만들어 냈다. 회귀적인 순환의 관념은 태양신이 죽었다가 다시 살아난다는 신화적인 사고로 나타났다. 여기서 더욱 발전하여 순환론은 인도와 그리스, 중국 등의 고대 문명에 있어서 전형적인 역사관과 우주관이 되었다. 이처럼 순환론적 사고와 태양 숭배 사상은 불가분적으로 연관되어 있으며 전 세계적으로 나타난다고 할 수 있다.

바벨론과 인도 등의 순환적 우주관은 "세계년"(世界年, World Year) 혹은 "신년"(神年, Divine Year)의 순환이라는 관념을 낳았다. 바벨론 사람들은 3,000년이 신의 1개월이므로 36,000년이 세계년의 1년이라고 생각했다. 힌두교에서는 인간의 360년이 신의 1년이며 신의 12,000년은 세계 주기를 구성한다고 간주되었다(Cairns, 42-49). 중국의 소강절(邵康節)은 129,600년을 세계 주기로 삼았다(안점식, 107). 뉴에이지 운동은 이런 신년의 개념과 점성술에 입각하여 '물병좌 시대'의 도래를 말하고 있다. 우리나라의 신흥종교인 증산도에서도 중국의 소강절의 세계년 사상과 점성술에 입각하여 천지개벽을 주장하고 있다(안경전 하권, 23-46). 점성술이 황도(黃道), 즉 태양이 지나가는 길을 중심으로 발달했다는 것은 태양신 숭배와 점성술의 관계를 말해 준다. 윤회사상의 기본적인 관념도 불사에 대한 인간의 욕망을 태양 숭배에 투영했을 때 나타나는 것이다. 이처럼 자연주의적 순환관은 태양신 숭배 사상의 온실 속에서 윤회 사상, 점성술, 세계년(World Year) 사상 등을 배태했다.

순환론적 신화들의 근원지가 바벨론이라는 것은 재미있는 시사점을 던져 준다. 에덴동산의 위치가 오늘날의 중근동이라면 아담과 하와가 에덴에서 쫓겨났을 때 처음부터 멀리 가지 않았을 것이다. 또 노아의 자손들이 퍼져 나간 것도 중근동 지역에서다. 바벨론은 최초의 인류 문명이 발생한 곳으로 간주된다. 사탄은 인류 문명의 초기부터 집요하게 역사함으로써 인류가 퍼져 나감에 따라 태양신 숭배와 순환론을 널리 전파할 수 있었을 것이다. 그러므로 성경에서 바벨론이 사탄과 우상을 상징하는 것으로 나타나는 것은 이상한 일이 아니다. "무너졌도다 무너졌도다 큰 성 바벨론이여 모든 나라에게 그의 음행으로 말미암아 진노의 포도주를 먹이던 자로다"(계 14:8). "그의 이마에 이름이 기록되었으니 비밀이라, 큰 바벨론이라, 땅의 음녀들과 가증한 것들의 어미라 하였더라"(계 17:5).

태양신 숭배 지역에서는 언제나 뱀이나 용이 태양신과 결부되어 있다. 용이나 뱀은 고대 중국, 인도, 바벨론, 이집트, 스칸디나비아, 페니키아, 마야, 잉카 문명 등 태양신 숭배 지역의 신화에서 동시에 나타난다. 중국의 태양신 상제를 제사 지내는 천단(天壇)에는 온통 용의 조각으로 꾸며져 있으며 중국 창조 설화의 주인공인 반고(盤古)도 머리에 두 개의 뿔이 달린 용으로 나타난다. 그래서 중국인들은 스스로를 '용의 자손'이라고 부른다. 그리스에서도 뱀이 자기 꼬리를 물고 있는 문형들이 많이 발견된다. 이것은 태양이 졌다가 다시 떠오르는 영원 회기를 상징하는 것으로 간주된다. 이처럼 태양신 숭배 지역에서는 용과 뱀은 신으로 숭배되며 신성한 동물로 여겨지지만 성경은 뱀과 용을 사탄의 상징으로 묘사한다. "큰 용이 내쫓기니 옛 뱀 곧 마귀라고도 하고 사탄이라고도 하며 온 천하를 꾀는 자라 그가 땅으로 내쫓기니 그의 사자들도 그와 함께 내쫓기니라"(계 12:9).

궁극자의 비인격화

인간이 자신의 이성에 도취하여 '합리성'을 진리 판단의 기준으로 삼을 만큼 교만해졌을 때 사용된 사탄의 세 번째 전략은 아마도 인격적 신을 비인격화하도록 부추기는 것이었을 것이다. 인격적 신 대신에 '궁극적 원리', '비인격적 궁극자' 등이 보다 세련되고 합리적으로 느껴질 때 사탄이 인간의 이런 생각들을 활용하지 말라는 법은 없다.

1. 유교의 천(天)

중국에서 상제는 비록 태양신이었지만, 그럼에도 불구하고 본래는 인격적이고 초월적인 천신(天神)이었다. 상제는 자연 현상의 주재자(主宰者)이며 자연적 재앙의 최종 원인으로 간주될 뿐 아니라, 또 인간사를 주재하여 전쟁의 승패, 도읍의 건설과 멸망을 관장한다고 생각되었다. 상제는 초월성을 가지며 제사로써도 그 마음을 바꿀 수 없는 원리적 성격을 띤 절대적 존재로 간주되었다. 그러나 춘추 전국 시대에 들어오면 고대의 인격적인 상제에 대한 신앙에 회의가 일어나는 것을 본다. 고대에는 상제와 천(天)이 동일한 인격적 신으로 간주되었는데, 오랜 전쟁과 사회 혼란이 던져 준 불행 때문에 사람들은 천(天)의 선한 의지와 자비에 대해서 의심을 품게 되었다. 그리하여 사람들은 상제가 가진 인격성을 배제하고 비인격적이고 추상적인 원리로서의 천(天)으로 받아들이기 시작했다(王治心, 43). 주말(周末) 춘추 시대의 대표적 작품이라고 할 수 있는 논어(論語)에는 천이 인격적인 절대자로서 묘사되기도 하고 때로는 자연적 원리로서 간주되기도 한다. 전국 시대에 가면 천(天)의 비인격성은 명백히 드러나며 한대(漢代)의 동중서(董仲舒)에 오면 더욱 확고해진다. 송대(宋代) 이후의 성리학에서는 궁극적 절대자는 이(理), 천리(天理), 도(道), 태극(太極) 등의 원리적 개념으로 바뀐다.

2. 노자의 도(道)

노자의 경우도 천(天)을 추상적이고 비인격적인 도(道)의 개념으로 바꾸었다고 할 수 있다. 그래서 노자는 "천지는 인자하지 않다. 만물을 짚으로 만든 개와 같이 담담하게 여긴다"(天地不仁 以萬物爲芻狗, 老子5장)라고 말했던 것이다. 그리고 "도는 아마도 상제보다 먼저 있던 것 같다"(象帝之先, 老子4장)라고 말한다. 노자의 도는 인격적인 창조주가 아니라 비인격적 근원이며, 만물은 도의 자기 전개에 불과하다. 노자는 이것을 "도(道)는 일(一)을 낳고 일(一)은 이(二)를 낳고 이(二)는 삼(三)을 낳고 삼(三)은 만물을 낳는다"(老子42장)라는 말로 표현한다(안점식, 156-157).

3. 힌두교의 브라만

힌두교에서도 최초에 나타나는 베다(Veda)의 신들은 비록 다신론적이기는 하지만 인격적인 신이었다. 이런 신들은 자연 현상의 배후에 있는 힘의 근원으로 간주되었다. 그러나 이와 같이 세계가 여러 힘에 의해서 지배된다고 보는 다신론적인 사고방식 외에 유일신론적 사고방식도 나타난다. 프라자파티(Prajāpati)는 '생물의 주'라는 뜻을 가졌는데 원래는 다른 신들의 칭호로 사용되다가 나중에는 독립적인 창조의 신으로 널리 숭배되었다. 비슈바카르만(Viśhvakarman)은 '모든 것을 만든 자'라는 뜻으로, 역시 인드라나 태양신들과 같은 신들의 별칭이었던 것이 세계 창조의 신으로 숭배되었다(길희성, 24). 절대신의 완전한 비인격화는 우파니샤드에 와서 이루어진다. 우파니샤드에서 궁극적 절대자는 비인격적인 브라만으로 나타난다. 인격신으로서의 유일신은 낮은 단계의 경지에서 인식되는 것으로 간주되었으며, 높은 단계에서는 비인격적인 브라만으로 인식된다고 여겨졌다. 불교의 경우 석가모니는 신격화되지만 결국은 더 나아가서 법신불이라는 비인격적인 궁극자의 이름이 된다.

4. 서양의 이신론(理神論)

서양에서는 계몽주의 이후에 이신론(理神論, Deism)이 발생한다. 이신론에서는 인격적이고 초자연적인 신이 자연과 자연법칙을 창조했지만, 더 이상 자연과 역사에서 생기는 일에 영향을 미치거나 개입하지 않는다고 생각한다. 비유하자면, 시계를 만드는 기술공이 시계를 만들지만 시계가 돌아가는 것에 관여하지 않으며 시계는 법칙대로 '자동으로'(automatically) 돌아가는 것과 같다는 것이다. 하나님이 우주를 만드셨으나 그것에 관여하지 않고, 자연법칙에 따라서 자동으로 움직이도록 하신 후에 당신은 하늘

나라의 발코니에서 낮잠을 주무시는 것쯤으로 생각하는 것이 이신론적 사고방식이다. 이신론에서 신은 비인격적이고 기계적인 법칙의 관리자이며 인간과 어떠한 인격적인 관계도 맺지 않는다. 이런 생각은 뉴턴 물리학의 기계론적 세계관과 맥락을 같이하는 것이었다. 계몽주의는 일종의 자연주의다. 자연주의적 세계관에서 자연은 신과 인격적 관계를 맺지 않는다. 자연은 자연법칙에 따라 자동적이고 기계적으로 돌아가며, 초자연에 속한 신은 자연에 목적을 부여하거나 개입하지 않는다.

우리가 하나님이 '인격적'이시라고 말할 때 단순히 그분이 인격(person)을 가진 분이라는 의미만은 아니다. 어떤 의미에서는 이신론의 신도 존재론적으로는 인격신이 될 수 있다. 그러나 이신론의 신은 피조물과 어떤 인격적인 관계도 맺지 않는 인과율의 설립자에 불과하다. 존재론적인 의미로 말한다면 사탄도 인격을 가진 존재다. 그러나 사탄은 인간과 인격적인 관계를 맺을 수 없다. 하나님이 인격적이라는 것은 하나님이 인격적 존재일 뿐 아니라 피조물들과 인격적인 관계를 맺고 계시다는 것을 의미한다.

인격적 하나님과 자연법칙

성경은 인간뿐 아니라 자연조차도 하나님과 인격적인 관계를 맺고 있음을 보여 주고 있다. 물론 하나님은 자연법칙을 만드셨다. 그러나 자연은 하나님과 무관하게 자동으로 돌아가고 있는 것이 아니다. 하나님은 자신의 신실하심 때문에 자신이 제정하신 자연법칙대로 자연이 운행되도록 매일 매 순간 자연을 주관하시고 붙들고 계신다. 하나님은 "그의 능력의 말씀으로 만물을 붙드시는"(히 1:3) 분이다.

시편은 자연계를 붙들고 계시는 하나님의 자비와 신실하심을 이렇게 기록하고 있다. "여호와여 주의 인자하심이 하늘에 있고 주의 진실하심이 공중에 사무쳤으며 주의 의는 하나님의 산들과 같고 주의 심판은 큰 바다와 같으니이다 여호와여 주는 사람과 짐승을 구하여 주시나이다"(시 36:5-6). "아침마다 주의 인자하심을 알리며 밤마다 주의 성실하심을 베풂이 좋으니이다"(시 92:3). 이처럼 우리가 자연법칙을 관찰할 수 있는 것은 하나님이 자비하시고 성실하시기 때문이다. 예레미야는 하나님의 자비와 성실하심을 이렇게 고백하고 있다. "여호와의 인자와 긍휼이 무궁하시므로 우리가 진멸되지 아니함이니이다 이것들이 아침마다 새로우니 주의 성실하심이 크시도소이다"(애 3:22-23). 예레미야는 깊은 낙심 가운데서 번민하다가 아침에 변함없이 떠오르는 태양을 보았다. "주님께서 오늘도 성실하게 태양을 붙드시고 법칙대로 떠올리셨구나!" 그래서 그는 환경에 소망을 두지 않고 성실하신 주님께 소망을 둘 수 있었다.

공중에 새 한 마리도 하나님이 허락하시지 않으면 땅에 떨어지지 않는다(마 10:29). 그러므로 자연은 하나님의 신실하심과 영광을 드러내며 하나님을 찬양한다. 하나님이 주권적으로 잠깐 일반적인 자연법칙과 다르게 역사하실 때 우리는 그것을 초자연적 기적이라고 말한다. 그러므로 자연적 현상이든 초자연적 현상이든 그것은 하나님의 주권적 역사에 의해서 인격적 관계로 주관되고 있다고 할 수 있다.

불교의 인과업보

하나님께서 자연과도 인격적으로 관계를 맺고 계시다면 인간과 인격적인 관계를 맺으시는 것은 더 말할 나위도 없다. 하나님과 인간의 관계를 기계적 관계로 설정할 때 도덕적 인과율이 나타난다. 자연법칙이라고 하는 기계적 인과율이 그대로 인간 행위에 법칙으로 적용되었을 때 비인격적이고 기계적인 인과율의 시스템이 발생한다. 그 중에 대표적인 것이 힌두교나 불교에서 주장하는 인과업보(因果業報)의 법칙이다. 인과업보의 법칙에 의하면 사람은 자신이 행한대로 보응을 받는다. 힌두교와 불교에서는 그 '행한 바'를 업(業), 즉 카르마라고 말한다. 인과업보는 비인격적인 인과율의 시스템이며, 기계적이고 자동적으로 돌아가는 시스템이다. 모든 사람은 정확하게 자기가 저지른 만큼 받아야 하는 것이다. 거기에는 조금의 오차도 없다. 인과율은 현상을 기계론적인 원인과 결과의 메커니즘으로 설명하는 것을 의미한다. 인과율에서 원인들의 집합은 곧 그에 대응하는 필연적이고 정확한 결과를 산출한다. 인과율은 세상의 고통과 악에 대하여 손쉬운 설명을 제공하기 때문에 자연적인 상태의 인간은 본능적으로 인과업보와 같은 기계론적 인과율로 현상을 설명하기 좋아한다.

그러나 성경은 기계적인 인과율을 반대한다. 예수의 제자들이 날 때부터 시각장애인인 자에 대하여 질문하는 것을 보면 이 사실이 금방 드러난다. "랍비여 이 사람이 맹인으로 난 것이 누구의 죄로 인함이니이까 자기니이까 그의 부모니이까?" 예수께서는 이런 인과율적 사고에 대해서 반대하신다. "이 사람이나 그 부모의 죄로 인한 것이 아니라 그에게서 하나님이 하시는 일을 나타내고자 하심이라"(요 9:2-3). 욥의 고난에 대한 친구들의 반응 또한 인과율적인 사고의 전형을 보여 준다. 친구들의 주장은 욥이 '뿌린 대로 거둔다'는 것이다. 그러나 이들의 논쟁 가운데 나타나신 하나님은 이런 인과율적 사고를 전혀 지지해 주지 않는다. 욥의 고난은 하나님의 체면, 영광이 걸린 영적 전투였던 것이다.

물론 성경에도 '뿌린 대로 거둔다'는 사상이 있다. 그러나 그것은 성경이 말하는 진리의 반쪽에 지나지 않는다. 성경에서 말하는 바 '뿌린 대로 거두는' 것은 구원의 영역에 적용되는 것이 아니라 상급의 영역에 적용되는 것이다. 만일 구원의 문제에 '뿌린 대로 거두는' 인과율의 법칙을 적용한다면 지옥에 가지 않을 사람이 아무도 없을 것이다. 성경은 구원의 영역에 있어서 '우리의 죄를 다 기억지 아니하시는' 하나님의 자비와 긍휼을 말해 주고 있다. 불교의 인과업보는 부분적으로 옳지만 그것이 구원론에 적용되었기 때문에 잘못된 것이다. 즉 자기가 행한 대로 보응을 받아서 극락을 가거나 지옥을 가거나 혹은 개나 소가 된다고 생각하는 것이다. 구원에 있어서 행한 대로 보응받는다면 구원받을 사람이 없을 것이다. 구원은 믿음으로 받는 것이지만 상급은 뿌린 대로 거두는 것이다. 이 상급은 내세에 천국에서 주어질 수도 있고 현세적인 축복으로 나타날 수도 있다. 구원의 문제에서 '뿌린 대로 거둔다'는 것은 기계적인 인과율의 법칙에 따라서 구원의 여부가 결정된다는 것이다. 이런 관점에서 볼 때 우리는 인과업보의 구원론을 주장하는 힌두교와 불교가 바알 신앙이라는 것을 알 수 있다. 바알 신앙은 기계적 인과율이라는 자연주의에 기초를 두고 있기 때문이다.

한편 비인격적이고 기계적인 인과율의 법칙은 율법주의의 형태로 나타난다. '믿음'은 인격적 관계를 상징하는 말이다. "나는 너를 믿는다"라고 말할 때 그것은 인격적 관계를 전제로 한 것이다. '행위 구원'은 기계적 관계를 상징하는 말이다. 만일 친구 사이에 베푼 만큼 갚아 주어야 한다는 엄밀한 원칙이 있다면 그것은 참된 인격적 관계가 아니다. 인과율에 매어 있는 사람은 인격적 관계를 맺기 어려워한다. 얻어먹었으면 갚아 주어야 직성이 풀리기 때문에 신세지는 것을 두려워한다. 신세를 진다는 것은 곧 인격적 관계를 맺는 것이 되기 때문이다. 그래서 인과율에 젖어 있는 사람일수록 복음의 은혜를 받아들이기가 어렵다. 이처럼 행위 구원의 사상은 철저하고 비인격적인 인과율의 시스템이다. 인과율에 의한 구원은 철저히 기계적인 관계를 반영하는 것이다.

행위 구원론

성경이 말하는 하나님은 인격적인 신이다. 그러나 인격적인 신이란 단순히 지, 정, 의를 가진 인격체인가 아닌가로 결정되는 것이 아니다. 진정한 인격적인 신은 피조물과 인격적인 관계를 맺고 있으며, 또 맺기를 원하는 신이라고 할 수 있다. 이슬람교의 알라는 분명히 존재론적으로는 인격체다. 무슬림들은 알라가 인격신이라고 주장하지만 그들은 대부분 알라를 인격적으로 느끼지는 못한다. 그들은 알라와 인격적인 관계를 맺고 깊은 교제를 한다는 것을 잘 상상하지 못한다. 무슬림들은 하나님과 인격적 관계를 맺어 본 적이 없기 때문에 기독교인들이 하나님을 아버지라고 부르면 당황해하고 신성 모독이라고 생각한다. 무슬림들에게는 행위로 구원을 받는다는 율법주의적 기준이 있다. 그러므로 무슬림들은 하나님과 어떻게 인격적인 관계를 맺는지 방법을 모른다. 우리가 예수를 영접하면 성령께서 우리 안에 들어오셔서 우리와 인격적인 교제를 하신다는 말을 하면 그들은 그것을 잘 이해하지 못한다.

무슬림들은 세상의 악과 고통에 대하여 운명론으로 설명한다. 즉 인간의 운명은 각본에 짜인 대로 자동적으로 그렇게 된다는 것이다. 운명론은 일종의 기계론이다. 기계라는 것은 원래 짜인 설계대로 움직이는 것이기 때문이다. 이슬람교의 알라는 각본을 짜고 그대로 집행하는 관리자에 불과하다. 이슬람교의 구원론은 '행한 대로 보응받는다'는 인과율에 입각해 있다. 이슬람교에서 알라는 피조물과 인격적인 관계를 맺는 신이 아니라 인과율의 관리자이고 집행자다. 알라는 마지막 심판 날에 인간의 행위를 천칭에 올려놓고 심판한다. 이 천칭은 겨자씨만큼의 차이도 가려내는 신비의 저울이다(꾸란 21:48). 그러나 겨자씨만큼의 차이 때문에 천국과 지옥이라는 현격한 차이로 구분되는 것은 그리 설득력이 있어 보이지 않는다.

중국의 명청(明淸) 대에 나타난 민간도교에서는 선악의 행위가 수명에 영향을 주며, 선행을 함으로써 신선이 될 수 있다는 생각이 있었다. 그들은 큰 죄를 지으면 300일의 수명이 단축되고 작은 죄를 지으면 3일의 수명이 단축된다고 믿었다. 또 천선(天仙)이 되기 위해서는 1,300가지, 지선(地仙)이 되기 위해서는 300가지의 선행을 해야 한다고 생각했다. 그들은 각각의 행위를 점수화해 놓은 행위에 대한 표준 점수 조견표를 만들어서 행위를 계량화했다. 그리고 이 점수 조견표에 따라 하루의 행위를 결산하고, 한 달의 행위, 일 년의 행위를 결산했다. 이 행위 결산표를 공과격(功過格)이라고 불렀는데 공(功)은 플러스(+) 점수이고, 과(過)는 마이너스(-) 점수를 의미하는 것이다(窪德忠, 354-358).

이들은 매우 진지하게 자신들의 행위를 결산했지만 우리가 볼 때는 우스꽝스럽기 그지없다. 그러나 이런 우스꽝스러운 결론은 행위 구원을 주장하는 사람들이라면 피할 수 없는 문제다. 행위로 심판을 하려면 행위의 횟수와 비중을 계량화해야 하는데 어떤 기준으로 그것을 계량화할 수 있는지 의심스럽다. 그리고 설사 행위를 계량화할 수 있다고 해도 구원받는 커트라인을 어디에 둘 것인지 의문이 간다. 더군다나 겨자씨만 한 차이로 천국행과 지옥행이 갈라져야 하는지 반문하지 않을 수 없다.

꾸란과 성경

우리는 이슬람교의 알라가 인격적인 신이 아니라는 것을 꾸란의 형성 과정을 통해서도 알 수 있다. 무슬림들이 꾸란에 대해서 가지고 있는 생각은 기계적 영감설이다. 문맹(文盲)인 무함마드가 히라산 동굴에서 명상을 하고 있을 때 어느 날 가브리엘 천사가 나타나서 불러 준 대로 받아 적은 것이 꾸란이라는 것이다. 따라서 꾸란에는 무함마드의 인격과 개성에서 나온 어떤 것도 포함되어 있지 않다는 것이다. 이슬람교에서는 글자를 모르는 사람이 받아 적었기 때문에 기적이고 따라서 꾸란은 인간적인 것이 전혀 없으며 신적 기원이 있다고 주장한다. 그러나 모세와 대적했던 애굽의 요술사들처럼 사탄도 기적을 일으킬 수 있다. 꾸란이 쓰인 것은 신접술(神接術)을 행하는 영매(靈媒)들이 신접했을 때 행하는 자동 기술(自動 記述)의 기계적 방법과 전혀 다르지 않다. 영매들은 자기 의식이 없는 최면 상태에서 의미도 알 수 없는 부적과 비슷한 것을 갈겨쓰고 그것을 소위 '영서'(靈書)니 '방서'(方書)니 하는 이름으로 부른다. 그러나 이런 것들은 자기 의식과 인격이 전혀 없는 상태에서 귀신이 불러 주는 대로 기계적으로 받아 적은 것일 따름이다. 하나님은 결코 기계적 방법을 통해서 인간을 감동시키거나 계시를 주시지 않는다. 그러므로 꾸란이 하나님으로부터 왔는지 아닌지는 자명한 일이다.

성경은 유기적 영감설을 말한다. 하나님은 성경 저자가 가지고 있는 개성, 즉 문체와 지식과 감정 등을 그대로 사용하셨다. 그러나 성령의 감동으로 이런 개성에서 올 수 있는 죄성(罪性)과 오류들을 막으셔서 온전한 하나님의 말씀이 되게 하셨다. 하나님은 성경의 저자로 하여금 받아쓰기를 시키지 않으시고 그들의 인격을 철저히 존중해 주셨다. 성경에는 인간들의 독특한 개성이 나타나 있지만 전혀 오류가 없다. 그래서 성경은 백 퍼센트 인간의 작품이면서 동시에 백 퍼센트 하나님의 작품이다. 이것이야말로 참된 기적이 아닐 수 없다. 성경의 형성 과정은 하나님께서 인간을 로봇처럼 기계적으로 사용하시지 않고 인간과 인격적으로 관계하시는 진면모를 보여 주는 것이다.

토의 및 정리 문제

1. 사탄이 하나님을 비인격적인 궁극자나 힘으로 간주하게끔 하는 전략을 사용하는 이유는 무엇인가? 그런 예들을 타세계관 속에서 찾아보라.
2. 인류 문명 초기에 정령 숭배 사회에서처럼 다신론이 나타난 이유는 무엇인가? 여기에 사탄의 어떤 전략이 있는가?

3. 종교의 형태가 다신론에서 유신론, 그리고 이신론으로 발전한다는 진화론적 사고방식에 입각한 종교 사학파의 주장은 어떻게 반박될 수 있는가? 종교사를 더듬어 볼 때 사탄은 어떤 전략을 사용했다고 생각되는가?

4. 태양신 숭배가 전 세계적이라는 예를 타종교를 통해서 제시해 보라. 성경에서는 태양신 숭배를 어떻게 보고 있으며 이런 사상은 왜 독특한가? 태양신 숭배에 관련된 사탄의 전략은 무엇인가?

5. 태양 숭배와 순환론은 어떤 밀접한 관계가 있는가? 순환적 우주관의 예들을 제시해 보고 오늘날 뉴에이지 운동 등에서 이런 사상을 어떻게 사용하고 있는지 논해 보라.

6. 하나님이 '인격적'이라고 할 때 그 참된 의미는 무엇인가? 그런 관점에서 이신론의 신은 왜 비인격적인가?

7. 불교의 인과업보나 이슬람교의 운명론은 왜 비인격적인가? 행위 구원론은 왜 바알 신앙인가?

9장 | 바알 신비주의의 본질

정체성을 상실하는 합일주의

사탄은 인격적인 관계를 맺을 수 없기 때문에 인간을 비인격적인 무의식의 상태로 몰고 간다. 그 결과 나타나는 것이 바알 신비주의다. 신비주의는 기계적 신앙, 바알 신앙의 또 다른 측면에 지나지 않는다. 바알 신앙에는 반드시 인격의 상실을 바탕으로 하는 신비주의가 따른다. 신비주의의 특징은 인식 주관과 인식 대상의 구분이 불분명해지는 것이다. 이것은 몰아경, 황홀경, 삼매경, 주객합일 등의 용어로 설명되어 왔다. 신비주의에서는 항상 자기 정체성의 상실을 동반하는 신인합일의 체험이 나타난다. 신비주의는 자아 상실, 즉 인격 상실을 통한 합일을 추구하며 인격적 관계를 근거로 한 신앙이 아니다.

기독교 신비주의자인 에크하르트의 신비주의에서는 신의 정체성과 나의 정체성 사이의 구분이 없어진다. 즉 '나'라고 하는 정체성 의식의 상실,

자아 상실을 통해서 신과 합일된다. 이슬람 신비주의인 수피 사상은 신에 대한 지식, 즉 신지(神智)를 얻는 길은 신과의 합일이나 신에 흡수되는 체험을 통해서 이루어진다고 주장한다. 수피 사상가 중 한 사람인 알 할라즈도 신의 정체성과 자기의 정체성을 구분하지 못하고 자신을 신과 동일시했던 것이다. 자아 상실적인 주객합일의 신비주의 사상은 장자(莊子)에서도 나타난다. 장자에 의하면 모든 것이 이미 하나이기 때문에 구별할 수 없다. 장자에 있어서 절대 자유를 획득하는 방법은 극한적 대립물의 대립과 주객의 차별을 넘어가는 것이다. 장자가 생각하는 주관과 대상의 합일은 지극히 자아 상실적인 것이라 할 수 있다. 힌두교의 '범아일여' 사상은 개별적인 자아를 넘어서 모든 사람에게 편재하는 몰개성적인 대자아(大自我) '아트만'을 말한다. 개별적 자아는 환상이어서 실재하지 않으며 아트만만이 실재한다. 그리하여 '나'라고 하는 개별자의 정체성은 원래는 실재하지 않는 것이 된다. 초기 불교에서 말하는 제법무아(諸法無我)는 모든 존재는 자성(自性), 즉 고정불변하는 고유의 속성이 없다는 것이다. 무아설(無我說)이 가르치는 것은 이 우주에는 '나'라는 정체성을 가진 존재가 아무도 없다는 것이다. 현대 심리철학에서도 '나'의 정체성을 부정하려는 학설들이 많이 나타난다. 오늘날 포스트모더니즘의 사조(思潮)도 주체성의 상실, 자아의 분해, 자아의 해체 등의 개념을 통해서 범신론으로 귀결되는 경향이 있다.

인간의 원죄는 '나'를 높이고자 하고, 사물을 자기와 배타적으로 분리시키고자 하는 '자아의식'과 깊은 관계가 있는 것이 사실이다. 자아와 욕심, 그리고 죄의 상호 연관성은 부인할 수 없는 사실이다. 따라서 대부분의 종교들은 '자아'와 '욕심'에 대해서 심각하게 다룬다. 바알 신비주의 종교들은 정체성으로서의 자기 자신도 부정하는 데까지 나아가는 경우다. 이런 종교들은 개별자로서의 '자아의식'을 무지의 소치로 보고 그것을 뛰어넘는 것을 '깨달음'이라고 주장한다. 다양한 개별자들로 인식되는 현실 세계를 '환상'으로 간주함으로써 자아가 사물에 접했을 때 일어나는 모든 욕망을 제거하려 한다.

성경적 관점에서 보면 개별적 자아, 혹은 정체성 그 자체가 원죄인 것은 아니다. 인간의 타락으로 인간의 정체성 안에 생겨난 육신적 성향들이 죄성이며 이런 성향이 욕심의 원천이다. 성경적으로 말하자면 제거되어야 할 것은 정체성이 아니라 육신적 성향이며, 예수 그리스도를 영접함으로 말미암아 성령께서 우리 안에 들어오셔야만 옛 사람, 즉 육신적 성향의 습관을 제거하는 것이 가능하다. 타종교나 타세계관의 문제는 정체성과 육신적 성향(flesh)을 구분하지 못하며 또 그것을 분리시킬 능력이 없다는 데 있다. 정체성과 결합되어 있는 육신적 성향, 즉 죄성의 사슬로부터 정체성을 해방시킬 수 있는 분은 오직 성령이시다. 성경은 "생명의 성령의 법이 죄와 사망의 법에서 너를 해방하였음이라"(롬 8:2)고 말씀한다.

타종교와 타세계관들도 인간에게 고통을 일으키는 욕망들, 즉 육신적 성향이 있다는 것을 인지한다. 그러나 그들은 정체성과 육신적 성향의 상관관계를 잘 알지 못한다. 영지주의는 육신적 성향(flesh)을 육체(body)와 동일시해서 육체를 저급한 것으로 보고, 육신적 성향을 부정하기 위해서 육체를 부정한다. 불교는 육신적 성향을 정체성과 동일시해서 육신적 성향을 부정하려면 정체성을 부정해야 한다. 불교의 무아설은 정체성을 부정하기 위한 논리적 근거다. 이슬람교나 무신론자들은 육신적 성향을 자연적인 것으로 간주하고 그대로 받아들인다. 정체성을 육신적 성향으로부터 해방, 분리시킬 수 없는 타종교와 타세계관의 입장에서는 이러한 방식들을 취하는 것이 불가피하다.

성령께서 우리 안에 들어오시기 전에는 우리의 정체성이 육신적 성향에 결박되어 있기 때문에 아무리 의지적으로 노력해도 죄를 짓지 않을 수 없다. 그러나 성령께서 그 결박을 파괴하고 우리의 정체성을 해방시키면 우리는 성령과 연합하여서(고전 6:17) 성령의 욕구를 따를 수 있게 된다(롬 8:5). 우리의 정체성은 육신적 성향의 결박에서 해방되었지만 그 육신적 성향이 완전히 제거된 것은 아니다. 그것이 완전히 제거되는 것은 예수께서 재림하셔서 우리가 영화로운 몸을 입었을 때다. 우리 안에는 여전히 육신적 성향, 즉 죄의 법이 남아 있어서 우리를 사로잡기 위해 공격해 온다(롬 7:19-23). 그러므로 믿는 자에게도 여전히 갈등이 있고 영적 싸움이 있다.

성경에서 말하는 '자기부인'은 자기 안에서 일어나는 영적 싸움을 단적으로 표현한 말이다. 자기부인은 개별자로서의 자기 정체성의 포기가 아니라 육체의 소욕(所欲), 육신적 성향을 거스르고 성령의 소욕을 따르는 것을 의미한다(갈 5:16-17). 성령의 인격에 나의 인격이 완전히 순종되어 있는 것이 성령 충만이고 완전한 자기부인의 상태. 성령 충만은 결코 '나'라는 의식조차 상실하게 하는 자기 정체성의 상실을 의미하지 않는다. 정체성을 부정하는 모든 바알 신비주의의 결론은 에크하르트나 알 할라즈에서 본 것처럼 "내가 곧 하나님"이라는 것이다. 이것은 창세기에서 사탄이 최초의 인류에게 했던 거짓 가르침, "하나님과 같이 되어"(창 3:5)와 동일한 것이다.

사탄은 비인격적 관계, 기계적 관계를 원하므로 인간을 무인격의 상태, 즉 무의식 상태로 끌고 가기를 좋아한다. 신비주의에 수반되는 삼매경, 무아경, 몰아경, 황홀경, 환각 상태, 최면 상태는 무의식 상태이며 사탄이 원하는 자아 상실, 의식 상실의 상태다. 사탄은 자기 정체성의 상실, 인격의 상실 상태에서 역사한다. 만일 정체성과 인격을 상실하면 귀신이 들어와서 그 인격의 자리를 차지한다. 신인합일은 결국 자기 인격을 상실하고 귀신의 인격에 의해서 점령된 상태이며 귀신에 의해서 조종되는 귀신 들림의 상태다. 귀신은 그 대가로서 잠시 동안 황홀경과 같은 체험을 허락할 수 있다. 사탄은 기계적 관계를 통해서 황홀경을 경험하게 함으로써 사람들을 끌어들인다. 바알 신비주의에서는 자기의식의 상실을 위해서 기계적으로 반복되는 주문, 동작, 노래 등이 따르며, 그 결과 귀신의 인격에 점령되었을 때는 광란과 자해 등이 나타난다. 갈멜 산에서 엘리야와 대결하였던 바알 선지자들은(왕상 18:26-29) 이런 전형을 보여 준다. 또 이런 현상은 마약, 오컬트(occult, 신비적 마술적) 등과 결부된 음악 등에서도 찾아볼 수 있다.

하나님은 인간과 인격적인 관계를 맺기 원하시므로 무의식적 황홀경의 상태로 우리를 빠뜨리시지 않는다. 하나님은 우리가 의식을 가지고 인격적으로 관계하기를 원하시며 하나님과의 인격적 관계 안에서 생수와 같이 솟아오르는 기쁨을 누리기를 원하신다. 이 기쁨은 예수 안에서 충만했던 기쁨이며(요 15:11) 환경과 상관없이 성령께서 주시는 말할 수 없는 기쁨이다. 그것은 마약을 먹은 것과 같은 상태에서 잠깐 맛보는 황홀경이 아니다. 많은 사람들이 성령 충만함을 받아서 기쁨을 누리는 데에 어려움을 느낀다. 사탄은 이것을 틈타서 손쉬운 방법, 즉 기계적으로 주문을 외워서 황홀경에 빠지게 하고 그 맛에 중독되게 한다. 사람들은 인생의 고통을 잊어버리기 위해서 순간적인 황홀경을 추구하는 것을 포기하지 않는다.

무의식과 영적 전쟁

인간의 무의식은 영적 전쟁의 각축장이다. 심층 심리학자들은 대개 인간의 정신을 의식과 무의식으로 나눈다. 아마도 인간이 타락하기 전에는 의식과 무의식으로 나누어지지 않았는지도 모른다. 그런데 인간은 타락한 후에 원죄에 대한 죄책감이 너무나 커서 그 괴로움을 이기기 어려웠을 것이다. 그래서 인간의 원죄에 대한 죄책감은 무의식에 남아 있고, 의식은 자기 방어 기제로서 죄책감에서 오는 괴로움을 잊게 해 주는지도 모른다. 일반적으로는 무의식에 잠재된 것이 의식을 지배한다. 타락한 인간이 실존적으로 허무와 불안을 느끼는 것은 무의식에 있는 죄의식 때문이다. 원죄가 무의식 속에 있기 때문에 의식이 행하는 어떤 도덕적 결단이나 다짐도 우리를 이 죄책감에서 벗어나게 하거나 거룩하게 만들지 못한다. 무의식이 의식을 통제하지 의식이 무의식을 통제하는 것이 아니기 때문이다.

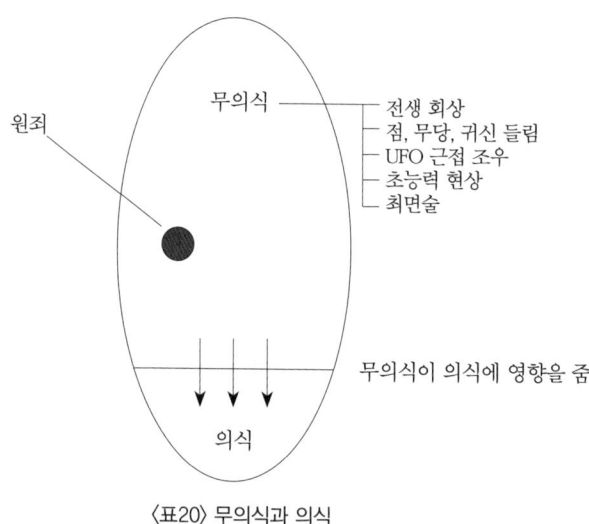

〈표20〉 무의식과 의식

무의식 그 자체는 중립적이어서 하나님이 활용하실 수도 있고, 사람 자신이 활용할 수도 있고, 사탄이 활용할 수도 있다. 그러나 사탄은 인간을 무의식 상태로 빠뜨리는 것을 매우 좋아한다. 왜냐하면 사탄은 인격적 관계를 맺을 수 없기 때문이다. 무의식 상태는 무인격의 상태이기 때문에 사탄이 비인격적 관계를 맺기에 가장 좋은 상태다. 무의식의 상태는 인간이 어떤 정보에 대해서 방어할 수 없는 상태다. 마치 권투 선수가 팔을 내리고 있는 것과 동일하다. 무의식 상태에서 사탄은 어떤 메시지나 생각도 마음대로 집어넣어 줄 수가 있다. 물론 의식이 있을 때에도 사탄은 우리에게 어떤 생각이라도 집어넣어 줄 수 있다. 그러나 우리가 의식이 있을 때에는 언제든지 성령의 검, 즉 말씀을 뽑아서 사탄이 넣어 주는 생각을 거부하고 물리칠 수 있다. 사탄은 사람이 무의식 상태에 빠져서 정체성을 상실할 때 그 사람의 인격의 자리에 들어가서 마음껏 자신의 거짓된 정보와 사상을 주입시킬 수가 있다.

1. 전생 회상

사탄이 어떻게 무의식을 활용하는지를 살펴보자. 근래에 미국 정신과 의사 브라이언 와이스(Brian Weiss)에 의해서 시작된 '전생 퇴행 요법'을 우리나라에서도 한 정신과 의사가 본받아서 환생 신드롬의 주역이 되었다. 어떤 사람은 자신의 전생을 회상해 내어서 자기가 언제 어디에서 살았던 누구라고 주장한다. 더군다나 기자가 그 지역에 가서 조사해 보니 정말 그 시대에 거기에 그런 사람이 살았다는 사실이 확인되었다는 것이다. 그러나 이러한 전생 회상 체험이 윤회설을 정당화시켜 주지는 않는다. 왜냐하면 자신의 전생을 의식의 상태에서 회상하는 사람은 아무도 없기 때문이다. 전생을 회상하는 사람들은 대개 정신적으로 문제를 느껴서 정신과 병원을 찾는다. 의사가 시간을 거슬러 올라가는 역행 최면을 걸었을 때 환자가 전생을 기억해 낸다. 그런데 최면 상태는 자신의 의지와 정체성을 포기한 무의식의 상태와 동일하다는 것이다. 더군다나 사탄과 그의 졸개인 귀신들은 영적인 존재일 뿐 아니라, 죽지도 않으며, 또한 전 세계적인 네트워크를 가지고 있다. 그들은 비록 모든 것을 안다거나 모든 곳에 동시에 있을 수 있는 전지전능한 존재는 아니다. 그렇지만 그들은 상당한 정보와 지식을 가지고 있으며, 따라서 언제 어디서 누가 살았는지에 대해서 상당한 정보를 가지고 있다. 그리고 인간이 무의식의 상태에 빠져 있을 때 그런 정보를 집어넣을 수 있다. 그러나 사탄이 넣어 준 정보 자체는 사실일지 모르지만 그것이 소위 전생 회상을 주장하는 그 사람의 전생은 아니다.

2. 점(占)

점쟁이들도 마찬가지다. 점쟁이들은 무의식 상태에서 신접하여 귀신, 즉 타락한 천사가 넣어 주는 정보에 의존해서 점을 친다. 점쟁이들이 귀신처럼 용하고 쪽집게처럼 맞추는 것은 귀신이 들렸기 때문이다. 점쟁이들은 현재 상황이나 과거에 대해서는 매우 정확하게 맞출 수 있다. 왜냐하면 귀신이 정보를 제공하기 때문이다(단 2:11). 사람들은 점쟁이가 과거와 현재 상태를 잘 맞추기 때문에 미래도 당연히 잘 맞출 것이라고 논리적으로 비약한다. 그러나 점쟁이들도 미래에 대해서는 잘 알지 못한다. 귀신은 미래를 알 수 있는 전지한 존재가 아니다. 오직 하나님만이 미래에 대해서 말쏨하실 수 있다(단 2:28; 사 41:22). 귀신들이 미래를 맞추는 것은 확률에 의해서다. 우리 인간도 충분한 정보가 있고, 또 이 정보를 잘 처리하면 꽤나 정확하게 미래에 대해서 예측할 수 있다. 예를 들어서 우리는 고등학교 3학년 학생이 공부는 하지 않고 당구나 치고 미팅만 하고 다닌다면 거의 선지자적인 확신으로 "너 이번에 대학 못 가!"라고 예언할 수 있다. 귀신들은 영적인 존재이고, 죽지도 않으며, 인간에 대한 많은 지식과 정보를 가지고 있다. 이런 이유 때문에 귀신들은 인간보다 미래를 맞출 확률이 좀 더 높을지 모른다. 또 타락한 천사들은 비록 제한적이지만, 천사적 능력으로 점쟁이의 예언을 성취하는 방식으로 하나님을 모방할 수도 있을 것이다. 귀신은 사람들이 믿고 두려워하는 바를 이용해서 협박하고 속이는 작전을 펼친다. 예컨대 "접시가 깨지면 재수가 없다"라고 믿고 두려워하는 사람에게는 이에 응해서 역사함으로써 마치 길흉화복의 주권을 가진 양 속이는 것이다. 결국 귀신의 목적은 과거나 현재를 맞추어서 사람을 미혹한 후에 미래의 파멸로 사람들을 끌고 가는 것이다. 실제로 과거나 현재의 상태에 대해서 '용하게' 맞추는 점쟁이들도 미래에 대해서는 틀리기 일쑤다.

샤머니즘, 혹은 애니미즘에서의 예언은 개인의 사사로운 길흉화복, 미래에 초점이 맞추어져 있다. 반면에 성경적 예언은 공동체의 현재 영적, 도덕적 상태와 회개에 초점이 맞추어져 있으며, 회개하지 않으면 결과적으로 미래에 무슨 일이 닥칠지 말하고 있는 것이다. 개인의 경우, 나단 선지자가 다윗의 범죄를 지적한 것처럼(삼하 12:1-15) 공동체의 지도자로서의 영향력 때문에 다윗에게는 특별히 경고와 회개가 촉구된다.

3. 귀신 들림, 신접(神接)

축사(逐邪)를 할 때 대개 귀신 들린 사람이 자기의식을 상실한 상태에서 귀신이라는 다른 인격이 스스로를 드러낸다. 귀신들은 자기가 언제 죽은 누구라고 거짓말하면서 귀신의 정체가 인간의 사후영(死後靈)인 것처럼 가장하는 경우가 많다. 더군다나 실제로 조사해 보니 귀신의 말대로 언제 어디서 죽은 누구가 있었다는 것이 사실로 드러난다. 이렇게 되면 귀신이 하는 말만 듣고 귀신의 정체가 불신자의 사후영(死後靈)이라고 잘못 단정을 내리는 사람들도 생겨난다. 그러나 귀신은 죽지도 않고, 오랫동안 어떤 지역에서 역사하면서, 그 지역에 있는 집안의 내력에 대한 정보를 알고 있을 수 있다. 귀신의 정체는 타락한 천사다. 그들은 자기들을 불신자의 사후영인 것처럼 속임으로써 자신의 정체를 숨기고 신접하도록 유도하며, 죽음 후에 있을 심판의 즉각성을 흐리게 한다. 사람들은 본성적으로 부모나 조상을 공경하는 속성이 있기 때문에 귀신들은 사후영으로 가장해서 죽은 자와 신접하도록 유도하는 것이다. 만일 귀신이 타락한 천사인 것을 안다면 아무도 신접하지 않을 것이다. 전 세계적으로 조상이나 사자(死者)에 대한 숭배와 신접술(神接術)이 만연해 있는 것은 이러한 사탄의 전략 때문이다. 그러나 성경은 신접술을 철저하게 금하고 있다(신 18:11).

4. UFO 현상

UFO의 조우(遭遇)도 무의식과 밀접한 연관을 가지고 있다. UFO가 귀신의 활동과 밀접한 연관이 있다는 것은 소위 '근접 조우'(close encounter) 현상을 살펴보면 알 수 있다. UFO 근접 조우는 UFO를 가까이서 목격했을 뿐 아니라 외계인을 만나고 심지어 UFO에 초대되거나 납치되어서 그들로부터 메시지도 듣는 것을 말한다. 그런데 재미있는 것은 이런 체험을 의식 상태에서 기억해 내는 사람은 아무도 없다는 것이다. 전생 회상과 마찬가지로 UFO 근접 조우의 체험은 역행 최면을 통해서만 회상된다. 어떤 사람이 근접 체험을 하는 동안에 그와 동행하는 옆 사람이 보았을 때 그가 실제로 UFO에 끌려가지는 않는다. UFO 옹호자들은 근접조우하는 사람이 유체이탈(幽體離脫)의 상태에서 체험하는 것이라고 주장한다. 그러나 유체이탈의 상태가 바로 입신(入神)과 같은 무의식의 상태다. 무의식의 상태에서 귀신이 그러한 잘못된 정보를 집어넣는 것이다.

UFO 근접 조우 체험이 사탄의 소행이라는 것은 소위 UFO로부터 받았다는 메시지를 살펴보면 잘 알 수 있다. 이 메시지는 하나같이 점성술이나 요가, 탄트라, 기공, 초능력, 신인(神人) 사상과 같은 뉴에이지 사상이다. 더군다나 UFO의 메시지를 간접적으로 받는 사람들은 자동 기술(automatic writing)이나 자동 구술(automatic speaking) 등을 통해서 메시지를 받는데 이런 방법은 심령술에서 영매들이 신접했을 때 나타나는 현상과 동일하다. UFO는 이제 단순한 관심에서 끝나지 않고 기독교를 대적하는 숭배 종교로 나타나고 있다. 라엘리언 운동과 같은 것이 대표적인 UFO 숭배 종교다. 오늘날 미국의 유수한 대학의 심리학과와 종교학과에서는 UFO 현상에 대해서 '유폴로지'(Ufology)라는 이름으로 정식으로 다루고 있을 정도다.

UFO의 운동 방식도 그것이 영적 존재의 소행임을 보여 준다. UFO는 중력(重力)과 관성(慣性)에 구애받지 않고 고속에서 직각으로 방향을 전환하거나 낙엽이 떨어지는 것처럼 비행하기도 한다. 또 UFO는 순간적으로 소멸하거나 출현한다. UFO는 두 개가 합쳐지거나 한 개가 둘로 나뉘기도 하고 여러 모양으로 형태를 바꿔 가며 날아간다. 이런 현상은 유령 현상과 흡사하며 UFO가 귀신의 장난임을 보여 준다. UFO 현상은 중세에 만연한 요정 현상과 흡사하고 세계 도처에 나타난 성모(聖母) 출현 소동과도 밀접한 연관을 가지고 있다(맹성렬, 360-426). UFO 현상은 과학 숭배주의에 빠진 인간을 속이기 위한 사탄의 전략에 불과하다.

5. 초능력 현상

초능력의 개발도 무의식과 밀접한 관계를 가지고 있다. 초능력 추구자들은 요가나 기공(氣功)과 같은 수행을 통해서 인간에게 잠재되어 있는 신적인 능력이 개발된다고 주장한다. 요가에서는 이런 초능력을 싯디(siddhi)라고 부르고 기공에서는 특이공능(特異功能)이라고 부른다. 이런 주장에 깔려 있는 전제는 '인간은 본래 신적 존재'라고 하는 사탄의 가르침, 즉 범신론적 신비주의다. 이런 거짓 가르침은 '인간은 모두 죄인'이라는 성경적 가르침을 정면으로 부정하는 것이다.

보통 초능력 옹호자들은 초능력이 쎄타(θ) 파의 뇌파 상태에서 나타난다고 주장한다. 쎄타 파는 바로 무의식 상태라고 할 수 있다. 그러나 초능력을 옹호하는 사람들조차도 뇌파가 쎄타 파이기 때문에 초능력이 나타나는 것이 아니라, 단지 초능력이 나타났을 때 쎄타 파의 뇌파로 측정된다고 말한다. 이것은 뇌에 초능력의 근원이 있는 것은 아니라 단지 무의식과 초능력의 획득에 어떤 연관이 있다는 것을 말해 준다.

초능력 현상에는 신접, 빙의(憑依), 자동 기술 등의 영적 현상이 따른다.

초능력은 신비적 수행으로 잠재된 능력을 끌어내는 것처럼 보이지만 사실 그것은 속임수일 뿐이고 그 능력의 근원은 사탄이다. 이를테면 유리겔라와 같은 사람이나 수많은 샤먼들이 어떤 신비적 수행 없이 초능력을 얻었다는 것을 볼 수 있다. 또 많은 초능력자가 그 능력을 갑자기 잃어버리는 것도 그것을 입증해 준다. 실제로 어떤 요가 수행자가 초능력을 갑자기 상실해서 폐인이 되었는데 선교사가 그에게 복음을 전해서 그가 예수를 영접하고 구원을 받았다는 보고도 있다. 초능력의 배후에 어떤 영적인 힘이 있다는 것을 솔직한 초능력자라면 부인하지 못할 것이다.

6. 최면술

최면술에 걸린 상태도 무의식의 상태다. 이것은 다른 사람이 그 사람의 정체성을 마음대로 조종할 수 있는 상태다. 따라서 최면의 상태에서는 최면술사가 시키는 대로 행동하고 느낀다. 최면술사가 '당신은 개'라고 말하면 그 사람은 정말 개처럼 느끼고 말한다. 정체성의 상실 상태에서 사람도 이처럼 감각과 정보를 마구 집어넣을 수 있다면 귀신들은 얼마나 마음대로 그런 것들을 집어넣어 줄 수 있을지 명백하다. 최면 상태에서 전생을 회상하고 외계인과 만난 기억을 회상하는 것은 귀신이 그렇게 느끼고 경험하게 했기 때문이다. 신비주의 비술(秘術) 분야에서 활동하는 상당수의 사람들도 최면에 걸릴 때 귀신 들릴 위험이 있다는 것을 느낀다고 고백한다(Albrecht, 97).

오늘날의 바알 신비주의

1. 적극적 사고

모든 바알 신비주의에서 나타나는 초능력에 대한 추구는 오늘날 유사 심리학을 가장해서 나타난다. 소위 '정신력의 기적', '잠재력의 개발', '신념의 기적'과 같은 개념들이 바로 그것이다. 이런 개념들을 사용하는 사람들은 인간의 무의식 안에는 가공할 만한 능력이 잠재되어 있기 때문에 그것을 개발하면 인간은 기적과 같은 일을 얼마든지 창출해 낼 수 있고 성공할 수 있다고 주장한다. 이런 생각은 기독교 안에도 파고들어서 노만 빈센트 필(Norman Vincent Peale)이나 로버트 슐러(Robert H. Schuller) 등에 의해서 '적극적 사고'(positive imaging)라든지 '가능적 사고'(possibility thinking), '긍정적 고백' 등의 이름으로 불리우고 있다. 그들은 어떤 사람이 긍정적이고 적극적으로 생각하고 말하면 자기가 생각하고 말한 바대로 이루어진다고 주장한다. 그들이 사용하는 방법이 바로 '구상화'(具象化, visualization)이다. 즉 자기가 원하거나 되고 싶은 바를 상상력을 사용하여 구상화하면 상상한 대로 실재화(實在化, realization) 된다는 것이다. 물론 사물에 대해서 긍정적으로 생각하고 말하는 것은 좋은 태도라고 할 수 있다. 그러나 이들의 주장은 단순히 이런 태도의 차원이 아니다. 여기에는 바알 신비주의가 깔려 있다.

힌두교나 샤머니즘 등의 바알 신비주의에서는 '말' 그 자체가 능력이 있다고 생각한다. 어떤 '말'이 발설되면 그 말을 하는 사람의 영적, 도덕적 상태나 인격적 고백 유무를 떠나서 신의 힘을 끌어낼 수 있는 능력이 있다고 생각한다. 이때 사용하는 '말'이 다름 아닌 주문 혹은 진언이다. 주문, 즉 진언은 신적 능력을 끌어낼 수 있는 힘이 그 안에 내재되어 있다고 생각된다. 그래서 신은 그 '말'이 나오면 신의 의지와는 무관하게 어떤 영적인 법칙에 얽매여서 행할 수밖에 없다는 것이다. '말'에는 신을 부리고 조종할 수 있는 능력이 있다는 것이다. 샤먼이나 마법사, 주술사는 이러한 영적 법칙을 알아서 어떤 힘을 끌어낼 수 있는 '비밀스러운 말'을 알고 있는 사람으로 간주된다. 그래서 힌두교에서는 주문을 관장하는 브라만 계급이 신적인 권위를 가지게 되었다. 왜냐하면 브라만이 주문을 잘 말하고 제사를 잘 드려야만 신의 능력도 나타날 수 있기 때문이다. 샤먼들이 신을 조종하기 위해서 사용하는 '말'이 중요시 되는 것도 동일한 이유다.

힌두교나 샤머니즘에서는 '말'이 계속 반복되었을 때 사물로 하여금 실재하게 하는 힘이 그 안에 있다고 생각한다. 다시 말하자면 이것은 '말'로써 사물을 만들어 낼 수 있다는 의미가 된다. 성경에 의하면 말씀으로 사물을 창조하신 분은 하나님 한 분밖에 없으시다. 힌두교나 샤머니즘, 적극적 사고 등은 '인간이 곧 신'이라는 것을 은연중에 전제로 하고 있다. 왜냐하면 어떤 사람이 말한 대로 사물이 이루어지기 때문이다. 그리고 영적 법칙에 맞는 말을 하면 신을 조종할 수 있다는 것은 전형적인 바알 신앙의 사고방식이다. 바알 신앙에서 신은 영적 법칙에 묶여서 인간이 요구하는 대로 수종 드는 전능한 종에 지나지 않기 때문이다.

기독교인 중에서 성경 말씀이 그 자체로 어떤 마술적인 힘을 가지고 있다고 생각하는 사람들이 있다. 성경 말씀이 능력으로 나타나는 것은 성령께서 역사하시기 때문이다. 만일 어떤 사람이 하나님에 대한 인격적인 믿음 없이 성경 말씀을 말한다고 그것이 능력으로 나타나지는 않는다. 사탄도 성경 말씀을 인용해서 말할 줄 안다. 예수께서 광야에서 40일간 시험 받으실 때 마귀는 성경 말씀을 인용해서 유혹했다(마 4:1-11). 물론 믿음 없이 성경 말씀을 말해도 듣는 사람에게는 그것이 능력으로 나타날 수 있다. 그것은 성령께서 듣는 사람에게 역사하시기 때문이다. 성경 말씀이 능력이 되는 것은 믿음을 통해서 성령이 역사하기 때문이다. 믿음 없이 성경을 주문처럼 외운다고 해서 능력이 된다거나 공덕이 되는 것이 아니다. 그러나 바알 신앙에서는 자신들의 주문이나 경전의 뜻을 알거나 모르거나, 믿거나 말거나 반복해서 외면 그것이 능력을 발휘하고 자기들에게 공덕이 된다고 생각한다.

힌두교나 샤머니즘 등의 바알 신앙에서는 '상상'도 말과 동일한 능력이 있다고 간주된다. 상상은 생각을 시각화, 즉 구상화한 것이다. 힌두교에서 현상 세계는 인간의 의식이 가지고 있는 무지의 산물이며 환상이다. 다르게 말하자면, 물질세계의 다양성은 인간의 정신이 만들어 낸 산물이다. 따라서 힌두교에서는 인간의 상상이 물질을 구현할 수 있다고 생각한다. 이런 주장은 대부분의 바알 신비주의에서 공통적으로 나타난다. 샤머니즘에서 샤먼들도 구상화를 통해서 어떤 일을 실현시킬 수 있다고 생각한다. 샤먼들은 자기가 원하는 것을 구상화한다. 병이 낫기 원하면 병이 나은 것을 상상한다. 그렇게 하면 병이 낫는다는 것이다. 샤먼들의 주술 행위는 이런 논리를 기반으로 하고 있다. 샤먼들은 구상화를 통해서 신을 상상하면 정말로 신이 실재화하여 환상으로 나타나서 자신들을 인도한다고 주장한다. 그러나 이것은 바로 접신술이며 귀신 들림의 현상에 지나지 않는다.

상상한 바대로 실현된다는 것은 인간이 모든 것을 신념대로 구현시킬 수 있다는 말이다. 즉 인간의 상상력이라는 무의식에 잠재된 정신력을 사용하면 모든 것을 원하는 대로 구현할 수 있다는 것이다. 이것은 영적 법칙이고 따라서 신도 어찌할 수 없이 자기의 의지와는 무관하게 능력을 제공해야 한다는 것이다. 이것은 바로 인간이 자기가 생각한 대로 신을 조종할 수 있다는 바알 신앙이다. 그러나 성경에 의하면 생각한 바대로 구현할 수 있는 존재는 하나님밖에 없으시다. 바알 신비주의는 구상화를 통해서 '인간이 곧 신'이고 자기가 원하는 대로 할 수 있는 주인이라고 주장하는 셈이다.

적극적 사고, 긍정적 고백, 가능적 사고와 같은 것은 바알 신비주의가 유사 심리학의 옷을 입고 기독교 안에 침투한 것에 지나지 않는다. 자기가 원하는 것을 말하고 상상하면 그대로 이루어진다고 할 때 거기에는 자기가 원하는 대로 신을 조종하려는 태도가 있다. 만일 하나님의 뜻이 내가 말하고 상상하는 것과 다르다면 어떻게 하겠는가! 하나님은 지금 회개하게 하고 연단하기 위해서 고난을 주셨는데 어떤 사람은 자기 사업이 성공할 것만 상상하고 있다. 하나님의 뜻은 '가'인데 인간은 '나'만 상상하고 있다.

적극적 사고가 때때로 기적과 같은 결과를 가져다주는 것은 신비로운 잠재력, 정신력의 힘 때문이 아니라 긍정적, 적극적 태도가 인내를 만들어 냈기 때문이다. 사실 우리는 부정적인 말이나 생각으로 우리의 자유의지를 무력화시키고 제한하는 경우가 많다. 따라서 종교를 떠나서 적극적으로 생각하고 긍정적으로 말하는 사람이 성공하는 경우는 많다. 인내로 굴하지 않고 끝까지 도전하여 성공하는 것은 사실상 일반 은총의 영역이라고 할 수 있다. 그러나 적극적 사고가 신비로운 잠재력이나 정신력의 발현이 아닌 것은 적극적, 긍정적 태도를 가졌던 사람들도 실패한 경우가 많다는 것을 보면 금방 알 수 있다. 즉 인내로 견디고 포기하지 않았다고 모든 사람이 성공하는 것은 아니다. 그 사람의 능력이나 지혜가 부족했거나 하나님의 뜻이 아닐 때에는 성공하지 못할 수도 있는 것이다.

2. 상상력의 잘못된 이용

보통은 무의식이 의식에 영향을 끼친다. 그러나 역으로 상상력은 의식이 무의식에 영향을 주는 통로다. 시각화된 것이 우리의 기억에 가장 깊숙이 새겨지는 것은 경험적으로 잘 아는 사실이다. 상상력은 무의식으로 들어가는 길목이기도 하다. 신비주의에서 사용하는 상상력을 사용한 구상화의 방법은 환상의 체험으로 연결된다. 무의식의 길목에서 귀신이 기다리고 있기 때문이다. 이것은 접신술의 방법이기도 하다. 이런 측면에서 오늘날 내적 치유에서 사용하는 기억의 치유는 위험하다. 상상력을 사용해서 어린 시절을 구상화하고 예수를 구상화하여 초청할 때 이것을 사탄이 악용할 위험은 너무나 크다. 실제로 구상화를 통해서 '내적 인도자'를 불러내는 것은 힌두교나 샤머니즘에서 사용하는 것이었고 이것이야말로 사실은 접신술인 것이다(Hunt, 189-208). 도교에서도 상상력을 사용해서 자기 내부에 신이 산다고 구상화하는 '존사'(存思)라는 수행법을 사용한다(湯淺泰雄, 74-75). 이 또한 접신술의 한 방법이다. 내적 치유의 인도자는 사람이 억지로 상상력을 사용해서 과거의 일이나 예수를 구상화하도록 해서는 안 되며 하나님이 보여 주시는 바에 따라서 해야 한다.

우리가 상상력을 사용하지 말아야 한다는 말은 아니다. 우리는 무의식적으로 상상력을 사용하는 경우가 많다. 예를 들어, 여자를 보고 마음에 음욕을 품는 것은 상상력을 나쁘게 사용하고 있는 것이다. 내일 소풍 갈 것을 상상하고 즐거워하는 것은 상상력을 좋게 사용하는 것이다. 성경 말씀에 나타나는 사건들을 상상해 보는 것은 우리의 묵상에 도움을 주는 것이다. 인간이 타락할 때 상상력도 죄로 오염되었기 때문에 인간은 하나님의 뜻에 반하는 것을 상상할 수 있다. 그리고 상상력을 가장 나쁘게 사용하는 것은 인간이 자기 마음대로 할 수 있다고 상상하는 것이다. 자기가 상상하기만 하면 반드시 그렇게 이루어진다고 하는 것이 바알 신비주의다. 사탄은 교만한 인간이 상상력을 사용해서 자기 마음대로 신을 조종하려는 태도를 갖도록 부추기는 것이다.

상상력을 사용하는 것 중에는 운동선수들이 사용하는 이미지 트레이닝과 같은 것이 있다. 이런 상상력 트레이닝이 자신의 동작을 무의식에 각인하기 위한 것일 때에는 중립적이라고 할 수 있다. 그러나 자기가 상상하면 정신력의 힘으로 반드시 상상한 대로 이루어진다는 가정을 전제로 한다면 그것은 신비주의에 빠지는 것이다. 그리고 비록 중립적인 사용을 할 때에라도 상상력 트레이닝은 무의식을 조작하는 것이므로 사탄이 개입할 여지가 있다는 것을 망각해서는 안 된다.

3. 신념과 신뢰의 차이

어떤 사람들 중에는 우리의 믿음에 능력의 근원이 있다고 착각하는 사람들이 있다. 그들은 믿음이 어떤 신적인 능력을 끌어낼 수 있는 영적 법칙의 열쇠와 같다고 생각한다. 그러나 이런 의미의 믿음은 차라리 '신념'이라고 말해야 옳다. 그들의 주장에 의하면 확실한 믿음, 즉 신념은 기적을 가져온다는 것이다. 그러나 많은 사람은 자신의 삶에서 자기가 철석같이 믿은 것이 좌절되는 것을 경험한다. 왜냐하면 사실상 그것은 믿음이 아니고 신념이었기 때문이다. 여호와 신앙이 아니고 바알 신앙이었기 때문이다. 여호와 신앙에서 능력의 근원은 하나님께 있다. 예수께서 "너의 믿음이 너를 구원하였다"라고 말씀하셨을 때 치유 능력의 근원이 우리의 믿음 안에 있다는 의미는 아니다. "네가 용케도 치유의 능력을 끌어낼 수 있는 법칙을 잘 터득했구나. 나도 꼼짝없이 너의 요구를 들어줄 수밖에 없겠구나"라는 의미가 아니다. 우리는 사실 겨자씨만큼의 믿음도 없다. 그런 미미한 믿음에 무슨 능력이 있겠는가! 여호와 신앙에서 말하는 믿음은 나의 신념을 의미하는 것이 아니라 하나님의 인격에 대한 신뢰를 의미한다. 하나님께서는 하나님의 인격을 믿는 사람을 기뻐하신다. 비록 겨자씨만큼도 못한 믿음일지라도 믿음을 구사하면 그것을 기뻐하신다. 그리고 그 믿음을 칭찬해 주고 격려해 주기를 좋아하신다. 하나님의 인격을 신뢰하는 우리의 믿음이 하나님을 기쁘시게 하고 감동시켰기 때문에 하나님께서 능력을 발휘하신 것이다. "너의 믿음이 너를 구원하였다"라는 말씀은 "네가 나를 신뢰하므로 내가 너를 구원하였다"라는 의미다.

"네 믿음대로 될지어다"라는 예수께서 하신 말씀인데 오늘날 소위 신유 은사를 사용하는 사람들 중에는 이 말씀을 섣불리 흉내내는 사람이 있다. 이 말씀이 남용됨으로써 마치 능력을 끌어내는 근원이 믿음에 있는 것으로 간주되는 것은 안타까운 일이다. 치유란 '내가 나을 수 있다'는 나의 믿음, 즉 나의 신념에 달려 있는 것이 아니다. 예수께서 하신 말씀은 신념의 법칙을 의미하는 것이 아니다. '너의 신념이 치유의 능력을 끌어낼 수 있을 정도로 확고하다면 나을 것이다'라는 의미가 아니다. 예수께서 이 말씀을 사용하셨을 때 신념이 약해서 치유받지 못한 사람은 없었다. 고침받은 사람은 예수께서 그를 고쳐 줄 수 있다는 사실을 깊이 신뢰했다. 예수께서는 그 사람 안에 있는 하나님에 대한 인격적 신뢰의 깊음을 보셨다. 그래서 예수께서는 치유를 승인하셨고 그의 믿음을 격려하신 것이다. 그러므로 이 말씀은 하나님 외에 사람이 해서는 안 된다. 인간이 이 말을 사용하는 경우는 대부분 '신념의 법칙대로 될지어다'라는 의미가 되어 버리기 쉽상이다.

능력의 근원은 우리에게 있는 것이 아니라 하나님의 긍휼과 은혜에 있다. 하나님에 대한 인격적 신뢰가 있을 때 하나님은 이 능력을 기쁘게 사용하신다. 그러나 어떠어떠한 경우에 하나님이 반드시 능력을 사용하셔야 된다는 법칙을 인간이 세워 놓으면 그것은 곤란하다. 하나님은 주님이시고 그분이 기뻐하시는 뜻대로 능력을 사용하시기도 하고 사용하지 않으시기도 한다. 믿음이라는 말은 애매모호해서 혼란을 줄 수 있다. 만일 믿음을 '신념의 법칙'으로 간주한다면 그것은 자기를 중심에 둔 바알 신앙이다. 믿음을 하나님에 대한 '인격적 신뢰'로 생각하는 것은 하나님의 주권을 높이는 여호와 신앙이다. 신념이 의식에 관련된 것이라면 신뢰는 관계와 관련된 것이다.

4. 기도와 주문의 차이

마찬가지로 우리의 기도 자체에 신적 힘을 끌어낼 수 있는 능력이 있는 것이 아니다. 우리는 흔히 "기도를 세게 해 주세요"라든지 "기도해 주셔서 일이 잘되었습니다"라는 말을 한다. 물론 이런 말을 하는 사람의 속마음은 전혀 그런 의미가 아니겠지만, 이 말 자체를 놓고 본다면 기도 자체에 어떤 힘을 끌어낼 수 있는 능력이 있는 것처럼 느껴진다. 만일 기도 자체에 힘을 끌어낼 수 있는 능력이 있다고 생각한다면, 그것은 기도를 주문과 다름없이 생각하는 것이다. 기도는 신적 힘을 풀어 놓기 위한 법칙이 아니다. 즉 기도를 사용하는 인간에게 주도권이 있는 것이 아니라는 말이다. 주권은 하나님께 있고 하나님께서 우리의 기도를 긍휼히 여기셔서 응답하시는 것이다. 만일 기도 자체에 능력이 있다면 우리가 구한 만큼만 능력이 나타날 것이고, 우리는 정확한 내용을 기도하려고 무척 애써야 할 것이다.

　흔히 사람들은 구체적으로 기도해야 한다고 말하는데 그 말은 옳다. 그러나 구체적으로 기도하지 않으면 하나님이 들어주시지 않거나 잘못된 방향으로 응답하실 것이라고 생각한다면 그것은 잘못이다. 그것은 올바른 주문을 사용해야 된다는 강박 관념과 다를 것이 전혀 없다. 구체적으로 기도하는 것은 우리 자신이 응답을 확인할 수 있게 하기 위해서다. 하나님은 우리가 구하기 전에 무엇이 우리에게 필요한지 아신다(마 6:8). 그리고 우리가 구한 것 이상으로 풍족하게 주신다(빌 4:19; 고후 9:8). 만일 기도가 영적 힘을 끌어내는 기계적인 법칙의 도구라면 구한 것 이상으로 받게 되는 일은 없을 것이다. 기도의 대상이 인격적인 하나님이기 때문에 우리는 좀 엉터리로 말하거나 명확한 표현을 못하거나 자기의 필요에 대해서 너무 적게 말해도 안심할 수 있다. 어린 자녀가 구하기 전에 부모는 무엇이 필요한지 알고 자녀들이 요구하는 이상으로 채워 준다. 그럼에도 불구하고 우리가 기도하기를 원하시는 것은 하나님이 우리와 교제하는 것을 기뻐하시기 때문이다.

성령의 인격성

1. 참된 은사

하나님은 인격이시므로 인격적으로 관계하는 자에게만 역사하신다. 즉 하나님께 순종된 인격에게만 역사하신다. 하나님은 인격이시므로 순종하는 자를 자주 찾으신다. 자기를 쳐서 하나님과 인격적 관계를 맺고 하나님의 인격을 닮으며, 성령께서 철저히 우리의 인격을 통제하고 인도할 때 성령 충만이라고 말한다. 그러므로 우리가 성령의 인격을 철저히 인정해야 성령의 역사가 나타난다. 예배 갱신이나 성령의 역사, 성령의 은사를 외적인 형식으로, 기계적으로 조장하거나 창출할 수 없다.

성령은 인격이시므로 비인격적으로 대우해서는 안 된다. '할렐루야'를 반복함으로써 방언을 받을 수 있다고 주장하는 것은 성령을 비인격적으로 대우하는 것이며 주문을 외는 것과 다를 바가 없다. 거의 모든 바알 신비주의 종교에서 우리는 방언과 유사한 종교 현상을 발견할 수 있다. 불교에서도 방언 현상이 나타나고 가나안의 암몬 신을 숭상하던 시인도 황홀경 가운데 방언을 한다. 사탄은 모방의 천재이며 유사 방언 정도는 얼마든지 줄 수 있다. 그러므로 참된 은사의 기준은 성령과의 인격적 관계 안에서 주어졌는가 하는 것이다. 만일 우리가 은사를 받기 원한다면 인격적으로 기도해야 할 것이다. "성령이여, 교회의 덕을 세우고 섬기는데 무슨 은사가 있으면 좋겠습니다. 저는 이 은사 받기를 사모합니다. 만일 주님께서도 그렇게 생각하시면 이 은사를 주십시오." 자기의 은사가 어디서 왔는지 의심스러운 사람은 '만일 하나님으로부터 온 것이 아니라면 그것을 사용하지 않겠다'라고 예수 그리스도의 이름으로 선포해야 할 것이다. 그래도 은사가 계속 나타난다면 하나님이 주신 줄로 믿고 겸손하게 사용할 수 있을 것이다.

성령을 인격적으로 대우하는 것은 겸손 없이는 하기 어렵다. 많은 사람들이 교리 상으로는 성령을 한 인격으로 생각한다. 그러나 실제로 행동하는 것을 살펴보면 성령이 마치 비인격적인 물건인 양 대우한다. 성령을 받으라고 집어넣어 주는 시늉을 한다든지, 마치 더 많이 집어넣으려는 듯이 머리를 꽉꽉 누른다. 그러나 성령께서는 이미 우리 안에 계신다. 우리가 육신의 욕구를 쳐서 복종시키면 자연히 우리 안에서 성령이 주권을 행사하시고 그분이 통치하시는 영역이 넓혀진다. 성령 충만은 위에서 어떤 힘이 내려와서 채워지는 것이 아니라 내주하시는 성령의 통치권이 확장되어진 것이다. 그 결과 성령의 능력도 나타나고 열매도 나타난다. 흔히 은사를 받았다는 사람들 중에는 자기가 무슨 능력을 위임받아서 늘 가지고 다니는 것처럼 착각하는 사람들이 있다. 마치 기공을 하는 사람들이 기를 주입해 주는 것처럼 자기도 성령의 능력을 집어넣어 줄 수 있는 것처럼 착각한다.

2. 참된 성령의 역사

성령의 인격과 주권을 철저히 인정하지 않는 것은 참된 성령의 역사라고 볼 수 없다. 이런 측면에서 오늘날 성령 운동 중에는 잘못된 것들이 많다. 성령을 '전능한 종'을 부려 먹는 식으로 대우한다면 그것은 잘못이다. 동물의 울음소리를 낸다든지, 아무런 동기 없이 웃는다든지, 정신을 잃고 넘어간다든지, 예배 시간에 잠을 푹 자는 것이 성령의 역사라고 말할 수 있는지 의심스럽다. 동물의 울음소리와 같은 현상은 기공을 수련하는 사람에게도 동일하게 나타나는데 기공 수련자들은 그것을 '자발동공'(自發動功)이라고 한다. 탄트리즘에서도 소위 '쿤달리니' 에너지가 깨어나면 웃고, 우는 소리, 이상한 방언, 동물의 소리나 움직임을 흉내내는 현상이 나타난다. 힌두교의 라마크리슈나의 집회에서도 자제할 수 없는 웃음과 울음의 현상이 나타나며, 머리나 가슴에 손은 얹음으로써 정신을 잃고 넘어가게 한다. 라즈니쉬의 집회에서도 비슷한 현상이 나타나며 무크타난다의 집회에서도 머리에 손은 얹음으로써 자제할 수 없는 웃음, 으르렁대는 소리, 개 짖는 소리, 의식 상실 등과 같은 현상이 나타난다(정동수, 138-142). 이런 현상은 인격적인 하나님이 하시는 일로 보기는 어렵고 집단 최면에서 나타나는 현상이라고 보아야 할 것 같다.

성령의 역사를 우리가 억지로 만들어 내려고 하는 것도 성령의 주권을 무시하는 것이다. 특히 교회에서 앞에 나서는 사역자들은 이런 유혹을 조심해야 한다. 예배 분위기가 침체되었다고 느꼈을 때 분위기를 살리기 위해서 박수를 치게 하는 것은 인위적인 조장에 지나지 않는다. 물론 너무나 기뻐서 박수를 치고 싶어서 치는 것은 자연스러운 감정의 발로이고 성경적이고 오히려 좋다고 할 수 있다. 만일 박수를 쳐서 분위기가 살아난다면 그것은 인간적이고 감정적인 흥분이지 성령의 역사는 아니다. 성령은 박수를 치면 나타나는 음식점 종업원과 같은 분이 아니다. 박수를 쳐야 성령이 역사하는 것이 아니라, 성령께서 역사했기 때문에 우리가 박수를 치지 않을 수 없게 되는 것이다. 인위적으로 박수를 쳐서 흥분하면 당장 그때는 기분이 좋을지 모르지만 집에 갈 때쯤에는 허탈하다. 인간적으로 조장된 흥분은 금방 김이 빠진다. 반면에 성령께서 역사하셔서 흥분시 킨 것은 우리가 죄를 짓지 않는 한 계속 지속된다. 성령이 주시는 기쁨과 여운은 생활에 연결되어 오래간다.

3. 인격적인 성령

사탄은 무당의 신 내림에서와 같이 강제적으로 능력을 사용하는 불법자이며 결코 인간을 인격적으로 대우하지 않는다. 만일 귀신이 선택한 사람이 신 내림을 거부하면 무병에 걸리게 함으로써 귀신을 영접하지 않을 수 없게 만든다. 내림굿을 해야 무병에서 낫도록 해 준다. 그러나 성령께서는 우리를 인격적으로 대우하시기 때문에 우리가 자발적으로 그분을 영접하지 않으면 강제로 밀고 들어오시지 않는다. 어떤 집을 방문할 때 무지막지한 사람이라면 주인의 뜻과 관계없이 마구 밀고 들어가겠지만 신사적인 손님이라면 들어오기를 거부당했을 때 힘으로 밀고 들어가지는 않을 것이다. 하나님은 밀고 들어오실 수 있는 능력이 없어서 안 들어오시는 것이 아니다. 하나님은 신사적이어서 우리를 인격적으로 대우하시기 때문에 우리가 인격적으로 그분을 영접하지 않으면 안 들어오시는 것이다. 그러나 귀신은 불법자이고 거짓말쟁이이기 때문에 귀신의 가르침을 쫓으면 영접을 하든 안 하든 힘으로 밀고 들어와 버린다. 기계적 관계에서는 힘의 논리가 적용되지만 인격적 관계에서는 사랑의 논리가 적용된다. 인격적 관계에서는 결코 힘으로 윽박질러서 억지로 하는 일이 없다. 인격적 관계에서는 인격적 반응을 요구한다. 인격적 관계에서는 힘으로 하지 않으며 사랑으로 하기 때문에 성령은 우리의 불순종에 대해서 힘으로 다스리지 않으시며 다만 근심하신다(엡 4:30).

하나님은 인격이시므로 인격이 있는 자, 의식이 있는 자와 교통하신다. 의식 상실의 입신 상태, 최면 상태에서 일어나는 일들은 하나님으로부터 왔다고 볼 수 없다. 그러므로 기도를 하다가 자기의식을 잃어버리고 입신하고 환상을 보는 것 등은 성령의 역사라고 보기 어렵다. 하나님께서 우리가 의식이 없을 때 역사하시는 법은 거의 없다. 성령께서는 인격적인 하나님이시고 주님이시다. 성령께서는 주권적으로 역사하시며 철저히 인격적인 관계를 통해서 역사하신다. 우리가 성령을 '부리는' 주인인 양 착각해서는 안 된다. 성령의 주권과 인격성을 무시하는 모든 형태의 거짓된 행위들은 이 세상에서 사라져야 한다. 성령을 온전히 주님으로 인정해 드리고 인격적으로 대우해 드리면 참된 성령의 역사가 나타날 것이다.

토의 및 정리 문제

1. 사탄이 인간에게 정체성의 상실, 자아의 상실, 인격의 상실을 통해서 무의식의 상태에 빠지게 하는 이유는 무엇인가?
2. 정체성의 상실을 주장하는 세계관들의 예를 들어 보라. 이런 정체성의 상실을 통해 체험하게 되는 신비 체험은 어떤 용어로 표현되는가?
3. 사탄이 무의식을 사용해서 일으키는 현상 중에는 어떤 것들이 있는가? 전생 회상, 점, 귀신 들림, UFO 조우, 초능력 등을 무의식과 관련해서 설명해 보라.
4. 소위 '적극적 사고'는 왜 바알적인가? 그것의 위험이 무엇인지 타세계

관의 예를 들어 논해 보라

5. 신념과 신뢰의 차이는 무엇인가? '믿음'에 대한 바알 신앙의 태도와 여호와 신앙의 태도 차이는 무엇인가?

6. 참된 성령의 은사를 받기 위해서는 어떻게 해야 하는가? 참된 성령의 역사와 거짓된 역사를 구분하기 위한 기준은 무엇인가?

세계관을 분별하라

2부
/
세계관 전쟁의
쟁점들

1장 | 기(氣) 사상과 한의학

1980년대 이후 오늘날에 이르기까지 기 사상의 물결이 거세게 쇄도하고 있다. 이런 경향을 반영하듯이 서점이나 도서관에는 기공이나 단전 호흡에 대한 서적들이 유례 없이 많이 출판되고 있다. 이런 기 사상의 영향이 이제 기독교에도 미치고 있음을 여기저기서 목격할 수 있다. 많은 기독교인들이 단지 건강이라는 차원에서 신중한 분별없이 기공이나 단전 호흡 등의 수련에 참가하고 있으며, 그 결과 신앙과 신학에 있어서 혼합주의적 양상도 나타나고 있다. 따라서 기 사상과 한의학의 수용 한계에 대한 우리의 신학적 견해를 밝히는 것이 필요하리라고 본다.

우리는 타종교나 세계관들, 그리고 문화들 중에서 유용하게 받아들일 수 있는 일반 은총적인 면이 있다는 것을 부인할 수 없다. 기 사상과 한의학에 대해서도 우리가 수용할 수 있는 부분이 분명히 있다.

예를 들면 자연식품에 의한 치료법이나 사상(四象)의 체질 감별법, 운동에 의한 치료 요법 등은 우리가 받아들일 수 있는 일반 은총의 부분이다. 물론 사상 체질의 경우는 기 사상에 근거한 것이지만, 이런 네 가지 카테고리의 체질 분류가 반드시 기 사상을 요청하는 것은 아니다. 고대 그리스의 히포크라테스도 네 가지 형태의 기질, 혹은 체질로 사람들을 분류했다. 그러나 사람의 체질이 반드시 이 네 가지로 명확하게 구분되는 것은 아니다. 여덟 가지, 혹은 열여섯 가지, 나아가서 서른두 가지, 더 나아가서 예순네 가지로 구분될 수도 있다. 좀 더 극단적으로 생각한다면 사람 수만큼의 체질이 있는 것이다. 하나님께서는 사람을 만드실 때 모두 다 독특하게 만드셨다. 그럼에도 불구하고 하나님께서 사람들을 창조하실 때 크게 네 가지, 혹은 여덟 가지의 체질로 만드셨다는 것을 부정할 필요는 없다. 하나님께서는 다른 기질과 체질의 사람들이 그리스도 안에서 연합하여 상호 보완함으로써 온전한 팀 사역을 하기 원하시는지 모른다. 그런데 단지 네 가지 카테고리에 사람을 집어넣을 때, 큰 줄기의 부분에서는 맞아 들어가는 부분이 있겠으나 세부적으로는 무리가 따르는 것을 피할 수 없다. 그러므로 네 가지 분류 방식에 따른 내용 설명을 보았을 때 자신과 일치하는 것도 있지만, 동시에 그렇지 않은 점도 있는 것이 지극히 당연하다고 하겠다. 어떻게 그 다양한 개성과 특성을 가진 사람들을 단순히 이 네 가지로 쉽게 분류할 수 있겠는가?

그런데 이런 세부적 차이를 보강하기 위해서 사람의 생년월일, 즉 사주(四柱)에 근거하여, 어떤 사람의 기질과 체질을 그 사람이 타고난 특별한 기와 연관시킨다면 그것은 심각한 문제를 야기한다. 첫 번째로, '사주는 통계학'이라고 주장하는 사람들의 항변에도 불구하고 그것이 점성술에서 나왔다는 것을 지적해야 한다. 그리고 이런 점성술에 대한 하나님의 경고는 준엄하다(사 47:13-14; 왕하 23:5). 점성술은 태양이 지나가는 길인 황도 12궁(宮)에 근거한 것으로 태양신 숭배 사상과 연관되어 있다. 그러나 성경은 태양신 숭배를 엄격히 경고하고 있다(신 4:19; 겔 8:16-18, 6:4-7; 레 26:30 등). 사주에 입각한 기질, 체질론은 통계학이 아니라 오히려 사람의 기질과 체질에 대한 운명론적 접근이라고 할 수 있다. 우리가 구원받은 후에도 여전히 옛 사람의 육신적인 기질에서 오는 좋지 못한 모습이 나타나지만, 그럼에도 불구하고 구원받은 사람은 자신의 기질을 넘어서서 성화될 수 있는 무한한 가능성이 열려 있다. 그런데 사주에 근거한 체질과 기질 감별법은 마치 그런 한계를 극복할 수 없다는 듯한 인상을 준다. 그리스도 안에서 새로운 피조물이 되었다는(고후 5:17) 사실에 대한 이와 같은 몰인식은 지극히 인본주의적 발상이라고 할 만하다.

자연식품 요법이나, 체질의 분류법, 운동 요법 등은 반드시 기 사상과 연관되어야 하는 것은 아니며 일반 은총으로서 받아들일 수 있는 것이 많다. 그렇다면 침술이나 한의학을 우리는 어느 선까지 받아들일 수 있는가? 우리는 기 개념 자체를 꼭 비성경적이라고 간주할 필요는 없다. 기 개념은 다른 개념과 마찬가지로 중립적인 개념일 수 있다. 그렇다면 우리는 기 사상을 어떻게 받아들일 것인가?

우리는 침술의 임상적 효과를 부인할 수 없다. 그리고 우리 체내에 기의 통로인 경락(經絡)이 없다고 단정할 수 없다. 본래 의학은 임상 경험에서 출발한 것이며, 따라서 과학이기 이전에 기술이었다. 이론적으로 설명되지 않아도 효과가 있는 요법이라면 시행되는 것은 서양 의학이나 동양 의학이나, 예나 지금이나 마찬가지다. 그런데 서양 의학이 임상 경험을 자연 과학적 이론의 틀로 연결시켰다면 동양 의학은 임상 경험을 기와 음양오행

1장 기 사상과 한의학 279

이라는 형이상학적 이론 체계와 연결시켰다는 것이 다르다. 그러므로 엄밀히 말해서 침술의 임상적 효능이 반드시 기의 실재성을 보증해 주지는 않으며 기와 음양오행의 체계가 침술의 임상적 효과를 설명해 낼 수 있는 유일한 이론 체계라고 단정할 수는 없다. 그럼에도 불구하고 침술은 여전히 임상 의학의 일환으로 남아 있을 수 있다.

한의학의 이론적 체계가 형이상학적이라고 해서 반드시 문제가 되는 것은 아니다. 사실 자연 과학과 형이상학은 어떤 영역에서는 명확하게 구분되지 않는다. 한의학의 문제는 형이상학에서 신비주의로 넘어가는 데 있다. 동양의 무술(武術)들도 마찬가지다. 이것이 스포츠로서의 한계를 넘어서 신비주의로 넘어가서 초능력과 결부되는 것이 문제다. 그리하여 사실은 악령의 도움으로 얻게 된 신체적 능력이 마치 무술을 수련해서 얻어진 것인 양, 신비한 기의 법칙이 거기에 있는 것인 양 착각하는 것이 문제다.

기 사상과 기 사상을 배경으로 한 한의학의 문제는 모든 기 사상이 신인합일주의(神人合一主義)적인 신비주의와 범신론 사상으로 나타났다는 데 있다. 기 사상의 체계에서는 기로 되어 있지 않은 어떤 존재도 없다. 그런 의미에서 우주는 기의 연속체이고 기의 전체적인 일자(一者)다. 기 사상에서는 전체적인 일자로서의 기의 연속체를 벗어난 어떤 초월적인 존재도 인정되지 않는다. 만일 기를 초월하는 신이 있어서 그 신이 기(氣)라는 원물질을 만들고, 그 원물질에서 모든 사물이 창조되었다고 말한다면, 이것은 비록 세대주의자와 비슷한 견해이지만 반드시 유신론과 배치되지는 않는다. 그러나 이런 초월적인 신을 인정하고 있는 기 사상은 필자의 지식의 한계 내에서는 역사적으로 아직 하나도 발견되지 않았다. 즉 모든 기 사상은 범신론적인 세계관에 뿌리박고 있다.

한의학은 기나 그 하위 범주로서의 음양오행이라는 개념으로 침술을 포함한 임상적 경험들을 정당화할 수 있다. 그러나 신인합일주의적 범신론과의 연결 고리를 끊고 임상 경험 의학으로 남아야 하며, 부단히 자연 과학적 방법의 검증을 추구해야 할 것이다. 그러나 많은 한의사들이 임상 경험을 넘어서 신인합일을 명상하는 소위 '신의'(神醫)의 경지를 추구한다. 금침(金針)을 꽂아 놓고 명상을 한다든지, 자신의 기를 소위 대우주의 기와 돌려서 합일을 추구한다든지, 혹은 외기공(外氣功)의 방법으로 기를 넣어 준다든지 하는 것은 사탄의 역사를 불러일으킬 것이다. 체내에 기의 통로인 경락이 있다고 해서 소위 '우주의 기'를 빨아들여도 좋다는 정당성을 부여받는 것은 아니다. 기의 실재성에 대한 인정이 반드시 기공이나 단전 호흡의 수행을 승인하는 것은 아니다. 만일 한의학이 기공이나 단전 호흡의 수행을 인정할 수밖에 없는 논리적 필연성을 가지고 있다면 차라리 한의학을 포기하는 것이 좋을 것이다. 왜냐하면 한의학과 구원을 바꿀 수는 없기 때문이다. 그러나 필자의 관점에서 그러한 논리적 필연성은 없다고 본다. '신인합일'(神人合一)로 요약할 수 있는 범신론은 "인간이 곧 하나님"(창 3:4-5)이라는 사탄의 거짓된 가르침과 동일한 바알 신앙이다. 그러므로 한의학은 범신론적 신비주의와의 연결 고리를 성령의 검으로 끊어 버리고 경험 의학으로 남아서 더욱 발전해야 할 것이다.

토의 및 정리 문제

1. 기의 개념과 음양오행의 개념은 어떤 관계를 갖고 있는가? 이런 기 사상은 역사적으로 살펴보았을 때 어떤 세계관에 뿌리박고 있는가?
2. 한의사들 중에는 사주와 같은 것으로 기질과 체질을 감별하려는 사람들이 있는데 그것은 왜 잘못된 것인가?
3. 한의학과 서양 의학의 공통점은 무엇이며 차이점은 무엇인가? 한의학은 어떤 면을 조심해야 하며 어떤 지점에서 연결 고리를 끊어야 하는가? 그 이유는 무엇인가?

2장 단전 호흡과 기공

요즈음 우리 사회에는 기에 대한 관심이 부쩍 높아진 것 같다. 기 찜질방으로부터 시작해서 단전 호흡(丹田呼吸), 기공을 수련하는 곳이 많아졌다. 아침 운동 시간에 기공 체조를 가르쳐 주는 곳이 전국 방방곡곡에 널려 있다. 단전 호흡과 기공에 대한 강좌 포스터가 길거리의 여기저기에 붙어 있는가 하면 서점에는 이와 관련된 책들도 많이 나와 있다. 기업체나 공공 기관 등 여러 사회 기관에서도 단지 건강에 좋다는 이유만으로 단전 호흡을 행하고 있다. 텔레비전에서 방송하는 건강 관련 프로그램에서는 기공 체조가 공공연하게 소개되기도 한다.

단전 호흡은 원래 도교(道敎)에서 말하는 불로불사(不老不死)의 양생술(養生術)의 하나였다. 도교의 한 분파 중에는 한(漢)나라 초에 형성된 단정파(丹鼎派)라는 것이 있었는데, 그들은 유황, 수은, 금 등을 화롯불에 주련하여 만든 금단이라는 단약을 복용함으로써 장생하고, 나아가서 불사의 신선이 될 수 있다고 믿었다. 이런 믿음은 영원하며 변하지 않는 금을 체내에 축적함으로써, 몸의 노화를 막아 장수하고 나아가서 영원히 살 수 있을 것이라는 생각에서 출발했다. 그러나 이 방법은 수은 중독과 같은 부작용을 낳았기 때문에 점차 잘 쓰이지 않게 되었다. 그 대신 체내의 단전(丹田)이라는 곳에 외부에서 끌어당긴 기를 쌓고 정(精), 기(氣), 신(神)을 길러서 장생 불사의 신선이 될 수 있다는 생각이 더욱 보편화되었다. 한말(漢末)의 위백양(魏伯陽)은 전자를 외단법(外丹法), 후자를 내단법(內丹法)이라고 구분하였다. 이 내단법은 태식(胎息), 토납(吐納), 도인(導引) 등의 이름으로 불리게 되었다(王治心, 87-83).

기공은 단전 호흡을 포함하는 좀 더 넓은 의미를 가진 용어라고 볼 수 있다. 오늘날 중국에서는 기공이 국민 체조의 일환으로 매우 널리 보급되어 있다. 기공은 원래 도교에서 사용하는 수련법의 일종으로서 도인(導引), 토납(吐納), 행기(行氣), 포기(布氣), 내단(內丹)이라고도 한다. 기공이라는 말은 청대말(淸代末) 무도가(武道家)의 일부에서 사용했는데, 1956년 하북성 북대하(北戴河)에 기공 요양원을 연 유귀진(劉貴珍)이 고전(古典)에 나와 있는 많은 용어를 조사한 뒤 새로이 학술 용어로 정한 것이라 한다. 기공은 크게 경기공(硬氣功)과 연기공(軟氣功)으로 나눈다. 경기공은 무술 기공으로서 기를 단련하여 초인적인 힘을 기르는 것이다. 연기공은 의료적인 기공으로서 기를 가다듬어 병을 고치거나 건강을 촉진시키는 것이다. 연기공은 내기공(內氣功)과 외기공(外氣功)으로 나누어지는데 내기공은 자기 내부에서 기를 돌리는 것이고 외기공은 자신의 기를 몸 밖으로 방사하여 타인을 치료하는 것이다(丸山敏秋, 158-159).

우리가 분명히 짚고 넘어가야 할 것은 단전 호흡은 심호흡이나 복식 호흡 등과 전혀 다른 것이라는 사실이다. 우리는 때때로 의식하든 못하든 심호흡이나 복식 호흡을 하게 되는데 이런 호흡은 스트레스를 해소시켜 주는 면이 있다. 그러나 심호흡이나 복식 호흡이 가져다주는 효과는 생리적인 대사의 결과이지 어떤 신비주의적 체험은 아니다. 단전 호흡은 대우주의 기와 소우주인 인체의 기를 합일시키고 순환시키는 것이다. 단전 호흡은 이런 신비주의적 세계관을 명상하면서 생각(思)으로 기를 흡입하고 몸 속에서 움직이는 것이다. 이것은 정신력의 힘으로 사물을 움직일 수 있다는 초능력의 논리와 일맥상통한다고 할 수 있다. 혹자는 단전 호흡이나 기공 그 자체는 중립적이므로 비성경적 세계관과의 고리를 끊고 단지 건강을 위해서 활용할 수 있지 않겠는가라고 반문하는 사람들이 있다. 그러나 단전 호흡과 기공은 세계관과 분리될 수 없다. 수행 방법론은 언제나 세계관과 밀접한 관계를 가지고 있다. 어떤 형태의 단전 호흡이나 기공이든 간에 '생각으로 기를 움직인다'는 것을 명상하지 않는 것은 없다.

  단전 호흡과 기공은 기라는 에너지를 끌어당김으로써 생체 에너지를 강화하는 것을 목표로 한다. 그러나 단전 호흡이나 기공은 항간에서 사람들이 주장하는 것처럼 단순히 '건강'의 차원은 아니다. 그 밑바탕에는 인간적인 수련을 통해서 신처럼 불사의 존재가 될 수 있다는 신비주의적 영생술이 전제되어 있다. 인간은 소우주이고 대우주와 본질적으로 동일하기 때문에 대우주와 소우주의 합일, 즉 신인합일에 의해서 신적 존재가 될 수 있다는 것이다. 그리고 신선은 바로 그 신적인 존재, 불사의 존재다.

  옛날 유학자들은 단전 호흡이 우주의 기를 끌어당겨서 자기 생명을 연장시키는 것이며, 따라서 그것은 사사로운 욕심으로 도둑질하는 것과 다름없다고 생각했다. 그런데 이런 생각을 '뱀파이어'(vampire, 흡혈귀)라는 영화와 관련시켜서 생각해 보면 매우 재미있는 면이 있다. 뱀파이어는 사람이 음식물을 취함으로써 생체 에너지를 취하는 것과는 달리, 사람으로부터 직접 생체 에너지를 빼앗거나, 혹은 사람 안에 들어가서 기생함으로써 생체 에너지를 빼앗아 자기의 생체를 유지한다. 그것은 불법적으로 생체 에너지를 취득하는 방법이다.

하나님은 인간에게 식물(食物)을 주셨으며(창 1:30, 2:16, 3:18, 9:3), 이로써 우리는 우리의 생명체를 유지할 수 있다. 우리는 우리의 생명체를 유지하거나 연장하기 위해서 하나님이 주신 음식물 외에 다른 생체 에너지를 흡입할 필요가 없다. 죄로 인해 죽게 된 인간은 예수 그리스도를 통하여 죄의 문제를 해결함으로써 다시 영생을 약속받았다. 그러므로 인간이 욕심을 내어 스스로 영원히 살기 위해서 우주의 기, 즉 소위 '생체 에너지'를 흡입하는 것이 과연 옳은지 생각해 보아야 할 것이다.

'건강'은 참으로 중요한 것이다. 그러나 오늘날은 건강이 우상화되어 있다. 그것은 풍요와 다산의 현세적, 물질적 축복을 목표로 하는 바알 신앙의 한 면이다. 물론 여호와 신앙에서 현세적, 물질적 축복을 무시하는 것은 아니다. 그것은 하나님과의 올바른 관계, 즉 영적, 도덕적 태도의 결과로서 주어질 수 있는 것이다. 그러나 하나님과의 올바른 관계가 항상 현세적, 물질적 축복을 기계적으로 가져다주는 것은 아니다. 오히려 그리스도를 위한 고난이 있을 수도 있고, 자기의 십자가를 져야 하는 희생이 있을 수도 있다. 우리를 하나님의 은혜에 머물러 있게 하기 위한 바울의 가시도 있을 수 있다. 단전 호흡과 기공은 우리의 시선을 하나님으로부터 '건강'이라는 바알신에게 돌리게 한다. 더욱 심각한 문제는 단전 호흡이 처음에는 건강으로 시작하는 듯하지만 궁극적으로는 그리스도 없는 영생을 추구한다는 것이다.

인간이 사탄의 유혹을 받아 선악과를 따먹고 타락했을 때, 하나님께서는 인간이 "그의 손을 들어 생명 나무 열매도 따먹고 영생할까"하여, "에덴 동산 동쪽에 그룹들과 두루 도는 불 칼을 두어 생명나무의 길을 지키게" 하셨다(창 3:24). 성경은 이처럼 인간적 방법으로 영생하는 길을 하나님이 막으셨다고 말한다. 하나님께서 인간이 생명나무로 가는 길을 막으신 것은 단순히 인간이 영원히 사는 것에 배가 아파서 그러셨던 것이 아니다. 죄인의 상태에서 영생하지 못하도록 하신 것이다. 왜냐하면 죄인으로서 영생하는 것은 재난이며 저주이기 때문이다. 그러므로 우리가 영생을 추구하기 위해서는 먼저 죄의 문제가 처리되지 않으면 안 된다.

성경은 공중의 권세잡은 자(엡 2:2)와 하늘에 있는 악의 영(엡 6:12)에 대해서 말하고 있다. 단전 호흡을 하는 사람들도 악령의 존재를 인정하며 이러한 악령의 존재를 비인격적인 사기(邪氣)의 개념으로 표현한다. 그리고 단전 호흡을 할 때 이런 사기가 침입할 수 있다는 것을 인정한다. 단전 호흡을 하는 사람들의 논리를 인정한다고 할 때 그들이 언제나 정기(正氣)만 흡입할 수 있다는 보장은 없다. 실제로 기공이나 단전 호흡을 수련하는 과정 중에 영적으로, 신체적으로 심각한 부작용이 생기는 경우가 적지 않다.

인간은 죄의 문제를 해결하기 전에는 영생할 수도 없고 영생해서도 안 된다. 예수 그리스도가 참된 영생의 길이 되는 것은 그가 먼저 우리의 죄 문제를 해결했기 때문이다. 만일 죄 문제의 해결 없이 영생을 추구한다면 사탄의 올무에 걸리게 될 것이며, 결국은 영원한 생명도 얻을 수 없게 될 것이다. 인간이 예수 그리스도 없이도 정녕 죽지 아니하며 인간이 곧 신적인 존재라고 주장하는(창 3:4-5) 사탄의 가르침을 좇아 그것을 묵상하면 사탄의 공격을 받게 될 것이다. 우리는 중국의 많은 황제들이 영원히 살기 위하여 단약을 복용하다가 오히려 수은 중독으로 단명하였다는 사실을 기억해야 한다.

토의 및 정리 문제

1. 단전 호흡과 기공의 발생을 역사적으로 고찰했을 때 이런 것들의 궁극적 목표는 무엇인가? 그것은 왜 성경과 배치되는가?
2. 단전 호흡은 심호흡이나 복식 호흡과 어떻게 다른가? 단전 호흡에 전제되어 있는 철학 혹은 우주관은 무엇인가?
3. 단전 호흡이나 기공은 그 자체로는 중립적이며 따라서 비성경적 세계관과의 고리를 끊는다면 건강을 위해서 활용될 수 있다고 생각하는가? 그 이유는 무엇인가?

3장 | 요가(Yoga)

요가는 기공과 더불어 오늘날 우리 사회에서 성행하고 있는데 어떤 사람은 건강을 위한다는 명목으로, 어떤 사람은 진리를 추구한다는 목적으로 요가를 행하고 있다. 그뿐 아니라, 요가 모임에 대한 광고나 요가에 관한 책도 꽤 많이 나와서 사람들의 관심을 끌고 있다.

'요가'는 업(karma), 열반(nirvaṇa) 등의 개념과 더불어 인도 사상에 있어서 핵심적이고 기본적인 개념이라고 할 수 있다. 요가는 범신론적 범아일여 사상을 포함하는 철학 체계이자 이를 이론적 기초로 하여 해탈을 얻고자 하는 수행 방법이기도 하다.

인도에는 베다 전통에 철학적 근거를 두는 소위 '정통 6파 철학'이 있었다. 요가는 정통 6파 철학에 속하는 삼키아(Sāṅkhya), 요가 학파의 철학과 수행 체계를 지칭하는 말이라고 할 수 있다. 요가는 삼키아 학파와 밀접한 연관성을 가지고 있는 것으로 삼키아의 철학을 실천적으로 수용한 것이라 할 수 있다.

인도의 정통 철학파들은 각각 '수트라'(Sūtra)라는 기본 경전을 가지고 있었으며 이 경전은 절대적인 권위를 가지고 있었다. 요가 학파에도 파탄잘리(Patanjali)에 의해서 확립된 요가경(Yoga Sūtra)이 있었는데, 요가경은 전통적으로 인도에 전해 오는 금욕법과 내관법을 집대성한 것이다. 요가 학파에서는 이러한 실천적 요가를 배우기 위해서는 반드시 스승, 즉 '구루'(Guru)가 있어야 한다고 주장한다(Eliade, 1989, 89).

삼키아, 요가 학파는 기본적으로 정신과 물질을 구분하는 이원론이라고 할 수 있다. 삼키아, 요가 학파에서는 세계의 실재성을 인정하지만, 무지(無知)로 인하여 순수자아인 '푸루샤'(Puruṣa)가 물질인 '프라크르티'(Prakṛti)에 예속된 상태가 곧 세계라고 주장한다. 요가 학파에서는 이 두 가지 개념을 중심으로 하여 영지주의적 세계관을 전개한다.

요가 사상에 의하면 우주는 정기적으로 대해체에 의해서 원형적인 프라크르티 속으로 흡수된다. 프라크르티는 그 자체의 발현력에 의해서 무한히 많은 형상을 산출하면서 점차로 복잡다기(複雜多岐)하게 된다. 그렇지만 푸루샤를 자유롭게 하고자 하는 목적론적 본능에 의해 프라크르티는 본래의 평정 상태로 돌아가고자 한다. 따라서 생성되고 변화하며 사멸하는 현상계는 신성하지 못한 것이며, 영원하고 순수한 푸루샤만이 신성한 것이다(Eliade, 1989, 28-29). 이처럼 물질세계를 저급한 것으로 보는 요가 사상은 전형적인 영지주의이며 하나님이 창조하신 세계를 부정하는 것이다.

요가 사상에 의하면 순수 자아인 푸루샤 대신에 프라크르티(물질)의 일종인 지성(buddhi)이 곧 '나'라는 착각을 일으키게 된다. 이런 무지에 의해서 순수 자아인 푸루샤는 물질과의 관계에 속박되고 고통이 발생하게 된다. 그러나 푸루샤의 존재가 알려질 때 고통스러운 현실은 아무런 가치나 의미가 없는 하나의 사실로 객관화된다. 그런데 푸루샤의 존재에 대한 인식은 경험에 의해서 가능한 것이 아니라 요가의 수행을 통해서 각성되는 것이다. 이와 같은 각성이 생기자마자, 푸루샤로 착각되어 오던 붓디(知性)와 그 외의 모든 물리적, 심리적 요소들은 순수 자아로부터 완전히 분리되어 철수하고 그 원형인 프라크르티에 흡수된다는 것이다(Eliade, 1989, 40-45).

우리는 요가 철학이 다른 인도 사상들과 마찬가지로 인생의 '고통'이라는 문제의식에서 출발하는 것을 본다. 그러나 요가에서 고통을 처리하는 방법은 고통 자체의 제거에 있는 것이 아니라 고통의 실재성을 부정하는 데 있다. 요가에서 말하는 고통은 순수 자아가 아닌 것을 순수 자아로 착각한 데서 오는 무지의 소산이며 실재하는 것이 아니다. 그러므로 삼키아, 요가는 어떠한 고통도 부인하며, 고통과 순수 자아와의 어떠한 관계라도 제거한다. 요가는 고통을 인식하는 인간의 개별적 자아의식을 파괴함으로써 고통을 인식하는 근원을 제거하려는 수행 방식의 하나다. 이는 하나님이 창조하신 개별자들의 다양성과 개성을 인정하지 않고 개별자들의 정체성을 부정한다. 그렇게 함으로써 '만물은 하나'라는 범신론적 뉴에이지 철학을 주장하는 것이다.

성경은 고통의 실재성을 부정하지 않는다. 예수께서는 인간의 고통을 깊이 인식하셨으며 감정적으로도 깊이 공감하셨다. 그는 인간이 받는 고통을 보고 울기도 하셨고 민망해하기도 하셨다. 나아가서 그는 인간의 고통을 몸소 체험하셨다. 요가의 고통관에 따른다면, 고통받고 있는 사람들은 실제적으로 긍휼과 도움을 받아야 할 사람들이 아니라, 진리의 깨우침을 받아야 할 사람들인 것이다.

성경은 인간이 하나님의 말씀에 불순종함으로써 고통이 세상에 실재하게 되었다고 말한다(창 3:16-19). 그리고 이러한 고통은 예수 그리스도께서 재림하셔서 하나님의 왕국이 땅 위에 전체적으로 임할 때 완전히 제거될 것이라고 약속한다(계 21:4). 고통의 실재성을 부정하는 것은 하나님에 대한 인간의 반역 사건을 은폐하고, 하나님과의 관계보다 고통의 문제에 초점을 맞춤으로써 하나님의 존재까지 은폐하는 결과를 가져다준다.

요가 사상은 궁극적으로 물질세계를 부정하는 일종의 영지주의 사상이다. 요가에서 물질세계는 인간의 무지에 의해서 존속되는 것이다. 즉, 인간의 무지는 물질 자체가 가지고 있는 발현력에 의해서 물질세계를 전개시킨다. 따라서 우리가 무지를 깨뜨리고 순수 자아를 각성할 때 물질은 원형의 상태로 흡수되며 현상계의 다양성은 소멸된다. 그러나 요가 사상은 언제부터, 왜 순수 자아가 혼탁한 경험 속으로 자신이 타락하는 것을 허용했는가를 설명하지 못한다. 왜냐하면 거기에는 하나님에 대한 인간의 배반 사건과, 그로 말미암은 고통의 시작이라는 역사적 사건이 숨겨져 있기 때문이다.

요가는 성경이 말하는 창조의 개념을 부정하고 물질세계를 무지의 산물로 간주함으로써 창조주 하나님의 창조 사역을 부정한다. 그러나 생명과 물질의 가치를 부정하는 것은 오히려 생명과 물질을 사탄의 지배 하에 내어 주는 결과를 초래할 따름이다. 사탄은 많은 영지주의 사상들을 이용해서 사람들로 하여금 물질세계를 방기하게 하고, 오히려 자기 자신은 물질로 된 이 세상에서 임금(요 12:31; 고후 4:4; 엡 6:12) 노릇을 해 왔다.

일반적으로 요가는 '만트라' 요가, '하타'(hatha) 요가, '라자'(raja) 요가로 나눌 수 있다. 만트라 요가는 소위 우주의 불가사의한 진수를 함축하고 있는 성스러운 음(音)인 '옴'(oṃ)이라는 소리를 반복하거나 소리를 냄으로써 수행하는 방법이다. 이것은 요가의 수행 방법이 진언이라는 바알주의적 신앙 형태가 발전한 것임을 말해 준다. 하타 요가는 우리 사회에서 요가의 대명사로 인식되며, 건강을 위한 체조와 같은 것으로 알려져 있다. 그러나 이 하타 요가도 전혀 건강이나 체조의 차원이 아니라는 것을 지적해야 한다. 하타 요가는 요가 학파의 창시자인 파탄잘리의 수행법 8가지 단계 중에 '아사나'(āsana)에 해당하는 것으로서, 신체의 올바른 자세와 운동법으로 심신의 조화를 추구하는 것이다. 하타 요가는 인도의 생리학 및 탄트라와도 밀접한 연관이 있으며 궁극적으로는 신인합일적 해탈의 추구를 목표로 한다. 라자 요가는 명상법으로서 '사마디'(samādhi), 즉 '삼매'(三昧)를 추구한다. 삼매는 어떤 심리적 조작이나 노력없이 주관과 대상의 합일이 일어나서, 대상만이 빛나고 자기는 없어진 것 같이 되는 상태로 요가 수행의 결실이며 극치다(Eliade, 1989, 55-97). 라자 요가는 이처럼 자기 정체성의 상실을 통해서 주객합일, 신인합일이라는 범신론적 신비주의를 지향한다.

요가 사상에 의하면 요가 수행에 의해서 여러 가지 초능력을 갖게 되는데 요가에서는 이러한 비상한 능력을 '싯디'(siddhi)라고 부른다. 요가 수행자는 여러 가지 수행을 통해서 신들이나 나아가 전 우주의 운행 법칙을 위협할 정도까지 강력해질 수 있다는 것이다(Eliade, 1989, 84-85). 요가 수행에 따르는 초능력의 배후에는 '인간이 곧 신'이라는 범신론적 신인합일 사상이 깔려 있다.

요가 사상의 우주관과 윤회 사상, 심령술 및 초능력은 불가분적 관계다.

죽은 사람의 영혼들을 부르는 심령술은 인도의 전통적 우주관에서 말하는 세계, 즉 영혼들이 거주하는 세 가지 차원의 세계를 전제로 하고 있다. 그리고 이러한 영혼들과 교신하는 데는 신접, 빙의 현상과 텔레파시, 자동 기술 등의 초감각적 초능력 현상이 따른다. 요가나 초능력 신봉자들은 초능력 현상이 인간에게 있는 잠재적 능력을 계발한 것이라고 주장한다. 그러나 설사 초능력이 우리 인간에게 잠재되어 있다 하더라도 초능력을 추구하는 것을 하나님이 원하지 않으신다는 것은 분명하다. 왜냐하면 하나님은 인간이 죄의 문제를 해결하지 않고 초능력을 가지는 것을 원하지 않으시기 때문이다. 죄악으로 가득한 인간이 초능력을 가지는 것은 곧 재앙을 의미하는 것이다. 사탄은 '인간이 곧 하나님'이라는 교만한 생각을 부추겨서 인간이 자기 자신의 원죄를 은폐하고 그 결과로 멸망하기를 바란다. 그것은 최초의 인류에게 행한 이후로 계속 지속되어 온 사탄의 가장 진부하지만 효과적인 전술이다.

토의 및 정리 문제

1. 요가 사상의 기본적인 문제의식은 무엇인가? 요가는 그것을 어떤 방식으로 처리하는가?
2. 요가의 종류에는 어떤 것들이 있는가? 하타 요가가 건강을 위한 단순한 체조로 사용될 수 있다고 생각하는가? 그 이유는 무엇인가?
3. 라자 요가의 명상법이 전제로 하는 세계관은 무엇인가? 성경적 입장에서 이 세계관을 어떻게 평가할 수 있는가?

4장 | 초능력 현상

신비주의에는 언제나 공통적으로 초능력 현상이 따라다닌다. 요가, 불교, 도교, 기공 등의 수련에는 초능력 현상이 나타난다고 주장한다. 뉴에이지 운동의 중요한 요소 중 하나도 바로 초능력의 추구다. 뉴에이지 운동의 과학 분야라고 할 수 있는 신과학 운동(New Scientist Movement)을 하는 과학자들은 이러한 초능력 현상을 자연 과학적으로 해명하고자 노력하고 있다. 초능력에 대한 연구에 있어서 자연 과학적 방법을 사용하는 일부 학자들은 초능력에 대한 연구를 학문적 차원으로 올리기 위해서 '초심리학'(Para-Psychology)이라는 용어를 사용한다.

여기서 우리는 초능력에 대한 하나의 근본적인 문제를 제기해야 할 것 같다. 과연 사람들은 무엇을 위하여, 왜 초능력을 개발하고 활용하고자 하는가의 문제다. 초능력이라는 것은 물리적 법칙으로는 설명할 수 없는 어떤 초자연적인 현상을 구사하는 능력이 인간에게서 나타날 때 사용하는 말이다. 인간에게 나타날 수 있는 초자연적인 능력은 그것이 하나님으로부터 주어졌거나, 악령으로부터 주어졌거나, 인간에게 본래부터 잠재되어 있는 것이 발현되었거나, 세 가지 중에 한 가지일 것이다. 우리는 초능력이 하나님으로부터 주어진 능력이라고 볼 수 없다. 하나님의 종들은 때때로 하나님의 뜻과 섭리에 따라서 일시적으로 초자연적인 능력을 행할 수 있다. 그러나 그들이 언제나 초능력을 자기 마음대로 행할 수 있는 것은 아니다. 또 하나님이 주시는 초자연적인 능력은 인간의 수행(修行)을 통해서 획득되거나 소유되지 않는다.

초능력 추구자들은 초능력이 하나님이나 악령과 같은 영적 존재로부터 주어진다고 생각하지 않는다. 그들은 인간이 본질적으로 신이기 때문에 모든 인간에게는 신적인 능력이 잠재되어 있다고 생각한다. 따라서 성경에 나타나는 기적도 모든 사람에게 잠재된 신적 능력의 발현일 뿐이라고 주장한다. 이런 주장에 깔려 있는 전제는 '인간은 원래 신'이라는 생각이다. 이것은 창세기 3장 5절에 나타나는 사탄의 거짓된 가르침, 즉 '인간이 곧 하나님'이라는 범신론적 신비주의 사상과 동일한 것이다. 그러므로 모든 바알 신비주의에서 초능력을 추구한다는 것은 전혀 이상한 일이 아니다.

어쩌면 인간이 타락하기 전에는 지금의 상태와는 비교할 수 없는 여러 가지 능력이 있었을지도 모른다. 사실 아담은 모든 다른 피조물의 본질을 통찰하고 이름을 붙여 줄 정도로 뛰어난 지적 능력을 가지고 있었으며 영적으로도 하나님과 직접 교통할 수가 있었다. 예수께서 재림하실 때 우리가 입게 될 영화로운 부활의 몸이 지금과는 비교할 수 없는 능력을 가지게 될 것이라고 우리는 기대할 수 있다. 그때에 그런 능력은 '자연적인 능력'이 되겠지만 지금의 상태와 비교한다면 '초능력'이라고 말할 수도 있을 것이다. 그러나 이런 초능력이 있다고 해서 인간이 하나님과 동일한 존재가 되는 것은 아니다.

만일 인간이 타락하기 전에 초능력이 있었다면 타락 때문에 그 능력이 완전히 박탈된 것일까? 그렇지 않으면 잠재되어 버린 것일까? 기독교인들 중에는 타락 전의 인간이 가졌던 능력이 박탈되지는 않고 잠재된 것이기 때문에 초능력을 개발해도 된다고 생각하는 사람이 종종 있다. 그러나 설사 초능력이 인간에게 잠재되어 있다 하더라도 그 초능력이 자연적으로 발현되는 것이 아니라 그것의 존재 여부조차 논란이 될 정도로 은폐되어 있다면, 거기에도 그럴만한 이유가 있을 것이다.

사실 선(禪), 요가, 기공 등의 신비주의 수행자들이나 무당 중에는 초능력을 행하는 사람들이 있다는 것을 부인할 수 없다. 그러나 한편으로 초능력 수행을 하는 사람들 중에는 귀신 들림이나 환각, 망상, 자살, 불안, 의심, 수면 장애, 우울, 공포, 주의 불능 등 정신 질환에 걸리는 사람이 많은데, 거기에도 그럴만한 이유가 있을 것이다.

인간이 타락하기 전에는 소위 '초능력'이라고 말하는 능력이 인간에게 있었는지도 모른다. 그러나 박탈되었든 잠재되었든, 인간의 타락으로 이런 능력을 사용하는 것이 불가능하게 되었을 것이다. 타락한 죄인들이 초능력을 가지고 산다고 가정해 보라. 어떤 일이 일어나겠는가? 아마도 회개하지 않은 사람이 초능력을 갖는 것은 마치 극악무도한 범법자가 핵폭탄을 가지고 있는 것과 같을 것이다. 타락한 죄인이 초능력을 가지게 되는 것은 죄에 빠진 비참한 상태에서 영원히 사는 것에 버금갈 정도로 끔찍한 일이다.

연약하고 타락한 인간은 자기 자신의 힘으로 강하게 되기를 갈망한다.

초능력은 강해지기를 원하고 세상의 고통을 부정하기 원하는 인간에게 매우 매력적인 것으로 보인다. 초능력을 신봉하는 대부분의 사람들이 '인간이 곧 신'이라는 생각에 젖어 있음을 발견한다. 그리하여 그들은 예수가 하나님의 아들이 아니라 잠재된 초능력을 개발한 초인(超人)에 불과하다고 말한다. 물론 성경은 예수가 우리와 같은 인간이었다고 말한다. 그는 우리와 같이 육신을 가지고 있었고 감정도 가지고 있었다. 예수는 죄가 없는 분이셨으므로 타락하기 전의 인간이 가졌던 모든 능력을 가졌는지도 모른다. 그러나 모세와 대결했던 애굽 요술사들의 능력이 하나님으로부터 온 능력을 능가할 수 없었던 것처럼(출 8:18-19), 예수의 기적에는 초능력자들이 흉내낼 수 없는 것들이 있다. 왜냐하면 예수는 하나님의 성육신(成肉身), 즉 하나님 자신이었기 때문이다. 그런데 그것보다 더 중요한 것은, 애굽 요술사를 비롯한 수많은 초능력자들 중에는 인간의 죄를 위해서 자기 목숨을 그처럼 버린 자가 없다는 사실이다.

초능력을 추구하는 사람들은 하나님이 제한해 놓으신 것을 인간적인 수행으로 얻을 수 있다고 생각한다. 그러나 그것은 속임수에 불과한 것이며 실제로는 사탄의 힘을 빌어서 초능력을 획득하게 된다. 유리겔라와 같은 초능력자들이나 무당들, 샤먼들은 아무런 수행 없이도 초능력을 획득하곤 한다. 그리고 초능력을 획득한 사람이 어느날 갑자기 능력을 잃어버리고 폐인이 되는 것도 능력의 배후에 사탄이 있음을 입증해 준다. 초능력은 일반적으로 쎄타(θ) 파와 같은 낮은 뇌파의 상태에서 개발된다고 한다. 이런 뇌파의 상태는 무의식 상태인데 이런 상태는 인간이 악령의 공격에 대해서 방어할 수 없는 상태다. 악령은 무의식 상태에서 자기 마음대로 어떤 정보나 능력을 제공할 수 있다. 이처럼 사탄은 호기심 많고 연약한 인간에게 초능력을 경험하게 하는 미끼를 던지면서 서서히 자신의 올무 안으로 사람들을 끌어당긴다. 또 초능력을 신봉하는 사람들은 초혼(招魂)과 같은 심령술이나 점성술 등을 지지하고 추구하는 경우가 많다. 그러나 우리는 초혼, 점성술 등을 하나님이 어떻게 엄격히 금하였는지를 성경을 통해서 알 수 있다(신 18:10-11, 17:3, 4:19; 사 47:13-14).

우주에는 인간만 있는 것이 아니라 타락한 천사인 사탄과 귀신들이 있다. 사탄은 인간이 성공하는 것을 가만히 내버려 두지 않는다. 사탄은 결코 아무런 대가 없이 우리가 초능력을 갖도록 해 주지는 않을 것이다. 그러므로 예수 그리스도께서 재림하여 사탄의 잔당까지 완전히 결박하고, 우리의 육신이 영광스럽게 변하여(빌 3:21) 영생을 누리게 될 때까지 기다려야 한다. 아마 그때에 우리는 에덴동산에서 잃어버렸을지도 모르는 그 능력을 회복하게 될 것이다.

영화(榮化)의 상태는 곧 '신성한 성품(divine nature)에 참여하는'(벧후 1:4) 상태다. 즉 신의 속성(divine nature) 중에는 하나님의 형상으로 창조된 인간과 공유할 수 있는 속성이 있는데, 바로 그런 속성에 참여하는 것을 의미한다. 타락한 인간의 상태가 한마디로 '부패'와 '무능'이라면 영화된 인간은 하나님의 자녀로서 합당한 '성결'과 '능력'이 회복된 상태일 것이다. 영화의 상태는 죄를 지으려 해도 지을 수 없는 상태다. 영화의 상태에서 우리는 하나님의 형상 안에 있는 거룩하고 지혜로운 성품을 온전히 회복할 뿐 아니라 또한 비상한 능력을 회복하게 될지도 모른다. 이때에는 비상한 능력이 회복되어도 그것을 가지고 죄를 짓거나 교만해지지는 않을 것이다. 그러나 우리가 영광화된 육신과 소위 '초능력'과 같은 비상한 능력을 갖게 된다고 할지라도 결코 하나님과 같이 될 수는 없다는 것을 기억해야 한다. 하나님께는 어떤 피조물이라도 공유할 수 없는 속성이 또한 있기 때문이다. 사탄은 자기가 가지고 있는 비상한 능력에 도취하여 교만해져서 하나님과 같이 되려고 하다가 타락해서 마귀가 되었다. 피조물이 아무리 비상한 능력을 가진다 해도 창조주 하나님의 능력과는 도저히 비교할 수조차 없는 것이다.

초능력을 추구하는 사람들이 '초능력' 즉 비상한 능력을 가지는 것은 '인간이 곧 신'임을 의미하는 것이라고 생각한다. 초능력의 추구는 '인간은 모두 죄인'이라는 사실로부터 '인간은 모두 신'이라고 하는 사탄의 거짓된 가르침으로 사람들의 생각을 돌린다. 초능력의 체험은 사람들을 교만과 죄악에 붙잡아 놓고, 결국은 죄 사함과 구원을 얻지 못하는 길로 인도한다. 우리는 다음의 성경 구절을 기억할 필요가 있다. "악한 자의 나타남은 사탄의 활동을 따라 모든 능력과 표적과 거짓 기적과 불의의 모든 속임으로 멸망하는 자들에게 있으리니 이는 그들이 진리의 사랑을 받지 아니하여 구원함을 받지 못함이라"(살후 2:9-10).

토의 및 정리 문제

1. 초능력 현상이 나타나는 신비주의에는 어떤 세계관들이 있는가? 이 세계관들의 공통점은 무엇인가? 그것은 성경적 세계관과 어떻게 다른가?
2. 지금 초능력 현상이 나타날 수 없는 성경적 이유는 무엇인가? 만일 이런 비상한 능력이 나타날 수 있다면 언제 어떻게 그것이 가능한가?

그 이유는 무엇이라고 생각하는가?
3. 초능력 현상의 근원은 무엇이라고 생각하는가? 초능력이 인간에게 잠재되어 있고 수행을 통해서 발현되어진다는 주장을 어떻게 반박할 수 있는가?

5장 동양적 명상법과 성경적 묵상법

　동양 신비주의는 서구에서 이미 상당한 관심을 불러일으키고 있으며 미국에는 이러한 영향으로 수많은 명상 센터들이 세워져 있다. 이러한 명상 센터들은 주로 불교나 힌두교의 명상들을 현대화시킨 것이며 예를 들어서 마인드 컨트롤이나 초월 명상(TM)과 같은 것이 그 대표적인 예다. 이러한 현대화된 명상법들이 우리나라에 역수입되어서 유행하는 실정이다. 이러한 명상법들은 힌두교나 불교의 용어를 절제하고 보편적이고 현대적인 용어를 사용하고 있기 때문에 일반인이나 기독교인이 거부감 없이 참여할 수 있도록 유도하고 있다.

　우리나라에서 동양 신비주의의 수행 방식을 기독교에 접목해 보려는 시도는 서구에서 역수입된 명상법이나 혹은 전통적인 기공, 요가, 참선 등의 방법을 기도나 명상에 응용해 보려는 것으로 나타나고 있다. 이런 시도는 주로 천주교에서 먼저 시작했으며 기독교 안에도 서서히 침투되고 있는 실정이다. 천주교의 신부나 수녀들 외에 기독교의 목회자들 중에서도 불교나 혹은 요가 계통의 단체에서 주최하는 명상 모임에 참석하는 사람들이 적지 않은 것으로 확인되고 있다. 나아가서 목회자 개인에서 그치는 것이 아니라 배워 온 것을 교회의 목회 현장에서 적용하는 경우도 있다고 한다. 그들은 이런 명상의 방법이 중립적인 것이기 때문에 기독교의 영성 훈련을 위해서 도입할 수 있다고 생각한다. 과연 그렇다면 동양적 명상 방법이 영성 훈련을 위해서 사용할 수 있는 중립적인 방법인가? 성경에서 말하는 묵상과 동양적 명상은 전제된 세계관과 방법에 있어서 어떤 차이가 있는가? 우리는 이러한 수행 방식들에는 어떤 문제가 있는지 분별해야 할 필요가 있다.

대부분의 동양적 명상들이 취하는 방법은 자신의 내면을 관조하는 내성법(introspection)과 어떤 한 물체나 호흡에 의식을 집중하는 집중법(concentration)으로 요약할 수 있다.

동양적 수행법을 옹호하는 사람들은 내성법을 매우 긍정적인 것으로 묘사한다. 명상 모임에서는 참가자가 온전히 하나가 되는 경험을 하게 된다고 말한다. 자기 내부에 있는 이기심과 헛된 욕망과 허물을 보게 되고 그것이 바로 세상을 오염시키는 지독한 독극물임을 깨닫게 된다고 주장한다. 그래서 참회의 눈물을 흘리거나 억압되고 찌든 자아의 해방감을 느끼거나 환희심을 느끼기도 한다는 것이다. 이런 현상만 본다면 기독교의 회심 때 일어나는 현상과 별로 달라 보이지 않는다. 그래서 현상에 집착한 사람들이 모든 종교는 동일한 것을 지향한다는 종교 다원주의에 빠지는 것은 납득할 만하다.

내성(內省)은 때때로 매우 유용할 수 있고 일반 은총적인 면도 있다. 사실 우리는 의식적으로나 무의식적으로나 내적인 성찰을 할 때가 많이 있다. 우리는 이런 내성을 통해서 자신이 얼마나 이기적이고 욕심이 많고 위선적인지 새삼스럽게 느낄 때가 종종 있다. 동양적 수행법이 제공하는 자기 관조를 통해서도 우리는 소위 사영리(四靈理)에서 말하는 두 번째 영리까지는 지식적으로 도달할 수 있다. 즉 '모든 인간은 죄인'이라는 사실에 대해서는 어느 정도 공감할 수 있다는 것이다. 사실 불신자들도 자신이 죄인이라는 사실에 대해서 극구 부인하는 사람은 많지 않다. 그들은 내성을 통해서 지식적으로 그 사실에 동의한다. 그것은 자기 관조를 통한 정신적 발견이지 성령의 조명에 의한 영적 회심은 아니다. 동양적 내성법은 이러한 자기 관조를 더욱 정교화함으로써 지적, 정신적 발견에 도달하게 하는 기술이다. 물론 이것은 테크니컬한 감정 증폭의 기술에 의해서 참회의 눈물과 자아의 해방감, 환희를 일시적으로 가져다줄 수도 있다. 그러나 기본적으로 명상법은 자기의식이 조작해 낸 것을 경험하는 것이지 성령이 주시는 체험은 아니다.

성경적 내성은 하나님 말씀의 기준으로 자신을 비추어 보고 자신을 살펴보는 것이다. 그러나 동양적 내성법은 자기의 기준으로 자기를 비추어 보고 살펴보는 것이다. 성경적 관점에서 인간의 마음은 심히 부패한 것이며 따라서 우리는 하나님께서 우리의 마음을 감찰하셔서 혹 잘못된 것이 없나 볼 수 있게 해달라고 기도해야 한다.

동양적 내성법은 결국은 자기 내부, 즉 자기 자신에게 집중하게 함으로서 자기중심적인 영성을 가지게 만든다. 그것은 오늘날 기독교 안에서 유행하는 내적 치유가 비록 유익한 면이 있지만 자기중심적인 사고에서 벗어나지 못하게 유도할 위험이 있는 것과 마찬가지다. 비록 내성법에 일반 은총적인 면이 있다손 치더라도 내성법은 우리의 시선을 인간의 내부에 묶어 놓기 때문에 외부로부터 오는 구원을 보지 못하게 한다. 즉 하나님으로부터 오는 구원, 예수 그리스도를 통한 구원을 보지 못하게 한다. 일반 은총에 도취해서 특별 은총을 놓치는 경우가 교회사를 보면 종종 있었다.

동양적 내성법은 자기 내면의 관찰을 통해서 인간의 죄와 허물을 지식적으로 깨닫게 해 줄지 모르지만, 결국 구원의 근거도 자기 내부에서 찾게 유도함으로써 신비주의로 나아간다. 즉 인간의 고통과 죄의 문제를 전적으로 마음이 만들어 내는 문제로 돌려 버림으로써 인간이 역사적으로 하나님 앞에서 반역했던 사실을 은폐시킨다. 인간의 죄성과 세상의 고통은 역사적 범죄의 산물임에도 불구하고 무지한 마음의 산물로 간주해 버린다. 따라서 동양적 명상법은 죄와 고통은 실재하지 않는 환상일 뿐이고 무지한 마음을 깨우치기만 하면 모든 죄와 고통은 사라져 버린다고 주장한다.

이렇게 해서 동양적 내성법은 전형적인 범신론적 신비주의로 나아간다. 범신론적 신비주의에서 인간은 곧 우주의 궁극적 실재(ultimate reality)이며 궁극자다. 이것은 '인간이 곧 신'이라는 사탄의 거짓된 가르침과 일치한다(창 3:4-5). 이것은 때때로 신인합일이라든지 천인합일, 주객합일이라는 표현으로 나타나며 인간이 곧 신이 되는 '새로운 시대'(New Age)의 기초가 된다. 힌두교, 불교, 라엘리언, 기 사상, 뉴에이지 등은 바로 이런 논리 위에 서 있다.

동양적 명상법은 언제나 그 목표를 해탈, 의식 혁명, 정신 진화, 영적 진화 등의 용어로 설명한다. 의식 혁명은 '인간이 곧 신'이라는 요가적 자각을 의미하며, 정신적 진화니 영적 진화니 하는 용어도 힌두교의 세계관을 현대적 용어로 반영한 것에 지나지 않는다. 즉 힌두교의 세계관에서 우주는 크게 세 가지 형태로 나누어지는데 인간은 윤회를 통해서 점점 더 우월한 형태의 우주에 환생하게 되고 마지막에는 우주와 합일하여 신적인 존재가 된다는 것이다. 이것이 요가나 불교의 전통적 용어로는 해탈이라는 말로 표현된다. 의식의 진화론은 오늘날 생물학적 진화론과 결부되어 있다. 과정 신학자(Process Theologian) 중에 테야르 드샤르댕(Teilhard de Chardin)과 같은 천주교 신학자는 이러한 힌두교적 의식 진화 개념을 신학에 침투시켜서 적지 않은 신학자들이 이에 물들었다. 그리고 이런 잘못된 신학이 동양적 명상법을 기독교 안으로 수용하게 하는 발판이 되었다.

동양적 명상의 집중법은 곧 인간의 고통과 죄의 문제 해결을 하나님으로부터 구하지 않고 인간 내부에서 해결하려는 방법에 불과하다. 인간의 의식이 어떤 한 물체나 몸의 어느 한 부분이나 혹은 호흡에 집중되어 있을 때 여러 가지 번민이나 고뇌, 죄의식으로부터 오는 고통을 잠깐이나마 잊어버릴 수 있는 것이 사실이다. 그러나 기본적으로 그것은 문제를 해결하는 것이 아니라 피해 가는 것일 뿐이다. 즉 의식과 관념의 조작에 의해서 문제를 피해 가는 미봉책에 지나지 않는다. 그것은 진정한 자유와 구원이 아니다.

집중법은 인간의 의식과 집중된 대상을 하나로 일치시킴으로써 인식 주관과 인식 대상이 가지는 정체성의 구분을 망각하게 한다. 이런 주객합일의 체험은 몰아경, 무아경, 삼매경, 황홀경이라는 용어로 힌두교나 불교, 샤머니즘에서 불려 왔고 현대적 용어로는 변성 의식(trance) 상태, 최면 상태, 무의식 상태 등으로 표현된다.

동양적 명상법의 효과를 두뇌(頭腦) 과학적으로 증명해 보려고 노력하는 사람들 중에는 요가, 참선, 단전 호흡, 만트라, 염불, 조식(調息), 마인드 컨트롤, 초월 명상 등의 동양적 명상법이 뇌파에서 알파(α)파를 증가시킨다고 말한다. 그 결과 신체를 이완시키고, 정신을 안정시키며, 면역 상태를 강화하고, 생리 대사의 균형을 가져온다고 주장한다. 그뿐 아니라 강력한 사고의 힘이 나타나고 초능력 현상이 나타난다고 주장한다. 물론 인간의 뇌가 자연적으로 알파파 상태에 있음으로써 어떤 신체적 유익이 있을 수는 있다. 그러나 명상을 통해서 이것을 인위적으로 지속시키려 할 때 따르는 위험성을 간과하면 안 된다. 명상은 사람을 무의식과 같은 변형된 의식 상태로 끌고 가며 그 변형된 상태에서 여러 가지 신비 체험을 하게 한다.

인간의 무의식은 영적 전쟁의 각축장이다. 무의식은 중립적이어서 하나님이 활용하실 수 있고, 사람 자신이 활용할 수도 있고, 사탄이 활용할 수도 있다. 그러나 사탄은 인간을 무의식 상태로 빠뜨리는 것을 매우 좋아한다. 왜냐하면 사탄은 인격적 관계를 맺을 수 없기 때문이다. 무의식 상태는 무인격의 상태이기 때문에 사탄이 비인격적이고 기계적인 관계를 맺기에 가장 좋은 상태다. 그래서 사탄은 명상뿐 아니라 기계적으로 반복되는 춤, 노래, 동작, 주문 등을 통해서 황홀경과 같은 무의식 상태로 몰고 간다. 이런 방법들은 샤머니즘과 신비주의에서 전형적으로 사용되는 방법이다.

무의식의 상태는 인간이 어떤 정보에 대해서 방어할 수 없는 상태다. 마치 권투 선수가 팔을 내리고 있는 것과 동일하다. 무의식 상태에서 사탄은 어떤 메시지나 생각도 마음대로 넣어 줄 수가 있다. 물론 의식이 있을 때에도 사탄은 우리에게 어떤 생각을 넣어 줄 수 있다. 그러나 그 생각이 성경적이지 못할 때 우리의 의식은 언제든지 성령의 검, 즉 말씀을 뽑아서 사탄이 넣어 주는 생각을 거부하고 물리칠 수 있다. 사탄은 사람이 무의식 상태에 빠져서 정체성을 상실할 때 그 사람의 인격의 자리에 들어가서 마음껏 사탄의 거짓된 정보와 사상을 주입시킬 수가 있다. 그 결과 사람들은 전생 회상, 점복술(占卜術)을 통한 예언, UFO 조우, 초능력 획득 등의 신비 체험을 하게 된다.

동양적 명상법에는 궁극적으로 정체성의 상실을 통한 무의식 상태를 추구하고 결과적으로 사탄이 제공하는 황홀경과 같은 체험이 있다. 이런 종류의 쾌락은 성령 충만의 상태에서 누리는 말할 수 없는 기쁨과 성질이 전혀 다른 것이다. 동양적 명상법은 무의식의 상태, 변형된 의식의 상태로 가는 것이라면 성경적 묵상은 하나님의 말씀이 의식 안에서 각인되고 명료화되는 과정이다.

동양적 명상법이 자기 내부 의식에 초점을 맞추는 것이라면 성경적 묵상은 하나님께 의식의 초점을 맞추는 것이다. 동양적 명상법에서 자기는 우주의 중심이고 주인이며 신적 존재다. 그러므로 동양적 명상법은 자기를 자기도 모르게 더욱 자기중심적으로 만들고 영적으로 교만하게 만든다. 성경적 묵상은 하나님이 우주의 중심이고 주인이며 인간은 전적으로 부패하고 무력하다는 것을 절실히 깨닫게 하는 것이다. 그래서 성경적 묵상은 언제나 깊은 겸손으로 나타나게 된다. 동양적 명상법은 신이 되어 가는 과정이다. 그러나 성경적 묵상은 신에게 항복하는 과정이다.

성경적 묵상은 나의 정체성은 부정하지 않지만 나의 육신적 욕구는 사라지게 한다. 그러나 동양적 명상법은 나의 정체성을 부정하면서 나의 육신적 욕구를 영적인 차원으로 옮겨 놓는다. 이것은 세상적 차원에서 육신의 욕구를 채우는 것보다 더 치명적인 일이다.

동양적 명상법은 타락한 인간의 마음속에 내재되어 있는 상한 마음, 수치, 두려움, 불안을 극복하기 위해서 의식 상실의 상태, 즉 무의식으로 들어간다. 무의식의 상태에서는 이러한 고통을 잊어버릴 수 있기 때문이다. 이런 방법은 일단 효과가 있어 보이지만 근원적인 해결책은 아니다. 왜냐하면 이런 고통은 모두 원죄의 산물이며, 원죄의 문제를 해결하지 않는 한 원인이 제거된 것은 아니기 때문이다. 성경적 묵상은 기도와 말씀을 통해서 우리의 무의식 안에 있는 상한 마음과 수치, 두려움, 불안을 끄집어내서 의식에 노출시키고 치료한다. 동양적 명상법이 무의식으로 퇴행하는 신비주의로 갈 수밖에 없는 이유는 원죄의 문제를 해결할 수 있는 능력이 없기 때문이다.

동양적 명상법이 의식의 조작 기술에 근거한 마음의 평화와 정신의 계발이라면 성경적 묵상은 성령의 역사에 의한 참된 평강과 영성의 계발이다. 동양의 명상은 비우기 때문에 어두움이 그 빈 곳으로, 안으로 들어온다. 그러나 성경은 하나님의 말씀으로 채워서 어두움을 밖으로 몰아낸다. 리처드 포스터(Richard J. Foster)의 말은 정확하다. "동양의 명상은 마음을 비우기 위한 노력이다. 그러나 성경의 묵상은 마음을 채우기 위한 것이다"(Foster, 38).

동양적 명상법에는 위험이 도사리고 있다. 그것이 발생한 역사를 보면 동양적 명상법이 결코 가치중립적일 수 없음을 보여 주고 있다. 동양적 명상법을 기독교 안으로 수용하려는 사람들은 이러한 명상법이 사실은 인간이 곧 신임을 체험하기 위한 범신론적 수행법이었다는 것을 망각해서는 안 된다. 물론 범신론적 요소는 제거하고 좋은 것만 따오면 되지 않겠는가라고 주장할 사람이 있는지 모르겠다. 즉 성경의 구원론을 바탕으로 내성법이나 의식 집중법만 따와서 영성 계발에 활용하면 되지 않겠는가라고 주장할지도 모른다. 그러나 사탄은 결코 이런 것을 따로따로 판매하지는 않는다. 언제나 패키지로 뭉뚱그려서 판매하는 것이 그의 전략이다. 사탄은 결코 손해 보는 장사를 하지 않으려고 한다. 그래서 사탄은 항상 조그만 부분적인 진리에 큰 비진리를 섞어서 제공하는 것을 장기로 삼는다. 여기서 조그만 부분적인 진리는 항상 사탄의 낚싯밥에 지나지 않는다. 의식하든 못하든 사탄이 제공한 세계관을 수용하고 실천하면 사탄이 역사하는 법이다.

참선, 단전 호흡, 기공, 요가 등의 동양적 수행법에 약간의 유익과 효과가 있다는 것을 부정하지는 않는다. 성경에 의하면 인간은 영혼과 육체가 밀접한 관계를 가지고 있다. 성경은 영혼과 육체를 분리시키는 이원론을 지지하지 않으며 영혼과 육체를 일원론적으로 본다. 영혼과 육체로 나누는 것은 한 존재의 다른 두 측면을 설명하기 위한 구분법일 뿐이다. 이러한 관점에서 인간은 심신상관적(psyco-somatic) 존재다. 심리적 측면이 육체에 영향을 줄 수도 있고 거꾸로 육체가 심리에 영향을 줄 수도 있다. 인간은 타락으로 인하여 불신앙과 불안과 두려움에 빠져서 평안을 잃게 되었다. 질병의 대부분이 스트레스에서 온다는 것은 오늘날 알려진 의학 상식이다. 불안과 두려움으로 스트레스를 받아서 호흡이 거칠어지고 평안을 잃을 수 있다. 성경적 해결법은 하나님과의 관계를 회복함으로써 영혼의 측면에서 근원적으로 문제를 해결하고자 하는 것이다. 그러나 동양적 수행법은 육체의 측면에서 접근해 간다. 이것은 근원적인 요법이라기보다는 대증(對症) 요법이다.

호흡을 가라앉히고 깊게 하면 마음이 고요해지고 평안해지는 것은 사실이다. 호르몬을 조절함으로써 안정을 취할 수도 있다. 음악을 들음으로써 마음을 고요하게 할 수도 있다. 이런 것은 증상을 가라앉히는 방법이지만 근원적으로 문제를 해결하는 것은 아니다. 하나님과 올바른 관계를 맺고 있을 때 우리의 마음은 평안하고 그 결과가 육체에 미쳐서 뇌파는 낮은 파장으로 가라앉을지 모른다. 그러나 어떤 신비적인 수행을 통해서 뇌파를 떨어뜨리고 마음을 가라앉힌다고 해서 하나님과의 관계가 회복되는 것은 아니다. 대증 요법에 의한 마음의 평안과 하나님과의 올바른 관계를 통해서 얻어지는 평안은 결코 같지 않다. 전자는 환경에 의해서 평안이 깨어지지만 후자는 환경에 의해서도 그 평안이 깨어지지 않는다.

동양적 수행법은 육신적 성향을 정체성으로부터 분리시키는 것이 아니라 육신적 성향의 발흥을 잠시 잠잠하게 할 뿐이다. 육체에서 영혼으로 접근하는 방법은 근본적으로 육신적 자아의 죽음을 가져다주지 않는다. 여기서 말하고자 하는 것은 육체에서 영혼으로 접근하는 방법을 전혀 사용하지 말자는 의미가 아니다. 신비주의적이지 않은 대증 요법들, 예컨대 약물이나 음악 요법과 같은 것들은 수용할 수 있을 것이다. 그러나 근원적인 문제의 해결 없이 증상만 없애려는 시도에 모든 것을 걸어서는 안 된다. 더군다나 신비주의적 동양적 수행법은 효과보다는 부작용이 훨씬 많다. 사탄은 호락호락 우리에게 행복을 안겨 주지 않는다. 신비주의적 수행법은 불가피하게 무의식으로 들어가는데, 이때 사탄이 개입할 여지가 많은 것이다.

영성 계발이나 훈련은 매우 중요한 일이다. 기독교의 참된 영성은 하나님을 더욱 깊이 알고 하나님을 닮아 가는 것이다. 하나님의 말씀을 깊이 묵상하고 기도로 하나님과 깊이 교제하는 것만이 참된 영성을 계발할 수 있는 유일한 방법이다. 여기에다가 어떤 인간적 명상법을 덧붙이면 효과가 더욱 커지는 것이 아니다. 오히려 그 인간적 방법에 정신이 팔려서 하나님께 마음을 모을 수가 없을 것이다. 참된 성경적 영성은 하나님께 마음이 집중되는 것이다. 그것이 바로 전심(全心)이다. 성경적 묵상은 하나님이 말씀하신 것을 나의 전심(全心)으로 만드는 과정이 아닌가 생각한다.

토의 및 정리 문제

1. 동양적 명상법의 두 가지 기둥은 무엇인가? 동양적 내성법과 성경적 내성의 차이는 무엇인가?
2. 동양적 명상법의 목표는 무엇이며 거기에 깔려 있는 세계관적 전제는 무엇인가? 이런 목표를 나타내는 용어들은 어떤 것들이며 오늘날 어떤 세계관들이 이런 용어를 사용하고 있는가?
3. 동양적 명상법의 집중법은 무엇을 목표로 하는가? 그 결과 나타나는 현상들 중에는 어떤 것들이 있는가? 그런 현상들이 왜 성경적이지 않은가?
4. 동양적 명상법과 성경적 묵상법의 차이가 무엇인지 비교하면서 나누어 보라.

6장 | 공(空)

　대승 불교의 가장 핵심적 사상은 바로 '공'(空, Sunya) 사상이라고 말할 수 있다. '공'은 모든 존재가 독립된 실체로서 존재하는 것이 아니라 서로 의지하고 관계를 맺고 있다는(相依相關性) 의미다. 그래서 서양의 불교학자들은 공을 '상대성'(相對性, Relativity)이라고 번역하기도 한다. 공은 허공을 의미하는 것이 아니라 실체(實體, substance)나 자성이 '없다'는 의미다. 즉 모든 사물은 영원불변한 고유의 속성과 본질을 가진 실체, 즉 독립된 개별자가 아니라, 서로 상관하고 서로 의지하면서 끊임없이 변해 가는 과정이라는 것이다.

　불교의 공 사상을 압축적으로 담고 있는 것이 '반야심경'(般若心經)의 "색즉시공 공즉시색"(色卽是空 空卽是色)이라는 말이다. 이것은 현상 세계(色)는 실체와 자성이 없으나(空), 공은 현상 세계와 독립한 어떤 것이 아니라 바로 곧 현상 세계(色) 그 자체의 모습이라는 뜻이다. 그러므로 반야심경에서는 현상 세계와 공은 다른 것이 아니요(色不異空) 공은 현상 세계와 다른 무엇이 아니라고(空不異色) 말한다.

공의 차원에서는 'A'와 'B'라는 두 가지 사물들은 각각 어떤 독자적인 존재성이나 자성이 없으며 따라서 'A'와 'B'는 본질적으로 하나다. 이리하여 'A'는 곧 'B'요, 'B'는 곧 'A'라는 논리가 성립된다. 심지어는 서로 대립자(對立者)로 보이는 'A'와 '~A'도 하나라는 논리가 가능해진다. 이런 논법에 따라서 대승 불교에서는 '열반이 곧 생사요 생사가 곧 열반'이라든지, '부처가 곧 범부(凡夫)며 범부가 곧 부처'라는 논리를 전개한다.

우리는 뉴에이지 철학의 두 가지 기둥 중 한 가지를 여기에서 본다. 그것은 '만물은 하나다'라는 명제다. 이 명제는 또 하나의 명제인 '인간은 신이다'라는 주장과 불가분의 관계에 있다. '만물은 하나'라고 할 때에는 개체들의 다양성을 부정해야 한다. 즉 개별자들의 정체성의 부정을 통해서 합일이 이루어지는 것이다. 만일 A, B, C, D……등이 개별자로서의 정체성을 가지고 있지 않다면 A=B, A=C, A=D, B=C, B=D, C=D……가 가능할 것이다. 이런 식으로 해서 모든 사물은 동일하다는 결론이 나올 수 있다. 그리하여 '우주가 곧 신'이라면 우주와 하나인 인간도 곧 신이라는 결론에 이르게 될 것이다.

개별자의 정체성과 다양성을 부정하는 것은 곧 우주를 다양하고 개성 있는 개별자로 만드신 하나님의 창조 사역을 부정하는 것이다. 우주의 다양성을 환상으로 간주하는 것은 하나님의 창조 사역을 환상으로 간주하는 것이다. 여기에 세계관을 통한 사탄의 영적인 음모가 나타난다. 만일 개별자들이 정체성이 없고 다양하지 않다면 하나님이 개별자들과 인격적인 관계를 맺을 수 없다는 말이다. 이것은 곧 하나님의 인격성을 부정하는 것이다.

공의 사상은 선악(善惡) 등, 대립자로서 인식되는 모든 사물들을 관조하여, 그 대립물들이 사실은 대립하고 있는 것이 아니라 서로 관계하고 서로 의지하여 계속 변화하는 과정 중에 있다고 하는 '상대성'(相對性)을 인식하라고 권고한다. 타계한 불교 조계종의 성철 종정은 1987년 석가 탄신일에 "사탄이여, 어서 오시옵소서. 나는 당신을 존경하고 예배합니다. 당신은 본래 거룩한 부처님입니다⋯⋯"라고 말한 적이 있다. 또 그는 1993년 11월 세상을 떠날 때 "내 죄가 수미산보다 높아서 나는 무간지옥으로 가노라"라는 열반송을 남겼다고 한다. 불교 학자들은 이런 발언이 선과 악, 극락과 지옥의 상대성을 초월한 공의 경지에서 말한 것이라고 주장한다.

그러나 이 선승(禪僧)은 오랜 세월에 걸쳐서 행한 모든 금욕적인 수행과 인간의 마음에 대한 깊은 공부를 통해서도 근본적으로 결코 제거할 수 없는 깊은 죄성, 원초적인 교만, 원초적인 죄의 뿌리를 발견했는지도 모른다. 그는 40년 이상 보통 인간으로서는 참기 어려운 수행을 했다. 그러나 그가 도달한 진리는 소위 사영리 중에 제2영리, 즉 '모든 사람은 죄를 범하여서 하나님의 영광에 이르지 못한다'는 사실이었을지 모른다. 복음은 비밀이다. 비밀은 아무리 금욕을 하고 머리를 쥐어짠다고 알아지는 것이 아니다. 비밀은 가르쳐 주어야 아는 것이다. 계시를 통해서만 알게 되는 것이다. 아무리 뛰어난 사람이라도 자기 상식과 이성에 의지해서는 죄인이라는 사실만 발견할 수 있을 뿐 대속의 길은 발견할 수 없다.

오늘날 공 사상은 뉴에이지 운동의 과학적 분야인 신과학 운동을 하는 과학자들 사이에서 활발히 논의되고 있다. 신과학주의 과학자들은 현대 물리학적 세계관에 상응하는 형이상학의 체계를 확립하기 위해서,

공(空), 도(道), 태극(太極) 등과 같은 동양 사상의 체계와 개념을 수용하는 것이 매우 적합하다고 생각하고 있다. 프리초프 카프라(Fritjof Capra)는 그의 책, 《현대 물리학과 동양사상》(The Tao of Physics, 범양사, 2006)에서 불교의 '공' 개념이 현대 물리학의 상대성 이론에 적합한 형이상학적 체계를 제공한다고 주장한다(Capra, 289-290).

물론 우리는 '공'이라는 개념을 부분적인 진리로서 받아들일 수 있다. 사실 어떤 사상에도 부분적인 진리는 있으며, 전적인 비진리란 오히려 존재하기 어렵다. 그러나 공의 개념이 물리적 차원을 넘어서 도덕과 윤리 분야에서도 적용되는 것은 커다란 비약이 아닐 수 없다. 왜냐하면 공 사상은 처음에 현상계 즉, 물리적 세계에 대한 인식으로부터 출발한 것이기 때문이다. 우리는 공 사상이 선악이라는 윤리적 차원에서도 곧바로 적용되었을 때 필연적으로 윤리적 상대주의가 발생하는 것을 본다.

우리는 '깨달음'을 우선으로 하는 영지주의 사상들이 윤리적 상대주의를 통해서 쾌락주의를 낳는다는 사실을 역사적으로 확인할 수 있다. 탄트리즘의 한 종파인 좌도파(左道派)는 공의 상대성에 입각하여 쾌락주의로 흘러갔다. 이러한 윤리적 상대주의는 영지주의를 통해서 기독교에도 침투하였다. 카르포크라테스(Carpocrates)와 같은 영지주의자는 육체에 속박되어 있는 영혼의 깨달음과 해방만이 중요하므로 참 내가 아닌 육체는 욕망을 채워도 된다고 하는 쾌락주의를 주장함으로써 기독교인들의 윤리 의식을 위협하였던 것이다(차종순, 61).

불교의 상대주의는 고상한 공의 철학으로 무장하고 있다. 그들의 논리는 너무나 지혜롭고 명철하게 보인다. 그래서 그 논리를 따라가다 보면 선이 악이 되고 악이 선이 되어 버린다. 그러나 성경은 말한다. "악을 선하다

하며 선을 악하다 하며 흑암으로 광명을 삼으며 광명으로 흑암을 삼으며 쓴 것으로 단 것을 삼으며 단 것으로 쓴 것을 삼는 그들은 화 있을진저 스스로 지혜롭다 하며 스스로 명철하다 하는 자들은 화 있을진저"(사 5:20-21). 선은 선이고 악은 악이다. 천국은 천국이고 지옥은 지옥이다. 죄는 죄고 의는 의다. 하나님은 하나님이시고 사탄은 사탄이다. 영생은 영생이고 사망은 사망이다. 이것을 뒤집는 말장난을 하는 자는 저주가 있을 것이라고 성경은 분명히 밝히고 있다.

불교에서 생(生)과 사(死)는 서로 분별되거나 대립된 것이 아니라 공의 상대성의 경지에서 그 대립과 분별을 뛰어넘는다고 주장한다. 이 고상한 철학은 인간이 죽음의 문제에 직면하지 못하게 하고, 그 결과 죄의 문제를 은폐시켜 버린다. 왜냐하면 죄는 죽음의 원인이기 때문이다. 생의 가치를 죽음과 동일하게 떨어뜨림으로써 영생의 깊은 의미를 보지 못하게 한다. 도덕에 대해서도 절대적인 선이 없어지고 상대적인 선만 있다. 죄도 절대적인 죄는 없고 상대적인 죄만 있게 된다. 이런 윤리적 상대주의는 인간이 죄의 문제에 직면하는 것을 방해한다.

사탄은 수많은 그럴듯한 종교와 철학을 통해서 선악을 흐리는 전략을 사용해 왔다. 사탄의 궁극적 목표는 사람들의 죄의식을 약화시킴으로써 회개하지 못하게 하고 하나님께 나아가지 못하게 하는 데 있다. 그리고 인간의 죄 때문에 죽으신 예수 그리스도의 대속(代贖)을 허무한 것으로 만들고자 하는 데 있다. 그러나 '죄'는 '무지'로 대체될 수 없고 '회개'는 '깨달음'으로 대체될 수 없다.

토의 및 정리 문제

1. 공(空)의 개념에 대해서 설명해 보라. 여기에 전제되어 있는 세계관은 무엇인가?
2. 공 사상의 논리에서 개별자들의 정체성과 다양성을 인정하지 않는 것은 곧 어떤 결론을 가져다주는가? 성경적으로 이런 논리를 인정할 수 없는 이유는 무엇인가?
3. 공 사상의 문제는 무엇인가? 공의 상대주의적 속성이 도덕의 영역에 적용되었을 때 어떤 결과를 가져다주는가? 여기에 사탄의 어떤 전략이 있는가?

7장 | 윤회(輪廻)와 환생설

요즈음 서점에 가보면 윤회와 환생을 주장하는 이론서들과 체험담을 담은 책들이 많이 쏟아져 나와 있는 것을 볼 수 있다. 1995년에 나온 책 중에 미국 정신과 의사인 브라이언 와이스가 쓴 《나는 환생을 믿지 않았다》라는 책이 있다. 이 책에서 브라이언 와이스는 최면을 통해서 전생의 기억을 되살려 정신질환자를 치유했다고 주장하면서 소위 '전생퇴행요법'이라는 것을 소개했다. 환생의 체험담을 주장하는 책들은 주로, 언제 어디서 어떻게 살았다고 하는 전생의 삶을 기억했는데 실제로 가서 조사해 보니 사실로 확인되었다는 주장을 담고 있다. 이런 주장들을 우리 그리스도인들은 어떻게 받아들여야 하는가?

힌두교가 제공하는 개념 중에 오늘날까지도 많은 지지자가 있는 것 중의 하나는 아마도 윤회라는 개념일 것이다. 오늘날 윤회, 환생설은 북미와 유럽, 우리나라에서도 매우 성행하는 개념이 되었다. 특히, 요가 수행자들이나 불교 신자들, 초능력이나 심령술에 심취한 자들, UFO를 신봉하는 자들, 뉴에이지 사상에 젖어 있는 사람들은 거의 모두 윤회와 환생에 대하여 의심하지 않는다.

윤회 사상은 주전 6세기부터 인도에서 보편적으로 인정되어 온 사상으로서 힌두교나 불교에는 윤회 사상을 전제로 한 수많은 전생에 관한 이야기가 있다. 윤회 사상은 우주적 순환에 대한 관념을 인간의 생애에 적용한 것으로서, 불사에 대한 인간의 열망을 태양 숭배 사상에 투영함으로써 발생했다고 할 수 있다.

순환론의 기원은 주기적으로 허물을 벗는 것과 태양과 달의 주기를 관측하게 된 것과 관계가 있다. 신화적 사고에 있어서 뱀이 허물을 벗는다는 것은 불멸(不滅)을 의미하는 것이다. 뱀이 허물을 벗음으로써 자기의 생명을 언제나 새롭게 한다는 생각은 고대인들 가운데서만이 아니라 20세기에 살고 있는 여러 원시 부족들 가운데서도 발견된다. 뱀은 다양한 고대 문화 가운데서 영원한 시간의 상징이 되었다. 그리고 뱀의 상징은 또한 개인의 환생과 재생의 상징이기도 했다. 이와 같은 자연주의적 관찰은 신화(神話)적인 형식과 더불어 시작되었으며, 순환론은 인도와 그리스, 중국 문명에 있어서는 전형적인 역사관이 되었다.

동양의 순환적 시간관은 바벨론에 그 기원을 두고 있다. 최초의 회귀(回歸)적인 순환 관념은 태양신이 매일같이 죽었다가 다시 살아난다는 신화적 사고의 형태로 나타났는데 이것은 매일의 태양 순환을 관찰한 데서부터 비롯된 것 같다. 윤회 사상의 기본적인 관념도 불사에 대한 인간의 욕망을 태양 숭배에 투영했을 때 나타나는 것이다. 즉 태양의 끊임없는 순환에서 인간은 불사의 관념을 발견한 것이다. 이처럼 윤회 사상은 자연주의적 순환론, 태양신 숭배와 밀접한 연관이 있다.

순환론적 신화들에서 뱀이 불멸성을 상징한다는 사실은 뱀으로 나타난 사탄의 거짓말을 연상하게 한다. 성경은 이렇게 말한다. "뱀은 여호와 하나님이 지으신 들짐승 중에 가장 간교하니라 …… 뱀이 여자에게 이르되 너희가 결코 죽지 아니하리라"(창 3:1-4). 우리는 이런 순환론의 기원이 바벨론에 있음을 보았다. 그러나 성경에서 나타나는 바벨론은 사탄과 우상들을 상징하는 것이다. 성경은 말한다. "무너졌도다 무너졌도다 큰 성 바벨론이여 모든 나라에게 그의 음행으로 말미암아 진노의 포도주를 먹이던 자로다"(계 14:8). "그의 이마에 이름이 기록되었으니 비밀이라, 큰 바벨론이라, 땅의 음녀들과 가증한 것들의 어미라"(계 17:5).

윤회와 환생설이 발생한 배경을 안다고 해도 여전히 남는 문제가 있다. 도대체 전생 회상의 체험을 어떻게 해석해야 하는가의 문제다. 더군다나 회상한 내용이 역사적인 사실일 때 어떻게 생각해야 하는가 하는 것이다.

모든 전생 회상 체험은 무의식의 상태에서 이루어진다. 최면술이든지, 혹은 요가나 참선이나 어떤 수행에 의해서든지 무의식 상태로 퇴행하지 않으면 전생을 알 수가 없다는 것이다. 그런데 인간의 무의식이야말로 영적 전쟁의 각축장이다. 기공이나 요가를 통한 초능력의 획득도 무의식으로 퇴행했을 때 일어나고, 정신 질환도 무의식으로의 퇴행과 관계가 있다.

무의식 상태에서 인간은 수동적으로 정보를 받을 수밖에 없다. 의식이 깨어 있지 않은 상태에서는 정보에 대해서 무방비 상태다. 사탄은 인간이 무의식 상태에 있을 때 얼마든지 거짓된 정보나 혹은 올바른 정보도 줄 수 있다. 타락한 천사들은 죽지도 않고 전 세계적인 네트워크를 가지고 있기 때문에, 이를테면 4백 년 전에 어떤 지역에서 누가 살았는지에 대한 정보를 인간의 무의식에 바로 집어넣어 줄 수 있을 것이다. 그러나 귀신이 집어넣어 준 정보가 '전생 회상'이라고 주장하는 것은 거짓이다. 심지어 윤회 사상을 신봉하는 인도의 힌두교 수행자들조차도 이런 경험들의 대부분을 일종의 '귀신 들림' 현상으로 간주하고 있다는 것이다(Albrecht, 11-12).

더욱 재미있는 것은 윤회 사상의 분포가 대마(大麻)의 분포지와 동일하며 힌두교의 최고 경전인 '리그베다'에도 대마와 같은 마약 복용에 의한 황홀경과 탈혼(脫魂) 상태가 기록되어 있다는 점이다(石上玄一郎, 175-206). 황홀경, 무아경, 몰아경, 삼매경 등은 신인합일과 주객합일을 골자로 하는 바알 신비주의에서 나타나는 현상이며, 이런 신비주의 현상도 무의식으로의 퇴행과 밀접한 관계가 있다. 사탄은 자신의 인격에 대해서 자신이 없기 때문에 인간과 인격적 관계를 맺으려고 하지 않는다. 사탄은 인간을 무의식 상태로 몰고 가서 비인격적인 관계를 맺으려고 한다. 그러나 하나님은 우리와 인격적 관계를 맺기 원하시기 때문에 우리가 의식이 없는 상태에서는 관계를 맺지 않으신다. 그러므로 '자기' 정체성의 의식이 없는 상태에서 주어진 정보들, 즉 무의식적 상태에서 받았다고 하는 환상, 예언 등에 대해서 의심해 보아야 한다.

우리는 사탄도 매우 극적인 영적 체험을 제공할 수 있는 능력이 있다는 것을 인식해야 한다. 그리고 우리가 자극적인 체험에만 의존해서 진리를 추구하고자 할 때 사탄은 얼마든지 거짓된 체험들을 제공해 줄 수 있다는 것을 알아야 한다. 오늘날 많은 사람들이 환각제와 최면술을 통한 자기의식의 상실 상태에서 체험한 것을 진리인 양 착각하고 있는 것을 본다. 심지어 뉴에이지 운동의 신봉자들 중에는 마약이 한계를 벗어나지 못하는 의식의 고양을 위해서 유용하다고 생각하는 사람들도 있다. 그러나 그 결과는 의식의 고양이 아니라 영혼의 속박과 자아의 분열만을 가져올 것이다.

윤회 사상은 인도의 순환론적 우주관을 인간의 삶에 적용한 것이라 할 수 있다. 즉, 우주가 주기적으로 생성과 소멸을 거듭하는 것처럼 인간도 탄생과 죽음을 거듭한다는 것이다. 사탄은 수많은 순환론적 사상들을 통해서 역사함으로써 우주의 시원과 창조, 그리고 종말에 대한 의문을 회피하도록 유도해 왔다. 그리하여 사탄은 창조주 하나님의 존재를 부정하고 그분의 일회적 창조 사역과 심판 사역을 은폐하는 일에 온갖 노력을 다해 왔던 것이다. 윤회 사상은 인간 사후의 심판의 즉각성을(히 9:27) 은폐할 뿐 아니라 사후에도 인간과 혼령이 어떤 교통을 할 수 있다고 하는 접신술의 가능성을 열어 놓는다. 그러나 접신술은 하나님이 가증히 여기는 것이다(신 18:11). 타락한 천사들은 이렇게 사후의 혼령으로 가장하여 인간과 접촉하는 전략을 사용하는 것이다. 왜냐하면 자신의 신분을 이처럼 속이지 않는다면 사람들이 도무지 접신을 하지 않으려고 할 것이기 때문이다.

윤회 사상은 인간의 영혼이 최초에 어디서, 어떻게, 왜 생겨나게 되었는가 하는 질문을 회피함으로써 인간 영혼의 창조자이신 하나님의 존재를 은폐한다. 윤회 사상은 카르마의 법칙에 우리의 인생과 영혼을 맡기도록 유도함으로써 카르마라는 인과율의 법칙을 넘어서 우리의 인생에 능동적으로 역사하시는 하나님의 존재를 은폐시킨다. 즉 윤회 사상에 따르면 카르마의 해소는 누군가에 의해서 대신될 수 있는 것이 아니다. 그리고 설사 누군가에 의해서 대신될 수 있다 하더라도 반드시 이생에서 구원을 얻어야 할 긴박함은 없다. 윤회라는 개념은 고통스러운 인생의 반복에 대한 염증을 불러일으키지만 다른 한편으로는 또 다른 인생의 기회에 대한 희망을 주는 것처럼 보인다. 이러한 잘못된 희망은 이생에서 반드시 구원을 얻지 않으면 안 된다는 긴박함을 없애 버린다. 따라서 예수 그리스도의 대속에 의한 구원의 진리는 절박하게 다가오지 않게 된다.

사탄은 언제나 우리로 하여금 중대한 결단을 미루게 하며 중대한 때를 놓치도록 유혹한다. 그것은 여러 가지 사상에서뿐 아니라 우리의 삶에서도 마찬가지다. 사탄은 단 한 번 밖에 없는 기회를 여러 번 있는 것처럼 속임으로써 우리의 결단과 열심을 흩어 놓기를 좋아한다. 그리하여 결국 사람들로 하여금 구원받을 만한 때를 놓치게 하고, 그 결과 하나님의 선물인 영생을 잃어버리게 한다. 그러나 성경은 우리에게 이렇게 말해 준다. "보라 지금은 은혜 받을 만한 때요 보라 지금은 구원의 날이로다"(고후 6:2).

윤회 사상은 자기가 받는 악과 고통의 이유를 설명해 주기에 용이한 것처럼 보이지만 한편으로는 자기가 저지르는 악과 고통을 정당화시켜 준다. 왜냐하면 악과 고통은 필연적인 카르마 법칙의 결과이며 피할 수 없는 원인과 결과의 연쇄 사슬에 놓여 있다고 간주하기 때문이다. 사람의 행동이 카르마 법칙에 의한 것이라면 악과 고통을 야기하는 사람을 정죄할 수 없다. 결국 윤회 사상은 인간의 고통과 죄악을 정당화시켜 주는 역할을 한다.

윤회 사상은 진화론과 밀접한 관련이 있다. 윤회 사상은 동양에서는 고통스럽고 부정적인 것이지만 서구의 진보주의적 사고와 결합했을 때는 영적 진화론을 낳는다. 과정 신학이나 뉴에이저(New Ager)들은 영적 진화론의 관점에서 의식혁명, 우주적 의식(Cosmic consciousness), 신(神)실현(God-realization), 자아실현(Self-realization), 깨달음(Enlightenment), 조명(Illumination), 열반(Nirvana) 등의 의식 변화에 대한 개념을 제시한다. 그들은 세계가 변할 수 있는 유일한 방법은 의식의 변화를 통해서라고 주장한다. 이것은 타락한 인간의 원죄를 부정하는 것이며 인간의 힘으로 이상적 사회를 만들 수 있다는 인본주의다. 이것은 예수 그리스도의 피 없이, 성령의 도우심 없이 새로운 차원의 인간이 될 수 있다는 선언이며 나아가서 인간이 곧 신이라는 선언이다.

인간은 죄의 결과로 죽게 되었다. 죽음은 인간이 피할 수 없는 인간 실존의 현주소다. 영원에 대한 인간의 갈망은 부활이든 윤회든 어떤 형태로든 나타나게 되어 있다. 사탄이 죽음의 저주와 실체를 부정하는 데 성공할 수만 있다면 사람들이 복음을 필요로 하지 않게 만들 수 있다. 부활 사상은 적어도 주전 10세기 이전으로 거슬러 올라간다. 윤회 사상은 부활 사상보다 훨씬 이후에 나온 것이다. 윤회 사상이 생기기 전에도 고대의 여러 이방 종교들은 부활 사상을 유지하고 있었다. 이것은 일반 은총이 타종교와 세계관에 남아 있는 또 하나의 예다. 사탄은 부활 대신 환생의 개념으로 바꾸어서 영생에 대한 인간의 소망을 속여 왔던 것이다.

토의 및 정리 문제

1. 윤회 사상과 순환론은 어떤 관계가 있는가? 윤회 사상과 순환론을 포함하고 있는 세계관들 중에는 어떤 것들이 있는지 예를 들어 보라.
2. 전생을 회상하는 체험의 본질은 무엇인가? 악령들이 무의식을 어떻게 사용할 수 있는지 예를 들어서 나누어 보라.
3. 윤회 사상은 결과적으로 어떤 주장을 함축하고 있는가? 사탄이 윤회 사상과 환생설을 퍼뜨리는 전략적 이유는 무엇이라고 생각하는가?

8장 | 유교(儒敎)

유교는 현재까지도 우리나라 사람들의 의식과 규범, 그리고 생활 양식에 강력한 영향력을 끼치는 사상이다. 아직도 우리나라에는 많은 유생(儒生)들이 있으며 성균관과 향교 등에서는 매년 공자와 유학자들을 제사 지내고 있다. 유교는 중국과 한국, 그리고 베트남 등 동아시아의 여러 나라들에서 수백 년 동안 국가 체계와 왕조의 정통성을 유지하는 이념으로 자리 잡아 왔으며, 민중의 생활 양식과 삶의 규범으로서 막대한 영향력을 행사해 왔다.

최근에는 근대화 이후, 서양의 물질문명과 서구적 가치관의 무분별한 수용으로 인해 전통 윤리 붕괴에 대한 우려의 소리가 높아지면서 유교에 대한 새로운 조명과 연구의 붐이 일어나고 있다. 대만에서도 학자들은 서양 철학을 극복하고 중국의 토양에 맞는 새로운 이념을 창출하기 위해서 '새로운 유학' 운동을 벌이고 있다. 중국에서도 덩샤오핑(鄧小平) 이후 공자와 유학자들이 다시 복권되었으며 유교는 새로운 각도에서 연구의 대상이 되고 있다. 즉, 유교는 더 이상 흘러간 옛날의 고고학적 유물이 아니라 현대의 현실 문제에 대답하는 철학으로서 그 위치를 재설정하려는 시도를 하고 있다.

'유'(儒)라는 글자는 최초로 논어에서 사용되었는데 '군자유'(君子儒)와 '소인유'(小人儒)라는 개념이 바로 그것이다. 맹자는 '유'(儒)를 공자(孔子)의 문하생을 지칭하는 용어로 사용했다. 유가(儒家)의 또 다른 계열인 순자(荀子)는 성왕(聖王)들의 전승을 배우는 모든 사람을 '유'(儒)로 지칭했다(김승혜, 9-10). 즉 '유'(儒)는 춘추 전국(春秋戰國) 시대 이전에 있었다는 사회, 즉 예(禮)에 의해서 나라가 다스려졌던 사회를 이상으로 삼고, 이런 사회로 돌아가고자 하는 일종의 복고주의자들로서, '예'(禮)에 대한 전문가 집단을 일컫는 말이었다. 공자는 예를 통치 이념으로 삼는 정치 철학을 수립했는데 이것을 우리는 유교라고 부르고 있는 것이다.

본래 시경(詩經)에서 예(禮)는 제사 의식에 관계된 의식(儀式)적 예법(禮法)을 의미했다. 그러나 좌씨전(左氏傳)에 이르러서 예(禮)는 천인(天人) 관계를 바르게 하는 틀일 뿐 아니라, 또한 인간 생활 전체의 틀이며 모든 사회 관계의 규범으로 확대되었다. 천의 규범과 명령이 예에 요약되어 있으므로 예의 실천을 통해서 인간은 천의 뜻에 순종하게 되고 그 결과 천의 축복을 받게 된다고 생각되었다. 성왕(聖王)의 임무는 위로는 천(天)에게 제사를 잘 지내고 아래로는 백성을 올바르게 다스리는 것, 즉 예를 실천하는 것이었다(김승혜, 70-78).

그러나 춘추 전국 시대에 오면 성왕(聖王)의 정치보다는 힘의 논리를 앞세운 '패자'(覇者)들이 등장하여 예보다는 힘으로써 백성을 다스렸다. 공자가 한탄스럽게 생각한 것은 바로 주나라의 문왕(文王) 때까지만 해도 예에 의해서 다스려졌던 이상적인 사회가 붕괴되어 버린 것이었다. 공자는 이상적으로 다스려지던 왕국의 문물제도로 복귀할 것을 희망했다. 그러나 공자의 이러한 복고주의적 정치 사상은 그 당시에도 이상주의로 간주되었다.

공자의 이상주의적 정치 사상은 패권 군주들의 냉대에도 불구하고 명맥이 끊어지지 않았다. 인(仁)과 예(禮)에 의해서 이상적으로 다스려지는 나라에 대한 공자의 꿈은 전국 시대에 오면 맹자의 '왕도 정치'(王道政治) 사상으로 나타난다. 맹자는 공자와 마찬가지로 요(堯), 순(舜) 등의 성왕(聖王)에 의해서 다스려지는 나라를 사모했다. 그리하여 맹자는 힘으로써 백성을 다스리고 나아가서 천하의 패권을 잡으려는 군주들을 '패도'(覇道)라고 칭했다. 그리고 이에 반하여 인(仁)과 예(禮)로써 백성을 다스리는 것을 '왕도'(王道)라고 칭했다. 맹자의 왕도 정치 사상에서는 왕과 신하는 철인(哲人)이어야 하며 정부는 도덕적이고 민본적인 정부여야 했다.

유교 사상에 의하면 예로 다스려지는 이상 국가를 만들기 위해서는 인격이 수양된 사람이 나라를 다스려야 한다. '성왕'(聖王), '철왕'(哲王)의 개념이나 '성인'(聖人), '철인'(哲人)의 개념들은 왕과 그를 보좌하는 통치자들의 완성된 인격을 나타내는 것이었다(김승혜, 62-63). 대학(大學) 8조목(八條目)에서 말하는대로 수신(修身)이 된 자만이 치국(治國) 평천하(平天下)할 수 있다. 흔히 공자 사상의 핵심을 '인'(仁)이라고들 하는데 이것은 덕(德)의 절정, 즉 인간성의 완성을 나타내는 말이다. 공자에 의하면 인이라는 것은 말을 더디하는 것이며(仁者 其言也訒), 어려운 일을 먼저 하고 이득은 나중에 취하는 것이다(仁者 先難而後獲 可謂仁矣). 또 인은 자기의 욕구를 극복하고 예로 돌아가는 것이며(克己復禮爲仁) 사람을 사랑하는 것이다(仁者 愛人).

우리는 여기에서 공자의 인이 성경이 말하는 가르침과 거의 비슷하다는 느낌을 받게 된다. 성경은 듣기는 속히 하고 말하기는 더디 하며 성내기도 더디 하라고 말한다(약 1:19). 또 자기를 부인하고(마 16:24; 막 8:34; 눅 9:23) 이웃을 자기 몸과 같이 사랑하라고 권고한다(마 19:19; 막 12:31; 눅 10:27; 롬 13:9-10; 갈 5:14; 약 2:8). 공자의 인은 하나님이 인간의 양심 속에 나타낸 일반 계시의 발로이며 인간에게 내재해 있는 하나님 형상의 발로라고 할 수 있다.

공자가 말하는 인은 기본적으로 자기에게서 시작되어 남에게로 확대되어 가는 사회적 성격을 가진다. 공자의 인에는 사람에 대한 사랑은 있지만 하나님에 대한 사랑이라는 개념이 없으며, 자기부인을 말하지만 하나님을 따르는 태도는 없다. 즉, 공자가 말하는 자기부인으로서의 인은 자기의 이기적 욕구를 극복하고 사회적 규범과 질서(禮)를 따르는 것을 말하며, 하나님 앞에서 자신의 자아를 꺾고 하나님의 뜻을 따르는 영적인 결단이 아니다. 공자의 인은 예가 자기 자신에게 그리고 사회적으로 실현된 상태를 말하는 것이다. 성경이 말하는 사랑은 단순히 사회적 인간관계를 위한 도덕적 덕목이 아니라 영적인 원리다. 사랑은 하나님의 본질이며(요일 4:8) 하나님의 자녀를 구분하는 영적인 기준이다(요일 3:10).

공자의 인(仁) 사상은 부분적으로 진리를 포함하고 있지만 완전한 진리는 아니며 결국은 인본주의적이고 인간 중심적인 윤리라고 할 수 있다. 그리고 공자가 살신성인(殺身成仁; 위령공편[衛靈公篇])이라는 말을 했지만, 문자 그대로 자기 몸을 죽여서 지극한 사랑을 이루신 분은 오직 예수 그리스도 한 분이시다. 예수 그리스도는 살신성인으로 우리의 죄를 대속하셨던 것이다.

유교의 목표는 크게 두 가지다. 하나는 인격의 완성이고 또 하나는 이상 왕국의 건설이다. 이것을 공자는 수기안백성(修己安百姓)이라고 했고 주자는 수기치인(修己治人)이라고 했다.

우리는 유교에서 말하는 이상 왕국(理想王國)이 공맹(孔孟) 이후 한번도 땅 위에서 실현된 적이 없음을 역사를 통해서 본다. 그것은 마치 공산주의자들이 꿈꾸는 이상 사회처럼 항상 이념으로서만 존재해 왔다. 동아시아의 많은 나라들이 통치의 이념을 유교에 두고 있었지만 실제적으로는 법(法)에 의해서 다스려졌던 것을 본다. 그리하여 유교의 예(禮)는 지배 계층에게는 자기만족적인 율법주의로 변했으며, 민중에게는 지배 계층에 속박시키기 위한 사회적 질서 유지의 도구가 되어 버렸다. 사실 공자나 맹자가 꿈꾸었던 이상 왕국은 근본적으로 부패한 인간의 죄성(罪性)으로는 이룰 수 없는 꿈이었던 것이다.

우리는 성경에서도 일종의 이상 왕국론이 있는 것을 발견한다. 그러나 성경이 말하는 이상 왕국은 하나님에 의해서 다스려지는 사회이며 이 왕국의 백성은 지금의 인류와는 다른 영화된 육신을 가진 백성이다. 그러므로 아픔도 눈물도 병도 괴로움도 소유욕도 없으며 지혜롭고 도덕적이며 완전한 사람들, 유교의 표현을 빌자면 성인(聖人)이요 철인(哲人)들이 사는 왕국이다. 이 왕국의 자연에는 더 이상 재해가 없으며 약육강식의 질서가 없다. 힘이 지배하는 세상이 아니라 사자와 양이 함께 뛰어노는 사랑의 세상이다. 인간과 자연은 하나님이 최초에 창조하신 그대로의 이상적인 상태로 회복되어 있다. 이 왕국이 바로 예수 그리스도가 재림하여 다스릴 하나님 나라, 즉 새 하늘과 새 땅, 그리고 새 예루살렘 성이다. 우리는 유교의 이상 왕국론이 인간의 노력과 의지에 입각한 인본주의임을 발견한다. 성경은 이상 왕국이 예수 그리스도께서 이 땅에 다시 오심으로써, 즉 하나님의 우주적 개입을 통해 이루어진다고 말한다.

유교는 인간의 노력으로 인격의 완성을 이룰 수 있다고 생각한다. 그래서 유교에서 중요한 한 분야가 수양론(修養論)이다. 그러나 성경적 관점에서 말하자면 타락한 인간은 스스로의 힘으로 거룩해져서 하나님의 형상을 온전히 드러낼 수 있는 능력을 가지고 있지 못하다. 인간은 자신의 원죄를 자기 자신의 힘으로 제거할 능력이 없으며, 예수 그리스도의 대속에 의해서만 원죄에서 해방되어 하나님의 거룩함에 참여할 수 있다. 예수 그리스도를 영접함으로써 성령이 우리 안에 오시면 우리는 성령의 힘으로 더욱 수양(修養)되고 성화(聖化)되며, 최종적으로는 예수 그리스도가 재림(再臨)하실 때 영화(榮化)되어 완전하게 된다.

토의 및 정리 문제

1. 공자와 유가가 생각했던 이상주의적 정치 사상은 무엇인가? 예(禮)라는 것은 고대 중국에서 어떤 기능을 하는 것이었는가?
2. 유교의 정치 사상에 의하면 이상적인 사회를 만들기 위해서는 어떤 사람이 나라를 다스려야 하는가? 이런 자질들을 나타내는 개념들은 어떤 것들인가?
3. 유교의 이상을 지탱하는 두 가지 기둥은 무엇인가? 성경은 유교의 두 가지 기둥을 언제 어떻게 실현한다고 말하고 있는가?
4. 유교 사상에 전제되어 있는 유교의 인간관은 무엇인가? 이것은 성경

적 인간관과 어떻게 다른가? 유교와 유사한 인간관을 가진 세계관은 어떤 것들이 있는가? 유교를 이슬람교나 마르크시즘과 비교해 보았을 때 공통점이 무엇인가?

9장 | 제사(祭祀)

조상 숭배, 혹은 사자(死者) 숭배는 지구 도처에 나타나는 보편적인 현상이다. 성경도 당시의 중근동 지방에 죽은 자에 대한 숭배가 있었음을 보여 주고 있다(신 26:14). 사자 숭배의 보편성이라는 관점에서 본다면, 이를 반대하는 성경의 관점은 매우 독특한 세계관을 반영하고 있다고 할 수 있다.

오늘날 우리나라의 많은 가정에서도 유교 문화의 영향으로 조상에 대하여 제사를 지내고 있다. 조상 숭배의 세계관에는 사람이 죽은 후에도 어떤 영적인 실체로서 산 사람과 관계를 가질 수 있고 영향을 끼칠 수 있다는 것이 전제되어 있다. 우리나라, 중국, 일본 등의 유교 문화권에서는 이러한 영적인 실체로서의 사자(死者)를 귀신이라고 불렀다.

원래 중국 고대의 사전이라고 할 수 있는 《설문》(說文)에서 귀(鬼)는 '귀'(歸)로서 사람이 돌아가는 것, 즉 죽은 사람의 혼령을 의미했으며, 신(神)은 천신(天神), 지신(地神), 인신(人神) 등 자연신을 포괄하는 개념이었다. 천신(天

神) 중에는 상제와 그 아래에 오제(五帝)가 있고, 풍사(風師), 우사(雨師), 뇌사(雷師), 운신(雲神), 일월성신(日月星辰) 등 자연 현상이 천신으로 간주되었다. 인신(人神)은 주로 인간에게 유익을 가져다준 반인반수(半人半獸)의 인물로서 복희(伏羲), 신농(神農) 등이 인신으로 간주되었다. 지신(地神)은 사직(社稷), 오사(五祀), 오악(五嶽), 산림(山林), 천택(川澤) 등 자연이 신으로 받들어졌다. 사직은 땅과 곡식의 신으로서 민생에 가장 중요했기 때문에 사직에 제사를 지내지 않는 임금은 무도한 임금으로 반드시 나라를 잃게 된다고 간주되었다(王治心, 38-42).

제사에는 교(郊), 체(禘), 조(祖), 종(宗) 등의 개념이 있었다. 교제(郊祭)는 상제에게 지내는 제사로서 천자만이 주관할 수 있었으며, 그 밖의 사람들은 함부로 지낼 수 없었다. 체제(禘祭)도 시조(始祖)를 천(天)에 배향하여 드리는 제사로서 원래 천자(天子)에게만 허락되었다. 하대(夏代)에는 이러한 제천(祭天) 의식은 매우 경건하고 장중하게 행해졌으며, 은대(殷代)에는 하늘에 대한 제사 외에도 귀신에 대한 숭배가 행해졌다(王治心, 72-73).

조상에 대한 제사는 황제(黃帝)에 대한 제사에서 시작한 것으로 전해지는데, 그 후 공이 크고 덕이 있으며 지위가 높은 성왕(聖王)들에게도 제사가 행해졌다. 원래 조(祖)는 공이 있는 사람에게 행해지던 제사였으며 종(宗)은 덕이 있는 사람에게 행해지던 제사였다. 최초의 제사는 혈통보다는 공덕이 있는 사람을 제사하였는데, 하후씨(夏后氏) 이후 주대(周代)에 이르면 혈통에 제사 지내는 것이 완전히 자리 잡히고 하늘에 제사 지내는 것과 동등한 비중을 가지게 된다(王治心, 49-52).

사실, 조상에 대한 제사는 유교의 고유한 전통이라기보다는 중국의 고대 신앙으로부터 유래한 것이다. 유교가 특별히 예(禮)를 전문적으로 다루어 왔고 거기에 제사에 대한 예(禮)도 포함되어 있었던 것은 사실이다. 그래서 이 때문에 제사가 유교의 산물인 것으로 오해되는 경향이 있지만, 실제로 유교가 한 역할은 제사의 예법을 확립한 것에 지나지 않았다.

우리나라에도 제천(祭天) 의식을 행했다는 기록이 삼국사기에 나타나지만, 조상에 대한 제사의 예는 건국 시조를 조상신으로 제천 의식에 배향한 것 외에는 거의 찾아보기 힘들다. 고려 초(初)만 하더라도 자기 조상에게 제사를 지내는 사람은 극소수의 유학자들뿐이었다. 고려 말(末)에 성리학의 도입으로 신진 사대부(新進士大夫)에 속하는 유학자들이 늘어났으며 조선 초에는 유교가 국가적 이념이 되었다. 그러나 조선 초에도 제사를 지낸 사람은 유교를 신봉하는 소수의 양반에 불과했으며, 양반의 수는 조선 후기 숙종(1661-1720) 때까지도 전체 국민의 1할에 채 못 미치는 수였다. 임진왜란과 병자호란 이후 급격한 사회 변동과 함께 신분질서가 해이해지면서 양반의 수가 급속히 증가했으며, 조선 말 철종(1831-1863)에 이르면 전체 국민의 7할 정도가 양반이 되었다(변태섭, 349-352). 그리하여 제사를 지내는 것이 양반의 상징으로 전 국민에게 보편화되었다.

유교 문화권의 지역에서 제사 문제는 선교에 있어서 가장 큰 걸림돌이 되어 왔다. 제사가 미풍양속이냐 아니면 우상 숭배냐 하는 문제로 격론을 벌여 왔고 그 싸움은 완전히 종결된 것이 아니다. 천주교는 문화 순응식 선교 방법에 따라 17세기 초 마테오리치 당시에는 제사를 허용했다가 얼마 후 금했지만, 1939년 이후 다시 제사를 미풍양속으로 인정하고 있다. 우리는 제사가 문화적인 문제인가 그렇지 않으면 영적인 문제인가를 분별해야 한다.

성경은 "위로 하늘에 있는 것이나 아래로 땅에 있는 것이나 땅 아래 물속에 있는 것의 어떤 형상도 만들지 말며 그것들에게 절하지 말며 그것들을 섬기지 말라"(출 20:4-5)라고 경고한다. 성경은 또 "무릇 이방인이 제사하는 것은 귀신에게 하는 것이요 하나님께 제사하는 것이 아니니 나는 너희가 귀신과 교제하는 자가 되기를 원하지 아니하노라"(고전 10:20)라고 말한다. 성경에서 말하는 '귀신'은 헬라어 '다이몬'($\delta\alpha\iota\mu\omicron\nu\iota\omicron\nu$)을 번역한 것으로 죽은 조상의 혼령이 아니라 타락한 천사들이다(계 12:9). 즉, 이방인들이 신들이나 죽은 조상에게 제사를 지낼 때, 실제로는 타락한 천사들이 와서 그 제사를 흠향하게 되며 따라서 타락한 천사들, 마귀와 교제하는 것이 된다는 뜻이다. 성경은 마귀와 교제하는 것이 재앙을 불러온다고 경고한다. "그들이 또 브올의 바알과 연합하여 죽은 자에게 제사한 음식을 먹어서 그 행위로 주를 격노하게 함으로써 재앙이 그들 중에 크게 유행하였도다"(시 106:28-29).

그러나 귀신이 죽은 자의 혼령이라고 하는 생각이 심지어는 기독교 안에도 침투해 있다. 이런 주장은 대체로 귀신을 쫓아낼 때의 경험에 입각한다. 귀신들은 쫓겨날 때 자기가 언제 죽은 누구이며 어디에서 어떻게 살았다고 말하면서 그 사람의 목소리를 그대로 흉내 내기도 한다는 것이다. 그리고 이런 귀신의 진술을 조사해 보면 그것이 사실이라는 것이다. 따라서 귀신이 불신자의 죽은 혼령이라고 생각한다는 것이다. 그러나 귀신이 거짓말쟁이(요 8:44)라는 것을 안다면 귀신이 쫓겨날 때 하는 말을 그대로 믿을 수는 없을 것이다. 그렇다면 왜 타락한 천사인 귀신은 죽은 혼령의 흉내를 내며 또 가계(家系)에 대해서 정확한 진술을 할 수 있는가 하는 질문을 던져 볼 수 있다. 귀신들은 죽지도 않을 뿐 아니라 광범위한 조직망에 의한 엄청난 정보를 가지고 있는 영적 실체라고 할 수 있다. 그러므로 귀신들이 어떤 가계에 대한 완벽한 정보를 가지고 죽은 사람의 흉내를 내는 것은 매우 쉬운 일일 것이다.

타락한 천사들이 죽은 조상의 흉내를 내는 것은 매우 보편적인 전략이라고 할 수 있다. 광범위한 문화권에서 조상을 숭배하거나 죽은 조상과 영적인 교류를 시도하는 관습이 있는 것은 바로 이것을 말해 준다. 그렇게 함으로써 사탄이 무엇보다도 가장 먼저 노리는 것은 자신의 신분을 감추고 사람들과 접촉하는 것이다. 귀신이 타락한 천사이며 악령이라는 사실을 안다면 대부분의 사람들은 아무도 초혼(招魂)이나 신접(神接)을 하려고 하지 않을 것이다. 사람들은 조상에 대해서는 우호적이기 때문에, 사탄은 조상 숭배라는 행위를 통해서 사람들에게 신접과 초혼의 근거를 제공해 주고 있다. 그러나 이런 신접과 초혼을 통해서 만나는 것은 조상이 아니라 타락한 천사들이다. 사무엘상 28장 7-20절에는 사울이 사무엘의 혼을 불러내어 신접하는 이야기가 나온다. 그러나 진짜 사무엘이 사울이 부른다고 나올 리가 만무하다. 우선 사무엘은 사울을 좋아하지 않았다. 그러므로 사울이 부른다고 나타날 사무엘이 아니다. 또 사무엘은 하나님을 경외하는 선지자였다. 그가 비록 죽어서라도 하나님이 엄격히 금지한 신접 행위에 응한다는 것은 있을 수 없는 일이다. 악령은 사무엘의 모습을 띠고 사울에게 나타나서 사울을 자포자기하게 하고 그를 파멸로 끌고갔던 것이다.

타락한 천사들이 일관되게 죽은 자의 흉내를 내는 또 한 가지 이유는 하나님의 심판의 심각성을 약화시키고자 하는 것이다. 히브리서 9장 27절은 "한 번 죽는 것은 사람에게 정해진 것이요 그 후에는 심판이 있으리니"라고 하는데, 조상 숭배를 말하는 사람들은 이런 심판이 없으며 조상들이 이승과 저승을 마음대로 오갈 수 있다고 주장하는 것이 된다.

조상에게 제사를 지내는 것은 죽은 혼(魂)을 부르는 일종의 초혼(招魂) 행위이며 기복(祈福) 행위로서 그것은 하나님이 매우 가증히 여기는 행위이다(신 18:11). 죽은 사람은 우리가 부른다고 올 수 있는 것도 아니고, 또 우리에게 복을 줄 수 있는 능력을 가진 존재도 아니다. 제사를 지내면 조상이 오는 것이 아니라 타락한 천사들이 와서 사람들을 영적으로 구속하고 억압하는 것이다. 사실, 조상에게 제사를 지내지 않았다고 조상이 자손에게 저주를 내린다는 생각은 살아 생전의 자식에 대한 부모의 애정을 생각할 때 납득이 가지 않는다. 그리고 자신의 행실에 관계 없이 조상에게 빌어서 복을 구한다면 그것은 사사로운 욕심이 아닐 수 없다. 설사 복을 구하기 위한 것이라 하더라도 아무 힘도 없는 죽은 조상보다는 더욱 능력이 있는 분에게 구해야 할 것이다. 그러므로 성경은 "백성이 자기 하나님께 구할 것이 아니냐 산 자를 위하여 죽은 자에게 구하겠느냐"(사 8:19)라고 말한다. 때때로 이 구절은 죽은 자에게 구할 수 있다는 근거 구절로 잘못 사용되며, 귀신이 불신자의 사후 영이라는 잘못된 가르침을 옹호하기 위한 도구로 사용된다. 그러나 이 구절은 조상 숭배와 죽은 자에게 복을 구하는 당시의 종교적 행위를 비판하기 위한 구절이지 죽은 자가 제사를 흠향할 수 있다거나 혹은 복을 가져다줄 수 있다는 것을 의미하는 것이 아니다.

전통적으로 유학자들은 하늘에 대한 경(敬)과 부모에 대한 효(孝)를 강조해 왔으며, 조상에 대한 제사를 효와 경의 연장선 상에서 이해하려고 하였다. 그러나 성경이야말로 효와 경을 매우 중요시한다. 성경은 하나님과 부모에 대한 공경을 십계명 안에 둘 정도로 효와 경을 강조한다. 십계명은 하나님을 사랑하고 그의 계명을 지키는 자에게는 천대(千代)까지 은혜를 베풀며(출 20:6; 신 5:10). 부모를 공경하면 하나님께서 주신 땅에서 생명이 길고 복을 누릴 것이라고(출 20:12; 신 5:16) 말한다. 그러나 성경은 죽은 부모에게 효도하라고 말하지는 않는다. 효는 부모가 살아 계실 때 성심성의껏 해야 하는 것이 아닌가!

토의 및 정리 문제

1. 제사의 유래에 대해서 말해 보라. 이런 유래를 보여 주고 있는 개념들에는 어떤 것들이 있는가? 우리나라에 제사가 시행되었던 역사를 말해 보라.
2. 제사를 지내는 것은 사후 세계에 대한 어떤 관념을 반영하고 있는 것인가? 성경적 관점에서 이런 관념들이 어떻게 반박될 수 있는가?
3. 사탄이 사자(死者) 숭배나 조상 숭배를 퍼뜨리는 전략적 이유는 무엇인가? 성경적 관점에서 제사를 반대하는 이유를 제시해 보라.

10장 | 노자(老子), 장자(壯子)

　노자와 장자의 사상은 그 심오함과 호쾌함, 자유분방함으로 많은 사람에게 호감을 얻고 있는 사상이다. 기독교인들 중에도 노장(老莊) 사상에 큰 매력을 느끼고 심취해 있는 사람들이 꽤 있다. 고(故) 함석헌 씨도 노장 사상에 심취한 사람이었고 자유주의 신학자들 중에도 노장 사상에 심취한 사람들이 제법 있다. 그들은 기독교와 노장 사상을 쉽게 동일화시키면서 성경보다도 노자나 장자에 더 열심을 내는 것 같다. 물론 기독교와 노장 사상은 비슷한 면이 없지 않다. 그러나 그 본질은 전혀 다르다.

　노자의 도덕경은 먼저 "도가도 비상도"(道可道 非常道)라는 말로 시작한다. 즉 도에 대하여 무엇이라고 가히 말한다면 그것은 항상불변(恒常不變)하는 궁극적 실재로서의 도가 아니라는 뜻이다. 궁극적 실재는 결코 정의(定義)에 의해서 제한될 수 없기 때문에 오직 간접적으로만 서술될 수 있다는 것이다. 노자에게 있어서 도는 형상을 초월하며 인간의 감각으로 잡을 수 없는 것이다. 도는 천지가 생기기 전부터 존재하며 소리도 들리지 않고 아무것도 보이지 않는다. 홀로 스스로 있어서 변함이 없으며 우주의 구석구석까지 골고루 미치지만 작용이 약해지지 않는 궁극자다.

노자가 말하는 도는 언뜻 보기에는 성경의 하나님과 거의 다를 바가 없어 보인다. 그러나 노자의 도는 인격적인 창조주가 아니라 비인격적 근원이며 만물은 도의 자기 전개에 불과하다. 노자는 이것을 "도(道)는 일(一)을 낳고 일(一)은 이(二)를 낳고 이(二)는 삼(三)을 낳고 삼(三)은 만물을 낳는다"(道生一, 一生二, 二生三, 三生萬物)라는 말로 표현한다. '도(道)의 자기 전개로서의 만물'이라는 생각은 결국 범신론적 자연주의적 동일 철학으로 귀착된다.

노자의 사상에 있어서 또 하나의 중요한 개념은 '무'(無)라는 개념이다. '무'는 감각 기관에 포착되지 않는 실재(實在)를 의미하며 '유'(有)는 감각 기관에 의해서 감지되는 실재를 의미한다. 그래서 무는 유의 근원으로서 이해된다. 노자에 의하면 "천하의 만물은 유에서 생기며 유는 무에서 생긴다"(天下之物 生於有, 有生於無). 결국 노자에게 있어서 '무'의 개념은 도(道)와 마찬가지로 '만물의 궁극적 근원'이다. 그러나 무에서 유가 생긴다고 할 때 그것은 성경에서 말하는 '무에서 유의 창조'라는 존재발생론적 의미가 아니다. 단지 논리적 선후(先後) 관계로 볼 때 감각 기관에 포착되는 현상계는 감각 기관에 포착되지 않는 것에 근원을 두고 있다는 의미일 뿐이다.

노자의 무(無) 사상은 '무위'(無爲) 사상과 연관되어 전개된다. 무위는 인위적으로 하지 않는다는 의미이며 단순히 무행위(無行爲)를 의미하는 것이 아니다. 노자가 말하는 '무위'(無爲)는 '인위'(人爲)를 염두에 두고 한 말이다. 노자의 무위 사상은 춘추 전국이라는 혼란한 시대의 산물이라고 할 수 있다. 춘추 전국 시대의 정치적 분열과 전쟁, 사회 혼란, 민생의 피폐는 인간의 문화 자체에 대한 회의를 불러일으키기에 충분한 것이었다. 많은 사상가들이 나름대로 부국강병과 민생안정의 이론을 내놓았지만 노자가 보기에는 혼란을 더할 뿐이었다. 노자의 무위는 이런 문화적 인위에 대한 반문화주의적 저항인 동시에 난세를 살아가는 초탈적 처세 철학이었던 것이다. 그러나 노자의 사상은 사회 도피적이라기보다는 오히려 사회의 문제를 해결하기 위한 방법으로서의 반문화주의였다고 할 수 있다.

노자는 유가(儒家) 사상을 인위적인 문화주의의 대표자로 간주하고, 유가 사상에서 중시하는 인의예지(仁義禮知) 등의 문화적 도덕 관념들을 모두 부정한다. 노자는 유가 사상을 예악을 중심으로 한 인문주의적 문화주의이며, 인위적 도덕주의라고 간주한다. 그래서 노자는 "도(道)를 잃었기 때문에 덕(德)이라는 것이 생겼고, 덕을 잃었기 때문에 인(仁)이라는 것이 생겼고, 인을 잃었기 때문에 의(義)라는 것이 생겼고, 의를 잃었기 때문에 예(禮)라는 것이 생겼는데, 예는 충성됨과 신의가 부족한 데서 생긴 것이고 분쟁의 시작이다"라고 말한다. 즉, 인의예지 등의 모든 도덕적 가치는 사실 도가 땅에 떨어졌기 때문에 생긴 것이며, 무위의 도만 행해진다면 덕, 인, 의, 예와 같은 도덕적 개념 없이도 세상은 살기 좋은 곳이 된다는 것이다.

노자는 문화의 도덕 관념뿐 아니라 문화의 이기(利器)나 제도에 대해서도 부정적인 태도를 취한다. 그래서 노자는 "천하에 금하는 것이 많으면 백성은 더욱 가난해지고 백성에게 문명의 이기가 많으면 국가는 더욱 혼란해진다. 사람들에게 기술이 많으면 신기한 물건이 생겨나고 법령이 많아지면 도적이 더욱 많아진다"라고 말한다. 이처럼 노자는 지식을 추구하지 않고 욕심을 부리지 않는 소박한 삶을 꿈꾼다.

노자는 이런 이상향(理想鄕)으로써 "작은 나라와 적은 수의 백성"(小國寡民)을 꿈꾼다. 나라가 크고 백성의 수가 많으면 여러 가지 인위적인 문화가 발생하지 않을 수가 없는 것이다. 그러므로 노자는 이렇게 말한다. "여러 가지 기구는 있으나 쓰지 못하게 하고, 백성으로 하여금 생사를 중히 여겨서 멀리 옮겨 가지 못하게 한다. 비록 배가 있으나 그것을 타지 않고, 비록 갑옷과 무기가 있으나 그것을 펼쳐 놓지 않는다. 사람들로 하여금 문자 대신에 다시 끈을 맺어서 사용하게 하고, 음식을 맛있게 먹게 하고, 옷을 아름답게 입게 하고, 거처를 편안하게 하고, 풍속을 즐기게 한다. 이웃 나라와는 서로 바라볼 수 있으며 닭과 개의 소리를 서로 들을 수 있으며 백성은 늙어서 죽을 때까지 서로 왕래하지 아니한다."

노자가 꿈꾸는 이상향은 문화를 역행하는 반문화주의적 공동체의 성격을 가진다. 여기서 우리는 노자 사상이 비현실적이고 이상주의적인 일종의 유토피아 사상임을 발견한다. 노자는 살육과 허위와 기만이 가득한 타락한 세상을 바라보면서, "인간이 꼭 이런 식으로 살아야 하는가"라는 근원적인 문제의식에서 출발한다. 그는 세상이 이렇게 타락한 이유가 욕심과 지혜로 인한 '인위'(人爲) 때문이라고 생각하고 '무위자연'(無爲自然)으로 돌아가자고 주장한다. 이러한 주장에는 부분적인 진리가 있지만 세상이 타락하게 된 보다 근본적인 원인을 간과하고 있다.

사실상 인간의 욕심은 하나님에 대한 반역으로 인한 원죄의 속성이며, 인위와 문화는 에덴에서 쫓겨난 인간이 저주받은 땅에서 살아가기 위한 어쩔 수 없는 방편이었다. 에덴에서 인간은 아무것도 인위적으로 할 필요가 없었다. 모든 것은 풍족했으며 인간은 하나님의 뜻에 따라 순리대로 피조물들을 다스리면 그것으로 족했다. 에덴동산은 노자가 말하는 무위자연이 실현되고 있는 곳이었다. 그러므로 노자가 무위자연으로 돌아가자고 말하는 것은 결국 에덴으로 돌아가자는 말이다. 그러나 인간은 결코 역사를 거슬러서 에덴으로 돌아갈 수는 없다. 세상의 문화를 모두 없었던 것으로 돌린다는 것은 불가능한 일이다. 인간의 의지와 노력으로는 인간의 원죄 안에 깊이 뿌리박고 있는 욕심을 제거할 수 없으며 노자가 말하는 이상향을 건설할 수 없다. 우리는 먼저 예수 그리스도의 대속에 의한 죄 사함을 받아들여야 한다. 그리고 예수 그리스도께서 다시 오셔서 이룩하실 새 하늘 새 땅에서 욕심과 인위 없는 천국 문화를 누리며 살게 될 것을 소망한다. 새 예루살렘 성은 에덴동산의 발전적 회복으로 나타날 것이다.

문화는 타락 후의 인간에게 필요악으로 주어진 산물이다. 그러므로 문화에는 타락한 인간의 본성에 의하여 형성된 것과 더불어 사탄적 영향에 의해서 만들어진 부정적인 것들이 많이 있다. 그럼에도 불구하고 문화는 그나마도 없으면 더욱 열악해질 수밖에 없는 세상을 어느 정도 제어하는 일반 은총적인 면이 있다. 노자는 무위자연이 실현되는 에덴동산과 같은 이상향을 꿈꾸었는데, 이상향의 존재 가능성을 생각했다는 것 자체는 일반 은총적 발로였다고 할 수 있다. 그러나 그는 왜 이런 이상향이 깨어지고 지금과 같은 인위적인 문화가 발생했는지 알지 못했다. 그는 '도가 땅에 떨어졌다'는 것을 알았지만, 어떤 역사적 사건이 일어났는지 알지 못했다. 그는 인간이 어떻게 타락하여 지금과 같은 문명 사회를 이루게 되었는지 알지 못했다. 그가 만일 인간의 타락 사건을 알았다면 죄의 구속함 없이 인간의 노력으로 '무위자연'으로 돌아가자는 반문화적 태도를 취하지는 않았을 것이다. 왜냐하면 인간의 힘으로 에덴과 같은 무위자연의 유토피아 상태로 돌아갈 수 있다고 생각하는 것이야말로 가장 인위적인 태도이기 때문이다. 역설적이지만 무위를 주장하는 노자의 사상은 가장 인위주의적인 사상이 되고 말았다.

장자의 사상은 노자와 동일한 계열이라고 할 수 있다. 노자가 함축성과 간결성을 특색으로 한다면, 장자는 자유분방함과 시원함, 문학성을 특색으로 한다. 노자가 '무'(無)를 말한다면 장자는 한 걸음 더 나아가 '허'(虛)를 말한다. 노자 사상이 다분히 정치나 처세의 방법으로 제시되었다면, 장자는 나아가 사회적 속박에서 초탈하여 절대적 자유의 경지에서 놀고자 하는 것이다. 장자는 이런 절대적 자유의 경지를 누리기 위해서는 인식 주관과 인식 대상이 합일되어야 한다고 생각한다.

장자 사상에는 궁극적 실재인 도(道)가 인간을 포함한 만물에 편재해 있다는 전제가 깔려 있다. 그래서 장자는 "천지 만물이 나와 함께 생겨났으며 따라서 만물과 나는 하나다"(天地與我並生 而萬物與我爲一)라고 말한다. 장자에 의하면 모든 것은 이미 하나이기 때문에 구별할 수 없다(旣已爲一矣…無適焉 因是已). "저것은 이것에서 나왔고 이것 또한 저것의 원인이기"(彼出於是 是亦因彼) 때문에 만물은 상호 의존적 관계에 있다. 그러므로 장자에게는 시비(是非)나 생사(生死)와 같은 대립은 사실상 없는 것이다(方生方死 方死方生). 장자에 있어서 절대 자유를 획득하는 방법은 대립자의 대립과 주객의 차별을 넘어가는 것이다. 그래서 장자는 "성인(聖人)은 옳고 그름을 조화하여 천균(天均)에서 쉰다"(聖人和之以是非 而休乎天均)라고 말한다. 장자는 '천균'(天均)이라는 절대 평등을 통해서 절대 자유를 추구한다.

장자가 생각하는 주관과 대상의 합일은 지극히 자아 상실적인 것이라 할 수 있다. 장자에 나오는 우화 중에 대표적인 것이 '호접몽'(蝴蝶夢)인데 여기서 장자는 사물과의 합일(合一)을 '물화'(物化)라고 표현한다. 장자 사상은 인간과 자연을 동일시하는 자연주의적 동일 철학이며, 범신론적 신비주의라고 할 수 있다.

범신론적 신비주의에 있어서 가장 중요한 개념은 '합일'이다. 합일을 통한 신비적 체험은 자기 정체성의 상실을 통해서 일어난다. 인식 주관과 인식 대상이 각자의 정체성을 상실하고 하나가 됨으로써 일어난다. 이처럼 개별자가 가지고 있는 정체성의 상실을 통해서 '만물이 하나'라는 뉴에이지 철학의 한 가지 기둥이 나온다.

주객합일이 신과 인간과의 관계에 적용되면 신인합일, 혹은 천인합일로 나타난다. 대표적인 기독교 신비주의자인 마이스터 에크하르트와 이슬람 신비주의자인 알 할라즈도 범신론적 기반 위에서 자기 정체성의 상실을 통한 신과의 합일을 추구하였다. 불교에서 말하는 무아(無我)는 자기 정체성의 부정을 추구하는 것으로 성경에서 말하는 '자기 부인'과는 다른 것이다. 성경이 말하는 '자기부인'이란 '자기 정체성'의 부정이 아니라 하나님의 주권 하에 자기의 육신적 욕구를 쳐서 복종시키는 것을 의미한다.

범신론적 신비주의를 '합일주의'(合一主義)라고 할 때 혼동을 줄 수가 있다. 왜냐하면 성경에서도 '하나 됨'을 강조하기 때문이다. 그러나 성경이 말하는 하나 됨은 개별자들이 자기 정체성을 상실함으로써 이루어지는 것이 아니다. 성경이 말하는 하나 됨은 '합일'이 아니라 '연합'이다. 연합은 개별자들의 정체성과 다양성을 유지하면서 하나 되는 것을 말한다. 하나님은 다양한 모든 개별자들과 관계하시며, 모든 개별자들은 하나님의 주권적인 섭리 안에 하나로 묶여 있다. 지혜에 부요하신 하나님의 섭리 가운데 만물들은 정체성과 다양성을 가지고 하나이신 하나님의 주권 하에 통일되어 있다. 이것이 '연합'이 의미하는 바다.

장자 사상에서 추구하는 절대 자유는 때때로 반문화적인 일탈 행위를 불러일으킨다. 장자는 생사(生死)를 동일하게 보기 때문에, 아내가 죽었을 때에도 양동이를 두드리며 노래하는 소위 '절대적인 자유'를 누린다. 그러나 장자의 절대 자유 사상이 아무리 심오하게 보인다 해도, 그것은 다른 사람들을 배려하지 않음으로써 다른 사람의 자유를 침해하는 반문화적인 절대 자유인 것이다.

성경에서 말하는 자유는 반문화적이지도 일탈적이지도 않다. 하나님은 그분 자신이 인간의 문화 안에 성육신하신 것처럼 우리도 문화 안에서 성육신의 태도로 섬기기를 원하신다. 예수께서는 나사로의 죽음을 보고 슬퍼하셨고(요 11:35) 고통받는 사람을 보고 민망해하셨다. 그럼에도 불구하고 그는 누구보다도 절대적인 자유를 누리고 있었다. 성경에서 말하는 절대 자유는 주객의 합일에서 오는 것도 아니며 대립자의 차별을 무시하는 데서 오는 것도 아니다. 문화적 제약들을 무시함으로써 주어지는 반문화적 해방감의 자유도 아니다. 성경이 말하는 자유는 하나님의 뜻에 나의 뜻을 굴복시키고 하나님의 결정에 나의 의지를 맡기는 데서 오는 자유다. 이런 자유는 환경에 의해서 좌우되지도 않으며 다른 사람이 처한 상황을 무시하지도 않는다. 이런 자유는 대상에 대한 명확한 인식을 토대로 하여 새로운 문화의 창조력이 된다.

토의 및 정리 문제

1. 노자가 말하는 '무위'(無爲)의 개념은 무엇을 의미하는가? 이런 무위의 사상이 나타나게 된 역사적 배경은 무엇인가?
2. 노자의 반문화주의 사상은 어떤 식으로 나타나는가? 노자가 생각하는 이상향은 어떤 곳인가? 노자의 반문화주의적 유토피아 사상은 성경적으로 보았을 때 어떤 문제가 있는가?
3. 장자의 절대 자유는 어떤 방법으로 획득되어지는가? 거기에 전제된 세계관은 무엇인가? 불교의 공 사상과 비교해 보라.
4. 장자의 절대 자유와 성경의 절대 자유는 어떤 차이가 있는가? 문화적 관점에서 그리고 영적 성숙의 관점에서 말해 보라.

11장 | 애니미즘, 샤머니즘, 무속 신앙

애니미즘은 아프리카, 태평양 제도, 인도, 중국, 시베리아, 한국, 일본, 오스트레일리아, 아메리카, 동남아 등 세계의 모든 지역에서 발견되는 바알 신앙의 전형으로서 신화, 잡다한 설화 등으로 구성되어 있으며 일정한 교리 체계나 창시자도 없다. 샤머니즘은 한국, 만주, 시베리아 등에 산재한, 샤먼의 역할이 강조되는 애니미즘의 한 형태다. 오늘날 현대 선교는 애니미즘과 샤머니즘이 강한 지역에서 교회 성장이 일어나는 것을 볼 수 있다.

애니미즘은 라틴어 애니마(Anima, 영혼)에 그 어원을 두고 있으며 타일러(Edward B. Tylor)가 최초로 이 용어를 사용했다. 전형적인 애니미즘은 영혼과 사후의 상태를 믿으며, 신들을 조종하고, 영들에게 복종하여 어떤 적극적인 숭배 행위를 낳는다. 애니미즘은 보이는 물체 배후에 보이지 않는 영이 존재한다고 믿으며, 그 영이 꿈이나 환상, 그림자나 영상으로 나타난다고 믿는 신앙이다. 애니미즘은 물활론(物活論), 정령 신앙(精靈信仰), 자연 숭배(nature worship), 혹은 영물주의(靈物主義, spiritualism)로 불리운다. 애니미즘은 큰 바위, 높은 언덕, 폭포, 해, 달, 비 등 모든 자연의 대상물에 초자연적인 영이 있고 죽은 조상의 영도 있어서 이들 영들이 모든 인간사(人間事)와 자연사(自然事)의 배후에 있다고 생각하고 이들을 숭배한다.

애니미즘의 특징은 자연과 초자연을 혼합하고, 자연과 자아를 분별하지 못하며, 자아를 자연에 예속시키는 것이다. 애니미즘은 현세와 내세를 분별하지 못하고, 죽음의 세계와 산 자의 세계가 연속이라고 간주한다. 또 보이는 세계와 보이지 않는 세계를 연속으로 여기며 공간과 시간을 혼동한다. 애니미즘의 기본 원리는 주로 자신의 행복이나 건강이나 공동체의 안녕이나 풍년 등에 초점이 맞추어져 있으며 생존과 직결되는 문제에 일차적인 관심을 둔다. 따라서 사후 세계, 삶의 의미, 진리 등의 문제에 대해서는 무관심한, 현세적이고 기복적인 성격을 가진다.

애니미즘에서는 우주에 무수한 영들이 존재함을 믿고 두려워하고 경배한다. 이런 영적 존재들은 모든 곳에 있으며 세상에서 일어나는 모든 일을 일으키는 것으로 간주된다. 따라서 인간들은 장래의 행동을 결정하기 위해 어떤 영적 존재와 힘이 인간사에 영향을 미치는가를 발견하고 그 힘들을 조종하는 방법을 배워야 한다. 애니미즘에서는 개인과 소속한 공동체에 불행이나 재난이 닥칠 때는 이에 관련된 신이나 귀신을 달래야 하는데 이것은 보통 사람의 능력 밖이기 때문에 신과 가깝다고 생각되는 중재인을 절대로 필요로 한다고 생각한다. 따라서 신과 인간 사이의 중재 역할을 하는 제사장, 무당 등이 생겨나게 되었다. 무당의 역할은 주술이나 마술을 통해서 영들의 힘을 끌어들이고, 점을 치고, 병을 고치거나 화난 신을 달래는 것이다. 또 종교 의식을 집행하는 제사장의 역할을 하고, 초자연적인 힘을 대신하여 예언을 한다.

주술(sorcery)과 마술(magic)은 초자연적인 영들의 힘을 가져오는 방법이라고 할 수 있다. 주술사와 무당은 이를 통해서 영들을 조종하고 초자연적인 영의 힘을 사용할 수 있다고 생각한다. 무당은 마술의 전문인으로서 영과 화해(propitiation)하거나 축출(exorcism)하는 일을 하고, 영들의 도움을 받아서 사물을 투시하고 예언하는 일을 한다. 또 이들은 돈을 받고 마술을 걸어서 다른 사람을 저주하거나 축복하기도 한다.

애니미즘이나 샤머니즘 사회에는 많은 금기 사항들이 있는데 이런 금기 사항을 타부(taboo)라고 한다. 타부는 신성한 것이나 더러운 것에 접하거나 입에 담아 말하기를 금하는 풍습으로서 이를 위반할 때는 화를 입는 것으로 간주된다. 타부에는 종교적인 것, 사회적인 것, 신체적인 것 등이 있다. 타부는 사회 질서를 유지하고 개인과 사회를 위험한 것에서 보호하는 역할을 하기도 한다. 타부는 집단에 대한 충성심을 유지하고 특정 집단의 구별과 결속을 다지는 역할도 한다. 그러나 타부의 기본적인 원리는 영들에 대한 두려움에 근거하고 있다.

성경은 바알 신앙과 여호와 신앙이 어떻게 대결했는가를 잘 보여 주고 있다. 구약에 나오는 가나안의 바알 종교는 전형적인 애니미즘과 샤머니즘의 모습을 보여 주고 있다. 신명기 18장 9-14절에서 하나님이 가증히 여기는 점쟁이, 길흉을 말하는 자, 요술하는 자, 무당, 진언자, 신접자, 박수, 초혼자는 모두 애니미즘과 샤머니즘에서 나타나는 행위자다. 레위기 19장 26절의 술법과 점도 마찬가지다. 바알 신의 제사장들이나 암몬 신의 제사장들은 다른 지역의 샤먼들과 마찬가지로 쉽게 황홀경으로 들어갔다. 민수기 23장의 발람도 메소포타미아의 샤먼이었다. 우리는 바알 신앙과 능력 대결을 벌이는 전형적인 모습을 성경에서 쉽게 발견할 수 있다. 우선 모세와 애굽 요술사들과의 대결(출 7-12장)은 능력의 대결이었다. 여호수아도 가나안의 신들과 능력 대결을 했으며(수 3-6장) 엘리야는 바알 선지자들과 능력 대결을 벌였다(왕상 18장). 이사야도 애니미즘 신에 대하여 신랄하게 공격했다(사 40-41장). 물론 이런 능력 대결 배후에 있는 진정한 대결은 진리 대결이다. 여호와 신앙과 바알 신앙의 진리 대결이 더 본질적인 영적 전쟁이다.

애니미즘권에서의 개종은 종종 능력 대결에 의해서 일어난다. 애니미즘권의 사람들은 더욱 능력 있는 신 앞에서 굴복하기 때문에 자기들이 섬기는 신보다 예수 그리스도가 더욱 능력이 있다는 것을 알게 되면 집단적으로 개종하는 일도 일어난다. 오늘날에도 선교사들이 애니미즘이나 샤머니즘 지역에서 그들의 주술사나 샤먼과 능력 대결을 벌여서 집단 개종을 시킨 경우도 보고된다. 따라서 애니미즘권 선교에 있어서 능력 대결은 불가피하다.

오늘날의 그리스도인들도 성령의 능력으로 샤머니즘과 애니미즘을 통해서 역사하는 사탄의 세력을 대적해야 한다. 독일의 사도로 불리우는 보니파시오(Boniface)도 독일 북부에서 튜턴(Teuton)인들이 신성시하는 한 나무를 겁 없이 자름으로써 개종자를 얻을 수 있었다. 예수께서도 우리에게 약속하셨다. "내가 너희에게 뱀과 전갈을 밟으며 원수의 모든 능력을 제어할 권능을 주었으니 너희를 해칠 자가 결코 없으리라"(눅 10:19).

애니미즘이나 샤머니즘 세계에서는 악령이 실제적이고 현실적으로 나타난다. 사탄은 자신의 정체를 감추지 않고 노골적으로 역사한다. 현대인들은 영의 세계를 무시할 뿐 아니라 애니미즘 세계 안의 사람들이 얼마나 무수한 영들을 두려워하고 있는가를 짐작하지 못한다. 애니미즘 세계의 사람들은 타부의 많은 금기 사항에 의해서 속박되어 있고 저주를 받을까 두려워하고 있다. 그러나 하나님은 진리로 우리를 자유하게 하시며(요 8:32) 우리에게 참 평안을 주신다(요 14:27). 그리스도인들은 복음을 들고 가서 영들에 대한 두려움에 사로잡힌 이들을 해방시켜야 한다.

능력 대결에 있어서 반드시 고려해야 할 점도 있다. 능력 대결은 처음에는 효과적이나 능력 자체가 복음의 핵심으로 오해될 소지가 있다. 즉 능력 때문에 개종할 수 있다는 것이다. 그러나 성경에서 말하는 회심은 원죄에 대한 인식과 회개, 예수 그리스도의 대속을 믿고 영접하는 것이다. 진리에는 능력이 따르지만 능력이 나타난다고 진리는 아니다. 하나님의 왕국이 세상 왕국에 침투했을 때 하나님의 통치권이 능력으로 나타나는 것이다. 능력은 복음의 부산물이지 그 자체가 복음은 아니다. 그러므로 예수 그리스도의 대속과 죄 사함에 대한 믿음 없이는 언제나 혼합주의를 일으킬 수 있다. 실제로 라틴 아메리카나 아프리카 등 애니미즘이나 샤머니즘권에서 기독교로의 개종이 빨랐지만 동시에 혼합주의도 강하게 나타났음을 보아야 한다.

능력 때문에 개종한 사람은 그 후에 하나님의 주권적 섭리 하에 능력이 행사되지 않을 때는 신앙을 버리는 경우가 많다. 그들은 기도했는데 병이 낫지 않았다거나 자신이나 가족에게 고난이 닥치면 하나님의 능력이 없어진 것으로 생각하는 것이다. 예수 당시에도 예수께서 보여 주신 표적과 기사를 보고 처음에 믿었으나 나중에 예수께서 십자가를 지실 때 믿음을 저버린 사람이 적지 않았다. 누가복음 10장에서 예수께서는 능력 대결에서 승리하고 의기양양해서 돌아온 제자들에게 이렇게 말씀하신다. "귀신들이 너희에게 항복하는 것으로 기뻐하지 말고 너희 이름이 하늘에 기록된 것으로 기뻐하라"(눅 10:20). 진리가 선포되고 죽을 죄인들이 죄 사함을 받아서 생명책에 기록되었다는 복된 소식이 복음이다. 그러므로 능력 대결보다 더 본질적인 대결은 진리 대결인 것이다.

성경은 애니미즘에 대해서 이렇게 경고하고 있다. "네가 만든 네 신들이 어디 있느냐 그들이 네가 환난을 당할 때에 구원할 수 있으면 일어날 것이니라 유다여 너의 신들이 너의 성읍 수와 같도다"(렘 2:28).

토의 및 정리 문제

1. 애니미즘의 특징을 말하라. 샤머니즘과 애니미즘의 차이는 무엇인가?
2. 애니미즘에서 주술, 마술을 사용하는 목적은 무엇인가? 거기에는 어떤 세계관이 전제되어 있는가? 또 타부의 역할은 무엇이며 어떤 원리 위에 기초하고 있는가?
3. 성경에서 애니미즘이나 샤머니즘을 반대하는 구절들을 들어 보라. 능력 대결의 예를 들어 보고 오늘날 능력 대결을 할 때 주의해야 할 점이 무엇인지 나누어 보라.

12장 | 증산교, 대순진리회

증산교와 대순진리회는 증산 계열의 한국 신흥 종교로서 민족주의 종교 중에서 가장 활동적인 종교 중의 하나라고 할 수 있다. 증산교는 역(易) 사상과 도교를 바탕으로 하여 그 위에 유교, 불교, 무속을 포괄하고 있으며 기독교의 영향도 일부 엿보인다. 증산교는 단군(檀君)과 관련된 민족주의 사상, 동서양의 예언서들, 도참(圖讖) 사상, 역학(易學)의 상수학(象數學)과 종말론, 기 사상 등도 포용한다. 오늘날에는 자연 과학 이론도 흡수하며 심지어 초능력과 UFO의 현상에 이르기까지 모든 것을 포괄하고자 한다.

증산교에서 창시자인 강증산(姜甑山)의 이름은 일순(一淳)이고 증산은 그의 호이다. 강증산은 1871년 전라도 고부에서 태어났으며, 31세 되던 1901년에 모악산 대원사에서 미륵불(彌勒佛)의 도를 이루었다고 한다(증산도장, 67-80). 그런데 미륵불이 뉴에이지 운동에서 구세주로 간주하는 마이트레아(Maitreya)이다. 증산교에서는 세례 요한과 예수의 관계처럼 동학(東

學)은 증산교를 예비하는 길을 닦았다고 주장한다. 그러므로 증산교가 동학과 마찬가지로 유(儒), 불(佛), 선(仙)의 혼합주의적 성격을 갖는 것은 당연한 것이라 하겠다. 이런 혼합주의적 성격은 강증산이 자신에 대해서 미륵불 외에도 '옥황상제, 대인, 군자'라고 칭한 것에도 잘 나타난다.

증산교의 기본 사상은 '원시반본'(原始返本)이라고 할 수 있다. 원시반본이란 우주의 생명이 도(道)의 근원인 무극(無極)의 통일 상태로 돌아가는 것이며 낙원의 상태로 돌아가는 것을 말한다(증산도장, 190). 증산교에 의하면 우주는 12만 9천6백 년을 주기로 순환하는데 우주의 봄, 여름은 분열과 성장을 하는 선천(先天)이고 가을과 겨울은 통합과 수장(收藏)을 하는 후천(後天)이라는 것이다(안경전 하권, 23-46). 이런 주장은 중국 송대(宋代)의 유학자인 소강절(邵康節)의 주장을 그대로 수용한 것이다. 증산교에서는 오행상생상극(五行相生相剋)설의 영향으로, 지금 인간 세상이 혼란스럽고 인간의 마음이 조화롭지 못한 것은 분열, 성장하는 선천의 상극(相剋)의 기운 때문이며, 후천 개벽(後天開闢)하여 인류 문명의 결실기에 들어가면 인간 세상과 인간의 마음은 상생(相生)의 원리를 따라 조화를 이루게 된다고 주장한다.

증산교에서는 선천에서 후천으로의 개벽을 역학(易學)의 원리로 풀어나간다. 증산교에서는 인간 세상의 부조화와 인간 마음의 부조화에서 오는 고통은 역학적 음양의 부조화에 기인하는 것으로 본다. 우주는 역(易)의 원리에 따라 변화하는데 후천 개벽을 하면 인간은 달의 인력에 영향을 받지 않아서 조화로운 마음을 갖게 되고 지구상에는 평화가 깃든다는 것이다(안경전 하권, 27-40). 증산교에서는 선천에서 후천으로 개벽할 때 천지 대환란의 심판이 일어날 것을 예언한다. 그러나 인간이 스스로 통제할 수 없는 우주 변화의 원리나 자연법칙에 따라서 지은 죄 때문에 보응을 받는 다는 것은 매우 공의롭지 못한 것으로 보인다.

증산교의 주장에 따른다면 인간 세상의 죄악이나 불행, 부조화, 고통 등은 모두 우주 변화의 원리에 입각한 자연스러운 과정일 뿐이다. 그러나 증산교에서는 누가, 왜 우주 변화의 원리를 그와 같이 만들었는가에 대한 의문을 가지지 않으며 그것에 대한 설명도 시도하지 않는다. 사탄은 여러 자연주의 세계관들을 이용하여, 인간 세상의 타락과 죄악에 대한 책임을 사탄 자신과 인간에게 돌리는 대신에 자연법칙화 함으로써 창세에 있었던 하나님에 대한 반역 사건을 은폐해 왔다. 그리고 이 반역 사건이 은폐될 때 사탄 자신의 존재뿐 아니라 하나님의 존재 또한 은폐되어 버린다. 또 사탄은 자연주의적 순환론들을 통해서 하나님의 심판을 자연적 주기에 따른 과정의 하나로 간주하도록 오도해 왔다. 사탄은 '인격적인' 하나님 대신 어떤 '비인격적인' 자연의 원리나 힘이 인간을 지배한다는 관념을 퍼뜨려 왔다.

증산교에서 신은 우주의 본체이며 원리다. 신은 생명의 창조와 순환의 원리 그 자체다. 그런데 이 우주의 본체가 스스로 여러 인격신으로 화생하고 분화되어 세상만사의 변화를 주관한다는 것이다. 인격신보다 우위에 비인격적인 우주의 본체가 있다는 주장은 힌두교의 브라만이나 불교의 법신불(法身佛)에 대한 관념과 동일한 사상이다. 증산교에서 말하는 하느님은 유일한 인격신이 아니라 여러 인격신들 중에서 가장 높은 서열을 가지고 있는 주재자일 따름이다. 증산교에서는 이런 인격신들, 즉 신명(神明)들이 천지간에 가득 차서 이 세상을 유지하고 움직여 나간다고 주장한다. 이런 다신론적 신관(神觀)은 사실 도교의 신관과 크게 다를 바가 없다. 그러므로 도교에서처럼 증산교에서 신명(神明)들을 부르고 고사(告祀)를 지내는 것은 전혀 이상한 일이 아니다. 그러나 성경은 우상 숭배자와 신접자에 대하여 하나님이 가증히 여기신다고 엄격히 경고하고 있다(신 18:9-12).

증산교에서는 천존(天尊)시대, 지존(地尊)시대, 인존(人尊)시대가 있다고 주장한다. 천존 시대는 삼신(三神)을 받드는 신교(神敎)의 시대인데 신교는 인류 문명 초기의 유일한 종교였다는 것이다. 그리고 석가나 예수, 공자 등 고등 종교의 창시자들은 분열과 성장의 선천(先天) 원리에 따라서 신교의 진리를 여러 가지로 나누어 조직적으로 성장시켰는데 이것이 지존 시대라는 것이다. 인간도 원래 우주의 본체신이 화생한 지상신(地上神)으로서 천상신(天上神)과 동일하기 때문에 후천개벽이 되면 인존(人尊) 시대가 열리고 인간이 신명을 부리는 시대가 온다는 것이다(안경전 상권, 302-304). 우리는 여기서 모든 종교의 기원이 하나에 있었다는 종교 다원주의의 논리와 '인간이 곧 신'이라는 바알 신비주의를 다시 만나게 된다.

증산교에서는 강증산을 상제(上帝)로 간주하고 그의 사역을 '천지공사'(天地公事)라고 부른다. 천지공사는 천지를 개벽하기 위한 작업으로써 미래에 일어날 일을 미리 섭리하는 것이다. 그런데 강증산이 '공사'(公事), 소위 섭리하는 방법은 지극히 도교적인 것이다. 그는 글을 써 붙여서 도술을 부리기도 하고, 신명을 불러내기도 하며, 주문을 읽게 하기도 하며 글을 써서 불사르기도 하였다. 또 그는 사람이나 지명의 이름을 바꾸기도 하며 풍수지리(風水地理)나 도참(圖讖)을 사용하기도 하였다(증산도장, 230-231). 증산교의 수행법에 있어서 도교적 요소가 많은 것은 그들이 태을주(太乙呪) 등 주문(呪文)들을 사용하는 것만 보아도 알 수 있다(증산도장, 399-400). 그러나 성경은 진언하는 자를 하나님께서 가증히 여기신다고 말한다(신 18:11).

증산교에서 말하는 천지공사에는 '해원'(解冤) 사상이 있다. 선천에는 상극의 원리가 지배하여 모든 인사(人事)가 도의(道義)에 어그러져서 원한이 맺히고 쌓여 마침내 살기(殺氣)가 터져 나와 세상에 모든 참혹한 재앙을 일으키게 된다는 것이다. 해원이란 원한이 맺힌 만고(萬古)의 원신(寃神)들의 원을 풀어 주는 것인데, 원한으로 인하여 막히게 된 천지의 기운을 풀어야 세상이 화평을 누리게 된다는 것이다(증산도장, 194-204). 어찌 보면 증산교의 해원 사상은 좋은 이념처럼 보이지만 사실은 전통적인 무속 신앙을 반영하는 것이다. '해원'의 개념은 무당들이 귀신들을 달래는 굿의 목표이기도 하다. 실제로 강증산은 스스로 굿을 하였을 뿐 아니라 그의 부인 고(高)씨를 '천하일등무당'(天下一等巫堂)이라고 불렀다(증산도장, 343-348). 증산교에 의하면 강증산은 개벽을 맞이해서 천고(千古)에 떠도는 원신(寃神)들을 인간에게 붙여 마음껏 원한을 풀어 버릴 수 있는 해원의 절대 자유를 열어 주었는데 이것이 '천지 굿'이라는 것이다(증산도장, 271-274). 결국 귀신들이 인간에게 마음대로 해코지하는 길을 열어 주었다는 말이다.

성경적 세계관에 따르자면 귀신은 원한이 맺혀 죽은 사람의 혼이 아니라 타락한 천사인 악령들이다. 설사 증산교의 주장을 받아들인다 해도, 세상에 정도 차이일 뿐이지 원한 없는 사람이 있을 수가 없다. 그렇다면 도대체 누가 누구에게 원한을 풀어야 한다는 것인가? 또 자기가 자신의 욕망을 다스리지 못하여 한이 맺힌 경우도 많은데 누구에게 그 원한을 푼다는 것인지 알 수 없다. 증산교의 해원 사상이 단지 원한을 풀어 주는 것이었더라면 좋을 뻔했다. 그러나 해코지에 의한 원한 풀이는 계속 원한을 만들어 내지 않겠는가! 성경은 원수를 사랑하고 원수 갚는 것을 하나님에게 맡기라고 권고한다(롬 12:9-21). 그러므로 해코지를 용납하며 보복을 허용하는 사상이 어디로부터 나왔는지 설명하지 않아도 알 수 있다.

증산교는 과학과 철학과 종교의 통합을 꿈꾼다. 선천(先天)은 분열과 성장의 시기므로 모든 것이 분열되어 성장해 왔지만 후천(後天)에서는 모든 것이 결실을 맺으며 통합된다는 것이다. 이런 통일과 통합에 대한 강조는 오늘날 모든 신흥 종교나 이단 종파의 특징이기도 하다. 그리고 그것은 뉴에이지 운동의 주장과도 일치하는 것이다. 증산교에서는 통합의 구심점이 물론 증산교라고 주장한다. 그런데 재미있는 것은 이들 신흥 종교나 이단 종파들이 모두 자신들을 통일과 통합의 구심점이라고 주장하는 것이다. 그러나 인간의 힘과 노력으로 세계의 모든 것을 통일하고 통합하고자 하는 운동은 적그리스도의 출현을 예비하는 전주곡일 따름이다.

토의 및 정리 문제

1. 증산교를 구성하는 원리들은 어떤 세계관으로부터 영향을 받은 것인가? 원시반본(原始返本), 천지공사(天地公事), 해원(解寃) 사상 등은 어떤 세계관의 영향을 받은 것인가?
2. 증산교는 왜 바알주의적이고 자연주의적인가? 증산교의 우주론과 인간론의 예를 들어서 말해 보라. 여기에는 사탄의 어떤 전략이 깔려 있는가?
3. 증산교의 신관과 인간관을 살펴보고 이것이 왜 바알 신비주의인가를 지적해 보라. 또 증산교의 종교관은 어떻게 종교 다원주의로 귀결되는지 지적해 보라.

13장 | 점성술

제2차 세계 대전 당시에 히틀러는 수십 명의 점성술사를 고용했다는 소문이 통속적인 점성서에 실려 있다. 1940년대 영국의 주부들은 전쟁터로 나간 남편과 자식의 안부를 걱정하면서 매일 아침 신문이 배달되면 '오늘의 운세'란부터 보았다고 한다. 이러한 점성술의 인기는 오늘날에도 조금도 수그러들지 않았다. 〈타임〉(Time)지 1988년 5월 16일자에 보면 '백악관에서의 점성술'이라는 표지 제목 하에 레이건 미국 전 대통령 부부가 중요한 결정을 내리는 데 점성술가의 조언을 받았다는 폭로 기사가 실려 있다. 이러한 현상은 서구만의 현상도 아니다. 오늘날 매일 발행되는 스포츠 신문이나 삼류 주간지치고 점성술이나 이에 근거한 '오늘의 운세'를 싣지 않는 신문이 거의 없을 정도다.

우리가 흔히 점성술이라고 할 때에는 출생 시의 별자리, 즉 행성의 위치를 나타내는 호로스코프(horoscope)를 말하는 것이다. 이런 별자리들을 황도 12궁이라고 하는데 황도 12궁은 숫양좌(白羊宮), 황소좌(金午宮), 쌍둥이

좌(雙子宮), 게좌(巨蟹宮), 사자좌(獅子宮), 처녀좌(處女宮), 천칭좌(天秤宮), 전갈좌(天蝎宮), 사수좌(人馬宮), 염소좌(磨揭宮), 물병좌(寶甁宮), 물고기좌(雙魚宮)를 말한다. 점성술은 자신이 출생할 때에 속한 별자리가 자신의 운명을 결정한다는 믿음 위에 서 있다.

그러면 이런 점성술은 언제 어디에서부터 출발했을까? 프로클루스(Proclus)를 비롯하여 고대 그리스나 헬레니즘 시대의 저술들에 의하면 점성술이나 마술은 모두 바벨론으로부터 흘러나왔다고 한다(中山茂, 20). 바벨론의 갈대아(Chaldea) 지방은 아브람과 그의 아버지 데라의 고향이었으며 우상이 가득한 곳이었다. 바벨론에서 천체는 신이고 그 활동이 지상의 현상이나 인류의 운명을 결정한다는 세계관이 오래 전부터 있어 왔다는 것이다. 그러나 바벨론 점성술의 체계적 지식이 집적되어 나타나기 시작한 것은 주전 7세기부터이고 주전 5-2세기 사이에 절정에 달했다(中山茂, 21). 바벨론의 점성술은 헬레니즘 시대에 로마 제국에 들어왔다. 주전 4세기부터 주후 1세기에는 정치적 변동으로 여러 가지 사건들이 계속해서 일어났으며 로마 제국은 매우 혼란스러웠다. 사람들은 자신들의 수호신들조차도 어떻게 해볼 수 없는 운명, 즉 '모이라'(moira)라는 것이 있다고 생각했다. 이 세상의 일은 별들의 세계에서 일어나고 있는 것에 의해 결정된다고 믿었다. 별의 세계는 신격화되었고 별 숭배자는 별 세계의 특권을 얻으려고 노력하게 되었다. 별 숭배자들은 별들이 조화하여 움직이는 것을 관찰함으로써 신들과 교통하고 통합되어질 것을 기대했다(홍창표, 316-321).

성경에서 말하는 바벨론은 사탄과 우상들을 상징하는 것이다. 성경은 말한다. "무너졌도다 무너졌도다 큰 성 바벨론이여 모든 나라에게 그의 음행으로 말미암아 진노의 포도주를 먹이던 자로다"(계 14:8). "그의 이마에 이름이 기록되었으니 비밀이라, 큰 바벨론이라, 땅의 음녀들과 가증한 것들의 어미라"(계 17:5).

중국에서 점성술이 체계적인 지식이 된 것은 아마도 전국(戰國) 시대까지 거슬러 올라가야 할 것이다. 주전 100년경에 쓰인 사마천(司馬遷)의《사기》(史記) 안의 '천관서'(天官書)라는 장에는 벌써 중국 점성술이 잘 체계화되어 있다(中山茂, 22). 그러나 중국 점성술이나 인도의 점성술조차 비록 독자적으로 발전한 부분이 있다고 해도 아마도 그 기원은 바벨론이라고 생각된다. 중국에서 점성술은 '기'(氣)와 그 하위 범주 개념인 음양(陰陽), 오행(五行) 등과 밀접하게 연관되어서 발달되었다. 중국인은 기의 변화와 운동을 관찰함으로써 미래를 예측하고 우주의 질서를 통찰하고자 했다. 그러나 기의 어떤 시점에서의 모양, 즉 '상'(象)을 보고 판단하는 것이 쉽지 않기 때문에 상(象)을 계량화하여 '수'(數)로 나타내었다. 그리고 이런 '수'(數)는 우주의 본질과 변화 법칙을 내포한다고 생각했다. 즉 수(數)는 각각 의미와 음양의 상징을 가지고 있는 것으로 생각되었다. 이것이 '상수학'(象數學)인데 중국의 운명론은 거의가 상수학과 관련되어 중국에서는 수학과 천문학, 점성술, 운명술, 의술이 서로 연관성을 가지고 발달했다.

중국의 대표적인 운명론이라고 할 수 있는 '사주'(四柱)라는 것도 사실은 우주에 운행하는 기의 움직임에 대한 운기론(運氣論)에 속한다. 기 사상에서 인간은 각자 고유한 선천(先天)의 기(氣)를 가지고 태어나며, 이 선천적 기의 두텁고 엷음에 따라 신체의 강건과 수명이 결정된다고 보았다. 그런데 이 선천의 기는 부모에게 부여받지만, 한편으로는 한 사람이 태어날 때의 우주의 기, 즉 천체의 독특한 배열에 따른 기의 작용에 의해서도 결정지어진다고 생각한 것이다. 따라서 사주에 관한 이론은 중국 전래의 천문,

역법과 연관되어 있다.

사주는 사람이 태어난 연월일시(年月日時)를 말하는 것으로 '천간지지'(天干地支)로 표시된다. 천간(天干)은 태양을 위주로 10일을 1순(旬)으로 본 것으로써, 오행에 음양을 각각 배속하여 십간(十幹)으로 한 것인데, 갑(甲), 을(乙), 병(丙), 정(丁), 무(戊), 기(己), 경(庚), 신(辛), 임(壬), 계(癸)를 말한다. 지지(地支)는 달을 위주로 오행의 추이를 열두 달과 연관하여 본 것으로써 십이지(十二枝)라고도 하는데, 자(子), 축(丑), 인(寅), 묘(卯), 진(辰), 사(巳), 오(午), 미(未), 신(申), 유(酉), 술(戌), 해(亥)를 말한다. 이 천간과 지지를 조합하여 만든 것이 우리가 잘 아는 육십갑자(六十甲子)다.

서양 점성술인 호로스코프나 중국 점성술의 산물인 사주나 그 공통점은 태양신 숭배 사상과 밀접한 연관이 있다는 것을 주목해야 한다. 태양신에 대한 숭배는 고대 신화의 도처에서 발견된다. 바벨론의 마르두크를 비롯하여 중근동의 신화뿐 아니라, 이집트, 인도, 남미의 잉카와 마야 문명, 그리고 중국, 한국, 일본의 건국 신화에까지 광범위하다. 수많은 문화와 사상들이 바로 이 태양신 숭배에 그 뿌리를 두고 있다는 것과 오직 성경만이 태양신 숭배를 반대한다는 것은 의미심장한 사실이다(겔 8:16-18, 6:4-7; 레 26:30; 왕하 23:11; 대하 14:5, 34:4-7; 사 17:8, 27:9). 이것은 성경에서 제시하는 길만이 구원에 이르는 유일한 길임을 간접적으로 말해 주는 것이다.

바벨론과 인도, 중국 등에서는 순환적 우주관이 '세계년'(世界年, World year) 혹은 '신년'(神年, Divine year)의 순환이라는 관념을 낳았다. 바벨론 사람들은 30일이라고 하는 1개월의 주기, 즉 소우주(小宇宙)적인 시간의 길이가 신의 대우주(大宇宙)적인 수준에서 3,000년이라고 하는 '월신(月神)의 연령(年齡)'으로 표상된다고 생각하였다. 따라서 신의 1년은 36,000년으로 간주되었다(Cairns, 42-49). 이러한 세계년 사상은 현대에도 나타나고 있다. 뉴에이지 운동은 이러한 세계년의 사상에 입각하여, 황도 12궁의 한 성좌는 각각 2천 년을 지배하는데 지금은 물고기좌 시대에서 물병좌 시대로 넘어가는 시기라고 주장한다. 우리나라의 증산도도 중국의 소강절이 제시한 세계년의 개념으로 천지개벽을 주장하고 있다.

결론적으로, 성경은 점성술에 대해서 이렇게 말한다. "또 그리하여 네가 하늘을 향하여 눈을 들어 해와 달과 별들, 하늘 위의 모든 천체 곧 너희의 하나님 여호와께서 천하 만민을 위하여 배정하신 것을 보고 미혹하여 그것에 경배하며 섬기지 말라"(신 4:19). "이제 너는 젊어서부터 힘쓰던 주문과 많은 주술을 가지고 맞서 보라 혹시 유익을 얻을 수 있을는지, 혹시 놀라게 할 수 있을는지, 네가 많은 계략으로 말미암아 피곤하게 되었도다 하늘을 살피는 자와 별을 보는 자와 초하룻날에 예고하는 자들에게 일어나 네게 임할 그 일에서 너를 구원하게 하여 보라 보라 그들은 초개 같아서 불에 타리니 그 불꽃의 세력에서 스스로 구원하지 못할 것이라 이 불은 덥게 할 숯불이 아니요 그 앞에 앉을 만한 불도 아니니라"(사 47:12-14).

토의 및 정리 문제

1. 점성술의 기원과 역사적 전개 과정에 대해서 말해 보라. 오늘날 점성술은 어떤 식으로 우리 주위에 다가오는가? 경험들을 나누어 보라.
2. 점성술은 어떤 세계관들과 연관되어 있는가? 오늘날 점성술에 입각한 세계년 사상은 어떤 식으로 나타나고 있는가?

3. 성경에서 점성술을 반대하는 구절들을 찾아보라(사 47:12-14; 렘 10:1-2; 신 4:19). 점성술의 논리를 인정한다는 것은 궁극적으로 무엇을 의미하는 것인지 말해 보라.

14장 | 역술(易術) : 사주, 관상, 궁합

사람들은 운명을 말할 때 흔히 '사주팔자'(四柱八字) 소관이라고 말하곤 한다. 사주는 사람이 태어난 연, 월, 일, 시의 네 가지를 말하는 것으로 '천간지지'(天干地支)로 표시된다. 사주의 이론적 근거는 사람이 태어날 때의 우주의 기, 즉 별들의 배열에 따른 기의 작용이 운명을 결정한다는 것이다. 따라서 사주에 관한 이론은 중국 전래의 천문, 역법과 연관되어 있다.

궁합(宮合)은 사주를 가지고 맞추어 보는 것이다. 사주에 따라 사람마다 독특한 성격과 성적 기능을 가지므로 이런 특성과 잘 조화되는 사람을 배필로 고르자는 생각이다. 따라서 궁합 역시 천간지지로써 맞추어 본다.

사주가 선천적인 것에 반해 성명(姓名)은 후천적인 것이기 때문에 선천적인 명(命)의 범위 내에서 작용하는 후천적인 운(運)이라고 간주된다. 작명가들은 음양오행, 수(數), 자의(字意) 등이 이름에 내포되어 있으며, 그런 원리가 우주와 사람의 기에 작용하여 운명에 영향을 준다고 생각한 것이다. 또 이름을 부를 때 그 소리의 독특한 음(音)과 성(聲)은 기에 파동을 일으키며, 진동의 강약, 청탁, 고저에 따라 우주와 사람의 기에 작용을 하여 운명에 영향을 준다고 생각한 것이다.

관상(觀相)은 사람의 얼굴이나 손, 발 등을 포함한 몸의 부분들, 그리고 동작이나 말씨 등을 종합적으로 살펴보아서 그 사람의 길흉화복을 판단하는 것이다. 관상을 보는 사람들은 한 사람의 얼굴에 그 사람의 과거와 현재, 그리고 미래가 그려져 있다고 생각한다. 그리고 신체의 구석구석을 살펴보면 그 사람의 인격을 알 수 있는데, 인격이 그 사람의 운명을 결정하는데 결정적인 영향을 준다고 생각한다. 물론 사람의 인격은 얼굴의 표정이나 행동, 말씨 등에 반영되어 나타난다. 그리고 이런 인격의 외적 발로들은 인간관계에 커다란 영향을 주어서 그 사람의 삶을 좌우할 수 있다. 그렇다면 우리가 해야 할 일은 인격을 닦는 것이다. 그런데 관상술은 성경이 금하는 길흉화복을 말하는 데까지 나아간다(신 18:10).

사주, 궁합, 관상, 작명 등 항간의 역술가들이 생업으로 삼고 있는 모든 분야에 영향을 준 것은 상수학(象數學)이다. 상수학은 단순히 수리에 대한 경험적 학문보다는 우주관과 연관하여 형이상학적으로 발전한 것이 특징이다. 중국인은 기의 변화와 운동을 관찰함으로써 미래를 예측하고 우주의 질서를 통찰하고자 했다. 중국인은 어떤 시점에서의 기의 모양인 상(象)을 계량화하여 '수'(數)로 나타내었다. 이런 '수'는 우주의 본질과 변화의 법칙을 내포하고 있다고 생각했다. 이처럼 중국에서는 수학과 운명술이 서로 밀접한 연관성을 가지고 발달했다.

운명술에서 말하는 '운'(運)이라는 것은 문자 그대로 '가변성'을 의미하며, 소위 '운(運)이 좋다'는 말은 단지 '확률이 높다'는 것을 의미할 뿐이다. 그러나 운명술의 관점에서는 성취될 확률이 1퍼센트가 안 된다 하더라도,

하나님의 뜻 안에서는 믿음으로 말미암아 100퍼센트 성취된다. 사실 하나님 안에서는 확률이라는 개념이 있을 수 없다. 왜냐하면 하나님은 확률을 뛰어넘는 분이시며 모든 것을 가능하게 하는 분이시기 때문이다. 그러나 하나님에 대한 믿음이 없을 때 인간은 '확률'이라고 하는 하위 법칙에 종속될 것이다.

항간의 역술가들도 운명은 절대적인 것은 아니며, 노력 여하에 따라서 바뀔 수 있다고 말한다. 마음가짐이 올바르면 관상도 바뀌고 운명도 달라진다는 말을 꼭 덧붙이는 것도 잊지 않는다. 이런 말은 마치 인간의 자유의지를 매우 존중하는 것처럼 보인다. 그러나 운명술에서 말하는 대로 자신의 노력과 마음가짐에 의해서 운명을 바꿀 수 있다면 굳이 운명을 점쳐서 알 필요도 없는 것이다. 왜냐하면 미래의 길흉화복을 미리 안다고 하더라도, 단지 최선의 노력을 하고 마음가짐을 바르게 하는 것 외에 우리가 할 수 있는 것은 아무것도 없기 때문이다. 또 노력과 올바른 마음가짐에 의해서 바뀔 수 있는 미래라면 이미 정해진 미래가 아니며, 정해진 미래가 아니라면 미리 알아 두어야 할 필요가 없는 것이다. 우리가 미래를 미리 알아서 득이 될 것은 하나도 없다. 그것은 사사로운 마음만 불러일으킨다. 인간의 마음은 자기의 운명이 좋다고 하면 교만해지고, 나쁘다고 하면 낙망하기 쉬운 법이다. 교만이나 낙망 어느 쪽이든 사탄이 매우 기뻐하는 것이다.

인간은 타락으로 총체적 인식 능력을 상실했고 불완전성과 불확실성에 처하게 되었다. 인간의 깊은 곳에 있는 불안은 전적으로 타락에 의한 것이며 미래를 알고 싶어하는 인간의 호기심과 욕구도 이런 불안에서 출발한 것이다. 사탄이 불확실성과 불완전성에서 오는 인간의 내적 불안을 이용하지 않을 리가 만무하다. 사탄은 미래의 길흉화복을 알면 우리의 불안이 해소될 것이라고 속삭인다. 그러나 사탄의 목적은 인간을 속박하고 부자유하게 하는 데 있다. 사탄은 길흉화복의 거짓 예언들을 통해서 사람들의 행동과 의식을 속박한다. 그리고 이러한 거짓 예언을 보다 잘 믿게 하기 위해서 예언이 잘 맞아 들어가는 것처럼 보이도록 미혹한다.

인간의 근원적인 불안은 만유의 주권자이신 창조주 하나님에게로 돌아갈 때 해소되는 것이다. 인간이 자신의 죄인 됨과 전적인 무기력을 하나님 앞에서 인정하고 하나님에게 절대적으로 의존할 때 참된 내적 평안을 얻게 되는 것이다. "평안을 너희에게 끼치노니 곧 나의 평안을 너희에게 주노라 내가 너희에게 주는 것은 세상이 주는 것과 같지 아니하니라"(요 14:27).

항간의 역술가들은 자신들이 하는 것은 점(占)과는 다르며 소위 '통계학'이고 '철학'이라고 말한다. 물론 그들의 논리적 바탕이 음양오행이나 상수학에 뿌리박고 있기 때문에 그런 주장이 전혀 근거 없는 말은 아니다. 사주는 인간이 태어날 때 천체들의 배열이나 부모로부터의 유전에 의해서 특별한 기질과 체질을 가지고 태어난다는 것을 전제로 한다. 어떤 기질과 체질을 가진 사람은 어떤 식으로 행동하기 쉽고, 어떤 식으로 인간관계를 맺기 쉽고, 따라서 어떤 형태의 삶을 살기 쉽다는 등의 윤곽을 대강 통계적으로 그려볼 수 있을지 모른다. 그러나 그 다양한 기질과 체질, 그리고 환경이 복합적으로 작용해서 만들어 낼 수 있는 경우의 수는 너무나 많기 때문에 유용한 통계를 만든다는 것은 거의 불가능하다. 그래서 역술 방법에 따른 계파도 다양하고 역술가에 따라서 운명 감정도 많이 달라진다.

만일 백번 양보해서 통계학이라는 것을 인정한다고 하더라도 예수 그리스도를 주와 구세주로 영접한 하나님의 자녀들에게는 더 이상 적용되지 않는다. 왜냐하면 예수 그리스도를 영접하고 성령을 그 안에 모시고 사는 사람들은 타고난 기질과 체질을 극복할 수 있는 능력을 공급받고 있기 때문이다. 반면에 구원받지 못한 사람이나 구원받았지만 육신적인 삶을 사는 사람들은 타고난 기질과 체질을 극복할 수 없고 육신적으로 삶을 살아가므로 기질과 체질에서 오는 연약함이 사탄에게 이용당하기 쉽다. 그러므로 역술이 통계학이라고 말한다면 그것은 육신적인 사람들에게 적용되는 통계학이다. 성령 충만한 사람에게 이러한 통계학은 적용되지 않는다. 성령 충만한 사람들은 사주라는 소위 '통계학' 법칙보다 더 상위 법칙인 성령의 법칙에 의해서 살고 있다. 그러므로 예수를 잘 믿는 사람에게는 사주가 더 이상 맞아 들어가지 않는다는 것이 전혀 이상한 일은 아니다.

운명술은 역술가들이 주장하는 대로 단지 통계학이나 철학으로 가능한 것은 아니다. 이들 역술가들 중에서도 소위 '잘 맞힌다'는 용한 사람일수록 소위 '신기'(神氣)가 있다는 것은 부인할 수 없는 사실이다. 역술가들이 맞히는 것은 영적 존재들의 도움을 받는 것으로 생각된다. 대체로 역술가들은 과거나 현재의 상태에 대해서는 잘 맞히지만 미래에 대해서는 많이 틀린다. 사람들은 과거나 현재를 잘 맞히니까 당연히 미래도 잘 맞힐 것이라고 넘겨짚는다. 그러나 역술가들의 주장대로 그들도 미래에 대해서는 '확률적'으로 맞히는 것이다. 우리 인간도 정확한 정보가 충분히 주어지고 그 정보를 잘 처리했을 때 꽤 정확하게 미래를 예측할 수 있다. 타락한 천사인 귀신들은 예측 능력에 있어서 현재의 인간보다는 훨씬 뛰어날 것이다. 귀신은 영적 존재여서 죽지도 않고, 매우 많은 정보를 가지고 있을 것이다. 그들은 자신들의 네트워크를 통해서 사람들이 모르는 정보를 주고받을 수 있다. 인간과 귀신은 모두 영적 존재이고, 따라서 미래를 확률적으로 예측할 수 있는 능력이 있다. 그러나 미래를 주관하시고 미래를 온전히 알고 있는 분은 오직 하나님 한 분이시다. 그러므로 귀신은 지나간 과거에 대해서는 자신이 가지고 있는 정보를 동원하여 정확하게 말할 수 있지만 미래에 대해서는 단지 확률적으로 말할 수밖에 없다.

거짓 예언자들은 사소한 과거사의 문제들은 알아맞히지만, 미래에 대해서는 결정적으로 중대한 거짓말을 함으로써 사람들을 파멸로 몰고 간다. 성경도 거짓 예언자의 배후에는 거짓말하는 영이 있다고 말한다(왕상 22:22). 그리고 그러한 거짓 예언의 목적은 사람들을 미혹해서 하나님의 이름을 잊게 하는 것이라고 말한다(렘 23:23-32).

미래의 길흉은 하나님의 주권에 달려 있는 것이다(전 9:1). 그런데 운명술을 말하는 자들은 마치 길흉이 기의 법칙과 같은 어떤 힘이나 자연의 법칙에 달려 있는 것처럼 말한다. 그리하여 길흉을 말하는 자는 하나님의 이름을 은폐하며 하나님의 백성들을 속박한다. 그러므로 성경은 점쟁이나 길흉을 말하는 자를 용납하지 말라고 경고한다. 하나님께서는 이런 일을 행하는 자를 가증히 여기신다고 말한다(신 18:10-14). 하나님은 미래의 길흉을 점치는 것을 좋아하지 않으신다. 성경은 하나님이 형통과 곤고, 이 두 가지를 병행하게 하사 사람이 그의 장래 일을 능히 헤아려 알지 못하게 하셨다고(전 7:14) 말씀한다. 그 까닭은 인간이 어떤 법칙이나 자기 자신을 신뢰하지 말고 오직 하나님만 의뢰하게 하기 위해서다.

운명술이 주는 아주 나쁜 폐단은 우리를 현세 구복적으로 유도한다는 것이다. 운명술에서 말하는 '운이 좋다'는 기준은 일반적으로 재물, 지위, 명예, 권력, 건강, 장수 등 현세적인 가치에 있다. 운명술에서는 그 사람이 어떻게 살았는가 하는 삶의 질은 그리 중요하게 생각하지 않는다. 기복적 사고방식에서는 어떤 기계적인 작용을 가함으로써 이런 현세적인 가치를 추구할 수 있다고 생각한다. 기계는 사람의 영적, 도덕적 상태와 상관없이 작용하는 것이다. 그래서 자신의 영적, 도덕적 상태에 대해서는 돌아보지 않고, 좋은 이름으로 바꾸거나, 좋은 관상을 위해서 성형 수술을 하거나, 사주 좋은 아이를 낳기 위해서 제왕 절개를 해서 운명을 개척할 수 있다고 생각하는 사람들도 있다. 이처럼 운명술은 사람들을 바알 신앙으로 끌고 간다.

어떤 사람들은 자신들의 선천적인 운명과 자질에 맞게 인생의 진로를 선택하는 데 도움을 얻기 위하여 운명을 알아본다고 주장한다. 그러나 우리가 좀 더 신중히 생각해 보면 우리의 자질이 무엇인지 스스로 알 수 있다. 그리고 우리는 미래의 나아갈 방향에 대하여 하나님의 뜻을 물어서 알 수 있다. 궁합의 경우도 그렇다. 우리는 어느 정도 교제해 보면 상대방의 장단점이 무엇인지, 자기 자신의 성격과 잘 어울릴 것인지 알 수 있다. 나아가서 하나님의 뜻을 물어봄으로써 하나님이 정하신 결혼 상대인지 판단할 수 있다.

또 많은 사람들이 그저 호기심이나 재미로 길거리에서 컴퓨터 사주나 궁합을 보고, 신문이나 잡지에 나오는 점성술이나 운세를 읽는다고 말한다. 그러나 인간은 재미로 볼지 모르지만 사탄은 결코 재미로 여기지 않는다는 것을 알아야 한다. 사람들이 재미로 보았든 심각하게 보았든, 사탄이 놓은 거짓 예언의 올무에 인간의 잠재의식이 사로잡히게 되고 그것이 인간을 속박한다. 하나님은 우리를 진리로써 자유롭게 하고자 하신다 (요 8:32).

토의 및 정리 문제

1. 운명술에는 어떤 것들이 있는지 예를 들어 보라. 운명술은 왜 비성경적인가? 우리가 운명술을 의지하지 말아야 할 합리적인 이유는 무엇인가?

2. 운명술을 추구하는 인간 내부의 동기는 무엇인가? 운명술의 폐단은 무엇인가? 사탄은 그것을 어떻게 이용하는가?

3. 사주는 통계학이고 철학이라는 주장에 대해서 우리는 어떻게 반론을 펼 수 있는가? 소위 '용한' 역술가들이나 점술가들은 과거나 현재의 상태를 어떻게 맞히는가? 미래에 대해서는 어떻게 맞히는가?

15장 | 풍수지리설

 우리가 알고 있는 소박한 지식에 의하면, 풍수지리는 집을 짓거나 묏자리를 쓸 때 부귀영화의 복을 가져다줄 '명당'(明堂) 자리를 찾는 것이라고 할 수 있다. 요즘도 이사할 때 방향을 따지거나 길일(吉日)을 택하는 사람들을 주위에서 흔히 볼 수 있는데 이 또한 풍수지리 사상에 영향을 받은 것이다.
 80년대 후반부터 풍수지리에 대한 책들이 쏟아져 나오고 있다. 풍수지리 이론과 실제에 관한 것뿐 아니라, 이를 바탕으로 소설까지 나오고 있는 실정이다. 심지어 오늘날 풍수지리설을 새롭게 조명하려는 학자들 중에는 풍수지리설이 단순한 길흉화복을 점치는 미신이 아니라, 음양오행설과 주역에 입각한 기(氣) 사상을 주요한 논리 구조로 삼는 전통적인 지리 과학이라고 주장하는 사람도 있다. 또 어떤 지리학자들은 풍수지리 사상을 인문 지리적 환경론으로 파악한다. 그들은 자연에 순응하고 자연과 조화를 이룬다는 동양적 자연주의에 입각하여 환경론을 새로이 정립해야 한다고 주장한다.

원래 풍수지리는 유흠(劉歆)의 '칠략'(七略)에 나오는 술수략(術數略) 여섯 가지 중 지세(地勢)나 가상(家相) 등을 보고 길흉을 밝히는 '형법'(形法)에 속한 것이었다. 이런 술수는 음양오행설을 수용하면서 한대(漢代)에 이르러 형성되었다. 그 후 풍수지리설은 청오자(靑烏子)가 지었다는 '청오경'(靑烏經)과 진대(晋代) 당시 점술의 대가였던 곽박(郭璞)의 '장서'(葬書)에 의해서 정리되었다. 우리나라에 풍수지리설이 들어온 것은 신라 말에 선종(禪宗) 계통의 승려인 도선(道詵)에 의해서라고 하나 사실은 그전에 들어온 듯하다. 우리나라의 풍수 사상은 고려와 조선 시대를 거치면서 도참사상과 연관하여 민간 신앙으로 깊이 뿌리내렸다(최창조, 41-52).

풍수지리설에 의하면 음양의 기(氣)가 땅속에 있을 때 생기(生氣)라고 하는데, 인간과 만물은 이 생기를 받아서 번창한다는 것이다. 풍수지리 사상에서는 사람이 죽으면 그 송장에 생기가 남아 있는데, 땅의 생기와 감응하면 자손에게 복을 주고 땅의 생기와 감응하지 못하면 화를 미친다고 생각했다. 또 땅의 기는 인체에 감응하여 어떤 유전적 영향을 줄 뿐 아니라 인간의 운명에 영향을 준다고 믿었다. 그래서 사람들은 땅의 기(氣)를 살펴서 묘지를 쓰고, 도성(都城)과 궁실(宮室), 가옥(家屋)의 위치와 방향을 잡으려 했다.

풍수지리설에 의하면, 기는 바람을 타면 흩어지고 물을 만나면 멎는 성질을 가진다. 땅 속에 생기가 흐르는 것을 '맥'(脈)이라고 부르며, 평지보다 높이 솟아 있는 땅으로 산이나 혹은 산이 이어져 오는 지맥(地脈)을 '용'(龍)이라 부른다. 또 용맥(龍脈) 중에서 땅 속의 생기가 멎어서 왕성한 곳을 '혈'(穴)이라고 부르며 이 혈에 명당자리가 있다고 한다. 이때 생기가 멎도록 재촉하는 산을 '사'(砂)라고 부르는데 사(砂)는 좌청룡(左靑龍), 우백호(右白虎), 남주작(南朱雀), 북현무(北玄武)의 사신(四神)을 말한다(최창조, 100-101). 풍수지리의 이런 개념들은 침구학(針灸學)에서 말하는 경혈과 경맥의 개념을 대우주와 소우주의 관점에서 그대로 확대한 것이라 할 수 있다.

풍수지리설의 이론은 크게 나누어서, 지형과 지세를 강조하는 형세법(形勢法)과 방위를 중심으로 하는 좌향론이라는 것이 있다. 형세법에서 산은 정적(靜的)인 것으로 음(陰)이고 물은 동적(動的)인 것으로 양(陽)이다. 따라서 산수(山水)가 서로 잘 보완해야 음양이 잘 융합해서 생기가 생긴다. 산세의 흐름과 형태는 길흉의 관건이 되며 물도 그 형태와 흐르는 방향에 따라 길흉이 있다고 보았다. 방위법에서는 주자(朱子)의 이기론(理氣論)을 수용하여, 방위(理)가 형세(氣)보다 더 중요한 요소가 되며 길흉을 결정한다고 보았다. 이리하여 산과 물과 방위는 풍수지리설의 세 가지 중요한 요소가 되었다(최창조, 114-124).

풍수에서는 방향(方向)이나 형세(形勢)에 따라서 정혈(正穴)을 찾는 공간적인 접근뿐 아니라, 방위를 잡는 사람의 사주(四柱), 택일(擇日)과 입실(入室)하는 시간을 따지는 시간적 접근도 하였다. 이것은 날과 시(時)에 따라 천체의 배열이 독특하며, 이에 따라서 기의 영향이 달라진다고 생각했기 때문일 것이다. 즉 풍수지리는 산과 물의 방위와 형세, 혈(穴)의 위치, 사람의 사주, 택일, 등의 많은 변수들의 조합을 복잡하게 고려해야 하기 때문에 길흉을 정확히 판단하는 것이 거의 불가능하고, 잘못 판단하더라도 빠져나갈 구멍이 생기는 것이다.

풍수지리설은 기본적으로 길흉화복을 구하는 데서 출발한 것이다. 따라서 비록 음양오행설에 기(氣) 철학적 내용이 첨가되었다 하더라도 여전히 기복적(祈福的)인 성격이 있다. 조상이나 자기 자신의 영적, 도덕적 상태와 상관없이 단지 묘를 잘 써서 복을 받는다면 그것은 기계적인 기복 신앙이 아닐 수 없다. 자판기와 같은 기계는 동전을 넣는 사람의 영적, 도덕적 상태를 상관하지 않는다. 누구든지 많이 집어넣는 사람에게는 많은 것을 준다. 기계적으로 많이 집어넣는 것이 곧 '치성'이다. 기복 신앙의 치성은 신과의 인격적 관계를 전제로 하지 않는다. 기복 신앙에서는 사람의 영적, 도덕적 상태와 상관없이 신과 기계적인 관계를 맺음으로써 현세적인 복을 추구할 수 있다고 생각한다. 이것은 곧 바알 신앙의 특징이다. 풍수지리에 의하면 사람의 영적, 도덕적 상태와 상관없이 '명당'(明堂), '정혈'(正穴)이라는 동전만 투여되면 기계적으로 현세적인 복이 주어진다는 것이다.

물론 풍수가들도 도덕적 문제를 전혀 고려하지 않는 것은 아니라고 주장한다. 그들도 선행이 복을 받는 근원이라고 생각한다. 아무리 좋은 땅을 잡아도 그 땅을 쓸 사람이 악행을 많이 했다면 '허혈'(虛穴)에 지나지 않는다고 말한다. 그럼에도 불구하고 풍수지리설은 여전히 기복적이다. 왜냐하면 명당자리는 복을 받는 충분조건은 아니라 할지라도 적어도 필요조건은 되기 때문이다.

풍수지리에서 말하는 복의 개념은 '복'(福, 재물), '녹'(祿, 지위), '수'(壽, 장수)라고 하는 중국의 전통적인 복의 관념을 반영하는 것으로서 지극히 현세적인 복의 관념을 제시한다. 이러한 현세적 복 관념에서는 비록 충실하게 자기의 삶을 살아왔지만, 가난하고 알아주는 사람 없고 오래 살지 못한 사람들은 복 받지 못한 사람이 된다. 이런 사고방식은 현세의 부귀영화를 최고의 가치로 생각하는 세속주의적 태도를 낳게 된다. 그러나 성경이 말하는 복된 삶은 비록 재물이나 지위나 장수를 누리지 못해도 하나님의 뜻을 좇아 의롭게 사는 삶이다(시1:1-2, 32:1-2, 33:12, 41:1, 106:3).

옛날의 권문세가들은 물론 오늘날의 권세가들도 조상의 덕으로 복을 받기 위해서 명당자리를 찾는데 많은 노력을 기울여 왔다. 풍수지리설은 자기 과시를 위한 허세가 되어 버렸고 오직 일신과 가문의 영달만을 추구하기 위한 터 잡기 술(術)이 되어 버렸다. 이는 기복적인 풍수지리가 낳은 필연적 결과다. 풍수지리는 함께 복 받고 함께 잘사는 것을 추구하지 않는다는 점에서 기복 신앙의 이기주의를 그대로 드러낸다. 이런 기복적 이기주의 때문에 전 국토의 1퍼센트가 묘지화 되어 버렸고 그렇지 않아도 좁은 국토에 사회적 문제가 되었다.

성경은 길흉을 말하는 자를 하나님이 가증히 여기신다고 말한다(신 18:10). 길흉을 말하는 모든 술수는 우리의 마음을 부자유하게 얽어맨다. 사탄은 가능한 모든 방법을 동원해서 사람들을 올무에 얽어맨다. 그러나 성경은 "진리가 너희를 자유롭게 하리라"라고 말한다(요 8:32). 풍수지리는 길흉을 말하며 사람의 마음을 부자유하게 얽어매 놓는다. 많은 사람들이 진리를 알지 못하므로 묘지를 정하거나 이사를 가는 것에서 자유롭게 합리적으로 결정하지 못하고 이런저런 것에 얽매인다.

길흉은 하나님의 주권에 달려 있는 것이다. 그런데 풍수지리를 포함해서 길흉을 말하는 자들은 마치 길흉이 기의 법칙과 같은 어떤 힘이나 자연의 법칙에 달려 있는 것처럼 말한다. 그러나 풍수지리를 모르고도 현세적인 복 관념대로 말해서 잘사는 나라, 잘사는 사람들이 얼마나 많은가! 천만번 양보해서, 설사 풍수지리설이 잘 맞아떨어지는 듯이 보이는 이유가

기의 법칙 때문이라 해도 이런 기의 법칙은 하위 법칙에 지나지 않는다. 그리고 우주에서는 상위 법칙을 따를 때 그보다 더 하위의 법칙은 작용하지 않는다. 우리가 하나님을 믿을 때 우리는 하나님의 능력으로 기의 법칙을 넘어갈 수 있다. 왜냐하면 하나님은 기의 작용보다 더 큰 능력을 가지신 분이며 기의 법칙을 초월하신 분이기 때문이다.

풍수지리는 하나님의 주권적 섭리를 은폐하며 하나님의 백성들을 속박한다. 그러므로 성경은 점쟁이나 길흉을 말하는 자를 용납하지 말라고 경고한다. 하나님께서는 이런 일을 행하는 자를 가증히 여기신다고 말한다(신 18:10-14). 결론적으로 말해서 풍수지리는 사자(死者) 숭배, 혹은 조상 숭배가 기 사상과 결부되어서 만들어진 운명론이며 바알 신앙이다.

토의 및 정리 문제

1. 풍수지리설에서 무엇을 주장하는지 간략하게 설명해 보라. 풍수설의 형성에 영향을 끼쳤을 세계관들은 어떤 것들인지 나누어 보라.
2. 풍수지리설이 궁극적으로 목표하는 것은 무엇인가? 이것은 성경적 관점에서 어떻게 평가될 수 있는가?
3. 오늘날 우리 사회에서 풍수지리설의 영향은 어떻게 나타나고 있는가? 사회적으로, 개인적으로 끼치는 풍수지리설의 폐단은 무엇인가?

16장 | 수맥(水脈)

 요즈음 수맥에 대한 관심이 부쩍 많아지고 있다. 급기야는 매스컴에서 조차도 수맥에 대해서 다룰 정도이고 서점에도 수맥에 대한 책들이 많이 쏟아져 나와 있다. 원래 수맥과 풍수지리는 밀접한 연관이 있다. 그러나 이런 책들이 한결같이 주장하는 것은 수맥은 미신이 아니고 과학이라는 것이다. 그들은 나름대로 그들의 주장을 합리적으로 설명해 보려고 노력하고 있다. 그러나 합리적 설명과 과학적 사실 사이에는 상당한 차이가 있다는 것을 인식하지 않으면 안 된다.
 우리가 과학이라고 말할 때는 동일한 조건 하에서 언제 누가 실험하거나 관찰하더라도 동일한 결과를 얻는다는 보편적 경험을 객관적으로 입증하지 않으면 안 된다. 합리적인 설명은 이성적이고 논리적인 것 같으나 그것을 뒷받침해 줄 과학적 증거나 현실과의 부합성을 가지지 않을 수 있다. 예를 들어 요가나 참선, 기공과 같은 신비주의의 토대가 되는 형이상학적인 이론들은 합리적인 설명이기는 하나 수행자의 주관적인 경험 외에는 그것을 입증할 만한 과학적 객관성은 없다.

수맥에 대한 논의는 크게 세 가지 부류로 나눌 수 있을 것 같다. 첫 번째는 오로지 수맥과 건강의 문제만 다루면서 수맥이 과학이라고 주장하는 경우이다. 두 번째는 건강뿐 아니라 전통적인 풍수지리설을 함께 엮어서 주장하는 경우다. 세 번째는 수맥을 전통적인 풍수지리의 관점에서 주장하는 경우다. 그러나 세 번째의 경우는 과학이 우상이 되어 있는 오늘날 별로 설득력을 갖지 못하는 것 같고, 따라서 이렇게 주장하는 사람들은 그리 많지 않은 것 같다. 문제는 첫 번째와 두 번째 부류다.

수맥을 과학이라고 주장하는 이들의 말을 요약하자면 수맥이 지나가는 자리는 건물이 갈라지거나 기계가 고장나며 수맥 위에서 잠을 자면 병이 난다는 것이다. 그래서 동판을 깔거나 수맥을 피해서 자면 이러한 수맥의 영향을 막을 수 있다는 것이다.

그들은 이런 현상에 대해서 수맥의 기(氣)가 전자파처럼 건강에 영향을 주고 파괴력을 가진다고 설명한다. 땅속의 수맥은 그 두께가 담배 한 개비 정도이고 수맥이 뿜어내는 기의 폭은 1미터 안팎이라고 주장한다. 그들은 수맥이 전자파나 엑스레이와 같이 인간에게 유해한 파장(波長)을 내는 것으로 간주한다. 그래서 엑스레이를 연판(鉛版)으로 막는 것처럼 수맥파는 동판(銅版)으로 막아야 한다는 것이다.

수맥 옹호자들은 수맥은 수직으로 작용하기 때문에 아무리 높은 고층 아파트에서 살아도 수맥파의 영향을 받는다고 주장한다. 그러나 수맥파의 폭이 1미터에 지나지 않는다면 그 파장이 직접 고층 아파트까지 닿는다고는 할 수 없다. 이에 대해서 수맥 옹호자들은 물은 인간에게 유익한 것이지만 물이 땅속에 있을 때에는 항상 땅 위로 드러내려는 속성이 있기 때문에 자괴(自壞) 현상이 나타난다고 한다. 따라서 동남아에서처럼 이미 노출된 강물 위에 수상 가옥을 짓고 사는 것은 문제가 되지 않는다는 것이다. 이 주장을 정리하자면 수맥의 폐해는 수맥파의 직접적인 영향이 아니고 수맥파가 일으키는 파괴력에 의한 것이라는 주장이 된다.

이런 주장이 과학적 사실로 인정되기 위해서는 다음과 같은 것들이 검증되어야 한다. 첫 번째로 수맥이 어떤 독특한 파장을 가지고 있는지 그리고 그것이 땅속에서 어떤 파괴력을 발생시키는지 검증되어야 한다. 두 번째로는 물이 땅속에 있을 때 땅 위로 드러나려는 속성이 있는지, 그리고 이를 방해하는 시멘트나 돌 등을 파괴하려는 속성이 있는지 검증되어야 한다. 즉 수맥이 지나가는 곳의 모든 시멘트와 돌 등에서 이런 파괴 현상이 관찰되어야 한다는 것이다. 세 번째로 수맥 위에서 생활하는 모든 사람이 수맥의 파괴력에 영향을 받는다는 것이 검증되어야 한다. 네 번째 어떤 원리로 동판이 수맥의 파괴력을 막아 주는지 검증되어야 한다.

우선 첫 번째 사항은 전혀 입증된 바가 없다. 두 번째 사항은 그것이 사실이라면 거의 모든 건물이나 큰 바위들은 금이 가 있어야 하는데 실제로는 그런 것 같지 않다. 세 번째 사항은 모든 사람이 수맥의 영향을 받는 것은 아닌 것으로 알려져 있다. 수맥 옹호자들의 주장에 따른다해도 수맥을 타지 않는 사람이 30퍼센트가 된다. 물론 여기에 대해서 수맥 옹호자들은 사람의 체질에 따라서 수맥에 대한 저항력의 차이가 있고, 따라서 어떤 사람들은 여전히 건강하지만 이런 사람도 오랫동안 수맥 위에 있으면 반드시 영향을 받게 된다고 주장한다. 이 주장을 분석해 보면 수맥에 영향을 받지 않고 건강한 사람이 있다는 것은 사실에 속한다. 그러나 이런 사람도 오랜 시간 후에는 수맥 때문에 병이 들게 된다는 것은 검증된 것이 아니라 추측에 불과하다. 수맥 옹호자들은 체질적으로 수맥에 강한 사람도 일정한 기간 후에 반드시 수맥의 영향으로 병에 걸렸다는 것을 입증해 보여야 한다. 네 번째로 수맥의 폐해가 어떤 파장 때문이 아니라, 그것이 만들어 낸 파괴력 때문이라면 어떻게 동판이 그것을 막을 수 있는지 설명해야 한다. 고층 아파트 꼭대기까지 영향을 주는 수맥의 파괴력이 동판 한 장에 꺾인다는 것은 동판의 강도를 생각해 볼 때 쉽게 이해되지는 않는다. 만일 수맥파가 직접적인 원인이라면 어떻게 1미터의 폭으로 고층 아파트 꼭대기까지 영향을 주는지 설명해야 한다. 그리고 왜 동판이 수맥파를 저지할 수 있는지도 설명해야 한다.

수맥 옹호자들의 혼란은 기(氣)라는 개념을 남용하는 데서 발생한다. 왜냐하면 기(氣) 개념 자체가 너무나 포괄적이어서 애매모호하기 때문이다. 기 철학 체계에서는 우주는 기의 연속체이며 기로 되어 있지 않은 어떤 것도 존재하지 않는다. 기 개념에 의하면 수맥파도 기이고 수맥파가 만들어 낸 파괴력도 기다. 그러므로 수맥이 과학적으로 옹호되기 위해서는 막연히 기라는 개념으로 애매모호하게 처리되어서는 안될 것이다.

위의 내용들이 모두 입증된다면 수맥은 전자파의 폐해처럼 과학으로 인정될 수 있을 것이다. 그러나 지금으로서는 과학과 건강이라는 두 가지 우상에 빠져 있는 현대인들의 구미에 맞는 유사 과학(pseudoscience, 사이비 과학이라고도 함)이라고 말할 수밖에 없다. 물론 많은 사람들은 아마 이렇게 말할지도 모른다. 비록 과학적으로 완전히 입증되지는 못했지만 경험적으로 어느 정도 개연성이 있으니까 잠자리를 바꾸거나 동판을 깔면 나쁠 것이 없지 않겠는가? 필자는 거기에 대해서는 뭐라고 말할 수가 없다. 그러나 결코 밑져야 본전이 아닌 것도 많다. 적어도 수맥을 탐지하는 방법에는 많은 문제가 있다. 그것은 결코 과학이 아니라 신비주의와 연관되어 있다. 설사 수맥과 그 영향력이 과학적인 것으로 밝혀진다고 해도 수맥을 탐사하는 과학적 방법의 개발이라는 문제는 여전히 남는다.

보통 수맥 탐사자들은 대부분 수맥 탐사봉, 추, 나뭇가지 등을 사용한다. 사실 추나 봉을 들고 수맥을 찾을 때 탐사자는 그냥 걸어가는 것이 아니라 수맥을 '생각'하면서 걸어가야 한다고 한다. 그냥 걸어가면 추나 봉이 움직이지 않는다. 이것은 수맥의 탐사가 물리적인 탐사가 아니라 소위 '정신적인' 힘을 사용한 신비주의적 방법에 의존하고 있음을 말해 준다. 그리고 수맥을 생각하면서 걸어가도 모든 사람이 추가 움직이는 것을 경험하는 것이 아니라 찾을 수 있다는 확신과 생각을 가져야 된다는 것이다. 즉 믿음을 구사해야 한다는 말이 된다. 또 수맥에 예민한 사람이거나 훈련된 사람만이 추가 움직이는 것을 경험한다는 것이다. 그뿐 아니라 어떤 사람들은 맨손이나 신체의 느낌, 목소리, 혹은 눈으로 보는 것만으로도 수맥을 찾는다고 주장한다. 심지어 원거리에서 지도상에 추를 올려놓고 수맥을 찾는다고 주장하는 사람도 있다. 그들의 이론적 근거는 이렇다. 수맥에서 방사되는 물리적 힘을 숙련되게 감지하기 위해서는 정신 집중을 요한다는 것이다. 따라서 수맥 탐사하는 법을 터득하기 위해서는 수련을 필요로 한다는 것이다. 도대체 지도상의 지형에서 어떻게 물리적 힘을 감지할 수 있다는 것인지 납득하기 어렵다.

위의 내용을 보면 수맥의 탐지는 투시니 천리안이니 하는 초능력의 사용이나 어떤 영적인 힘의 도움을 입고 있다는 것을 말해 준다. 그러나 모든 신비주의는 초능력 현상과 밀접한 관계가 있으며 그 배후에는 악령들이 있다는 것을 분명히 알아야 한다. 수행을 통해서 인간에게 잠재된 어떤 능력이 계발되는 것처럼 위장하지만 사실 초능력의 본질은 악령이 제공한 능력이다. 수맥 탐사는 악령이 알려 주는 정보에 의지하고 있는 것이다. 수맥 탐사자들이 작성한 수맥 위치도(位置圖)가 비슷한 면이 많지만 꼭 일치하지 않는 것은 악령들이 결코 전지전능한 존재가 아니라는 것을 잘 말해 주고 있다.

수맥 옹호자들이 말하는 대로 수맥이 지나가는 곳에서 자면 건강을 해친다는 주장을 받아들인다 해도, 수맥이 지나가는 자리에 묘를 쓰면 자손에게 해를 끼친다는 주장도 과연 과학이냐고 반문하지 않을 수 없다. 묘에 물이 고이면 왜 자손이 잘 안 된다는 것인가? 그렇다면 수장(水葬)한 사람의 자손은 모두 잘못되어야 하지 않는가?

수맥 옹호자들은 대부분 그들의 주장에 근거해서 전통적인 풍수지리설을 옹호하고자 한다. 풍수지리설의 논리적 근거는 '기(氣)의 감응(感應)'에 있다. 땅의 기와 시신(屍身)의 기가 생기 감응(生氣感應)하고 시신의 기와 자손은 동기감응(同氣感應)하므로 묫자리를 잘 쓰면 자손이 복 받는다는 것이다. 풍수가들은 묫자리를 잘못 쓰면 시신이 자신의 괴로움을 알리기 위해서 재앙을 일으킨다고 주장한다. 그러나 영혼도 아닌 죽은 시신이 어떻게 괴로움을 느낄 수 있다는 것인가? 어떤 풍수가는 이 감응 현상을 합리적으로 설명해 보려고 노력한 나머지, 시신에서 발생하는 방사자력이 가족이나 후손에게 전이되어서 길흉화복을 가져다준다고 말한다. 그러나 소위 '방사자력'이 왜, 어떤 메커니즘으로 길흉화복을 주고 질병을 가져다주는지 납득할 만한 설명을 하지 못한다. 만일 풍수설이 사실이라면 화장(火葬)을 하거나 납골당에 안치하는 사람은 길흉화복과 전혀 무관해야 마땅하다.

풍수설은 죽은 조상과 자손 간에 어떤 교감이 있다는 것을 의미하며 성경에서 금하는 신접을 교묘한 논리로 위장한 것에 불과하다. 풍수설은 세계 도처의 애니미즘 사회에 만연한 사자(死者), 혹은 조상 숭배 사상이 보다 합리적인 형태를 취했을 따름이다. 더군다나 풍수설은 길흉화복을 기계적으로 따지는 현세기복적인 바알 신앙이다. 오늘날 사람들이 과학을 우상으로 모시니까 사탄은 유사 과학으로 사람들을 현혹하는 전략을 펴는 것 같다.

토의 및 정리 문제

1. 수맥은 과학인가 신비주의인가? 과학이라고 말할 수 없는 근거들을 제시해 보라. 수맥이 과학으로 인정받기 위해서는 어떤 것들이 입증되어야 하는가?
2. 수맥에 관련된 신비주의 현상에 대해서 지적해 보고 이에 대해서 비판해 보라.
3. 수맥과 풍수지리설의 관계를 말해 보라. 기(氣) 감응과 길흉화복에 대한 풍수지리설의 논리에 대해서 반론을 펴 보라.

17장 | UFO 신드롬

1996년 11월 어느 날 서울 상공에 나타난 비행체를 놓고 그것이 UFO (Unidentified Flying Object, 미확인 비행 물체)라는 소동이 있었다. 어떤 공영 방송은 사실에 대한 확인 작업도 없이 비디오에 촬영된 괴비행체와 목격자의 인터뷰 등을 내보냈다. 그러나 이 비행체는 미군 훈련 제트기로 판명되었다. 이런 UFO에 대한 관심의 열기를 놓치지 않고 공영 방송은 아무런 확증도 없이 소위 '외계인'의 시신을 해부하는 로즈웰(Roswell) 필름이라는 것을 방영했다.

이제 우리나라에서도 UFO는 낯선 용어가 아니며, 텔레비전 어린이 만화 프로그램 등에도 UFO는 자주 등장한다. 그뿐 아니라 수많은 SF 영화나 만화, 소설 등에서도 UFO의 존재는 기정 사실로 받아들여진다. 오늘날 전 세계적으로 UFO에 대한 관심이 고조되고 있으며, 심지어 UFO에 대한 학문적 연구도 '유폴로지'(Ufology)라는 이름으로 세계 유수한 대학의 심리학과와 종교학과에서 행해진다고 한다. 이것은 UFO 현상이 심리 현상, 혹은 종교 현상과 밀접한 연관성이 있음을 보여 주는 것이라고 할 수 있다.

UFO가 어디서 오는가에 대해서는 여러 가지 주장이 있지만 행성 간 우주선이라는 설과, 다른 차원의 세계에서 왔다는 주장이 가장 일반적이다. 그러나 UFO 현상의 대부분은 대기권 내 현상의 유성, 인공위성의 잔해, 기상 관측 기구, 항공기, 비행 운(雲), 오로라, 번갯불, 환일(幻日), 안개나 노을의 반사광, 지상 내지 지상 부근의 물체, 가로등, 피뢰침, 등댓불, 불꽃, 곤충의 무리, 천체, 항성, 혹성, 인공위성, 생리학적 현상의 잔상, 안구의 자동 운동, 난근시, 심리적 현상의 환각, 사진 기록의 현상 착오, 레이더의 이상 산란, 이상 굴절, 날조, 플라스마 구체 등으로 설명된다(Fredrich, 142-143).

UFO의 존재 여부에 대한 확실한 해답은 아직도 주어지지 않았다. 우리는 한두 건도 아닌 수백만 건의 목격 보고를 모두 착각으로 돌려버릴 수는 없을 것이다. UFO의 정체가 무엇인지는 명확하지 않다 해도 사람들이 그러한 현상을 경험하고 있다는 것은 부인하기 힘들다. 사실 UFO의 존재 여부보다 더 중요한 것은 UFO를 경험하는 현상이 무엇을 의미하는가 하는 것이다.

UFO 현상의 본질을 밝히는 데는 《한여름으로 치닫는 1마일》(A Mile to Midsummer)에서 마이클 탤벗(Michael Talbot)이 언급한 견해가 유용할 것이다. 탤벗에 의하면 UFO는 변화무쌍한 정신적인 존재로서 고대에서 현대에 이르기까지 각기 그 시대의 세태나 수준에 적응해서 여러 가지 모습으로 변신하여 나타난다는 것이다. 그리고 UFO의 본질은 초물리적인 현상이며 목격자의 정신 상태에 따라서 그 만남이 여러 가지로 변한다는 것이다. 이를 다른 관점에서 본다면 UFO는 일종의 영적 현상이라고도 말할 수 있다.

탤벗에 의하면 첫째, UFO는 어느 시대에 있어서나 초과학적이라는 이유로 신의 소행으로 믿어졌으며 UFO 현상에는 자주 계시적인 우주의 복음서가 전달된다는 것이다. UFO를 만난 사람은 거룩한 메시지를 받으며 UFO의 출현은 메시지의 전달을 위해서라는 것이다. 둘째, UFO의 현상은 선사 시대 이래로 항상 있어 왔으며 문명의 발달에 의해서 인간들이 우주인들의 수준에 접근하고 있다는 것이다. 셋째, UFO는 때로 인류에 대하여 적의를 품고 있는 것처럼 보이기도 하고 때로는 선의에 넘치는 것같이 보이기도 한다는 것이다. 넷째, UFO의 정체는 인간들의 가치 체계 및 태도와 관련이 있다는 것이다. 즉, UFO의 출현 방법은 인간들이 무엇을 바라고 있는가에 따라 달라진다. 예를 들어 사후 세계와 통신할 때 사용하는 자동 기술, 영매를 통한 영계와의 교류, 그리스도의 환영(幻影), 엑소시즘(exorcism), 오컬트(occult), 초능력의 공개 실연(實演) 등의 욕구에 따라 UFO는 변화무쌍하게 모습을 바꾸어 간다는 것이다. 다섯째, UFO에 타고 있는 승무원들은 천사들처럼 남성인지 여성인지 구분할 수 없는 중성의 형태를 띤다는 것이다. 여섯째, UFO의 현상 뒤에는 언제나 집단적 불안이 뒤따른다는 것이다. 일곱째, UFO와 조우한 사람들은 그 당시 시간적 관념이 없다는 것이다(Steiger, 28-30).

다시 말하자면 UFO 현상은 매우 주관적이어서 목격자나 조우자의 정신 상태에 크게 영향을 받으며 UFO를 만나기를 원하는 사람들 앞에 모습을 잘 드러낸다는 것이다. 우리는 여기서 이제 UFO의 정체가 사탄의 활동과 연관되어 있다는 것을 본다. UFO를 목격하거나 조우한 사람들 중에는 성경에서 엄격히 금하는 점성술가, 초능력자, 최면술사, 영매들이 많이 있다.

UFO는 영매들과 텔레파시 통신, 자동 기술 등을 통해서 메시지를 받으며 또한 메시지를 보내기도 한다. 그러므로 UFO 외계인들과의 접촉은 초감각 지각(ESP) 등 초능력을 사용하는 것이 일반적이다. 그러나 초능력의 근원은 결코 하나님에게 있지 않으며, 현재에는 하나님이 금지해 놓은 영역이다. UFO를 접촉한 자들은 그들이 UFO 내부에서 죽은 부모 등을 만났다고 주장한다. 이것은 성경에서 금하는 접신과 동일한 것이다. UFO 현상은 매우 주술적이어서 접촉자가 주문을 열심히 외우면 달이 UFO로 변해서 내려온다는 것이다.

UFO의 존재를 주장하는 사람들은 은하계 항성의 수와 생명이 존재할 수 있는 항성의 수, 그리고 그중에서도 지적 생물이 존재할 확률 등을 근거로 하고 있다. 그러나 이런 이론들의 보다 근원적인 뿌리는 진화론에 있다. UFO로부터 오는 메시지는 일반적으로 인류가 전환기에 놓여 있다는 것이다. 인류는 초차원으로 진화할 것인데 이것은 생물학적 진화가 아니라 정신적인 진화이며, 진화의 최종 단계는 의식이 전 우주와 하나로 합일되는 상태라는 것이다(Steiger, 140-155). 이런 생각은 테야르 드샤르댕의 '우주적 진화' 사상과 전적으로 일치하는 것이다. 칼 융은 UFO를 '집단 무의식'으로 간주하면서, 오늘날까지 의식의 가장자리에 멈추어 있던 UFO가 인류의 결함과 우주의 통일을 위해, 즉 인류 의식의 진화를 위해 표면으로 나타났다고 주장한다(Steiger, 153-155). 우리는 여기서 의식 혹은 영혼의 진화를 통해서 '인간이 곧 신'이 된다고 주장하는 사탄의 가르침을 또 다시 발견하게 된다.

UFO의 메시지는 또 한편 인류의 전환기에 있어서 지구의 위기를 경고하고 있는 경우가 많다(Steiger, 91-92). 그런 메시지는 '물고기좌 시대'로부터 '물병좌 시대'로 넘어간다는 점성술적 시대 전환의 논리를 제시하는데 그것은 뉴에이지 운동의 주장과 전적으로 동일한 것이다. 또 UFO의 메시지는 환생 등 요가적 신비주의나 초능력 신봉자들이 사용하는 상투적인 용어들을 사용하고 있다. UFO의 메시지는 성행위를 에너지의 이동으로 설명하며 사랑의 목적은 의식이 하나로 되는 것이라고 말한다(Steiger, 134-135). 이것은 힌두교의 탄트라나 도교의 방중술(房中術)에서 주장하는 바알적 신비주의와 전혀 다를 바가 없다.

UFO의 메시지에 의하면 종교의 창시자들이나 탁월한 발명가 등 위대한 인물들은 대다수가 금성인과 화성인의 지도를 받은 자들이거나 또는 지구로 옮겨 온 금성인이나 화성인이라고 주장한다. 그리고 오늘날 지구상에는 자기 자신이 금성에서 왔다고 영매들에게 알리는 사람들이 많다고 한다(Steiger, 93-94). 그러나 UFO에 탑승하거나 '외계인'을 만났다는 사람들이 주장하는 인류의 기원은 각각 다르고 서로 모순되는 경우가 많다.

UFO의 메시지에 의하면 지구가 달을 하나밖에 가지고 있지 않기 때문에 인력이 조화롭지 못하며 그것은 인간의 몸과 마음에 부조화로운 영향을 준다고 한다(Steiger, 91-92). 우주에 있는 별들의 인력이 인간의 마음과 밀접한 연관성을 가진다는 주장은 기(氣) 사상이나 음양오행설에서 주장하는 것과 같은 생각이며, 또한 증산교의 주장과도 일맥상통하는 것이다. 이런 생각들은 일월성신에 대한 숭배 사상과, 별들이 인간의 운명에 영향을 끼친다고 하는 점성술 사상이 좀 더 발전된 것에 불과하다. 이런 주장에 의하면 하나님께서 지구를 불완전하게 창조하셨다는 말이 된다.

UFO의 메시지는 자연주의적 세계관을 제시하고 있다. 자연주의란 인간의 고통과 세상의 악에 대하여, 그리고 우주의 모든 것에 대하여 하나님을 제외하고 설명하고자 하는 사상이다. 이것은 하나님을 마음에 두기를 싫어하는(롬 1:28) 원죄를 가진 모든 인간에게 내재된 성향이다. 그러므로 사탄은 항상, 우주가 하나님에 의해서 창조된 것이 아니라 자연적으로 발생했으며 종말의 심판도 하나님의 주권에 있는 것이 아니라 자연적인 대격변으로 설명함으로써 자연주의를 전파해 왔다. 인간의 삶이 조화롭지 못하고 인간의 육신이 불완전하게 된 원인을 '원죄'가 아닌 '자연법칙'에서 찾도록 유도해 왔다. 그리고 그것의 궁극적 목표는 인간의 원죄를 은폐하고 나아가서 예수 그리스도의 대속을 무의미한 것으로 만들어 버리고자 하는 것이다.

UFO는 과연 무엇인가? UFO는 초능력과 영매, 범신론적 신비주의, 점성술, 요가, 탄트라, 세계년, 무의식 등과 연관되어 있다. UFO는 중력(重力)과 관성(慣性)에 구속받지 않는 초물리적인 존재이며 양성공유자(兩性共有者)이다(Steiger, 39-42). UFO는 초광속으로 비행하며, 갑자기 2개가 합쳐지거나 분리되며 순간 소멸, 점진적 소멸, 순간 가속, 형태의 다양한 변화 등 영적인 특성을 나타낸다. UFO가 동물이나 곤충 등의 다양한 모습으로 변하는 것은 도교의 둔갑술을 연상시키며 정령을 체험하는 현상이나 정령들에 대한 이야기와도 비슷하다. UFO 근접 체험자들에 의하면 UFO 외부의 체적보다 내부가 훨씬 넓어 보이는 것을 지적하는데 이것도 UFO가 영적 현상임을 말해 준다. UFO가 인간의 눈에 선택적으로 나타나는 것은 발람의 당나귀(민 22:21-35) 다메섹 도상에서의 사울의 체험과(행 9:1-7) 비슷한데, 이 또한 UFO가 영적인 현상임을 보여 준다. UFO가 초광속으로 비행하며 중력의 법칙을 벗어나는 것도 그것이 영적 존재임을 강하게 암시해 주고 있다. 영혼, 천사, 악령, 부활체, 성도의 휴거 등도 중력의 법칙을 벗어나고 공간적 제약을 벗어나는 것을 보면 UFO 현상이 영적인 현상임은 더욱 명확해진다.

UFO와의 근접 조우는 꿈과 비슷하며 시간적으로 명료하지 않다 (Steiger, 68-69). 이것은 UFO 현상이 환상적으로 체험되는 것을 말한다. UFO 조우자들이 금속제로 된 UFO와 살과 피를 가진 외계인들과 직접 만난다는 결정적인 증거는 없다. 실제로 모든 UFO 근접 조우자들은 최면의 상태에서만 조우의 경험을 기억해 낸다. 이것이 의미하는 바는 무의식 상태에서만 UFO 근접 조우를 경험한다는 것이다. 무의식은 영적 전쟁의 각축장이다. 사탄은 인간이 무의식 상태로 있을 때 어떤 거짓된 정보들을 집어넣어 줄 수 있다. UFO를 근접 조우하는 사람들은 자신 외에는 목격자가 없다는 것도 그것이 영적이거나 심리적인 현상임을 나타내 준다. UFO는 그것을 추구하는 사람과 더 잘 조우하는 경향이 있으며 하나님을 외칠 때 사라져 버린다(Steiger, 68-69). UFO 접촉자들의 특징은 그들이 최면 암시에 매우 잘 빠져든다는 공통점이 있다는 것이다. 그들은 대부분 심령적인 체험을 했으며 몇 가지 심령적인 능력을 가지고 있는 사람들도 있다. 이상을 종합해 볼 때 UFO와의 근접 조우가 사탄의 역사와 관계가 깊다는 것은 부정할 수 없다.

UFO 현상은 중세의 요정 신앙과 밀접한 관계를 가지고 있다. UFO 외계인의 많은 경우는 난쟁이 형태인데 요정 설화에서도 많은 경우가 난쟁이로 나타난다. UFO에 의한 피랍과 마찬가지로 요정 설화의 중요한 모티브 중 하나도 요정에 의한 피랍이다. 그 외에도 요정 현상은 UFO 현상과 여러 가지 면에서 많은 공통점을 가지고 있다. 중세 때 요정과 접촉한 사람들은 UFO와 접촉했다고 주장하는 사람들과 마찬가지로 몸에 흔적을 가지고 있었는데 이것이 '마녀'냐 아니냐 하는 기준의 하나가 되었다. 많은 무고한 사람들이 마녀 재판의 희생물이 되었지만, 또 한편 많은 사람들이 요정을 접촉한 후에 비성경적인 주장을 함으로써 마녀로 정죄되었던 것이 사실이다. 또 UFO 현상은 세계 도처에서 일어났던 성모 마리아의 현현 기적과 밀접한 관련이 있다. 그리고 마리아 숭배는 중근동의 바알 신앙에 보편적으로 나타나는 모신(母神) 사상의 연장에 지나지 않는다(맹성렬, 381-426).

　UFO 현상은 UFO와 외계인을 숭배하는 UFO 숭배 종교를 만들어 내고 있다(맹성렬, 360-370). 이러한 신흥 종교는 매우 유사 기독교적인 구조를 가지고 있지만 기독교에 적대적인 태도를 취하는 것도 특징이다. 그들은 하나님의 창조를 외계인에 의한 유전 공학적 창조 행위로 바꾼다. 그들은 생물학적 변종을 통해서 새 인류를 만들어 낼 수 있다는 물질주의적 접근을 한다. 그들은 한결같이 인류가 위기 상황에 있고 기로에 있다고 주장하면서 외계인이 구세주로 올 것이라고 주장한다. 그런 UFO 숭배 종교 중에는 데니켄과 라엘리언 운동이 대표적이라고 할 수 있다.

　데니켄이나 라엘리언 같은 UFO 숭배자들은 에스겔 1장에 나타나는 네 생물이 바로 UFO를 묘사한 것이라고 주장한다. 그러나 에스겔 10장과 요한계시록 4장을 대조해 보면 이 네 생물이 곧 하나님의 영광을 찬송하고 수호하는 '그룹' 천사들이라는 것을 알 수 있다. 시편 18편 10절에서는 하나님이 '그룹을 타고 다니심'을 말하고 있는데, 이를 통해서 그룹 천사가 승용(乘用)할 수 있는 영적 생물체라는 것을 추측해 볼 수 있다. 그리고 사탄이 타락하기 전에 바로 그룹 천사들 중의 하나였다는(겔 28:12) 사실은 UFO 자체가 영적 생물체라는 주장을 뒷받침해 준다(Steiger, 155-157). 따라서 UFO 자체가 영적 존재이며 더군다나 악한 영적 존재라고 할 수 있는 것이다. 그러나 UFO 자체가 승용물이냐 혹은 영적 존재냐 하는 논의를 제쳐 놓고라도, UFO에 따르는 모든 현상이나 사상들이 사탄에게서 왔다는 것은 명확하다 하겠다.

UFO 옹호론자들은 UFO 사진을 결정적인 증거인 것처럼 제시한다. 그러나 이 제시된 UFO 사진들은 대부분의 경우에 조작된 것임이 UFO 전문가들에 의해서 밝혀진다. 왜냐하면 이런 사진들을 곁들인 UFO에 관한 책들이 베스트셀러가 되어서 떼부자가 되게 해 주었기 때문이다. 모든 이단의 특징은 인간의 종교성을 이용하여서 물질적으로 재미를 보는 것이다. UFO 사진들은 대부분의 경우 불빛이나 구름처럼 보이고 선명한 경우도 비행체가 가지고 있는 대칭성을 상실했거나 찌그러진 것이 많다. 실제로 몇몇 사진 제시자들은 그들이 육안으로 목격하지도 못한 UFO를 소위 '염사'(念寫)라고 하는 초능력을 통해서 만들어 내는 것으로 알려져 있다.

접촉자들이 제시하는 또 다른 증거들인 금속 조각이나 석재 판 등은 성분이나 형태로 보아서 외계에서 제조된 것이라고 단정하기는 어렵다. 한편, UFO의 현상은 레이더에 잡히거나, 초원에 발자국과 원형의 불에 그을린 자국을 남기는 등 객관적인 증거를 어느 정도 가지고 있는 것처럼 보인다. 그러나 이런 것은 사탄에게 있어서 그리 어려운 일이 아니다. 우리는 사탄이 가지고 있는 마술의 능력을 너무 과소평가해서는 안 된다. 사탄은 속임수의 대가(大家)이며 인간에게 어떤 환상이나 능력을 보여 줄 수 있는 존재다. 사탄은 비록 무에서 유를 창조할 수는 없지만 물질을 가시화, 혹은 비가시화함으로써 사진에 찍힐 수도 있다. 그러므로 우리가 진리 평가의 기준으로 삼는 것은 경험성의 여부가 아니라, 그 열매가 어떠한가에 있다. 결론적으로 말해서, UFO 현상은 과학만능주의 시대에 나타나는 예수 그리스도를 대적하는 새로운 형태의 종교 현상이다.

UFO 현상은 하나님 말씀이 없던 중세 시대에는 매우 성행했고 하나님 말씀이 강하게 역사하던 때, 즉 종교개혁 이후에는 뜸했다. 2차 대전 이후에 UFO 현상이 다시 성행하고 있는 것은 20세기의 영적 상황을 잘 말해 주는 것이다. 이 또한 UFO가 영적인 현상임을 말해 준다.

토의 및 정리 문제

1. UFO는 영적 현상인가? 물리적 현상인가? 영적 현상임을 보여 주는 근거들은 무엇인가? 또 UFO를 비행 물체로 간주하는 옹호자들의 주장에 대한 반론들을 제시해 보라.
2. UFO를 추구하는 사람들의 공통점은 무엇인가? 또 소위 UFO에서 받았다는 메시지의 특징은 무엇인가?
3. 오늘날 UFO 신드롬이 나타나게 된 시대적 배경과 상황에 대해 말해 보라. UFO 숭배 종교가 어떤 식으로 나타나고 있는지 나누어 보라.

18장 | 이슬람교

'이슬람'은 아랍어로 '복종', '항복', '순종'을 의미한다. 종교로서의 이슬람은 알라께 대한 완전한 복종과 순종을 나타낸다. 이슬람의 또 다른 의미는 평화다. 알라께 순종할 때에만 몸과 마음에 평안이 오고 사회 전반에 걸쳐 진정한 평화를 이룩할 수 있다는 것이다(Ahmad, 30-31). 이슬람은 단순히 종교 이상의 총체적인 삶을 의미한다. 이슬람은 알라가 개인과 공동체의 삶의 모든 측면을 통제하고 인도하기 위해서, 온 인류에게 제시하신 원리라고 무슬림들은 생각한다(Cooper, 48). 따라서 이슬람은 정치, 경제, 사회, 종교, 문화 분야 등 모든 생활 영역에 있어서 개인적으로나 집단적으로나 상관없이 완전한 삶의 질서이며 체계라는 것이다. 이처럼 완전한 인생관 또는 세계관으로 자처하는 이슬람교는 학문적 이론 체계뿐 아니라 개인적으로는 무슬림, 집단적으로는 움마(ummah)의 삶 속에서도 그 우수성이 나타난다고 무슬림들은 자부하고 있다(김정위, 281).

이슬람교의 이런 총체성은 문사철(文史哲)의 일체를 주장하는 유교의 총체성과도 매우 흡사하다. 유교의 경우, 특히 성리학은 하나의 원리로써 역사와 철학, 정치, 사회, 자연, 예술 등을 총체적으로 엮어 내려고 한다. 이슬람교와 유교가 가지고 있는 이러한 총체성은 모두 세속적 가치를 인정하고 세속적 질서를 세움으로써 죄와 악의 문제를 다루려고 하기 때문에 나타나는 성격이다. 여기에서 세속적 질서를 세우기 위한 도구가 바로 '예'(禮)이고 '샤리아'(shariah)이다.

'이슬람'은 '스스로 순종하다'(Aslama)라는 동사의 부정사 형태며 그 뜻은 '신에게 완전히 복종한다'는 뜻이다. 이 동사의 능동 분사가 '무슬림'(Muslim)인데, 이는 '절대 복종하는 이'의 의미를 가진다(김정위, 12). 반면에 의식적으로 하나님을 부인하기로 결정한 불신자는 '카피르'(Kafir)라고 하는데 이는 '쿠프르'(Kufr)에서 나온 것으로 문자적 의미는 '은닉하다' '감추다'라는 뜻이다. 즉 불신자는 그의 불신앙으로 그의 본성에 내재된 것을 감추었다는 것이다. 이슬람교에서는 이슬람이 본성의 법칙을 따르는 종교라고 생각한다. 따라서 만일 본성을 거스르지 않는다면 모든 사람이 무슬림이 될 것이라고 주장한다(Cooper, 50-51).

이슬람교에 의하면 인간은 삶의 모든 세속적 가능성을 충분히 이용함으로써 지상에서 개인의 삶 속에 완벽을 이룰 수 있다고 주장한다. 인간은 잠재적으로 완벽하며 인간은 본래 선하고 순수한데 하나님께 대한 불신과 선행의 부족 때문에 자기 본래의 완벽성을 파괴하게 된다고 주장한다(Ahmad, 57-60). 따라서 개인의 내부적인 잠재력을 개발하여 각자가 가지고 있는 적극적인 자질을 발달시켜야 한다는 것이다. 이런 주장은 인간성에 대한 낙관론에 근거한 세속주의를 단적으로 보여 주는 것이다.

이슬람교에서는 인간은 하나님의 대리인(꾸란 2:29)으로 간주한다. 신은 인간에게 땅을 위탁했으며 인간은 신을 대리(khali-fah)하므로 모든 피조물은 인간에게 순종하는 것이 신의 섭리라는 것이다(김정위, 58). 즉 인간의 책임과 사명은 우주의 조화를 성취하는 데 있다는 것이다. 하나님이 피조물을 인간에게 위탁하시고 관리권을 주셨다는 것은 성경의 진술과 비슷하다. 피조 세계를 관리하는 것은 분명히 타락 이전에 하나님이 인간에게 주신 사명이기는 하다. 그러나 이슬람교는 아담의 타락을 개인적인 사건으로 간주하기 때문에 원죄를 인정하지 않는다. 따라서 성경적 입장에서 보면 이슬람교는 타락한 죄성을 본성으로 간주하고 있으며, 이런 타락한 본성을 가지고 조화로운 삶을 사는 것이 가능하다고 생각하는 인본주의적 성격을 드러낸다.

무슬림들은 인간이 자기 삶을 올바르게 영위하기 위해서는 두 가지 사항이 필요하다고 주장한다. 첫째는 개인과 사회의 물질적 요구를 충족시켜 줄 자원이며, 둘째는 인간이 자기완성을 실현하고 생활 속에서 정의와 평온을 유지할 수 있는 행동 원칙에 관한 지식이다. 그런데 이슬람이야말로 바로 이러한 요구에 응하는 생활 규범을 제시한다는 것이다(Ahmad, 29). 결국 이슬람교는 유교와 마찬가지로 하나님과 인간, 인간 상호 간에 대한 행동 규범을 제시하는 체계인 것이다. 이슬람교는 영적인 종교가 아니라 도덕적이고 윤리적이며 율법적인 종교라고 할 근거가 여기에 있다. 무슬림 학자들도 '이슬람은 전통적으로 그리고 중심 성향에 있어서 사회 윤리를 포함한 조직적이고 합법적인 윤리의 실천 종교'라고 규정한다(Ahmad, 231). 이것은 자기들 종교의 본질을 아주 명확하게 잘 말한 것이다.

무슬림들은 이슬람교를 제외한 다른 종교에서 말하는 영적 체험이란 삶의 충동을 부정하는 것, 즉 피곤한 삶에서 생겨난 부정이라고 주장한다.

그러나 이슬람교는 자기주장과 의지를 가지고 살라고 가르친다는 것이다. 이 육신은 감옥이 아니라 영혼의 목표를 달성할 수 있는 효과적인 도구라는 것이다. 이슬람교는 이 점에 있어서 세상의 모든 종교와 반대적 입장이라고 주장한다. 무슬림들은 이슬람교는 완전한 자기부정의 종교가 아니라 알라께서 규정하신 한계 내에서 자기주장의 종교라고 생각한다. 그래서 무슬림들은 자기들이 지나친 물질주의적 삶과 지나친 내세지향적 삶을 모두 지양하는 중도의 길이라고 주장한다(Ahmad, 224, 229, 61).

이처럼 이슬람교는 성(聖)과 속(俗)의 통합을 추구하고 영혼의 욕구와 육신의 욕구를 모두 추구하겠다고 한다. 이슬람교는 타락한 인간의 상태를 그대로 인정한다는 측면에서 낙관적이고 현세주의라고 할 수 있다. 또한 타락한 인간의 욕망이 법(sharia)에 의해서 통제될 수 있다고 생각하는 면에서 역시 낙관적 인본주의라고 할 수 있다. 이슬람교는 현세적이기 때문에 현세적 욕구를 통제하기 위한 규범이 있고, 이 땅에서 세상을 이상 왕국으로 만들어 보려는 인위적인 시도가 있다. 이 이상 왕국에 대한 이념이 바로 움마라는 공동체 사상으로 나타난다.

사실 인간에 대한 이해, 즉 인간성과 인간이 처한 현실에 대한 이해야말로 그 세계관의 방향을 결정하는 핸들과 같은 것이다. 대체로 인간성에 대한 낙관론은 인본주의적 유토피아 사상을 낳는다. 마르크시즘도 인간성에 대한 낙관론에 뿌리를 두고 있기 때문에 공산주의라는 유토피아 사회를 건설할 수 있다고 꿈꾼다. 이슬람교는 유교에서 보이는 낙관주의적 현세주의와 거의 흡사하다. 유교는 예(禮)를 통해서 천(天)과 인간의 수직적 관계, 그리고 인간과 인간 간의 수평적 관계를 규정하고 있으며, 이런 예(禮)의 교육을 통해서 인간의 욕구를 조화롭게 실현할 수 있다고 믿는다. 유교에서는 이렇게 예(禮)가 잘 실현되어서, 천(天)의 대리자인 성인에 의해서 예(禮)로 다스려지는 이상 왕국을 꿈꾼다. 공자가 늘 꿈꾸던 요순 시대로의 복귀는 바로 이런 유교의 이상주의를 잘 드러내고 있다.

이슬람교는 전적으로 부패한 인간성에 대해 너무나 낙관적인 입장을 취하고 있다. 그들은 인간의 부패한 죄성과 욕망을 '신의 법'인 샤리아로 누를 수 있다고 생각한다. 공산주의가 이념으로써 사람들을 통제하고, 유교가 예(禮)로써 사람들을 통제하는 것과 같이, 이슬람교에서는 샤리아라는 법으로 사람들을 통제할 수 있다고 생각하는 것이다. 그러나 현실에 있어서 대다수의 무슬림은 단지 이슬람교의 신앙과 실천을 입으로만 외치며 샤리아를 피하기 위한 온갖 편법이 난무한다. 우리는 유교와 공산주의 이념에서도 극소수의 사람들만이 자신들이 주장하는 이념대로 살아갈 수 있음을 발견한다. 이처럼 인간성에 대한 모든 낙관적 이상주의는 위선적 삶의 결과를 낳을 뿐이다.

무슬림들은 기독교도 영지주의적이라고 생각한다. 즉 기독교는 현세의 욕구를 너무나 억압하기 때문에 영지주의라는 것이다. 현세적 욕구를 강하게 인정하는 이슬람교의 시각으로 보면 기독교는 육신적 욕구를 너무나 무시하는 것으로 보이기 때문에 영지주의라고 생각하는 것도 이해할 수는 있다. 물론 기독교는 인간의 타고난 본성에 대해서 부정적이기 때문에 육신적 욕구와 세상적 삶에 대해서 이슬람교보다 긍정적이지는 않다. 그러나 기본적으로 기독교는 영지주의와 같이 탈세속적 세계관은 아니다. 이슬람교가 현세에서 자기의 욕구를 실현하려고 한다는 측면에서 세상의 삶에 적극적이라면, 기독교는 자기의 세상적 욕구를 부정함으로써 세상을 변화시키려는 측면에서 세상의 삶에 적극적이다.

영지주의의 입장에서는 육체를 물질에 속한 것으로 보고, 물질에 속박되어 있는 영혼을 해방시키는 것이 구원이다. 그러나 기독교는 물질세계나 육체를 감옥으로 생각하지 않으며 부정적으로 생각하지 않는다. 기독교는 육체를 연약한 것으로 간주하지만 죄의 근원으로 보지 않는다. 오히려 타락한 인간의 본성이야말로 죄의 근원이다. 그러므로 무슬림들이 기독교를 영지주의적으로 보는 의도는 알겠지만, 영지주의를 기독교에 대응시키는 것은 정당한 관점이 아니다.

이슬람교는 낙관론적 현세주의일 뿐 아니라 합리주의와 상식주의라고 할 수 있다. 이슬람교가 주장하는 것은 자연적인 상태의 인간이 수용하기 용이한 것이 사실이다. 무슬림들은 이슬람교에서는 '한 쪽 뺨을 맞으면 다른 쪽 뺨을 내놓으라'는 이상주의적 교리를 설교하지 않으며, 오히려 화해적인 시도로 조절된 자기방어를 택하고 있다고 주장한다(Ahmad, 119). 무슬림 학자들은 이슬람교는 상식적인 종교이며 인간 본성과 일치하고 있으며 삶의 실재를 파악하고 있다고 주장한다(Cooper, 43). 이슬람교는 인간의 원죄를 부정하기 때문에 육신적인 인간의 본성을 자연적인 것으로 인정하고 수용한다.

무슬림들은 이슬람교의 상식주의를 자랑한다. 오늘날 무슬림이 서방에서 가장 내세우는 것은 이슬람교의 실행 가능성과 실행 용이성이다. 이슬람교는 오로지 이치에 맞는 명령만을 사람에게 내린다는 것이다. 이들의 입장에서는 '한 쪽 뺨을 맞으면 다른 쪽 뺨을 내놓으라'라는 것은 이치에 맞지도 않고 실행 가능하지도 않은 비상식적인 가르침으로 간주된다. 무슬림들은 기독교가 인간이 할 수 없는 일을 하도록 스트레스를 주고 있다고 강하게 반박한다. 그들에게 있어서 다른 쪽 뺨을 내놓는 것은 세상을 도피하는 것에 지나지 않는 것이다.

이슬람교에서는 알라가 아득한 조상이 저지른 불복종의 죄를 수많은 인류의 후손에게 책임 지울 수 없기 때문에 원죄설은 이치에 맞지 않는다고 주장한다. 따라서 속죄나 저주는 개별적인 것이며 모든 무슬림은 자기가 자신의 속죄자가 되며, 자기 마음 속에 정신적 성공이나 실패 모두의 가능성을 가지고 있다고 주장한다. 이처럼 이슬람교의 합리주의는 철저한 인과율의 논리와 연관되어 있다. 꾸란은 이러한 인과율을 단적으로 보여 준다. "모든 영혼은 자신에 대하여 책임을 질 뿐이고, 남의 짐을 대신 지지 않는다"(꾸란 6:164). "그래 남의 짐을 대신 진단 말이냐? 인간은 자신이 노력한 것만을 얻을 수 있는데도"(꾸란 53:38, 39)? 이것은 불교나 힌두교에서 볼 수 있는 인과업보 사상에 상응하는 인과율이다. 원래 인과율은 매우 공평해 보이고 합리적으로 보이기 때문에 자연적 인간의 상식과 부응하는 것이다. 그리고 타락한 인간의 상식이 그렇게도 예수 그리스도의 속죄를 받아들이기 힘든 이유도 여기에 있다.

이슬람교는 자연주의에 근거한 도덕 종교라고 말할 수 있다. 무슬림들은 이슬람교에서 말하는 '종교적 태도'란 인간의 지적이고 생리적인 체질에 의해 나타나는 자연적인 소산이라고 주장한다. 무슬림 학자들의 주장에 의하면 우주에는 하나의 법칙이 지배하고 있으며 만물은 정해진 길을 따르고 있다. 모든 피조물이 알라의 법칙을 따르듯이 우주 전체도 이슬람교를 따르고 있다. 왜냐하면 이슬람은 우주의 주이신 알라에게만 순종하는 것을 의미하기 때문이다. 우주 안에 모든 것은 알라의 법칙에 순종하기 때문에 '무슬림'이다. 심지어 알라를 믿지 않는 자나 알라 이외의 다른 신에게 경배드리는 자도 그의 실존 문제에 관한 한 반드시 '무슬림'이 되어야 한다는 것이다. 다시 말하자면, 이슬람교는 하나님께서 피조물에게 명하신 자연법칙에 따라 살아가도록 하는 생활 계획서이며, 이슬람교에서 이룰 수 있는 최고의 성취란 인간의 삶 속에 있는 정신적이고 물질적인 양면을 완전히 통합하는 일이라는 것이다(Ahmad, 52-55).

이슬람교의 이상주의는 예(禮)에 의해서 완벽하게 다스려지고, 또 사람들이 예(禮)를 통해서 자기와 공동체와 자연의 조화를 이루려고 했던 유교적 이상주의와 비슷한 면이 많다. 이런 현실에 대한 낙관은 성선설에 기초한 것인데, 유교의 경우도 그 주류는 성선설에 기초했기 때문에 인간의 욕망이 조화롭게 실현되는 이상 왕국을 꿈꾸었다. 그러나 유교의 경우를 보더라도 중국과 한국 등 유교권에서 단 한번도 이런 이상 왕국이 실현된 적이 없었다. 실제로는 힘과 엄격한 법에 의해서 다스려지는 사회였던 것이다. 이슬람의 경우도 샤리아의 실현에 의한 이상적 공동체가 이슬람권에서 실현된 적은 없었다. 이것은 인간성에 대한 낙관론을 견지하는 모든 세계관이 봉착하는 문제다. 유교와 이슬람교의 이상주의는 이성과 인간의 욕구를 통제할 수 있는 제도(禮, sharia)의 능력에 대한 신뢰에 근거하고 있다. 그러나 현실적으로 보았을 때 이런 이상적인 제도로써 죄와 욕망의 분출을 다스리는 데 성공한 경우가 거의 발견되지 않는다.

이슬람교는 사회주의적 이상주의도 포함하고 있다. 이슬람교 공동체는 무슬림 상호 간의 평등성과 형제애에 바탕을 두고, 어려울 때나 편안한 때 가용 상태에 있는 재화의 공정한 분배를 촉구하고 있다. 의무적 자선금인 자카(zakah), 헌금, 자선 사업 및 상속 등도 재화와 소유물의 균형 있는 재분배 방법으로 본다(김정위, 143). 무슬림들은 스스로를 자본주의와 사회주의의 모순을 극복한 조화로운 이념으로 생각한다. 그러나 이런 재분배 방식이 그렇게 효과적이라고 말하기는 힘들다. 마르크스주의의 경우도 인간성에 대한 낙관론과 역사에 대한 진보 사상을 근간으로 하여 유토피아를 꿈꾸어 왔다. 그러나 마르크스가 말했던 그러한 이상적인 사회는 한번도 실현된 적이 없었고 앞으로도 실현될 것 같지가 않다. 유교나 마르크스주의나 이슬람교의 공통점은 이상주의적이면서도 현세 중심적이라는 것이다. 이것은 인간에 대한 깊은 이해의 결여를 보여 주는 것이며, '전적인 부패'와 '전적인 타락'이라는 인간성의 현주소에 대한 몰이해를 드러내는 것이다.

이슬람교의 자연주의는 자연 철학과 자연 과학의 발달에서도 잘 살펴볼 수 있다. 무슬림 학자들은 이슬람교에서는 종교와 과학이 분리된 길을 가지 않는다고 주장한다. 이슬람교의 현세 긍정적이고 합리주의적 태도가 과학의 발달에 영향을 주었다는 것이다(Ahmad, 233). 무슬림들은 이슬람교가 자연과의 조화와 평형을 잃지 않은 채 천문학, 물리학, 의학 등의 자연과학 분야를 발달시키는 데 크게 이바지하였다고 자부하고 있다. 그들은 자신들의 자연 과학은 이슬람의 입장에서 바라보아 우주라는 전체 구조와의 조화를 이루는 자연 철학의 틀 안에서 언제나 발달되었다고 주장한다(Ahmad, 265).

이슬람교는 자연 철학에 대한 관심 때문에 고대 그리스의 아리스토텔레스의 철학을 많이 연구하였고, 이것이 중세 서양의 스콜라 철학에까지 영향을 주었다. 나아가서, 이슬람교의 이성주의와 자연주의의 영향력은 서양의 르네상스와 계몽주의에까지 추적할 수 있다(Ahmad, 100-103). 이슬람교는 이성적 사고와 인간의 상식에 근거한 합리주의를 숭상하기 때문에 초자연적인 기적과 같은 것을 선호하지 않는다. 실제로 꾸란에서는 초자연적인 이적에 대한 기록은 거의 찾아볼 수 없다. 이슬람교의 이성주의적, 합리주의적 태도는 계몽주의 정신과 동일한 것이고, 신유학(新儒學)의 성리학(性理學) 정신과도 동일한 것이다. 계몽주의와 성리학은 초자연적인 이적을 배제하는 합리주의적, 이성주의적, 자연주의적 사고 체계라고 할 수 있다.

이슬람교의 이성주의, 합리주의, 자연주의, 현세주의 때문에 이슬람교에서는 세속화 문제가 대두되지 않는다. 철학과 신학 사이의 명확한 구별은 서양의 중세 스콜라주의에서 처음 생겼는데, 이런 구별은 먼저 세속화라는 문제를 야기한다. 그러나 이슬람교는 교회라는 현상과, 그로 인한 구체적인 산물들이 없었기 때문에 세속화라는 개념은 존재하지 않는다(Corbin, 6). 즉 이슬람교는 현세중심적이어서 세속과 통합되어 있고 세속에 대한 규범들을 포괄하고 있기 때문에 세속화라는 현상이 나타나지 않는다. 이슬람교는 원래부터 세속적 종교이기 때문에 새삼스럽게 세속화라는 문제가 제기되지 않는 것이다.

토의 및 정리 문제

1. 이슬람교가 총체성을 띠는 이유가 무엇이라고 생각하는가? 유교에 비교해서 나누어 보라.
2. 인간성에 대한 낙관론에 기초를 둔 세계관들을 살펴보고 이들 세계관들의 공통점이 무엇인지 나누어 보라. 그것이 이슬람교에서는 어떻게 나타나는지 살펴보라.

3. 기독교와 이슬람교의 본질적인 차이가 무엇인가? 이슬람교에서는 세속화의 문제가 제기되지 않는 이유가 무엇이라고 생각하는가?

맺음말

영적 대결은 언제나 그 밑바탕에 세계관의 대결을 전제로 하고 있다. 세계관은 크게 두 가지로 나눌 수 있다. 하나는 성경적 세계관이고 다른 하나는 비성경적 세계관이다. 필자는 성경적 세계관을 '여호와 신앙'으로, 비성경적 세계관을 '바알 신앙'이라는 이름으로 규정했다. 이것은 다른 말로 하면 '인격적 신앙'과 '기계적 신앙'이라는 말로 표현될 수 있을 것이다. 이것을 또 다른 말로 표현한다면 '유신론적 신앙'과 '자연주의적 신앙'이라고도 할 수 있을 것이다.

필자는 이미 본문에서 다루었지만 세계관을 분별하는 큰 기준 열 가지를 간략하게 정리해 보고자 한다. 우리가 이런 기준으로 세계관들을 재어 보았을 때 성경적 세계관은 매우 독특하며, 타종교와 타세계관은 바알주의적이고 자연주의적이라는 것을 발견하게 된다. 그리고 우리는 모든 바알주의적 세계관은 성경적 세계관을 대적하여 거대한 연합 전선을 펴고 있음을 보게 된다. 이것이야말로 예수 그리스도의 유일성을 강하게 입증해 주는 것이 아닐 수 없다.

1. 신비주의적, 인본주의적 영생 불사술인가?

도교, 탄트리즘, 과학주의적 불사 사상 등은 죽음의 원인과 영생의 성취를 세포, 혹은 육체의 노쇠라는 물질주의적, 자연주의적 관점에서 접근하고 있다. 죽음과 영생이 하나님과의 인격적 관계에 근거한 것이 아니라 자연적 법칙에 따른 것으로 간주한다. 자연주의적 영생술의 특징은 우주는 그 자체로 궁극적 실재이고 인간은 소우주로서 대우주와 합일할 때 영생을 얻게 된다는 것이다. 그리고 합일을 위해서는 정체성이나 개성과 같은 것은 부정되어야 하며, 궁극적 실재인 우주와 합일되었을 때 인간은 신적인 존재가 되고 신과 같이 영원히 살 수 있다는 것이다. 자연주의적 영생술은 인간이 자기 자신의 수행적 노력으로 하나님이 됨으로써 신의 속성인 영생을 쟁취하는 것이다. 한편 성경적 영생은 하나님과의 인격적 관계를 회복함으로써 하나님의 은혜와 하나님의 방법으로 영생이 선물로 주어진다는 것이다(롬 6:23). 자연주의적 영생술이 영생을 인간이 아직 알지 못하는 자연적 법칙에 속한 것으로 보고 캐내고 쟁취하려고 하는 것이라면, 성경적 영생은 인간이 죄 때문에 죽게 된 것을 알고 죄 사함을 받고 하나님의 은혜를 회복함으로써 영원히 사는 것이다.

2. 이성주의, 합리주의, 과학주의 세계관인가?

　라엘리언 운동, UFO 숭배 종교, 진화론, 자유주의 신학, 과학적 환원주의, 이성주의, 합리주의 등은 모든 현상과 진리를 자연적 법칙 안에서 이해하려고 한다. 이성은 자연적 법칙을 추구할 수 있는 유일한 도구이며, 따라서 이성으로 설명되지 않거나 과학으로 입증되지 않는 것은 진리의 범주에 들어올 수 없다고 생각한다. 그러나 물론 이런 세계관들이 경험적으로 증명된 사실들로 진리 체계를 구성하고 있다는 의미는 아니다. 이성주의니 합리주의니 과학주의니 하는 것은 진리가 어떻게 인식될 수 있는가에 대한 태도를 의미하는 것이지 이들 세계관이 정말로 합리적이라거나 과학적이라거나 이성적이라는 말은 아니다. 진화론이나 UFO 숭배 종교, 라엘리언 운동 등은 경험적으로 입증되는 과학적 가설이 아니라 머릿속에서 만들어진 거대한 형이상학에 불과하다. 이들 세계관이 자연주의적이라고 할 수 있는 것은 이들의 사상 체계 안에서 초월적이고 인격적인 초자연적 절대자를 가정하지 않고 모든 현상과 진리를 자연적 법칙으로 이해하려고 하기 때문이다. 이에 반해서 성경적 세계관은 초자연적이고 초이성적인 사실과 현상을 기꺼이 진리 체계 안에 수용한다.

3. 도덕주의, 율법주의, 윤리주의 등 행위 구원론인가?

　유대교, 유교, 이슬람교, 불교, 힌두교, 민간 도교 등을 포함해서 모든 도덕주의 사상들과 행위 구원론은 자연주의적이고 기계적 구원론이다. 이들의 밑바탕에는 인간이 행한 대로 보응받고, 행한 대로 구원이 결정된다는 생각이 깔려 있다. 율법주의는 율법, 곧 도덕 법칙의 준수 여부에 구원이 기계적으로 달려 있다고 생각하는 것이다. 이것은 자연법칙을 도덕의 영역에 그대로 적용한 것에 지나지 않는다. 인과업보의 도덕율도 비인격적, 기계적 인과율이라는 자연주의적 법칙을 도덕의 법칙으로 수용한 것에 지나지 않는다. 자연주의적 도덕율의 특징은 거기에 죄 사함이 있을 수 없다는 것이다. 왜냐하면 자연주의에서 도덕율은 자연적 법칙의 일부이며 그것을 법칙으로 부여한 인격적 절대자가 있는 것이 아니다. 그러므로 죄 사함으로 요구할 대상도 없고 죄 사함을 허락할 주체도 없는 것이다. 반면에 성경적 세계관은 자연법칙이든 도덕율이든 그것을 만든 인격적인 제정자가 있기 때문에 행위대로 기계적으로 보응받는 것이 아니며, 따라서 죄 사함을 받을 수도 있다.

4. 신인합일을 추구하는 범신론적 신비주의인가?

불교, 힌두교, 성리학, 기(氣) 사상, 증산교 등 동서양의 모든 범신론 사상은 신인합일의 신비주의적 경지를 목표로 하고 있다. 범신론은 전형적인 자연주의로서, 범신론에서는 자연 그 자체가 신이며 우주의 궁극적 실재다. 범신론에서 인간은 자연의 일부분으로서 신성을 그대로 가지고 있고, 따라서 신인합일이란 신으로서의 인간이 신으로서의 자연과 합일하는 것을 의미한다. 이런 관념은 흔히 대우주와 소우주의 합일이라는 개념으로 표현되기도 했다. 이것은 인식 주체와 인식 대상 간에 정체성의 구분을 상실함으로써 이루어지는 주객합일의 상태다. 범신론적 신비주의는 인간이 자기를 상실하고 자연에 몰입하고 동화됨으로써 이루어지는 것이다. 이런 체험들은 흔히 해탈, 깨달음, 열반 등으로 표현된다. 범신론에서는 우주, 혹은 자연은 비인격적인 궁극자이며 그것을 초월한 어떤 인격적 절대자도 없다. 반면에 성경적 세계관에서는 인격적인 신과 인간 사이에는 명백한 정체성의 구분이 있고 본질적인 차이가 있다. 신은 영원히 창조주이고 인간은 영원히 피조물이다.

5. 문제의식이 고통에 맞추어지는가, 죄에 맞추어지는가?

어떤 세계관이 출발한 문제의식과 지향하는 문제의식이 '고통의 해결'에 초점이 맞추어진다면 그것은 바알적 세계관이다. 왜냐하면 바알 신앙에서는 현세적 복을 목표로 삼는데 고통이란 이런 현세적 복의 결여에서 비롯되기 때문이다.

모든 범신론적 신비주의는 고통의 제거에 초점을 맞추는 바알적 세계관이다. 범신론에 있어서 신인합일의 궁극적 목표는 신비주의적으로 인간의 고통을 제거하는 데 있다. 이런 고통이 제거되는 신비 체험은 주로 '해탈'이니 '열반'이니 '깨달음'이니 하는 용어로써 표현되고 황홀경, 무아경, 몰아경, 삼매경 등을 수반한다. 불교, 힌두교, 기 사상 등 모든 영지주의적 신비 사상은 고통에 초점을 맞추고 있다. 이런 신비주의 세계관은 고통의 제거를 위해서 언제나 정체성, 혹은 자아의 상실을 요구한다는 특징이 있다.

기복 신앙은 신과 기계적 관계를 맺음으로써 현세적 복을 증가시키고 고통을 감소시키는 것을 목표로 한다. 해방 신학과 마르크시즘은 인간의 고통을 구조적 악의 문제로 간주함으로써 구조적 억압과 착취로부터의 해방을 주장한다. 그리하여 신비주의에서 '해탈'은 '해방'이라는 용어로 바뀐다. 과정 신학도 역시 세상의 악과 고통의 문제를 범신론과 유신론의 결합에 의해서 신학적으로 해결해 보고자 시도한 것이다.

6. 생명에 이르는가, 사망에 이르는가?

사망의 문제를 해결할 수 없는 세계관은 아무리 도덕적으로 논리적으로 옳아 보이고 설득력이 있어도 바알적 세계관이다. 바알 신앙에서는 인간에게 원죄가 있다는 사실을 인정하지 않으며 인간의 육신적인 욕망들도 자연적인 것으로 간주된다. 따라서 바알 신앙에서는 사망도 자연적 현상으로 간주된다. 원죄를 부정하는 많은 세계관들은 이런 측면에서 자연주의적이다. 성경적 세계관을 제외한 대부분의 세계관들이 여기에 속한다. 펠라기우스주의뿐 아니라 이슬람교도 원죄를 인정하지 않으며 사망은 죄 때문에 오는 것이 아니라 피조물의 연약성 때문에 온다고 주장한다. 그렇기 때문에 이슬람교는 인간의 육신적 욕망을 자연적인 것으로 수용하고 추구한다. 이런 면은 유교에서도 마찬가지로 나타난다.

불교나 힌두교의 경우는 육신적 욕망을 수용하지는 않지만 육신적 욕망이 타락과 원죄로 인해 생긴 것이 아니라 '무지'의 산물이라고 생각한다. 여기서 '죄'의 개념은 감추어지고 '무지'라는 개념이 그 자리를 대신하고 있다. 범신론적 신비주의에서는 주로 윤회, 환생이라는 개념으로 생명이 연속된다는 것을 주장한다. 그러나 윤회와 환생에는 정체성의 연속도 육체의 연속성도 없다. 범신론적 신비주의에서는 삶이 고통 가운데서 연속되는 것은 의미가 없다는 것을 그들 스스로 잘 알기 때문에 윤회가 끊기는 열반이라는 상태를 가정한다. 이것은 자기의 정체성을 상실하고 우주와 합일된 상태다. 만일 우리에게 정체성이 없다면 삶과 죽음이라는 개념은 더 이상 의미가 없다. 자연주의적 영생관은 우주가 영원히 존재하는 한 우주와 합일된 무정체성의 상태에서 영원할 것이라고 말한다. 성경적 영생관은 지복지락(至福至樂)의 상태에서 자기의 정체성과 자기의 몸을 가지고 영원히 사는 것이다.

7. 기계적 신앙인가, 인격적 신앙인가?

바알 신앙은 '풍요와 다산'이라는 현세적 복과 이것을 가져다주는 신들의 성적 결합에 초점이 맞추어져 있다. 따라서 바알 신앙은 한편으로는 기복신앙으로 흘러가고 다른 한편으로는 성을 매개로 한 신비적 합일을 추구한다. 탄트리즘, 혹은 밀교, 티베트 불교, 라마 불교 등은 성을 종교적 초월의 매개로 삼는 전형적인 바알 신앙이며 도교의 방중술도 성을 매개로 삼는다는 면에서 바알 신앙이다.

바알 신앙의 특징은 영적, 도덕적 상태를 따지지 않고 신과 기계적으로 관계를 맺는다는 것에 있다. 이에 반해서 성경적 신앙은 하나님과 인격적으로 관계를 맺는 것이고 그 관계는 인간의 영적, 도덕적 상태에 의해서 절대적으로 영향을 받는다. 기계적 신앙은 신과 '주고받기'의 관계에 있으며 현세적 복을 많이 끌어내기 위해서 신을 조종하려는 여러 가지 의식이나 주술을 사용한다. 영적, 도덕적 상태를 따지지 않는 무속 신앙, 샤머니즘, 애니미즘과 같은 기복적 신앙은 전형적인 바알 신앙이다. 또 주문이나 부적을 사용하거나 이와 같은 역할을 하는 것을 사용하는 종교들, 이를테면 힌두교, 불교, 도교, 증산교, 이슬람교, 천주교 등은 바알적 종교들이다.

8. 태양신 숭배와 순환론에 관련되어 있는가?

태양신은 대부분의 바알적 신앙에서 최고신의 자리를 차지해 왔다. 오직 성경만이 태양신을 반대하고 있다. 바벨론의 마르두크, 이집트의 오시리스, 힌두교의 삼신(三神)인 브라마, 비슈누, 시와, 불교의 석가족, 중국의 상제, 한국의 하늘님, 일본의 아마테라스, 마야, 아즈텍, 잉카 문명의 신들은 모두 태양신을 나타내거나 그것과 관련되어 있다.

태양신 숭배 사상은 자연주의적 순환론과 밀접하게 관련되어 있으며 점성술, 세계년 사상과도 밀접한 연관을 가지고 있다. 이런 순환론적 우주관은 바벨론 등의 중근동 종교, 힌두교, 불교, 중국의 종교 등에서 모두 나타나고 있다. 태양신 숭배와 순환론은 태양의 순환과 자연계의 순환에서 착안한 전형적인 자연주의 사상이라고 할 수 있다.

9. 비인격적 궁극자인가, 인격적 궁극자인가?

사탄은 인간과 인격적 관계를 맺을 수 없기 때문에 절대자를 비인격화시키거나 인간을 비인격화시킨다. 모든 자연주의 세계관에서 궁극적 실재, 절대자는 비인격적이다. 힌두교의 브라만, 불교의 법신불(法身佛), 중국의 천(天), 이(理), 천리(天理), 태극(太極), 노자와 장자의 도(道) 등은 비인격적 궁극적 실재다. 한편 존재론적으로는 인격적 존재이지만 인간과 인격적인 관계를 맺지 않고 기계적인 관계를 맺기 때문에 실제로는 비인격적인 절대자는 이신론(理神論)의 신과 이슬람교의 알라다.

이런 비인격적 절대자는 자연 및 인간과 기계적 관계를 맺고 있다. 즉 자연은 언제나 법칙에 따라서 자동적으로 기계적으로 움직이게 되어 있으며 거기에 초자연적 존재의 개입이나 초자연적 기적과 같은 것은 없다. 자연주의에서는 기적조차도 인간이 파악하지 못한 다른 차원의 자연법칙에 속할 뿐이다. 이러한 자연주의적 인과율이 인간의 도덕에 적용되었을 때 율법주의, 인과업보, 행위 구원론과 같은 사상들로 나타난다. 이런 사상들의 공통점은 마치 자연계에서처럼 인간의 행위는 원인과 결과의 엄격한 인과율에 의해서 보응을 받는다는 것을 주장하는 데 있다. 자연주의적 도덕율에 의하면 인간의 행위는 비인격적인 인과율의 시스템에 의해서 판단 받는다는 것이다. 여기에는 죄 사함이나 대속과 같은 성경적 세계관이 개입할 여지가 없다.

10. 정체성을 상실하게 하고 무의식의 상태로 몰고 가는가?

사탄은 인간을 비인격화시키기 위해서 인간의 정체성 혹은 개성을 상실하게 하고 무의식 상태로 몰고 간다. 힌두교의 아트만, 불교의 무아설, 에크하르트와 수피의 신비주의, 장자의 주객합일 등은 정체성의 상실, 자아의 상실을 주장하는 세계관들이다. 이런 정체성의 상실을 통해서 대우주와의 합일, 신인합일 등의 신비 체험을 하게 된다. 정체성, 혹은 자아의 상실은 흔히 몰아경, 무아경, 삼매경, 황홀경 등으로 불린다. 이런 의식의 상태는 무의식적 상태에 가깝고, 마약을 복용했을 때나 무당이 신접했을 때에도 나타나는 현상이다. 오늘날 이런 의식 상태는 최면 상태라든지 변성 의식 상태라고도 불린다.

사탄은 인격의 상실 상태를 만들어 놓고 자기가 그 인격의 자리를 차지해 버린다. 이것이 곧 귀신 들림의 상태라고 할 수 있다. 이런 무의식의 상태에서 사탄은 전생 회상, 점, UFO 근접 조우, 초능력 현상, 신접 현상 등을 체험하게 한다. 또 적극적 사고니, 잠재력의 기적이니, 구상화를 통한 정신력의 사용 등도 무의식과 밀접한 관련을 가지고 있다.

위의 커다란 열 가지 기준을 가지고 이제 세계관을 분별하는 좀 더 세세한 기준들의 목록을 작성해 보자.

1-1. 죽음과 영생에 대한 물질주의적 혹은 자연주의적 접근을 하고 있는가?
1-2. 신인합일, 혹은 대우주와의 합일에 의해서 영생이 가능하다고 주장하는가?

2-1. 이성에 대한 낙관론에 입각해서 이성을 진리 판단의 척도로 삼고 있는가?
2-2. 이성에 대한 낙관론에 입각해서 역사의 진보, 의식의 진화, 영적 진화 등의 개념까지 나아가는가?
2-3. 과학은 모든 것을 설명해 줄 수 있고 해결해 줄 수 있으리라고 주장하는가?
2-4. 모든 현상은 물리학이나 화학 등의 법칙으로 환원될 수 있다고 주장하는가?

3-1. 율법, 도덕, 윤리 등 행위에 의해서 구원받는다고 주장하는가?
3-2. 자연법칙의 인과율을 도덕과 인간의 행위에 그대로 적용해서 법칙화하고 있는가?
3-3. 인간 행위의 결과가 인과율적으로 나타나기 때문에 결과적으로 용서의 가능성이 없는가?

4-1. 신인합일에 의한 신비적 체험을 주장하는가?

4-2. 정체성의 상실을 통한 신비적 합일을 주장하는가?

4-3. 우주의 궁극적 실재가 인격적 절대자인가, 비인격적 궁극자인가?

4-4. 회개, 구원이라는 개념 대신에 해탈, 열반, 깨달음이라는 개념을 사용하는가?

4-5. 정체성을 유지하는 연합인가, 정체성의 상실을 통한 합일인가?

5-1. 세계관이 출발한 문제 의식이 '죄'에 있는가, '고통'에 있는가?

5-2. 황홀경, 무아경, 삼매경, 몰아경과 같은 무의식 상태를 불러오는가?

5-3. 세계관이 해결하려는 문제가 '죄'의 문제인가, '고통'의 문제인가?

6-1. 원죄와 타락 사건을 인정하는가, 인정하지 않는가?

6-2. 육신의 소욕을 원죄의 결과로 보지 않고 자연적인 것으로 간주하는가?

6-3. 인간의 욕심이 인간적 통제에 의해서 조절되고 조화될 수 있다고 생각하는가?

6-4. 인간의 욕심을 조절함으로써 이상 사회를 인간의 힘으로 실현할 수 있다고 생각하는가?

6-5. 인간의 사망을 원죄의 결과로 보는가, 단지 피조물의 연약함으로 보는가?

6-6. 죄의 개념 대신에 무지라는 개념을 즐겨 사용하는가?

6-7. 생명 연장에 있어서 육체와 정체성의 연속성을 인정하는가, 인정하지 않는가?

7-1. 성(性)을 종교적 초월의 도구로 삼고 있는가?

7-2. 신과의 관계에 있어서 인간의 영적 도덕적 상태를 따지는가, 따지지 않는가?

7-3. 신과의 관계가 인격적인 관계인가, 기계적인 관계인가?

7-4. 신과의 관계가 '주고받기' 식의 거래인가?

7-5. 신에 대한 열심이나 헌신이 구원의 결과인가, 아니면 구원의 조건인가?

7-6. 영적, 도덕적 상태에 초점이 맞추어지는가, 아니면 현세적 복에 초점이 모아지는가?

7-7. 신의 영광이 목적인가, 현세적 축복이 목적인가?

7-8. 신에게 순종하는 것이 목적인가, 신을 조종하는 것이 목적인가?

7-9. 신을 조종하기 위한 주술행위나 신접행위가 있는가?

7-10. 주문을 사용하는가?

7-11. 부적을 사용하는가?

8-1. 태양신 숭배 사상과 관련되어 있는가?

8-2. 순환론적 우주관을 주장하는가?

8-3. 점성술이나 세계년, 신년의 개념과 관련되어 있는가?

8-4. 점성술과 세계년에 입각해서 인간이 신이 되는 시대가 온다고 주장하는가?

9-1. 신을 비인격화시킨 역사적 과정들이 있는가?

9-2. 신이 존재론적으로는 인격체이지만 피조 세계와는 인격적 관계를 가지고 있지 않는가?

9-3. 신이 인간의 행위에 대해서 인과율적 법칙으로 처리하는가?

10-1. 무의식 상태에 들어가기 위한 어떤 행위를 하는가?

10-2. 모든 존재는 원래 정체성, 혹은 개성이 없다고 주장하는가?

10-3. 무의식 상태에서 어떤 것을 체험하는가?

10-4. 정신력, 잠재력의 기적, 초능력 개발 등을 주장하는가?

위와 같은 질문들에 대해서 '예'나 '후자'라는 대답이 나온다면 그 세계관은 비성경적, 바알 신앙적, 자연주의적 세계관이라고 해도 좋을 것이다. 독자들이 이런 시금석을 가지고 세계관과 그 배후에서 역사하는 영적 세력을 분별한다면 큰 오류가 없으리라고 생각한다. "사랑하는 자들아 영을 다 믿지 말고 오직 영들이 하나님께 속하였나 분별하라 많은 거짓 선지자가 세상에 나왔음이니라 이로써 너희가 하나님의 영을 알지니 곧 예수 그리스도께서 육체로 오신 것을 시인하는 영마다 하나님께 속한 것이요 예수를 시인하지 아니하는 영마다 하나님께 속한 것이 아니니 이것이 곧 적그리스도의 영이니라"(요일 4:1-3). 위의 시금석에 하나라도 걸리는 세계관은 궁극적으로 하나님께서 인류의 죄를 해결하기 위해서 인간의 육신을 입고 이 땅에 오신 것을 부인하게 될 것이다.

우리는 세계관을 분별하는 또 다른 한 가지 기준을 설정해 보기 위해서 C. S. 루이스처럼 "사탄이라면 어떻게 할까?"라고 뒤집어서 생각해 볼 수 있을 것이다(Lewis, 1989). "그것은 순환론이 아니냐"는 공격을 예상할 수 있지만 여전히 이 방법은 사탄의 전략을 파헤치는 데 있어서 효과적이다. 사도 바울이 말한 것처럼 우리가 사탄의 계책을 알지 못하는 바가 아니다(고후 2:11). 사탄이 진리를 파괴하기 위한 방법은 크게 세 가지로 나눌 수 있을 것이다. 첫째로 진리를 정면으로 부정하는 것으로 무신론이나 진화론과 같은 것이 여기에 속한다. 둘째로 진리를 유사한 것으로 혼동시키는 것으로 혼합주의나 이단이 여기에 속한다. 셋째로 진리를 은폐시켜서 깨닫지 못하게 하는 것으로 고통 중심의 세계관이나 범신론적 신비주의

등이 여기에 속한다. 이런 방법을 가지고 사탄은 다음과 같은 전략적 목표를 수행해 나간다.

1. 하나님의 인격성과 주권을 부정한다.

사탄은 부단히 궁극적 절대자이신 하나님을 비인격화시키는 전략을 사용해 왔다. 기계론과 이신론적인 사고방식도 이런 전략을 겨냥하고 있다. 하나님을 일단 비인격화시키면 자연주의적 법칙이 하나님의 섭리와 역사를 대신하게 되고, 따라서 하나님이 우주 만물에 대한 주권을 가지고 계시다는 진리는 은폐된다.

2. 예수 그리스도의 유일성을 파괴하기 원한다.

사탄은 '인간이 하나님'이라는 거짓된 범신론적 가르침을 통해서 "예수만이 하나님은 아니다"라고 말함으로써 예수의 유일성을 흐리는 것을 목표로 삼고 있다. 소위 '깨달음'의 종교들은 인간에 잠재된 신성(神性)을 주장하면서 수많은 신인(神人)의 출현을 이론적으로 가능하게 했던 것이다. 그 결과 자기가 하나님이라고 주장한 교주들이 역사상 적지 않게 나타났고 지금도 나타나고 있다.

3. 믿음에 의한 구원론을 사람들이 깨닫지 못하게 한다.

사탄은 여러 가지 형태의 율법주의와 행위 구원론, 기계론적 인과율적 도덕론 등을 통해서 믿음에 의한 구원의 길을 은폐시켜 왔다. 이런 전략은 심지어 기독교 안에서도 성공을 거두어서 종교 개혁이 일어나기까지 수백 년 간 기독교는 소수의 사람을 제외하고는 '믿음에 의한 구원'이라는 명백한 성경적 진리를 깨닫지 못했다.

4. 사람들이 하나님과 인격적 교제를 하지 못하도록 한다.

사탄은 자연주의적 세계관들을 통해서 비인격적 궁극자 개념을 소개함으로써 하나님과 인간의 인격적 교제를 막아 왔다. 또 비록 존재론적으로는 인격적이지만 인간과 인격적 관계를 맺지 않는 하나님으로 속임으로써 인격적 교제를 막아 왔다. 한편 사탄은 사람들이 비인격적이고 기계적인 신앙을 가지거나, 무의식 상태에서 인격을 상실하게 함으로써 하나님과 인격적 관계를 맺지 못하도록 방해해 왔다.

5. 죄의 문제를 은폐함으로써 죄 사함의 은혜를 누리지 못하게 한다.

사탄은 여러 가지 고통의 세계관들을 제시함으로써 죄의 문제보다 고통의 문제에 관심을 끌어들여 왔다. 그리하여 죄 대신 무지, 회개 대신 깨달음 등의 개념을 소개했고, 악과 고통에 대해서 설명하기 용이한 범신론을 소개해 왔다.

6. 하나님의 존재와 창조 사역을 부정하게 한다.

사탄은 여러 가지 형태의 무신론을 통해서 궁극적으로 하나님의 존재를 부정하게 해 왔다. 또 범신론적 신비주의를 통해서 다양한 현상 세계를 부정하게 함으로써 하나님의 창조 사역을 부정하고 결과적으로는 하나님의 존재를 부정하게 해 왔다.

7. 절대적 진리를 부정하게 하고 모든 것을 상대화시킨다.

사탄은 고상한 철학과 교묘한 논리를 사용하여 절대적 진리를 부정하고 상대적인 진리관을 제시해 왔다. 이런 상대주의를 확대하여 도덕의 영역에서도 상대주의적 윤리를 퍼뜨림으로써 죄를 짓도록 부추겨 왔다.

인간의 실존에 있어서 피하려야 피할 수 없는 두 가지 사실이 있다. 첫째는 인간은 모두 죽는다는 것이다. 둘째는 인간은 모두 죄인이라는 것이다. 대부분의 세계관들이 이 두 가지 사실을 당연한 것으로 받아들이거나, 혹은 별개의 것으로 다루고 있다. 그러나 이 두 가지는 밀접한 연관성을 가지고 있다. 이 두 가지 문제를 동시에 해결한 분은 예수 그리스도 외에는 없다.

우리가 예수 그리스도를 구원의 유일한 길이라고 주장하는 것은 맹목적이어서도 아니고 편협해서도 아니다. 이 세상의 여러 종교들과 사상에 대해서 무식해서도 아니다. 그것이 사실이기 때문이다. 하나님은 오직 한 번 인간으로 오셔야 했다. 죄 없는 자가 되기 위해서는 하나님이 하실 수밖에 없었고 인간의 죄를 대표해서 속죄하기 위해서는 인간이 되실 수밖에 없었다. 인간이 교만하게 하나님과 같이 되려고 했을 때(창 3:5) 하나님은 겸손하게 인간들과 같이 되셨다(빌 2:7).

사탄은 항상 중요한 성경적 교리를 왜곡시켜서 우스갯거리로 만드는 것을 좋아한다. 구원론이 너무 중요하니까 괴상한 구원론들을 통해서 구원의 본질을 왜곡시킨다. 성령론이 너무 중요하니까 잘못된 성령 운동을 통해서 성령의 역사에 대한 혼란을 야기시킨다. 종말론이 너무 중요하니까 시한부 종말론들을 통해서 예수 재림의 심각성을 웃음거리로 만들어 버린다. 이 모든 성경적 가르침 중에 사탄이 가장 웃음거리로 만들고 싶어 하는 것이 하나님의 성육신에 대한 가르침이다. 성육신과 대속은 계시의 핵심이라고 할 수 있다. 성육신과 대속은 한 번으로 족하다. 그러므로 예수만이 유일하게 '인간이 되신 하나님'이고 유일한 구세주시다. 역사상 많은 종교의 창시자들이 있었지만 어떤 종교의 창시자도 자기의 죽음을 사역의 최종 목표로 삼지 않았다. 오직 예수만이 그의 대속적 죽음을 사역의 목표로 삼았다. 많은 사람들이 사랑과 자비를 말했지만 죽음으로써 그것을 성취한 자는 예수 외에는 없다. 이것이 예수가 유일한 그리스도시라는 하나의 증거다.

타종교와 타세계관은 '인간이 하나님'이라고 외친다. 그러나 성경은 '하나님이 인간이 되셨다'고 외친다. 타종교와 타세계관은 '인간이 하나님이 되는 방법'을 말하거나 '인간이 하나님이라는 것을 전제'로 하고 있다. 성경은 '인간이 하나님께 절대 항복'하는 순종을 말하고 있다. 좀 더 간단하게 타종교와 성경적 세계관의 차이를 말하자면 '신이 되느냐' '신에게 항복하느냐'이며, '교만'이냐 '겸손'이냐다. 성경은 악인의 특징을 이렇게 말하고 있다. "악인은 그의 교만한 얼굴로 말하기를 …… 그의 모든 사상에 하나님이 없다 하나이다"(시 10:4). 교만한 인간은 자신이 하나님이 되기 위해서 먼저 하나님의 존재를 부정해야 한다. 마지막으로 앤드루 머레이(Andrew Murray)의 말로 끝을 맺고자 한다. "우리가 겸손해야 할 이유는 크게 세 가지이다. 첫째는 우리가 피조물인 때문이요, 둘째는 죄인인 때문이요, 셋째는 성도이기 때문이다"(Murray, 5).

토의 및 정리 문제

1. 세계관을 분별하는 큰 기준 열 가지를 말해 보고 어떤 종교들이 거기에 해당되는지 나누어 보라.
2. 당신이 가지고 있는 세계관 분별의 기준이 있다면 나누어 보라.
3. 세계관을 분별하는 세부적인 기준을 가지고 세계관들과 종교들을 재어 보라. 그리고 그러한 세계관들이 왜 궁극적으로 예수 그리스도를 부정할 수밖에 없게 되는지 논리적 구조를 해부해 보라.
4. 사탄의 입장에서 어떤 전략을 사용할 것이라고 예측할 수 있는지 예를 들어서 나누어 보라.
5. 타종교나 타세계관의 본질과 성경적 세계관의 본질을 나타내는 단어나 개념을 제시해 보라.

참고 문헌

금장태, 《동서교섭과 근대한국사상》, 서울: 성균관대학교출판부, 1984.

길희성, 《인도철학사》, 서울: 민음사, 1984.

김승혜, 《원시유교》, 서울: 민음사, 1990.

김정위, 《이슬람교 입문》, 서울: 한국외국어대학교출판부, 1993.

맹성렬, 《UFO 신드롬》, 서울: 넥서스, 1995.

변태섭, 《한국사통론》, 서울: 삼영사, 1986.

안경전, 《이것이 개벽이다》(上)(下), 서울: 대광서림, 1983.

안점식, 《세계관과 영적전쟁》, 서울: 죠이선교회출판부, 1995.

오상익, 《진짜부적 가짜부적》, 서울: 삼한출판사, 1991.

정동수, 《빈야드 운동의 실체》, 서울: 생명의샘, 1996.

정승석, 《불교의 이해》, 서울: 대원정사, 1989.

증산도장, 《증산교의 진리》, 대전: 증산도장출판부, 1981.

차종순, 《교회사》, 서울: 한국장로교출판사, 1995.

최창조,《한국의 풍수사상》, 서울: 민음사, 1984.

홍창표, "신약시대의 민속 신비 종교 고찰,"《신학정론》제10권 2호, 1992.

번역서

구보 노리타다,《도교사》, 왜관: 분도출판사, 1990.

그레이스 E. 케먼스,《동양과 서양의 만남》, 정영리 역, 서울: 평단문화사, 1991.

나카야마 시게루,《점성술》, 이은성 역, 서울: 전파과학사, 1982.

닐 앤더슨,《이제 자유입니다》, 유화자 역, 서울: 죠이선교회출판부, 1994.

더글라스 R. 그루두이스,《뉴에이지 운동정체》, 박영호 역, 서울: 기독교문서선교회, 1992.

데이브 헌트 외 1명,《기독교 속의 미혹》, 김문철 역, 서울: 포도원, 1991.

리처드 포스터,《영적훈련과 성장》, 권달천, 황을호 역, 서울: 생명의말씀사, 1996.

마루야마 도시아키,《氣란 무엇인가》, 박희준, 서울: 정신세계사, 1989.

미르치아 엘리아데,《요가》서울: 고려원, 1989.

　　　　　　　　,《종교형태론》, 서울: 한길사, 1996.

마크 C. 올브렉크,《뉴에이지 운동과 환생》, 박영호 역, 서울: 기독교문서선교회, 1992.

사카이 타다오,《道敎란 무엇인가》, 서울: 민족사, 1990.

왕치심,《중국 종교 사상사》, 서울: 이론과실천, 1988.

앤드루 머레이,《겸손》, 채대광 역, 서울: 총신대학출판부, 1990.

앤 쿠퍼,《우리 형제 이스마엘》, 편집부 역, 서울: 두란노, 1993.

에릭 샤프,《종교학: 그 연구의 역사》, 윤이흠 역, 서울: 도서출판 한울, 1986.

유아사 야스오,《기와 인간과학》, 손병규 역, 서울: 여강출판사, 1992.

이소노가미 겐이찌로,《윤회와 전생》, 서울: 고려원, 1989.

조지 오티스 2세,《마지막 대적》, 정규채 역, 서울: 죠이선교회출판부, 1995.

존 칼빈,《기독교강요(초판)》, 원광연 역, 서울: 크리스챤다이제스트, 1988.

필 파샬,《십자가와 초승달》, 이숙희 역, 서울: 죠이선교회출판부, 1994.

쿠르쉬드 아흐만,《이슬람 그 의의와 메시지》, 이석훈 역, 서울: 우리터, 1993.

프리초프 카프라,《현대 물리학과 동양사상》, 김용정 외 1명 역, 서울: 범양사, 1994.

티모시 워너,《영적전투》, 안점식 역, 서울: 죠이선교회출판부, 1993.

핸리 코빈,《이슬람철학사》, 김정위 역, 서울: 대광문화사, 1986.

C. S. 루이스,《스크루테이프 편지》, 전경자 역, 서울: 성바오로출판사, 1989.

Fredrich, R.,《신비에 싸인 날으는 원반인》서울: 노벨문화사, 1983.

Steiger, Brad, "초차원의 UFO,"《UFO의 해저기지》서울: 우주문명사, 1986.

원서

Cobb, John B. Jr. & Griffin, David Ray, *Process Theology*, Philadelphia: Westminster Press, 1996.

Harkness, Georgia, *Mysticism: It's Meaning & Message*, Nashville: Abingdon Press, 1978.

Tippett, Alan, *People Movements in Southern Polynesia*, Chicago: Moody Press, 1971.

Hitti, Philip K., *Islam: A Way of Life*, Minneapolis: Univ. of Minnesota Press, 1970.

McGavran, Donald A., *Understanding Church Growth*, 3rd, rev. ed. Grand Rapids: Eerdmans, 1990.

Lewis, C. S., *Miracles*, Touchstone, 1996.

세계관을 분별하라

초판 발행	1998년 1월 30일
2판 16쇄	2025년 12월 5일
지은이	안점식
발행인	손창남
발행처	(주)죠이북스(등록 2022. 12. 27. 제2022-000070호)
주소	02576 서울시 동대문구 왕산로19바길 33, 1층
전화	(02) 925-0451 (대표 전화)
	(02) 929-3655 (영업팀)
팩스	(02) 923-3016
인쇄소	시난기획
판권소유	ⓒ(주)죠이북스
ISBN	979-11-93507-00-1 03230

책값은 뒤표지에 있습니다.
잘못된 도서는 교환하여 드립니다.
이 책 내용을 허락 없이 옮겨 사용할 수 없습니다.